岩波現代文庫／学術 323

世界史の構造

柄谷行人

岩波書店

序文

本書は、交換様式から社会構成体の歴史を見直すことによって、現在の資本＝ネーション＝国家を越える展望を開こうとする企てである。私はこのヴィジョンを、すでに前著『トランスクリティーク――カントとマルクス』(二〇〇一年)で提示している。それを本格的に展開したのが本書である。ゆえに、先ず『トランスクリティーク』をふりかえることから、本書における私の企てを説明したい。

私は、「マルクスをカントから読み、カントをマルクスから読む」という仕事を「トランスクリティーク」と名づけた。これはむろん、この二人を比べることや合成することではない。実は、この二人の間に一人の哲学者がいる。ヘーゲルである。マルクスをカントから読み、カントをマルクスから読むとは、むしろ、ヘーゲルをその前後に立つ二人の思想家から読むということだ。つまり、それは新たにヘーゲル批判を試みることを意味するのである。

私がその必要を痛切に感じたのは、東欧の革命に始まりソ連邦の解体に及んだ一九九〇年頃である。その時期には、アメリカの国務省の役人であるフランシス・フクヤマがいった「歴史の終焉」という言葉が流行していた。この言葉はフクヤマというより、フランスのヘーゲル主義哲学者アレクサンドル・コジェーヴにさかのぼることができる。コジェーヴはヘーゲルの「歴史の終り」という見方をさまざまに解釈した人であった。(1)フクヤマはこの概念を、コミュニズム体制の崩壊とアメリカの窮極的勝利を意味づけるために用いたのである。彼は、一九八九年の東欧革命は自由・民主主義の勝利を示すものであり、これ以後にもはや根本的な革命はない、ゆえに歴史は終わったといおうとしたのである。

フクヤマの考えを嘲笑する人たちは少なくなかったが、ある意味で彼は正しかった。むろん、一九九〇年に起こったことがアメリカの勝利であるというのなら、彼はまちがっていた。最初、アメリカの覇権が確立され、グローバリゼーションや新自由主義がいったん勝利したようにみえたとしても、二〇年後の現在判明したように、それらは破綻を来したからである。その結果、各国で、多かれ少なかれ、国家資本主義的ないし社会民主主義的政策がとられるようになった。これは大統領オバマがいう「チェンジ」のようにみえる。しかし、この変化は「歴史の終り」を覆すものではなく、むしろそれを証明するものである。

『トランスクリティーク』で、私はつぎのように述べた。ネーション＝ステートとは、異質なものである国家とネーションがハイフンで結合されてあることを意味している。

しかし、近代の社会構成体を見るためには、その上に、資本主義経済を付け加えなければならない。つまり、それを資本＝ネーション＝ステートとして見るべきである。それは相互補完的な装置である。たとえば、資本制経済は放置すれば、必ず経済的格差と対立に帰結する。だが、ネーションは共同性と平等性を志向するものであるから、資本制がもたらす格差や諸矛盾を解決するように要求する。そして、国家は、課税と再分配や諸規制によって、それを果たす。資本もネーションも国家も異なるものであり、それぞれ異なる原理に根ざしているのだが、ここでは、それらがボロメオの環のごとく、どの一つを欠いても成り立たないように結合されている。私はそれを、資本＝ネーション＝国家と呼ぶことにしたのである。

私の考えでは、フクヤマが「歴史の終焉」と呼んだ事態は、この資本＝ネーション＝ステートが一度できあがると、それ以上に根本的な変革がありえないということを意味する。実際、近年の世界各地の「チェンジ」は、資本＝ネーション＝ステートが壊れたどころか、そのメカニズムがうまく機能していることを証明しているにすぎない。資本＝ネーション＝ステートという環は安泰である。その回路の中に閉じこめられているという自覚がないため、人々はその中をぐるぐるまわっているだけなのに、歴史的に前進していると錯覚しているのである。私は『トランスクリティーク』でつぎのように書いた。

資本主義のグローバル化の下に、国民国家が消滅するだろうという見通しがしばしば語られている。海外貿易による相互依存的な関係の網目が発達したため、もはや一国内での経済政策が以前ほど有効に機能しなくなったことは確かである。しかし、ステートやネーションがそれによって消滅することはない。たとえば、資本主義のグローバリゼーション(新自由主義)によって、各国の経済が圧迫されると、国家による保護(再分配)を求め、また、ナショナルな文化的同一性や地域経済の保護といったものに向かう。資本への対抗が、同時に国家とネーション(共同体)への対抗でなければならない理由がここにある。資本制＝ネーション＝ステートは、三位一体であるがゆえに、強力なのである。そのどれかを否定しようとしても、結局、この環の中に回収されてしまうほかない。それは、それらがたんなる幻想ではなくて、それぞれ異なった「交換」原理に根ざしているからである。資本制経済について考えるとき、われわれは同時にそれとは別の原理に立つものとしてのネーションやステートを考慮しなければならない。いいかえれば、資本への対抗は同時にネーション＝ステートへの対抗でなければならない。その意味で、社会民主主義は、資本主義経済を超えるものではなくて、むしろ、資本制＝ネーション＝ステートが生き残るための最後の形態である。

これを書いたのは一九九〇年代であったが、現在でもそれを修正する必要はまったくない。資本＝ネーション＝ステートは実に巧妙なシステムなのである。だが、私の関心はむろん、それを称揚することではなく、それを越えることにある。この点に関して、『トランスクリティーク』を書いていた一九九〇年代と、二〇〇一年以後では、私の考えはかなり違っている。私に「世界史の構造」の包括的な考察を強いたのは、二〇〇一年以後の事態なのである。

一九九〇年代では、私は、各国における資本と国家への新たな対抗運動を考えていた。明確なヴィジョンがあったわけではないが、漠然と、そのような運動は自然に、トランスナショナルな連合となっていくだろうと考えていたのである。一九九九年のシアトルにおける反グローバリゼーション運動に象徴されるように、そのような雰囲気が各地に存在した。たとえば、デリダは「新しいインターナショナル」を提唱し、ネグリ＆ハートは「マルチチュード」の世界同時的な反乱を唱えていた。私自身も似たような展望をもちつつ、実践的な運動を開始していた。

しかし、このようなオプティミズムは、二〇〇一年、ちょうど私が『トランスクリティーク』を出版したころに起こった、九・一一以後の事態によって破壊された。この事件は、宗教的対立と見えるが、実際には「南北」の深刻な亀裂を露出するものである。

また、そこには、諸国家の対立だけでなく、資本と国家への対抗運動そのものの亀裂があった。このとき、私は、国家やネーションがたんなる「上部構造」ではなく、能動的な主体《エージェント》として活動するということを、あらためて痛感させられた。資本と国家に対する対抗運動は一定のレベルを越えると必ず分断されてしまう。これまでもそうであったし、今後においてもそうである。私は、『トランスクリティーク』で与えた考察を、もっと根本的にやりなおさねばならない、と考えた。

そこで、私は交換様式という観点から、社会構成体の歴史を包括的にとらえなおすことを考えた。この考えはもともとマルクスが提起したものである。ところが、これを全面的におこなうには、旧来のマルクス主義の公式を否定する必要があった。もはやマルクスのテクストを再解釈することでは足りないと私は判断した。二〇〇一年にいたるまで、私は根本的に文学批評家であり、マルクスやカントをテクストとして読んでいたのである。いいかえれば、自分の意見ではあっても、それをテクストから引き出しうる意味としてのみ提示したのだ。だが、このようなテクストの読解には限界がある。私の意見が彼らに反することが少なくなかったし、また、彼らが考えていない領域や問題が多かった。したがって、「世界史の構造」を考えるにあたって、私は自身の理論的体系を創る必要を感じた。これまで私は体系的な仕事を嫌っていたし、また苦手でもあった。だが、今回、生涯で初めて、理論的体系を創ろうとしたのである。私が取り組んだのは、体系的であるほかに語りえない問題であったからだ。

私の課題は、ある意味で、マルクスによるヘーゲルの批判をやりなおすことであった。というのは、資本・ネーション・国家を相互連関的体系においてとらえたのは、『法の哲学』におけるヘーゲルであったからだ。彼は資本＝ネーション＝国家を、どの契機をも斥けることなく、三位一体的な体系として弁証法的に把握したのである。それはまた、フランス革命で唱えられた自由・平等・友愛を統合するものでもある。マルクスはヘーゲル『法の哲学』の批判から出発した。しかし、その際、彼は、資本制経済を下部構造とし、ネーションや国家を観念的な上部構造とみなした。そのため、資本＝ネーション＝ステートという複合的な社会構成体をとらえられなくなったのである。資本制が廃棄されれば、国家やネーションは自然に消滅するという見方がそこから出てくる。その結果として、マルクス主義運動は国家とネーションという問題で大きな躓きを経験してきたのである。

その原因は、マルクスが、国家やネーションが資本と同様に、たんなる啓蒙によっては解消することができないような存在根拠をもつことを見なかったこと、さらに、それらがもともと相互に連関する構造にあることを見なかったことにある。資本、国家、ネーション、宗教を真に揚棄しようとするのであれば、まずそれらが何であるかを認識しなければならない。たんにそれらを否定するだけでは何にもならない。結果的に、それらの現実性を承認するほかなくなり、そのあげく、それを越えようとする「理念」をシニカルに嘲笑するにいたるだけである。それがポストモダニズムにほかならない。

したがって、マルクスによるヘーゲルの批判をやりなおすということは、ヘーゲルが観念論的であれ把握した近代の社会構成体およびそこにいたる「世界史」を、マルクスがそうしたように唯物論的に転倒しつつ、なお且つ、ヘーゲルがとらえた資本・ネーション・国家の三位一体性を見失わないようにすることである。そのためには、生産様式ではなく、「交換様式」から世界史を見るという視点が不可欠である。歴史的に、どんな社会構成体も、複数の交換様式の結合として存在する。ただ、どのような交換様式が主要であるかによって異なるのである。資本主義的な社会構成体は、商品交換様式が主要であるような社会構成体であり、それに合わせて、他の交換様式も変容される。その結果として、資本＝ネーション＝ステートが形成されたのである。

このようにいうことで、私はマルクスとまったく違ってしまうわけではない。すでに『トランスクリティーク』で、私はこう述べた。マルクスは『資本論』で、商品交換という交換様式から形成される世界を見事に解明した。その場合、彼は国家やネーションをカッコに入れることによってそうしたのだから、後者に関する考察が不十分であったのは当然である。それを批判する暇があれば、国家やネーションに関して、『資本論』でマルクスがとった方法によって自分でやればよいのだ、と。実際、本書で、私はそれを実行したのである。

ところで、資本＝ネーション＝ステートの歴史的必然性を示すだけでは、ヘーゲル的な仕事にとどまる。私の課題はそれを越えることの必然性を明らかにすることである。それについて考えるためには、あらためてマルクスのヘーゲル批判に戻ってみる必要がある。マルクスのヘーゲル批判とは、ヘーゲルの観念論的な思弁を唯物論的に転倒することであるが、通常、これは上下(感性的・物質的なものと観念的なもの)の転倒のイメージで考えられている。しかし、大事なのは、むしろそれを前後の転倒において見ることである。

ヘーゲルにとって、物事の本質は結果においてのみあらわれる。すなわち、彼は物事を〝事後〟から見るのだ。一方、カントは物事を〝事前〟から見る。未来に関して、われわれは予想できるだけで、積極的に断定することができない。それゆえ、カントにとって、理念は仮象である。だが、それは「超越論的仮象」である。というのも、感覚にもとづくような仮象と違って、われわれはそれを理性によって取り除くことができない。なぜなら、それは理性が必要とするような仮象だからだ。平たくいえば、そのような仮象がなければ、われわれは統合失調症に陥るほかない。

たとえば、カントは世界史に関し、これまでの過程から見て、それが「目的の国」(道徳法則が実現された世界)に向かって漸進しているとみなしてよい、という。このような理念は「統整的理念」である。すなわち、それは「構成的理念」とは違って、けっして実現されることはないが、われわれがそれに近づこうと努めるような指標としてありつづける。(2)それに対して、ヘーゲルにとって、理念はカントにおけるように、未来に実現されるべき、しかし、ついに仮象にとどまるような何かではない。ヘーゲルにとって、理念は仮象ではなく、現実に存在する。というより、現実こそ理念的である。だからまた、彼にとって、歴史は終わっているのだ。

それに対して、マルクスがヘーゲルを転倒したとき、歴史を終わったものとしてではなく、未来に何かを実現すべきものとして見ることになる。それは、〝事後〟において見る立場から〝事前〟において見る立場への移行である。しかし、〝事後〟の立場から見出されるような必然性を、〝事前〟において想定することはできない。必然性は仮象(理念)でしかありえない。つまり、〝事前〟の立場に立つとき、ある意味で、カントの立場に戻ることになる。マルクスはカントを無視した。しかし、〝事前〟の立場が強いる問題から逃れることはできない。たとえば、共産主義は歴史的必然である、ということはできないのだ。

ここで、もう一人のポストヘーゲリアンの思想家、キルケゴールを例にとろう。彼はヘーゲルを批判してこう述べた。思弁は後ろ向きであり、倫理は前向きである、と。後ろ向きとは〝事後〟の立場、前向きとは〝事前〟の立場に立つことだ。後者では「命がけの飛躍」が要求される。キルケゴールはカントを無視した。にもかかわらず、彼は明らかに〝事前〟の立場に戻っている。マルクスも同様である。要するに、問題は、ヘーゲルかカントかというようなことではない。〝事前〟の立場に立つならば、誰でも同じ問題に直面せざるをえないのである。

エルンスト・ブロッホは、マルクスの哲学は「未来の哲学」である、という。それは「未だ-意識されないもの」を見ること、あるいは、「前方に向かって夢を見ること」である(3)。それは正しい。しかし、マルクスが未来について積極的に語ることを一貫して拒否したことに注意すべきである。たとえば、彼はつぎのように書いた。《共産主義とは、われわれにとって成就されるべき何らかの状態、現実がそれへ向けて形成されるべき何らかの理想ではない。われわれは、現状を止揚する現実の運動を、共産主義と名づけている。この運動は現にある前提から生じる》(『ドイツ・イデオロギー』)。ここで、マルクスは前方に、歴史の目的(終り)を置くことを拒否している。したがって、彼はヘーゲルを否定するだけでなく、カントをも拒否している。

実際には、マルクスがいう共産主義は、カントがいう「目的の国」と異なるものではない。つまり、それは、「他者を手段としてのみならず同時に目的として扱う」ような社会である。カントにおける道徳性は、善悪ではなく、自由(自発性)の問題である。他者を目的として扱うとは、他者を自由な存在として扱うことだ。そして、このような道徳性がなければ、共産主義はない。だが、マルクスは、道徳性を直接にもちこむことを拒んだ。道徳性から始めるかぎり、共産主義は「現実がそれへ向けて形成されるべき何らかの理想」だということになってしまう。それに対して、マルクスは、「物質的な過程」そのものに共産主義を必然的にもたらす「前提」があるというのである。

しかし、物質的な過程あるいは経済的下部構造を生産様式という観点から見ているかぎり、そこに道徳的な契機を見出すことができない。ゆえに、道徳的な契機は、経済的な構造にではなく、観念的な次元に求められることになる。実際、カント派マルクス主義者やサルトルらは、実存的・道徳的契機を導入することによって、経済決定論的なマルクス主義を補完しようとしてきたのである。しかし、私の考えでは、その必要はない。経済的下部構造を広義の交換という観点からとらえなおすならば、道徳的次元を「経済」の外に想定する必要はない。道徳性の契機は交換様式のなかにふくまれている。たとえば、交換様式という観点から見れば、共産主義とは交換様式Dの実現にほかならない。それはまさに経済的＝道徳的な過程である。また、交換様式Dは、原初的な交換様式A(互酬性)の高次元における回復である(一四頁参照)。それは、たんに人々の願望や観念によるのではなく、フロイトがいう「抑圧されたものの回帰」として「必然的」である。

「世界史の構造」から明らかになるのは、つぎのことである。資本＝ネーション＝ステートは世界システムの中で生じたものであり、一国内部だけの所産ではない。したがって、それを揚棄することも、一国内だけではありえないのである。たとえば、一国で社会主義革命が起これば、他の国はただちに干渉しに来るか、ないしは、その機会に漁夫の利を得ようとするだろう。マルクスは当然それを考慮に入れていた。《共産主義は、経験的には、主要な諸民族が〈一挙に〉、かつ同時に遂行することによってのみ可能なのであり、そしてそのことは生産力の普遍的な発展とそれに結びついた世界交通を前提としている》(『ドイツ・イデオロギー』)。この理由から、マルクスはパリ・コンミューンの蜂起に反対した、いざ起こってみれば、それを熱烈に称賛したけれども。なぜなら、パリ・コンミューンは一都市あるいは、せいぜいフランス一国の出来事にすぎないからだ。それは敗北するに決まっており、もし存続したとすれば、フランス革命と同様に恐怖政治に陥るほかないだろうからだ。のちにロシア革命はそれを実証したのである。

それ以後も「世界同時革命」は幾度も唱えられてきたが、たんにスローガンにすぎなかった。社会主義革命は世界同時革命としてのみ可能だという、マルクスの考えを、誰もまともに考えたことがない。世界同時革命という神話的ヴィジョンは今も残っている。たとえば、マルチチュードのグローバルな反乱、というイメージがその一例である。それがどのような結果に終わるかは見え透いている。しかし、私がいいたいのは、世界同時革命という観念を放棄することではない。それを別のかたちで考えることである。それ以外に、資本＝ネーション＝ステートを揚棄することはできないからだ。

先述したように、二〇〇一年以後の事態において、私はグローバルな資本と国家への対抗運動がはらむ問題について再考することを迫られた。その時期、私はあらためてカントやヘーゲルについて考えたのである。というのは、興味深いことに、イラク戦争が、通常専門の哲学者以外は関知しない、カントやヘーゲルといった古典哲学の問題を、突然、現代の政治的文脈において蘇生させたからだ。たとえば、アメリカのネオコン・イデオローグは、フランスやドイツが支持した国連を、「カント主義的夢想」として嘲笑した。そのとき、彼らはその名を口にしなかったが、実際は〝ヘーゲル〟の観点に立っていたのである。他方、アメリカの戦争に反対して、ハーバーマスをはじめとする、ヨーロッパの社会民主主義者は〝カント〟をもってきた。私は、前者はいうまでもないが、後者を支持する気にもならなかった。

この過程で、私はあらためてカントについて、特に「永遠平和」の問題について考えるようになった。一つには、日本国家が戦後憲法で戦争の放棄を宣言しているにもかかわらず、イラクに派兵するという画期的事態があったからである。この憲法がカントに由来することは明白であった。しかし、私がカントを読み直したのは、たんなる「平和」のためではなく、国家と資本の揚棄という観点からである。なぜなら、カントがいう「永遠平和」は、たんなる戦争の不在としての平和ではなく、国家間の一切の敵対性の廃棄、すなわち、国家の廃棄にほかならないからだ。

私はカントの「諸国家連邦」の構想を、平和主義としてではなく、国家と資本の揚棄という観点から読み直そうとしたのである。そのとき、私が思い当たったのは、カントがいわば「世界同時革命」について考えていたということである。彼はルソー的な市民革命を支持していたが、それが一国だけでは成り立たない、ということを予想していた。他国の干渉や侵略が必ず生じるからだ。カントがフランス革命以前から諸国家連邦を構想したのはそのためである。つまり、それは戦争の防止のためではなく、市民革命を「世界同時革命」とするためであった。

カントの懸念通り、一国だけで起こったフランスの市民革命は、たちまち周囲の絶対王権諸国に干渉され、外からの恐怖は内部の「恐怖(政治)」に帰結した。また、外に対する革命防衛の戦争が、ナポレオンによるヨーロッパ征服戦争に転化していった。その最中に、カントは『永遠平和のために』(一七九五年)を刊行し、諸国家連邦の設立を提唱したのである。そのため、これは平和主義的な構想だと考えられている。だが、カントが目指したのは、戦争の不在としての平和ではなく、国家と資本が揚棄されるような市民革命の世界同時的実現である。その最初のステップが諸国家連邦であった。こう考えたとき、カントとマルクスが思いもよらぬかたちで際会することになった。

カントは、諸国家連邦が、人間の善意によってではなく、むしろ戦争によって、ゆえにまた、不可抗力的に実現されるだろう、と考えた。実際、彼の構想は、二度の世界戦争を通して実現されてきた。国際連盟および国際連合である。もちろん、それは不十分なものである。だが、資本=ネーション=ステートを越える道筋がこの方向を進めることにしかないことは、疑いを入れない。

目　次

序説　交換様式論

1 マルクスのヘーゲル批判

現在の先進資本主義国では、資本＝ネーション＝ステートという三位一体のシステムがある。それはつぎのような仕組みになっている。先ず資本主義的市場経済が存在する。だが、それは放置すれば、必ず経済的格差と階級対立に帰結してしまう。それに対して、ネーションは共同性と平等性を志向する観点から、資本制経済がもたらす諸矛盾の解決を要求する。そして、国家は課税と再分配や諸規制によって、その課題を果たす。資本もネーションも国家も異なるものであり、それぞれ異なる原理に根ざしているのだが、ここでは、それらが互いに補うように接合されている。それらは、どの一つを欠いても成立しないボロメオの環である。

これまで、このような仕組みをとらえようとした者はいない。だが、ある意味で、ヘーゲルの『法の哲学』がそれを把握しようとしたということができる。ただし、ヘーゲルは資本＝ネーション＝ステートを窮極的な社会形態として見ており、それを越えることを考えなかった。とはいえ、資本＝ネーション＝ステートを越えるためには、先ず、それを見出さなければならない。したがってまた、ヘーゲルの『法の哲学』を根本的に批判(吟味)することから始めなければならないのである。

マルクスは青年期に、ヘーゲル法哲学の批判から知的活動を開始した。その際、彼は、ネーション=ステートを至上の地位におくヘーゲルの体系に対して、国家やネーションは観念的な上部構造であり、市民社会(資本主義経済)こそが基礎的な下部構造であると考えた。のみならず、彼はそれを世界史全体について適用しようとした。たとえば、マルクスはつぎのように書いている。

わたくしの研究にとって導きの糸として役立った一般的結論は、簡単につぎのように公式化することができる。人間は、その生活の社会的生産において、一定の、必然的な、かれらの意志から独立した諸関係を、つまりかれらの物質的生産諸力の一定の発展段階に対応する生産諸関係を、とりむすぶ。この生産諸関係の総体は社会の経済的機構を形づくっており、これが現実の土台となって、そのうえに、法律的、政治的上部構造がそびえたち、また、一定の社会的意識諸形態は、この現実の土台に対応している。物質的生活の生産様式は、社会的、政治的、精神的生活諸過程一般を制約する。人間の意識がその存在を規定するのではなくて、逆に、人間の社会的存在がその意識を規定するのである。……経済的基礎の変化につれて、巨大な上部構造全体が、徐々にせよ急激にせよ、くつがえる。このような諸変革を考察するさいには、経済的な生産諸条件におこった物質的な、自然科学的な正確さで確認できる変革と、人間がこの衝突を意識し、それと決戦する場となる法律、政治、宗教、芸術、または哲学の諸形態、つづめていえばイデオロギーの諸形態とをつねに区別しなければならない。……大ざっぱにいって、経済的社会構成が進歩してゆく段階として、アジア的、〔古典〕古代的、封建的、および近代ブルジョア的生産様式をあげることができる。ブルジョア的生産諸関係は、社会的生産過程の敵対的な、といっても個人的な敵対の意味ではなく、諸個人の社会的生活諸条件から生じてくる敵対という意味での敵対的な、形態の最後のものである。しかし、ブルジョア社会の胎内で発展しつつある生産諸力は、同時にこの敵対関係の解決のための物質的諸条件をもつくりだす。だからこの社会構成をもって、人間社会の前史はおわりをつげるのである。(1)

このような見方は、のちにエンゲルス以下のマルクス主義者によって史的唯物論と呼ばれている。ここで問題なのは、国家・ネーションを、芸術や哲学などと同じ観念的な上部構造と見たことである。それは、国家が能動的な主体《エージェント》であると考えていたヘーゲルを批判し、国家をたんに市民社会によって規定される観念的対象とみなすことである。ここから先ず、つぎのような考えが出てきた。それは、経済的な構造を変えれば、国家やネーションは自動的に消滅する、という見方である。しかし、国家やネーションの能動的主体性を無視したこのような見方は、マルクス主義運動にさまざまな躓きをもたらした。それは一方で、マルクス主義者の間に国家社会主義(スターリン主義)をもたらし、他方で、マルクス主義に対抗するナショナル社会主義(ファシズム)の勝利をもたらしたのである。いいかえると、資本主義を超克する運動は、国家とネーションを解消するどころか、それらを比類なく強化することに帰結したのである。

この経験は、マルクス主義者にとって大きな教訓となった。そのため、彼らは上部構造の「相対的自立性」を重視するにいたった。たとえば、フランクフルト学派に代表されるマルクス主義者は、ウェーバー社会学やフロイト精神分析などを導入した。もちろん、それによって経済的下部構造による規定という概念を捨てたわけではない。だが、実際には、経済的な下部構造を吟味することなく、たんに棚上げしようとしてきたのである(2)。また、そのような傾向は、文学・哲学その他の自律性の主張、テクスト解釈の「決定不能性」という主張とつながり、ポストモダニズムの一つの源泉となった。しかし、このように「上部構造の相対的自立性」をいうことは、実際のところ、国家やネーションを歴史的に形成されてきた表象の産物とみなし、したがって啓蒙によって解消できるかのようにみなす結果に導いただけであった。それは、国家やネーションがある種の下部構造に根ざしていること、それゆえにこそ能動的主体性をもつのだということを見ないのである。

それ以前から、史的唯物論への批判や疑いは、資本制以前の社会を扱う学問から出てきた。経済的な下部構造と政治的な上部構造というマルクスの見方は、近代資本主義社会にもとづくものである。ゆえに、それを資本制以前の社会に適用するとうまくいかない。たとえば、原始社会(部族的共同体)においては、そもそも国家がなく、また、経済的構造と政治的構造の区別がない。このような社会は、マルセル・モースが指摘したように、互酬交換によって特徴づけられる。これを「生産様式」で説明することはできない。生産様式という概念にこだわった人類学者マーシャル・サーリンズは「家族的生産様式」(3)という概念を案出し、それが過小生産(underproduction)という特徴をもつという。しかし、過小生産はむしろ互酬交換によってこそ説明できるものだ。余剰生産物を蓄積せず他者に贈与してしまうから、必然的に過小生産になるのである。

つぎに、「アジア的生産様式」の場合、国家装置(軍・官僚・警察機構など)は、経済的な生産関係の上にあるものではない。皇帝・王とそれを支える官僚層と被支配者の政治的関係は、それ自体経済的な関係である。そこでは経済的構造と政治的構造の区別がない。古典古代(ギリシア・ローマ)に関しても同じである。それらに固有の、アジア的国家とは異質な政治システムの成立を、奴隷制生産様式から説明することはできない。むしろ氏族社会に根ざす民主政を維持するためにこそ、奴隷制が不可欠となったのである。

このように、経済的下部構造＝生産様式という前提に立つと、資本制以前の社会を説明できない。のみならず、それは資本制経済さえも説明できないのである。資本制経済はそれ自体、「観念的上部構造」、すなわち、貨幣と信用にもとづく巨大な体系をもっている。マルクスはこれを説明するために、『資本論』において、生産様式ではなく、商品交換という次元から考察を始めた。資本主義的生産様式、すなわち、資本と労働者の関係は、貨幣と商品の関係(交換様式)を通して組織されたものなのである。しかるに、史的唯物論を唱えるマルクス主義者は、『資本論』を十分に読むこともなく、「生産様式」という概念をくりかえしただけだった。

ゆえに、われわれは「生産様式」＝経済的下部構造という見方を放棄すべきである。だが、それは「経済的下部構造」一般を放棄することではまったくない(4)。たんに、生産様式にかわって、交換様式から出発すればよいのだ。交換が経済的な概念であるとしたら、すべての交換様式は経済的なものである。つまり、「経済的」を広い意味で見れば、「経済的下部構造」によって社会構成体が決定されるといってもさしつかえない。たとえば、国家やネーションは、それぞれ異なる交換様式(経済的下部構造)に由来している。それらを、経済的下部構造から区別して、観念的上部構造とみなすのはおかしい。国家やネーションをたんなる啓蒙によって解消することができないのは、それがある種の交換様式に根ざしているからだ。もちろん、それらは観念的な形態をとる。だが、そのことは、商品交換に根ざした資本制経済に関しても同じである。資本主義システムは、「物質的」であるどころか、信用にもとづく観念的な世界である。だからこそ、それはたえず「恐慌」(危機)をはらむのだ。

2　交換様式のタイプ

交換といえば、商品交換がただちに連想される。商品交換の様式が支配的であるような資本主義社会にいるかぎり、それは当然である。しかし、それとは異なるタイプの交換がある。第一に、贈与―お返しという互酬である。人類学者マルセル・モースは、未開社会において、食物、財産、女性、土地、奉仕、労働、儀礼等、さまざまのものが贈与され、返礼される互酬的システムに、社会構成体を形成する原理を見出した。これは未開社会に限定されるものではなく、一般にさまざまなタイプの共同体に存在している。だが、厳密にいうと、この交換様式Aは共同体の内部の原理なのではない。

マルクスは、商品交換(交換様式C)が始まるのは共同体と共同体の間であるということを再三強調した。《商品交換は、共同体の終わるところに、すなわち、共同体が他の共同体または他の共同体の成員と接触する点に始まる》(5)。ここで個人が交換しているようにみえても、実際には、家族・部族の代表者としての個人がそうしているのである。マルクスがこのことを強調したのは、交換の起源を、個人と個人の交換から考えたアダム・スミスの見方が、現在の市場経済を過去に投影しているにすぎないことを批判するためであった。だが、同時に、われわれは、他のタイプの交換もまた、共同体と共同体の間で生じたということに注意しなければならない。すなわち、互酬も共同体と共同体の間に生じたのである。

この意味で、互酬は、世帯内での共同寄託(再分配)から区別されなければならない。たとえば、数世帯からなる狩猟採集民のバンドでは、獲物はすべて共同寄託され平等に再分配される。しかし、このような共同寄託＝再分配は、世帯ないし数世帯からなるバンドの内部にのみ存する原理である。それに対して、互酬は、世帯やバンドがその外の世帯やバンドとの間に恒常的に友好的な関係を形成するときにおこなわれるものだ。すなわち、互酬を通して、世帯を越えた上位の集団が形成されるのである。したがって、互酬は共同体の原理というよりもむしろ、より大きな共同体を成層的に形成する原理である。

つぎに、交換様式Bもまた共同体の間で生じる。それは一つの共同体が他の共同体を略取することから始まる。略取はそれ自体交換ではない。では、略取がいかにして交換様式となるのか？　継続的に略取しようとすれば、支配共同体はたんに略取するだけでなく、相手にも与えなければならない。つまり、支配共同体は、服従する被支配共同体を他の侵略者から保護し、灌漑などの公共事業によって育成するのである。それが国家の原型である。国家の本質は暴力の独占にある、とマックス・ウェーバーは述べている。しかし、それが意味するのは、たんに国家が暴力にもとづくということではない。国家は、国家以外の暴力を禁じることで、服従する者たちを暴力から保護する。つまり、国家が成立するのは、被支配者にとって、服従することによって安全や安寧を与えられるような一種の交換を意味するときである。それが交換様式Bである。

ここで付け加えておくが、経済人類学者カール・ポランニーは、人間の経済一般の主要な統合形態として、互酬や商品交換のほかに「再分配」をあげている。(6) 彼は再分配を、未開社会から現代の福祉国家にいたるまで一貫して存在するものと見ている。しかし、未開社会における再分配と、国家による再分配とは異質である。たとえば、首長制社会で、各世帯はいわば首長によって課税されているようにみえる。しかし、これはあくまで互酬的な強制による共同寄託である。首長は絶対的な権力をもっていないのである。しかるに、国家においては、略取が再分配に先行している。継続的に略取するためにこそ、再分配がなされるのだ。国家による再分配は、歴史的には、灌漑や社会福祉、治安のような公共政策というかたちをとってきた。その結果、国家は「公共的な」権力であるかのようにみえる。しかし、国家(王権)は部族社会の首長制の延長として生まれたのではない。それは元来、略取—再分配という交換様式Bにもとづくのである。ポランニーのように、再分配をあらゆる社会に同一的なものとして見出すのは、国家に固有の次元を見逃すことである。(7)

つぎに、第三の交換様式C、すなわち、商品交換は相互の合意にもとづくものである。それは交換様式AやB、つまり、贈与によって拘束したり、暴力によって強奪したりすることがないときに、成立するのである。つまり、商品交換は、互いに他を自由な存在として承認するときにのみ成立する。ゆえに、商品交換が発達するとき、それは、各個人を贈与原理にもとづく一次的な共同体の拘束から独立させるようになる。都市は、そのような個人が自発的に作ったアソシエーションによって形成される。もちろん、都市もそれ自体二次的な共同体として、その成員を拘束するようになるが、一次的な共同体とはやはり異質である。

商品交換に関して重要なのは、それが相互の自由を前提するにもかかわらず、相互の平等を意味するものではない、ということである。商品交換というと、生産物やサーヴィスが直接に交換されるようにみえるが、実際は、貨幣と商品の交換としておこなわれる。その場合、貨幣と商品、またはその所有者の立場は異なる。マルクスがいったように、貨幣は「何とでも交換できる質権」をもつ。貨幣をもつ者は、暴力的強制に訴えることなく、他人の生産物を取得し、他人を働かせることができる。それゆえ、貨幣をもつ者と商品をもつ者、あるいは、債権者と債務者は平等ではない。貨幣をもつ者は商品交換を通して貨幣を蓄積しようとする。それは、貨幣の自己増殖の運動としての、資本の活動である。資本の蓄積は、他者を物理的に強制することによってではなく、合意にもとづく交換を通してなされる。それは、異なる価値体系の間での交換から得られる差額(剰余価値)によって可能となる。むろん、それは貧富の差をもたらさずにいない。かくして、商品交換の様式Cは、交換様式Bによってもたらされる「身分」関係とは違った種類の「階級」関係――それらはしばしば相互に結びつくのだが――をもたらすのである。

それらに加えて、ここで、交換様式Dについて述べておかねばならない。それは、交換様式Bがもたらす国家を否定するだけでなく、交換様式Cの中で生じる階級分裂を越え、いわば、交換様式Aを高次元で回復するものである。これは、自由で同時に相互的であるような交換様式である。しかしこれは、前の三つのように実在するものではない。それは、交換様式BとCによって抑圧された互酬性の契機を想像的に回復しようとするものである。したがって、それは最初、宗教的な運動としてあらわれる。

交換様式の区別に関して、もう一つ付け加えておこう。カール・シュミットは「政治的なもの」に関して、他から相対的に独立したそれに固有の領域を見出そうとして、つぎのように述べている。《道徳的なものの領域においては、究極的区別とは、善と悪とであり、美的なものにおいては美と醜、経済的なものにおいては利と害、たとえば採算がとれる、とれない、であるとしよう(8)》。それと同様に、政治的なものに固有の究極的な区別は、友と敵という区別である、とシュミットはいう。だが、それは私の考えでは、交換様式Bに固有のものである。したがって、「政治的なもの」に固有の領域は、広い意味で経済的な下部構造に由来するといわねばならない(9)。

ついでにいうと、道徳的なものに固有の領域も、交換様式と別にあるわけではない。一般に、道徳的な領域は、経済的な領域とは別に考えられている。しかし、それは交換様式と無縁ではない。たとえば、ニーチェは、罪の意識は債務感情に由来すると述べた。ただし、彼は罪感情が交換様式Aから生じる負い目であることを見なかった。交換様式Cが浸透した近代では、罪感情は希薄になる。負い目を金で返せるからだ。このように、道徳的・宗教的なものは、一定の交換様式と深くつながっている。したがって、経済的下部構造を生産様式ではなく交換様式として見るならば、道徳性を経済的下部構造から説明することができる。

交換様式A(互酬)を例にとろう。部族的な社会では、これが支配的な交換様式である。ここでは、富や権力を独占することができない。国家社会、すなわち、階級社会が始まると、交換様式Aは従属的な地位におかれる。そこでは交換様式Bが支配的となる。その下で、交換様式Cも発展するが、従属的である。交換様式Cが支配的となるのは、資本制社会においてである。この過程で、交換様式Aは抑圧されるが、消滅することはない。むしろ、それは、フロイトの言葉でいえば「抑圧されたものの回帰」として回復される。それが交換様式Dである。

交換様式Dは、交換様式Aへの回帰ではなく、それを否定しつつ、高次元において回復するものである。それは先ず、交換様式BとCが支配的となった古代帝国の段階で、普遍宗教として開示された。交換様式Dを端的に示すのは、キリスト教であれ仏教であれ、普遍宗教の創始期に存在した、共産主義的集団である。それ以後も、社会主義的な運動は宗教的な形態をとってきた。

一九世紀後半以後、社会主義は宗教的な色彩をもたなくなる。が、大事なのは、社会主義が根本的に、交換様式Aを高次元において回復することにあるという点である。たとえば、ハンナ・アーレントは、評議会コミュニズム(ソヴィエトあるいはレーテ)に関して、それが革命の伝統や理論の結果としてではなく、いつどこでも、「まったく自発的に、そのたびごとにそれまでまったくなかったものであるかのようにして出現する」ことを指摘している。(10) これは、自然発生的な評議会コミュニズムが、交換様式Aの高次元での回復であることを示すものである。

交換様式Dおよびそれに由来する社会構成体を、たとえば、社会主義、共産主義、アナーキズム、評議会コミュニズム、アソシエーショニズム……といった名で呼んでもよい。が、それらの概念には歴史的にさまざまな意味が付着しているため、どう呼んでも誤解や混乱をもたらすことになる。ゆえに、私はそれを、たんにXと呼んでおく。大切なのは、言葉ではなく、それがいかなる位相にあるかを知ることであるから。

以上をまとめると、交換様式は、互酬、略取と再分配、商品交換、そしてXというように、四つに大別される。これらは図1のようなマトリックスで示される。これは、横の軸では、不平等／平等、縦の軸では、拘束／自由、という区別によって構成される。

B 略取と再分配（支配と保護）	A 互 酬（贈与と返礼）
C 商品交換（貨幣と商品）	D X

図1 交換様式

B 国 家	A ネーション
C 資 本	D X

図2 近代の社会構成体

さらに、図2に、それらの歴史的派生態である、資本、ネーション、国家、そして、Xが位置づけられる。

つぎに重要なのは、実際の社会構成体は、こうした交換様式の複合として存在するということである。前もっていうならば、歴史的に社会構成体は、このような諸様式をすべてふくんでいる。ただ、どれが主要であるかによって異なるのである。部族社会では互酬的交換様式Aがドミナントである。しかし、それはBやCが存在しないことを意味するのではない。たとえば、戦争や交易はつねに存在する。が、BやCのような要素は互酬原理によって抑制されるため、Bがドミナントであるような社会、つまり、国家社会には転化しないのである。一方、Bがドミナントな社会においても、Aは別なかたちをとって存続した、たとえば農民共同体として。また、交換様式Cも発展した、たとえば都市として。だが、資本制以前の社会構成体では、こうした要素は国家によって上から管理・統合されている。交換様式Bがドミナントだというのは、そのような意味である。

つぎに、交換様式Cがドミナントになるのが、いうまでもなく、資本制社会である。マルクスの考えでは、資本制社会構成体は、「資本制生産」という生産様式によって規定される社会である。だが、資本制生産を特徴づけるものは何であろうか。それは分業と協業、あるいは機械の使用などといった形態にあるのではない。というのは、そのようなものなら奴隷制でも可能だからだ。また、資本制生産は商品生産一般に解消されない。奴隷制生産も農奴制生産もむしろ商品生産として発展したのだからだ。資本制生産が奴隷制生産や農奴制生産と異なるのは、それが「労働力商品」による商品生産だということにある。奴隷制の社会では人間が商品となる。したがって、人間が商品化されるのではなく、人間の「労働力」が商品化されるような社会でなければ、資本制生産はありえないのである。また、それは、土地の商品化をふくめ、社会全体に商品交換が浸透しないと生じない。ゆえに、「資本制生産」は生産様式ではなく、交換様式から見なければ理解できないのである。

資本制社会では、商品交換が支配的な交換様式である。だが、それによって、他の交換様式およびそこから派生するものが消滅してしまうわけではない。他の要素は変形されて存続するのだ、国家は近代国家として、共同体はネーションとして。つまり、資本制以前の社会構成体は、商品交換様式がドミナントになるにつれて、資本＝ネーション＝国家という結合体として変形されるのである。こう考えることによってのみ、ヘーゲルがとらえた『法の哲学』における三位一体的体系を、唯物論的にとらえなおすことができる。さらに、それらの揚棄がいかにしてありうるかを考えることができる。

マルクス主義者は国家やネーションをイデオロギー的上部構造とみなしてきた。しかし、国家やネーションが資本主義的な経済的構造に還元されない自立性をもつのは、それらが「相対的に自立性をもつイデオロギー的上部構造」としてあるからではない。それらが、それぞれ異なる経済的下部構造、すなわち、異なる交換様式に根ざしているからだ。マルクス自身が解明しようとしたのは商品交換様式が形成する世界だけであった。それが『資本論』である。だが、それは他の交換様式が形成する世界、つまり、国家やネーションをカッコに入れることによってなされた。私がここで試みたいのは、異なる交換様式がそれぞれ形成する世界を考察するとともに、それらの複雑な結合としてある社会構成体の歴史的変遷を見ること、さらに、いかにしてそれらを揚棄することが可能かを見届けることである。

3　権力のタイプ

ここで、さまざまな交換様式から生じるさまざまな権力(power)について考えてみよう。権力とは、一定の共同規範を通して、他人を自分の意志に従わせる力である。先ず、共同規範には大まかに三つの種類がある。第一に、共同体の法。これは掟と呼んでもよい。これが明文化されることはほとんどないし、罰則もない。しかし、この掟を破れば、村八分にされるか追放されるので、破られることはめったにないのである。第二に、国家の法。これは共同体の間、あるいは多数の共同体をふくむ社会における法だといってもよい。共同体の掟がもはや通用しない空間において、国家の法が共同規範として登場するのである。第三に、国際法。国家間における法である。すなわち、国法が通用しない空間における共同規範である。

権力のタイプもこうした共同規範に応じて異なる。重要なのは、こうした共同規範が権力をもたらすのではないということだ。逆に、こうした共同規範は、一定の権力《パワー》なしには機能しないのである。通常、権力は暴力にもとづくと考えられる。だが、それが妥当するのは、国家の共同規範(法)に関してだけである。たとえば、掟が働く共同体の内部では、共同規範を作動するために暴力を必要としない。暴力とは異質な強制力が働くからである。それを、贈与による権力と呼ぶことにしよう。マルセル・モースは、自己破滅的な贈与であるポトラッチに関してつぎのように述べている。

このような狂気じみた贈与や消費の動機、あるいはこのようなばかげた富の喪失や破壊は、とくに、ポトラッチ集団間では、けっして利害関係なきものではない。酋長と配下との間、配下とその取り巻き連との間には、贈り物によって、身分階層制が設けられる。与えるということは、彼の優越性を示すことであり、また、彼がより偉大で、より高くあり、主人であることを示すことである。貰ってお返しをしないとか、あるいはより多くのお返しをしないということは従属することであり、家来や召使になること、小さくなること、より低い地位に落ちることである。(11)

贈与することとは、贈与された側を支配する。返済しないならば、従属的な地位に落ちてしまうからだ。ここでは暴力が働いていない。むしろ、一見すれば無償的で善意にみちたものであるようにみえる。にもかかわらず、それは暴力的強制以上に他人を強く制する。そこで、モースは「交換されるもののなかには……贈与を流通させ、受け取らせ、返礼させるある種の力が存在する」と考えた。そして、その力をニュージーランドの先住民マオリ族に従って、ハウと呼んだ。これについてはのちに述べる。ここで大事なのは、互酬交換に一種の権力が付随するということである。

たとえば、ポトラッチにおいては、贈与された側はそれ以上に贈与をしかえして相手を圧倒しようとする。ポトラッチは戦争ではない。が、相手を制圧するという動機においては戦争と似ている。また、贈与はそうと見えないような場合にも存在する。たとえば、共同体の一員であることは、すでに生まれながらに共同体から贈与されてあることだ、といってもよい。各員はそれに返済する義務を負う。共同体が各人を拘束する力は、そのような贈与の力である。ゆえに、共同体の中では、成員が規範(掟)に反した場合、特にそれを処罰する必要はない。その者が掟を破ったことが共同体の成員に知られてしまえば、それでおしまいなのだ。共同体から見放されること、それは死を意味する。

第二に、共同体の外、あるいは、多数の共同体が存在する状態では、共同体の掟は機能しない。したがって、共同体を越えた共同規範(法)が必要となる。しかし、それが機能するには、強制する力が必要である。それは実力(暴力)である。ウェーバーは、国家権力は独占された暴力にもとづくといっている。しかし、たんなる暴力では共同規範を強制するような力とはなりえない。国家は、実際には、ある共同体が暴力をもって他の共同体を支配することにおいて成立する。が、それを一時的な略奪ではなく恒常的なものとするためには、この支配を、共同体を越えた、つまり、支配者あるいは支配共同体自身かそれに従うような共同規範にもとづくようにしなければならない。国家はそのときに存在する。つまり、国家の権力は暴力に裏づけられているとはいえ、つねに法を介してあらわれるのである。

共同体の掟を強いる力が互酬交換に根ざしているように、国家の法を強いる力も、一種の交換に根ざしている。そのことを最初に見出したのがホッブズである。彼は国家の根底に、「恐怖に強要された契約」を見た。それによって「一方は生命を得、他方は金または労働を得るという契約」である。このことは、国家の権力が、暴力的強制だけでなく、むしろ、それに対する(自発的な)同意によって成り立つことを意味している。たんに暴力的強制によるかぎり、それは長続きしない。したがって、重要なのは、国家の権力は、一種の交換様式に根ざしているということである。

第三に、国家間における法、すなわち、国法が通用しない空間における共同規範は、いかにして存在するのか。ホッブズは、国家間は「自然状態」であり、それを越える法はない、という。しかし、現実には、国家間の交易がなされてきた。そして、この交易の現実から生まれてきた法がある。それがいわば「自然法」である。これはたんなる観念ではない。どのような国家も交易を必要とするかぎり、これを否定することはできない。これを支えるものは、共同体や国家の力ではない。商品交換の中から生じてきた力である。具体的にいうと、それは貨幣の力だ。

マルクスが強調したように、商品交換は共同体と共同体の間に発生した。そこで成立したのは、一般的等価物(貨幣)による交換である。これは「商品世界の共同作業」(マルクス)の結果である。われわれはこれを商品の間の社会契約だといってよい。このことに、国家は関与していない。実際には、国家と法がなければ、商品交換は成り立たない。つまり、契約が履行されることはない。しかし、国家は貨幣がもつような力をもたらすことはできないのである。貨幣は国家によって鋳造されるが、それが通用するのは、国家の力によってではない。商品(所有者)たちの世界の中で形成された力によるのだ。国家あるいは帝国(広域国家)がおこなうのは、貨幣の金属量を保証することにすぎない。一方、貨幣の力は帝国の範囲を越えて及ぶことができる。

商品交換は自由な合意による交換である。その点で、共同体や国家とは違っている。しかし、ここから後者とは違った支配が生まれるのである。貨幣の力は、貨幣(所有者)が商品(所有者)に対してもつ権利にある。貨幣は、いつどこででもどんな商品とも交換できる「質権」をもつ。ゆえに、商品と違って、貨幣は蓄積することができる。富の蓄積は、生産物の備蓄ではなく、貨幣の蓄積として始まったのである。他方、商品は貨幣と交換されなければ、多くの場合、商品ですらなくなる。つまり、廃棄されてしまうほかない。商品は交換されるかどうかわからないから、貨幣をもつ者が圧倒的に優位に立つ。そこに、貨幣を蓄積しようとする欲望とその活動、つまり、資本が発生する理由がある。貨幣による力は、贈与や暴力にもとづく力とは違っている。それは、他者を物理的・心理的に強制することなく、同意にもとづく交換によって使役することができる。この点で、たとえば、奴隷を働かせることと、労働者を賃金で働かせることとは異なる。だが、この貨幣の力は、暴力にもとづく階級(身分)支配とは違った種類の階級支配をもたらすのである。

こうして明らかなのは、どの交換様式からもそれに固有の権力が生じるということ、そして、交換様式の差異に応じて権力のタイプもそれぞれ異なるということである。以上の三つのタイプの権力は、社会構成体が三つのタイプの交換様式の結合としてあるのと同様に、どんな社会構成体においても結合されて存在する。最後に、以上三つの力のほかに、第四の力を付け加えなければならない。それは交換様式Dに対応するものである。私の考えでは、それが最初に出現したのは、普遍宗教においてであり、いわば「神の力」としてである。交換様式A・B・C、そしてそこから派生する力は執拗に存続する。人はそれに抵抗できない。ゆえに、それらを越えるべき交換様式Dは、人間の願望や自由意志によるよりもむしろ、それらを越えた至上命令としてあらわれるのである。

4 交通概念

私が「生産様式」ではなく「交換様式」という観点から歴史を見直すというとき、それがマルクス主義の通念と異なることは明らかである。しかし、それは必ずしもマルクスと異なるものではない。私は「交換」を広い意味で考えている。実は、マルクスも若いとき、同様に「交通」という概念を広い意味で用いていたのである。たとえば、『ドイツ・イデオロギー』では、交通という語はつぎのように使われている。それを四カ所から引用する。

貨幣によって、あらゆる交通形態と交通それ自体とが、諸個人に偶然的なものにされる。したがって貨幣のうちにすでに、いままでの交通が、すべて決められた諸条件のもとにおける諸個人の交通ではなかったということが内在する。

分業のそのつぎの拡大は、生産と交通との分離であり、商人という特殊な階級の形成だった。

いままでのすべての歴史的段階に存在する生産諸力によって制約されていながら、またこれらを制約もしているところの交通形態は、市民社会である。これは、まえにのべたところからもすでにわかるように、単純家族と複合家族、いわゆる種族制をその前提および基礎としており、そしてそのくわしい規定はまえにのべたところにふくまれている。

征服する蛮族のばあいには、すでにうえにふれておいたように、戦争そのものがまだ一つの正常な交通形態である。

右の例は、交通という概念が、家族や部族のような共同体の内部、さらに、共同体と共同体の間の交易、さらに戦争までをふくんでいることを示している。それは交換を広い意味で考えるのと同じことである。この意味での交通という概念を最初に提唱したのは、モーゼス・ヘスである。彼は、マルクスより少し年長の青年ヘーゲル派(ヘーゲル左派)の哲学者であり、フォイエルバッハの宗教批判(自己疎外論)を、国家や資本の批判に転化・拡張した最初の人物である。そして、彼は「貨幣体論」という本で、交通という概念を提起し、それによって、人間と自然、人間と人間の関係をとらえようとした。第一に、ヘスは「生命は生産的な生命活動の交換である」と述べている。

人間の交通は人間の活動の場であり、そこにおいて個々の人間は自分たちの生命や能力を実現し、活動させることができる。彼らの活動がさかんになればなるほど、彼らの生産力も高まり、そして交通が制限されているかぎり、彼らの生産力もなお制限される。彼らの生命の媒介物、すなわち、個体的諸力の交換なしには、諸個体は生きられない。人間の交通は彼らの本質からたまたま派生するものではない。交通こそ人間の現実的本質であり[12]……

ヘスの考えでは、人間と自然の関係は交通である。具体的にいえば、それはメタボリズム、つまり、「物質代謝」(Stoffwechsel)である。ドイツ語では、代謝(Wechsel)は交換を意味するので、人間と自然の関係は交通あるいは交換ということになる。これはマルクスの「自然史」的視点を考える上で重要である。さらに、あとで述べるように、環境問題を考える上でも。

つぎに、ヘスは、そのような人間と自然との関係が、必ず一定の人間の関係を通してなされるということを指摘する。それもまた交通である。その場合、ヘスは、交通形態として、「略奪と奴隷制」、さらに「商品取引」をあげている[13]。彼の考えでは、商品取引という形態が拡大すると、それは略奪と奴隷制(つまり、暴力によって人の生産物を奪うか、もしくは人に労働させる)にとってかわるが、結局、それを別のかたち、つまり、貨幣によっておこなうことに帰結する。貨幣をもつことで、人は他人を強制することができるからだ。そこでは、各人の諸能力は、貨幣というかたちで疎外されている。また、人々の分業と協業は、彼らの意志に反して、資本の下で組織されている。

ヘスは、真に共同的であるような交通形態は、資本主義経済のあとにのみありうると考えた。すでに資本制生産において人々は資本の下で協業しているのだから、そのような自己疎外としての資本を廃棄し、共同生産を自分たちの意志で管理するようになれば、「有機的共同社会」が真に実現されるだろう、と。これは、プルードンによって提唱されていた「アソシエーション」あるいは協同組合的生産の言い換えである。ある意味で、マルクスもこのような考えを終生保持したのである。

マルクスが『経済学・哲学草稿』(一八四四年)の段階でヘスの「交通」論の影響を受けていたことは明らかだが、先ほど引用したように、それは『ドイツ・イデオロギー』においても受け継がれている。ところが、その後、経済学研究に深入りするにつれて、マルクスは交通という言葉を、通常の意味でしか用いなくなった。それは、彼が『資本論』において、交通の一形態、すなわち、共同体と共同体の間に生じる交易(商品交換)が拡大することによって成立した資本制経済の研究に専念したということと切り離せないだろう。おそらく、このことが、国家や共同体、ネーションといった領域に関する考察を二次的なものにしてしまったのである。しかし、われわれは、そのことでマルクスを批判する暇があれば、マルクスが『資本論』でやったような仕事を国家やネーションに関してやるべきなのである。

マルクスは商品交換という基礎的な交換様式から始めて、複雑な資本主義的経済システムの総体を解明しようとした。貨幣と信用によって織りなされた資本制経済システムは、物質的下部構造であるどころか、信用によって存在する宗教的世界のようなものである。それはたんに「資本主義的な生産様式」などといって説明できるようなものではない。同じことが、国家やネーションについていえる。それらは見たところイデオロギー的あるいは観念的にみえるが、資本制システムと同様に、基礎的な交換様式に根ざしている。すなわち、国家は交換様式B、ネーションは交換様式Aに根ざしている。それらはたんなるイデオロギーや表象のようなものではない。近代の資本制経済、国家、ネーションは、基礎的な交換諸様式の接合とその変形によって歴史的に形成されてきたのである。

5　人間と自然の「交換」

国家、ネーション、資本を包括的に扱うためには、それらを広い意味での交換、つまり、交通という概念にもどって考え直す必要がある。しかも、生産というかわりに交換という概念をもってくることは、今日では特に重要な意味をもっている。先に述べたように、マルクスが「生産」という概念に固執したのは、若い時期から一貫して、人間を根本的に自然との関係の中において見る視点をもっていたからである。彼はそれをヘスにならって、「物質代謝」として、いいかえれば、「交換」として見ていた。それがなぜ大切なのか。たとえば、何かを生産することは、ある素材《マテリアル》を変形することであるが、それは同時に、不要な廃棄物および廃熱を産出することになる。物質代謝という観点から見ると、このような廃棄物は再処理されなければならない。たとえば、地中の微生物が廃棄物を処理して再利用できるようにするというのが、自然界のエコシステムである。

もっと根本的にいえば、地球環境は、大気循環と水循環を通して、窮極的にエントロピーを廃熱として宇宙の外に捨てることによって、循環的なシステムたりえている。この循環が妨げられれば、廃物あるいはエントロピーが蓄積されてしまう。人間と自然の「物質代謝」は、地球全体の「物質代謝」の一環として存在する。人間の生活は、このような自然の循環から資源を得て、廃物を自然の循環の中に返すかぎりにおいて維持できる。(14) 資本制工業生産が始まるまで、人間による生産がエコシステムを決定的に破壊することはなかった。人間が生み出した廃棄物は自然によって処理されてきた。それが人間と自然の物質的交換(代謝)ということである。

ところが、「生産」は一般に、廃棄物を無視して考えられている。(15) そして、その創造性のみが評価される。ヘーゲルのような哲学者がとらえてきた生産とは、そのようなものだといってよい。しかし、そのようなヘーゲルの考えを観念論だといって攻撃したマルクス主義者も、実は、生産を唯物論的に見ることがなかったのだ。つまり、彼らは生産が廃棄物および廃熱を伴うことを考えてこなかった。だから、彼らは生産を肯定的にのみとらえてきたわけである。そして、悪いのは、人間による人間の搾取、あるいは階級支配である、と。(16)

その結果、一般的に、マルクス主義者は、生産力あるいは科学技術の進歩に関してナイーブにも肯定的であった。だから、エコロジストがマルクス主義者を批判するのは、的はずれではない。しかし、マルクスはそうではなかった。彼は『資本論』で、資本主義的な農業が、「人間と土地の間の代謝を、すなわち、人間が食料と衣料の形態で消費する土壌成分の土地への復帰を、したがって永続的土地豊度の永久的自然条件を攪乱する」と指摘している。彼はその裏づけを、化学肥料型の農業の創始者であると同時にそれを批判し循環型の農業を最初に提唱したドイツの化学者リービッヒから得たのである。

資本主義的農業のすべての進歩は、労働者から掠奪する技術の進歩であるのみではなく、同時に土地から掠奪する技術の進歩でもあり、一定期間土地の豊度を高めるすべての進歩は、同時にこの豊度の永続的源泉の破壊の進歩である。たとえば、北アメリカ合衆国のように、一国がその発展の背景として大工業から出発するならば、それだけこの破壊過程も急速になる。それゆえ、資本主義的生産は、同時に、あらゆる富の源泉である土地と労働者とを滅ぼすことによってのみ、社会的生産過程の技術と結合とを発展させるのである。(17)

マルクスはここで、産業資本が労働者を搾取するだけでなく、いわば自然を搾取＝開発(exploit)すること、それによって「土壌と人間」という自然を破壊してしまうことを批判したのである。彼はさらに、つぎのように述べた。《要するに結論は、農業についての別の考察によっても到達されうるところであるが、こうである。すなわち、資本主義体制は、合理的農業に逆らうということ、または、合理的農業は、資本主義体制と両立しえないものであって(後者は前者の技術的発達を促進するとはいえ)、みずから労働する小農民の手か、または結合された生産者による規制かを、必要とするということ(18)》。この構想は、資本主義的大農場だけでなく、国営の大集団農場という考えとも異なるものだ。ここで、マルクスは、農業経営が小生産者たちのアソシエーション(連合)であるべきだといっているのである。

以上の点から見ると、マルクスの『ゴータ綱領批判』(一八七五年)の論点が明確になるだろう。「ゴータ綱領」はドイツ社会主義労働者党の結成において、マルクス派とラッサール派の合意にもとづいて採択された党綱領である。これを読んだマルクスはひそかに痛烈に批判した。その一つのポイントは、「労働はすべての富とすべての文化の源泉である」という、ラッサールにもとづく考えにある。マルクスはつぎのようにいう。《自然もまた労働と同じ程度に、諸使用価値の源泉である。そして、その労働はそれじたい、ひとつの自然力すなわち人間的な労働力の発現にすぎない》。「人間の労働」を至上とするのは、産業資本主義の発想である。ここでマルクスは、工業生産を中心にした見方(ラッサールのみならず当時のマルクス派一般に共有された)を批判したのである。ここには、初期以来の、人間と自然を物質代謝において見る「自然史的」視点が貫徹されている。第二に、マルクスは、生産者協同組合を国家によって育成しようというラッサール派のプログラムを否定する。マルクスの考えでは、国家によってアソシエーションを育てるのではなく、アソシエーションの発展によって国家を解消することこそが課題であった。現実には、権力を握ったマルクス主義者は国家によって生産者協同組合を組織した。集団農場あるいは人民公社とはそのようなものである。

このような「物質代謝」の意味が広く意識されるようになったのは、化石燃料、特に石油を使用するようになってからである。それによって、「物質代謝」はもはや農業あるいは土地に限定された問題ではなくなったからだ。石油はエネルギー源だけでなく、洗剤、肥料、その他の化学製品の原料としても用いられる。したがって、そこから生じる産業廃棄物は、グローバル(地球的)な環境問題をもたらした。先に述べたように、地球環境は一種の熱機関である。それは、大気循環と水循環を通して、窮極的にエントロピーを廃熱として宇宙の外に捨てることによって、循環的なシステムたりえている。この循環が妨げられれば、気象変動や砂漠化その他の環境危機は不可避的である。最終的には、地球環境は、エントロピーが累積されて「熱的死」にいたる。

このような事態は、人間が自然に対して収奪的であることによってもたらされる。しかし、これをたんに「人間と自然」の関係、いいかえれば、テクノロジーや文明の問題として見るのは、欺瞞的である。それは、人間と自然の交換関係の背後にある、人間と人間の交換関係を隠蔽するからだ。実際、世界史における最初の環境危機は、メソポタミアの灌漑農耕において生じ、それは砂漠化に帰結している。同じことがインダス文明にも黄河文明にも生じた。これは、人間を収奪する組織(国家)が同時に自然(土壌)を収奪する組織であるということの最初の例である。産業資本主義社会では、それが地球規模において実行されている。要するに、人間と人間の交換関係、そして、それがもたらす資本=ネーション=国家という問題を見ないかぎり、環境問題に本質的に対処することができないのである。

6 社会構成体の歴史

私は交換様式という観点から、社会構成体の歴史を再考すると述べた。その際に出発点となるのは、マルクスが「資本制生産に先行する諸形態」で示した、社会構成体の歴史的諸段階である。それは、原始的氏族的生産様式・アジア的生産様式・古典古代的奴隷制・ゲルマン的封建制・資本制生産様式、である。このような分類は、幾つかの条件を付け加えれば、今も有効だと思う(19)。

第一の条件とは、地理的な特定をとりのぞくことである。たとえば、アジア的な社会構成体は狭い意味での「アジア」に限定されるものではない。それはロシアやアメリカ(インカ、マヤ、アステカなど)やアフリカ(ガーナ、マリ、ダホメなど)にも見出される。封建制もゲルマンに限定されない。同種のものが日本にも見出されるからだ。ゆえに、地理的特定をとりさることとは、社会構成体を構造論的に見るために必要なのである。

第二に付け加えるべき条件は、これらを歴史的な継起と発展の順序とみなさないことである。そもそも、マルクスがいう歴史的段階は、ヘーゲルの「歴史哲学」を唯物論的にいいかえたものである。ヘーゲルは、世界史を自由が普遍的に実現される過程としてとらえた。それは、アフリカから、アジア(中国・インド・エジプト・ペルシア)を経て、ギリシア・ローマ、さらに、ゲルマン社会から近代ヨーロッパにいたるものである。それは、自由がまったくない状態から、一人だけが自由である状態、少数者が自由である状態、万人が自由である状態への発展である。マルクスは、これを観念論的な把握であるとして、それを生産様式、すなわち、生産手段を誰が所有するかという観点から、世界史を見直そうとした。かくして、原始共同体的生産様式、王がすべてを所有するアジア的生産様式、さらに、ギリシア・ローマの奴隷制、ゲルマンの封建制という順序が見出される。マルクスが生産様式から見た歴史的段階は表1のように定式化できる。

マルクスは、アジア的農業共同体は氏族的共同体からできた最初の形態であり、それがアジア的国家の経済的下部構造であるという。が、アジア的農業共同体は、氏族社会の連続的発展として生じたものではない。それはアジア的国家によって形成されたのである。たとえば、大灌漑農業を起こしたのは国家であり、その下で農業共同体が編成された。それは氏族社会からの連続的発展であるかにみえるがそうではない。むしろギリシアやゲルマンの社会のほうに氏族社会からの連続性が残っている。

アジア的国家を初期的な段階と見るの

表1

政治的上部構造	下部構造(生産様式)
無国家	氏族社会
アジア的国家	王―一般的隷属民(農業共同体)
古典古代国家	市民―奴隷
封建的国家	領主―農奴
近代国家	資本―プロレタリアート

はまちがいである。官僚制と常備軍をもったアジア的国家はシュメールやエジプトにあらわれたが、それらはのちに、あるいは近代においてさえも、各地の国家がそれを実現するために長い年月を要したほどの完成度を示しているからだ。このような集権的な国家は、多数の都市国家の抗争を経て形成された。一方で、ギリシアでは都市国家が統合されずそのまま残ったのである。それはギリシアが文明的に進んでいたからではなく、むしろ逆に、氏族社会以来の互酬性原理が濃厚に残っていたからだ。それがギリシアに民主政をもたらした原因の一つである。

以上の問題は「生産様式」から見るかぎり説明できない。その観点からは、たとえば、ギリシアやローマに、特に歴史的に段階を画すほどの意義を見出しえない。ギリシアの民主政やそれと結びつくさまざまな文明を、奴隷制生産様式によって説明するのはおかしい。ギリシアの奴隷制はむしろ、ポリスの民主政、つまり、市民がたえず議会や兵役に参加する義務があるからこそ不可欠となった。ゆえに先ず、いかにして民主政が成立したのかを問うべきである。そのためには、「交換様式」の視点が必要なのだ。

つぎに重要なのは、氏族的社会構成体、アジア的社会構成体、古典古代的社会構成体、ゲルマン的社会構成体は、歴史的段階として継起的にあったのではなく、同時的に相互に関係しあうかたちで存在したということである。どんな社会構成体も相互に関連しあう世界において存在するので、それだけを単独に取り出すことはできない。このことに関して、私はウォーラーステインやチェース＝ダンの「世界システム」という考えに従う。[20] 後者は、国家が存在しない世界をミニシステム、単一の国家によって管理されている状態を世界＝帝国、政治的に統合されず、多数の国家が競合しているような状態を世界＝経済と呼んで区別した。この区別を交換様式から見ると、つぎのようになる。

ミニシステム、すなわち、国家以前の世界システムは互酬原理にもとづくものである。つぎに、世界＝帝国は、交換様式Bが支配的であるような世界システムであり、世界＝経済は、交換様式Cが支配的であるような世界システムである。だが、ここで念をおしておきたいのは、これらを規模で区別してはならないということである。たとえば、互酬原理にもとづく世界システムは一般に小さいが、イロクォイ族の部族連合を見れば、それが空間的に巨大なものとなりうることがわかる。このことはまた、モンゴルの遊牧民が築いた巨大な帝国の秘密を説明するものでもある。それはローカルにはアジア的な専制君主でありながら、同時に、支配的共同体としては、部族間の互酬的な連合に依拠していたのである。これに比べれば、ローマ帝国をふくむ他の世界＝帝国はローカルというほかかない。

つぎに、マルクスがいうアジア的な社会構成体は、一つの共同体が他の共同体を制圧して賦役・貢納させる体制である。すなわち、交換様式Bがドミナントな体制である。もちろん、交換様式Bがドミナントな体制は、封建制や奴隷制をふくめて、さまざまである。それらの違いは、支配者共同体の間に、互酬的な原理が残っているかどうかにある。それが残っていれば、集権的な体制を作ることが難しい。集権的な体制を確立するためには、支配階級の間にある互酬性をなくすことが不可欠である。それによって、中央集権と官僚制的な組織が可能になる。

だが、それは、アジア的社会構成体には他の交換様式が存在しない、ということではない。たとえば、アジア的な国家の下にある農業共同体は、貢納賦役を強制されることをのぞいて、その内部では自治的であり、互酬的な経済にもとづいている。すなわち、交換様式Aが強く残っている。しかし、こうした農業共同体は主として、国家による灌漑や征服などによって創り出されたものであり、国家(王権)に従属している。他方で、アジア的社会構成体には、交換様式Cが存在する。すなわち、交易があり都市がある。都市はしばしば巨大なものとなるが、つねに集権的な国家の管理下にある。この意味で、アジア的社会構成体は、交換様式AとCが存在しながらも、交換様式Bが支配的であるような社会構成体なのである。

つぎに、マルクスが古典古代的とかゲルマン的と呼ぶ社会構成体は、それぞれ奴隷制や農奴制にもとづいている。すなわち、これも交換様式Bを主要な原理としている。したがって、サーミール・アミンは、封建制を貢納制国家の一変種として見ている。確かにその点では、ギリシア・ローマ的社会構成体やゲルマン的社会構成体はアジア的な社会構成体と同じであるが、別の点では大きく違っている。それは支配者共同体の間に互酬原理Aがどの程度残っているかを見れば明らかである。ギリシア・ローマでは、集権的な官僚体制が否定された。そのため、複数の共同体や国家を統一的に支配する集権的な体制が成立しなかった。それらが世界＝帝国となったのは、アレクサンドロス三世(アレクサンダー大王)がそうであったように、アジア的な世界＝帝国の型を継承することによってである。しかし、その後西ヨーロッパでは、世界＝帝国はローマ教会という形式の下に存在しただけで、実際上、多数の封建諸侯の争う状態が続いた。ここでは、交易を管理する強力な政治的中心が存在しないため、市場あるいは都市が自立性をもつようになった。そのため、いわば世界＝経済が発達したのである。

ウォーラーステインは、世界＝経済は一六世紀のヨーロッパから出現したと考えた。しかし、世界＝帝国と世界＝経済は必ずしも継起的な発展段階をなすものではない。ブローデルが注意したように、世界＝経済はそれ以前にも、たとえば、古典古代の社会にも存在した(21)。そこに、国家によって管理されない交易と市場が存在したのである。それがアジアの世界＝帝国との決定的な違いである。とはいえ、こうした世界＝経済は単独で存在したのではない。それは、世界＝帝国の恩恵を受けつつ、それが軍事的・政治的に囲い込めないような〝亜周辺〟に存在したのである。

西アジアを例にとると、メソポタミア・エジプトの社会が巨大な世界＝帝国として発展したとき、その周辺の部族共同体は、それによって破壊されるか、ないしは吸収された。その中で、ギリシア諸都市やローマは都市国家として発展した。彼らは西アジアの文明、すなわち、文字・武器・宗教などを受け入れながら、集権的な政治システムだけは受け入れず、氏族社会以来の直接民主主義を保持したのである。だが、中心部に対してそのような選択的対応が可能であったのは、そこから適度に離れた位置にあったからだ。ウィットフォーゲルは、そのような地域を〝亜周辺〟と呼んだ。もし周辺のように近すぎるならば、専制国家に支配されるか吸収され、遠すぎるならば、国家や文明とは無縁にとどまるだろう。

ギリシアやローマが東洋的帝国の亜周辺に成立したとすると、いわゆる封建制(封建的社会構成体)は、ローマ帝国の亜周辺にあったゲルマンの部族社会において成立したものだということができる。もっと厳密にいえば、それはローマ帝国の崩壊後に、西アジアの世界＝帝国を再建したイスラム帝国の亜周辺に位置した。ヨーロッパがギリシア・ローマ文化を受け継いだのは、イスラム圏を通してである。その意味で、ギリシア・ローマからゲルマンへ、というヘーゲル的な継起的発展は、西洋中心主義的な虚構にすぎない。

封建制を専制貢納国家から区別するのは、何よりも、支配階級の間に共同体の互酬原理が存続したことである。封建制は、主君と家臣の双務(互酬)的な契約によって成り立

表2

社会構成体	支配的交換様式	世界システム
1　氏族的	互酬制 A	ミニシステム
2　アジア的	略取—再分配 B1	世界＝帝国
3　古典古代的	〃　B2	
4　封建的	〃　B3	
5　資本主義的	商品交換 C	世界＝経済

っている。主君は家臣に封土を与え、あるいは家臣を養う。そして、家臣は主君に忠誠と軍事的奉仕によって応える。この関係は双務的であるから、主人が義務を果たさないなら、家臣関係は破棄されてもよい。これはギリシア・ローマからの発展ではない。ここには、ギリシア・ローマでは消滅してしまった、氏族社会以来の互酬原理が残っており、それが王や首長に絶対的な地位を許さないのだ。ゲルマン人はローマ帝国やイスラム帝国の文明を受け継いだが、専制国家の官僚的ハイアラーキーを拒否した。すでに述べた通り、これは世界＝帝国の〝亜周辺〟にのみ可能な態度である。これは西ヨーロッパ(ゲルマン)に限定されるものではない。極東の日本にも封建制があったからだ。日本人は中国の文明を積極的に受容しながら、アジア的な官僚制国家とそのイデオロギーは表面的にしか受け入れなかったのである。

集権的な国家の成立を拒む封建制の下では、交易や都市が国家の管理を免れて発展することができた。具体的にいうと、西ヨーロッパでは都市が、教皇と皇帝の抗争、領主間の抗争の中でそれを利用して自立するにいたった。また、農業共同体においても、土地の私有化と商品生産が進んだ。この意味で、封建制は、政治的な統制をもたない世界＝経済のシステムをもたらすものである。ヨーロッパから資本主義的な世界システムが出てきた原因は、そこにある。

以上を図示したのが、表2である。

7　近代世界システム

最後に、資本主義的な社会構成体とは、商品交換様式Cが支配的であるような社会である。われわれは、これを一つの社会構成体の中からだけでなく、他の社会構成体との関係、すなわち世界システムからも見なければならない。まず、世界システムの観点から見ると、ヨーロッパの一六世紀から発達した世界＝経済が世界中を覆うようになると、旧来の世界＝帝国およびその周辺・亜周辺という構造は存在できなくなる。ウォーラーステインがいうように、それにかわって成立するのが、世界＝経済における、中心、半周辺、周辺という構造である。そこでは、旧来の世界＝帝国も周辺部におかれてしまうのである。

一国の経済を世界システムから離れて見ることができないように、国家もまた、世界システムを離れて単独で見ることはできない。近代国家は主権国家であるが、それは単独に一国内部であらわれたのではない。西ヨーロッパにおいて、主権国家は、相互に主権を承認することで成立するインターステート・システムの下で成立したのである。それを強いたのは世界＝経済である。だが、それはまた、ヨーロッパによる支配を通して、それ以外の世界の変容を強いた。旧世界＝帝国は、インカやアステカのように部族社会の緩やかな連合体である場合、部族社会に解体されて植民地化された。また、旧世界＝帝国の周辺にあった多くの部族社会はヨーロッパ諸国によって植民地化された。一方、旧世界＝帝国は簡単に植民地化されなかった。しかし、最終的に、オスマン帝国のように多くのネーション＝ステートに分節された。それを免れたのは、ロシアや中国のように、社会主義革命によって、世界＝経済から離脱するような新たな世界システムを形成した場合である。

つぎに、このような変化を一つの社会構成体の中で見てみよう。交換様式Cが支配的となるということは、他の交換様式が消滅することを意味しない。たとえば、それまで支配的であった略取―再分配的な交換様式Bは消滅したかのようにみえるが、たんに変形させられるだけである。つまり、それは近代国家というかたちをとるようになる。西ヨーロッパでは、それは絶対王政として出現した。王はブルジョアジーと結託して、他の封建諸侯を没落させた。絶対王政は常備軍と官僚機構をそなえた国家をもたらした。これはある意味で、アジア的な帝国においてつとに存在したものをようやく実現したことになる。絶対王政においては、封建的地代は地租(税)に転化される。絶対君主によって封建的特権を奪われた貴族(封建領主)たちは、国家官僚として、地租を分配されるようになるわけである。また、絶対王政は税の再分配によって、一種の「福祉国家」を装うようになる。こうして、略取―再分配という交換様式は、近代国家の核心において生きているのである。

絶対王政は、市民革命(ブルジョア革命)によって打倒された。だが、市民革命は、中央集権化という点では、それをいっそう推進したのである。絶対主義体制において対抗していた貴族・教会などの「中間勢力」(モンテスキュー)を滅ぼすことによって。このようにして、商品交換原理を全面的に肯定する社会が形成された。しかし、それによって、旧来の交換様式が一掃されたわけではない。そもそも、略取―再分配という交換様式が残っている。ただ、それは、国家への納税と再分配というかたちに変わったのである。また、王に代わって主権者の地位に立った「国民」は、現実には、彼らの代表者としての政治家および官僚機構の下に従属することになる。その意味で、近代国家は基本的にそれ以前の国家と異なるものではない。違いは次の点にある。アジア的であれ封建的であれ、旧来の国家では交換様式Bが支配的であったのに対して、近代国家では、それが支配的な交換様式Cの体裁をとるようになったのである。

一方、資本主義的社会構成体では、互酬的交換Aはどうなるか。そこでは、農業共同体は商品経済の浸透によって解体されるし、それと対応した宗教的共同体も解体される。

ゆえに、Aは解消されてしまうが、別のかたちで回復されるといってよい。それがネーションである。ネーションは、互酬的な関係をベースにした「想像の共同体」（アンダーソン）である。それは、資本制がもたらす階級的な対立や諸矛盾を越えた共同性を想像的にもたらす。こうして、資本主義的な社会構成体は、資本＝ネーション＝国家という結合体（ボロメオの環）としてあるということができる。

以上が、マルクスが提示した社会構成体を、交換様式からとらえなおしたものである。しかし、実は、これだけでは不十分である。もう一つの交換様式Dについて述べなければならない。先に私は、それが交換様式Aの高次元での回復であり、資本・ネーション・国家を越えるXとしてあらわれると述べた（一五頁、図1・図2参照）。が、それは一つの社会構成体の中で見たものでしかない。社会構成体はつねに他の社会構成体との関係においてある。いいかえれば、世界システムの中にある。そして、交換様式Dは、複数の社会構成体が関係する世界システムのレベルでも考えられるべきである。というより、むしろそれは一つの社会構成体だけでは考えることができない。資本＝ネーション＝国家の揚棄は新たな世界システムとしてのみ実現されるのだ。

あらためていうと、ミニ世界システムは交換様式Aによって、世界＝帝国は交換様式Bによって、世界＝経済（近代世界システム）は、交換様式Cによって形成されてきた。そのことがわかれば、それらを越える世界システムXがいかにして可能であるかがわかるだろう。それは、交換様式Aの高次元での回復によって形成される。具体的にいえば、それは軍事的な力や貨幣の力ではなく、贈与の力によって形成されるのである。私の考えでは、カントが「世界共和国」と呼んだのは、そのような世界システムの理念である。以上を図示すると、図3のようになる。

世界＝帝国	ミニ世界システム
世界＝経済（近代世界システム）	世界共和国

図3　世界システム

私は以下の章で、こうした基礎的な交換様式を考察し、それらの接合としてある社会構成体と世界システムが、いかにして資本＝国家＝ネーションというかたちをとるにいたったか、また、いかにしてそれを越えることが可能なのかを明らかにしたいと思う。その前に、幾つかいっておきたいことがある。私は四つの基礎的な交換様式を、それぞれ別個に扱う。実は、それらは相関的であり一つだけを切り離して扱うことはできない。が、それらの連関を見るためには、それぞれが存立する位相を明確にしておく必要があるのだ。すでに述べたように、マルクスは『資本論』において、他の交換様式をカッコに入れて、商品交換が形成するシステムを明らかにしようとした。私は、それと似たことを、国家やネーションについておこなう。その上で、国家、資本、ネーションなどがどう連関するかを見る。いいかえれば、それらの基礎的な交換様式が歴史的にどのように連関するかを見る。その場合、これを四つの段階に分けて考察する。国家以前のミニ世界システム、資本制以前の世界＝帝国、資本制以後の世界＝経済、さらに、現在と未来。

最後に、誤解を避けるために、一言いっておく。私がここで書こうとするのは、歴史学者が扱うような世界史ではない。私が目指すのは、複数の基礎的な交換様式の連関を超越論的に解明することである。それはまた、世界史に起こった三つの「移行」を構造論的に明らかにすることである。さらに、そのことによって、四つめの移行、すなわち世界共和国への移行に関する手がかりを見出すことである。

第一部　ミニ世界システム

序論　氏族社会への移行

いわゆる未開社会はきわめて多様で、狩猟採集の漂泊小バンドから、漁業、さらに、簡単な降水農業、焼畑農業を営む氏族・部族社会に及んでいる。また、後者も名目的な首長制から王権に近い権力をもつ首長制に分布している。だが、私はここで、遊動狩猟採集民と定住狩猟採集民の社会を区別する。というより、前者から後者への移行に、社会構成体の歴史における大きな飛躍を見出すのである。第一部で論じるのは、この問題である。

社会構成体の歴史において重要なのは、それを抜本的に変えてしまうような、支配的交換様式の移行である。第一に、交換様式Aが支配的であるような社会構成体への移行、第二に、交換様式Bが支配的であるような社会構成体への移行、第三に、交換様式Cが支配的であるような社会構成体への移行である。いいかえれば、それぞれ、氏族社会の形成、国家社会の形成、産業資本主義社会への移行である。これまで最も論じられてきたのは、後の二つの移行であり、氏族社会への「移行」に注目する議論はない。だが、

「交換様式」という観点から社会構成体の歴史を見ると、それが重要となる。国家社会や資本制社会への移行に飛躍があるならば、氏族社会の出現にも飛躍的な移行があったといわなければならない。

たとえば、マルセル・モースは、未開社会を構成しているのは互酬性(相互性)という原理であることを指摘した。しかし、これは遊動的バンド社会にはあてはまらない。ゆえに、互酬性の原理が貫徹されるような社会構成体は、そこからの移行によって生じたというべきである。それを積極的に証明することはできない。この問題について考える材料は、現存する「未開社会」からは十分に得られないからだ。現存する(消滅しつつある)漂泊的バンド社会は太古から続いてきたものだとはいえない。つまり、彼らは一度定住して簡単な農耕・牧畜をしていたのに、文明=国家に追われて、遊動的バンドに「退行」した可能性があるのだ。たとえば、カラハリ砂漠の狩猟採集民、ブッシュマンは砂漠に適合しているが、もともとそこにいたのではなく、他の部族に追われて砂漠に向かったと考えられる。多くの遊動的狩猟採集民の場合、太古からそうであったかどうか不明である。

ゆえに、氏族社会以前にあった遊動的なバンド社会がいかなるものであったかは、実証的問題ではなく、思考実験あるいは「抽象力」の問題である。われわれは、それを現存する漂泊的バンド社会から推測するほかない。漂泊的バンドは、一部複婚をふくむ単婚的家族が幾つか集まって作られている。バンドの凝集性は、共同寄託や共食儀礼によって確保される。しかし、バンドの結合は固定的ではなく、いつでも出ていくことができる。それは概ね、二五―五〇名ほどの小集団である。その数は、食料の共同寄託(平等な分配)が可能な程度以上に増大せず、また、共同での狩猟が可能である程度以下にも減少しない。また、バンドが固定的でないだけでなく、家族の結合も固定的ではない。夫または妻が同居生活を離脱すれば、夫婦は解消したものとみなされる。家族間結合はもっと不安定である。ゆえに、親族組織は未発達であり、また、バンドを越える上位組織をもたない。

一方、氏族社会はそれとは対照的である。それはリニージにもとづく、複雑に構成され、成層化された社会である。氏族社会が国家社会とは異なることはいうまでもない。だが、それらの違い、つまり、それをもたらした新石器革命の意義を強調するのであれば、遊動的バンド社会と氏族社会との違い、あるいはそれをもたらした変化の意義を強調すべきである。なぜなら、ある意味で、後者の変化のほうが画期的であるからだ。氏族社会ではすでに初期的な農業・牧畜が知られており、また、首長制のような政治的組織があった。そこには国家に発展する要素がすでに存在した。それに対して、氏族社会以前は数家族が集まるバンドないしキャンプでしかなかった。また、それは、現生人類以前の人類、霊長類をふくめて数百万年にわたって続いてきた集団の形態と連続性をもっていた。だから、氏族社会の形成こそ画期的なのである。

先史時代について考えるとき、われわれは一つの通念を疑わなければならない。それは、ゴードン・チャイルドが唱えた、農耕と牧畜にもとづく、新石器革命という概念に代表されるものだ。つまり、農業・牧畜が始まり、人々が定住し、生産力の拡大とともに、都市が発展し、階級的な分解が生じ、国家が生まれてきたという見方である。ここでまず疑わしいのは、農業によって定住するようになったという見方である。というのは、定住はそれ以前から生じているからだ。狩猟採集民の多くは定住している。また彼らの多くは簡単な栽培や飼育をおこなっている。そのために定住したのではない。栽培や飼育はむしろ定住した結果、自然に生まれてきたのだ。ゆえに、農業に先だって、定住こそ画期的なのである。

人類学者アラン・テスタールは、遊動狩猟採集民と定住狩猟採集民を区別した。前者においては、狩猟採集物が平等に分配されるが、後者においては、不平等が始まる、と彼はいう(1)。その原因は、定住とともに生産物の「備蓄」が可能になるからだ。ゆえに、彼はここに「人間不平等の起源」を見出した。私はこのような見方に賛成である。だが、私が注目したいのはむしろ、備蓄から生じる不平等が階級社会や国家に帰結しなかったということのほうである。それは不平等を抑制し、国家の発生を抑制するシステムがあったからだ。それが氏族社会にほかならない。

一般に、国家の出現が人類史において画期をなすものとして重視される。しかし、むしろ、定住＝備蓄とともに不平等と国家が出現する可能性があったにもかかわらず、それを抑制するシステムが作られたことのほうが重要である。そして、その原理が互酬性であった。その意味で、氏族社会は「未開社会」ではなく、高度な社会システムだといわねばならない(2)。

バンド社会から氏族社会への移行を促したものは、明らかに、定住化である。では、いかにして、定住化が生じたのか。また、いかにして、バンド社会から、小さいながらも「世界システム」が形成されたのか。それを問う前に、先ずバンド社会と氏族社会の差異をはっきりさせておかねばならない。煎じつめれば、それは共同寄託と互酬の差異だといってよい。

第一章　定住革命

1　共同寄託と互酬

マルセル・モース以来、人類学者は未開社会が互酬性の原理によってなされていることを観察してきた。が、互酬に関しては、一つあいまいなところがある。それは、世帯の中での贈与(再分配)を互酬とみなせるかどうかである。あるいは、互酬と共同寄託をどう区別するか、である。たとえば、氏族社会の基礎的な単位である小世帯(household)の中では、共同寄託・再分配がなされるが、それは互酬的なものだとはいえない。それは贈与であるとしても、お返しを期待してなされる贈与ではない。したがって、トロブリアンド諸島の交換を研究したマリノフスキーは、取引を打算的と非打算的という動機の違いから区別した。つまり、互酬的贈与と純粋贈与を区別したのである。世帯や小さな氏族共同体の中での贈与は純粋贈与であって、そこには互酬の原理がないということになる。しかし、モースは純粋贈与とみえるものも互酬だと考えた。贈与する者自身がある種の満足を感じるのであれば、それは互酬的であるし、他方、贈与された者が一定の負い目をもつなら、互酬的だということができるのである。

氏族社会において、純粋贈与と互酬的贈与、あるいは、共同寄託と互酬を区別することは難しい。しかし、それらをあえて峻別しようとしたのがマーシャル・サーリンズである。共同寄託(pooling)は世帯の中での活動であり、互酬は世帯と世帯の間の活動である、と。

共同寄託とは、一つの集団を構成する活動にほかならない。そのことで他方、世帯は同種の他の世帯からたえず識別されているわけである。ある集団は、他の家と究極的に相互関係を維持してはいる。しかし、相互性はつねに《あいだ》の関係にすぎない。どのようなものであろうと連帯性は、大いに交換しあう人々の、個々ばらばらな経済的独自性を永続させているにすぎないのである。

ルイス・ヘンリー・モーガンは、家族制経済のもくろみを、《生きているコミュニズム》とよんだ。ぴったりした表現といえよう。というのも、世帯の切り盛りは、経済的な社交性の最高形態にほかならないからである。すなわち、「各人はその能力に応じ、各人はその必要に応じて」というわけで、成人からは分業をつうじて委託されているものが提供され、成人には、いやまた老人、子供、能力のない人々にも、どんな貢献をしたかにかかわりなく、必要なものが提供されている。集団とは、部外者とはきりはなされた利害と運命をもち、部内者の意向と資質に優先権をおいた、社会学的な凝固物にほかならない。共同寄託によって、家族制の輪が完了する。この円周が、外の世界との社会的、経済的な境界線となるわけである。社会学者はこれを《一次集団》とよぶが、一般には《家》とよばれているのが、これである。(1)

モーガンが見出した「生きているコミュニズム」、あるいは、マルクスが「原始的コミュニズム」と呼んだものは、数世帯からなるバンド社会にしか存在しない。氏族社会に存在する共同寄託は、すでに互酬的な原理の下にある。だから、サーリンズも、互酬の原理が世帯にも貫かれていることを認めている。(2)しかし、あくまで共同寄託と互酬を区別することが重要である。

つぎに、贈与の互酬と交易を区別する必要がある。そのために、サーリンズは、互酬的交換が交易とはまったく違うようにみえる、二つの極端なケースを強調している。互酬は一方の極では、純粋贈与のようなかたちをとり、他の極では、報復戦争のようなかたちをとる。さらに、彼は互酬の性質を共同体の空間において見ようとした。いいかえれば、互酬の性質は共同体の中核と周辺という位置に応じて違った様相を呈すると考えたのである。それは、中核である所帯(家族)からの隔たりにおいて、三つに区別される。(3)

㈠ 中核(家)　一般化された互酬――連帯性の極(リニージ圏域)
㈡ 村落圏域　均衡のとれた互酬――中間点(部族圏域)
㈢ 部族間圏域　否定的互酬――非社交的な極

第一の「一般化された互酬」は、世帯(家族)にあるような互酬である。が、それは純粋贈与のようにみえる。したがって、共同体の中核において見られるかぎり、互酬は無償的で善意に満ちたものであるという印象を与えられる。しかし、互酬には肯定的互酬と否定的互酬がある。互酬の否定的なあり方は、第三の「部族間圏域」においてあらわれる。サーリンズはその例として、経済的な駆け引き、詐欺、窃盗などをあげているが、もっと広く、血讐(ヴェンデッタ)のような互酬を入れてよい。一見して肯定的とみえる互酬も、実際は敵対性をはらんでいる。たとえば、ポトラッチは、相手が返済できないような贈与によって屈服させるものである。

このような両極端から見ると、第二の「村落圏域」はそれらの中間にある。第一のタイプに近づくと、互酬は肯定的なもの、あるいは、むしろ非互酬的な純粋贈与に近いものとなり、逆に、第三のタイプに近づくと、否定的・非社交的なものとなる。それらの中間に「均衡のとれた互酬」があらわれる。互酬はこうした空間の配置によって異なる機能をもつと見てよい。この場合、部族社会の空間は、たんに中心から横に広がった空間なのではない。部族社会は世帯からなる氏族、氏族からなる部族、さらに、部族の連合体というふうに成層化されている。この観点から見ると、「中核」はいわば最底辺に位置し、「部族間圏域」は上層に位置する。

いずれにしても、互酬の特性は、第二の「均衡のとれた互酬」タイプではなく、むしろ第一と第三のタイプにおいて考察されるべきである。つまり、世帯に近い共同体の中での互酬と、他の共同体との間における互酬。第一のタイプでは、互酬が共同寄託あるいは平等化をもたらすものであることがはっきりする。ゆえにまた、互酬と共同寄託が混同されやすいのである。第三のタイプにおいては、贈与の互酬は、敵対的な集団との間に友好的な関係を作り出すことが示される。また、それは、互酬が共同体を拡大する原理であることを示すものである。

2　交易と戦争

ここで、第三のタイプ、つまり、外部に対する関係としての互酬性がどのようなものかを見てみよう。氏族社会は他の集団と無関係にあるのではない。それは物資の交換を必要とするのだ。だが、氏族間の経済的交換が可能なのは、それより上位の集団が存在するか、さもなければ、相互に友好的な関係が存在するかの場合だけである。そして、どちらの状態も贈与によって作り出される。

その一例を、マリノフスキーが『西太平洋の遠洋航海者』で報告したトロブリアンド諸島の「クラ交易」に見ることができる。クラとは、閉じた環をなす島々の大きな圏内に住む、多くの氏族共同体の間でおこなわれる交換様式である。このクラは、ギムワリと称される「有用品の単純な経済的交換」と注意深く区別される。つまり、クラは現実的必要や利益のためになされるのではない。クラにおいて使われるのは、ヴァイグアという貨幣の一種である。人々はこれを贈与されると、外に贈与する義務がある。かくして、ヴァイグアが島々を循環する。その結果、通常相互に孤立していた各島の人々の間に、〝社交的〟な関係が再確認されるのである。

クラが経済的交換とは異なることはいうまでもない。それは贈与による気前よさを誇示する競争的な儀式なのである。だが重要なのは、そのあとに必要物資の物々交換がなされることだ。つまり、このような社会で、経済的交換が軽視されているわけではまったくない。それが不可欠であるからこそ、それを可能にする関係を作り出さねばならないのだ。クラは島々をつなぐ高次共同体の範囲内でおこなわれる。これは贈与によって、すでに存在していた部族連合体の存在を再確認・再活性化するものである。

一方、贈与が未知の他者との間の交換を切り開く例もある。沈黙交易がその例である。

ある決められた場所に品物を置き、合図をして姿を隠すと、取引相手があらわれて等価と思われる品物を、相手の品物のそばに置いて去る。取引の両者が相手の品物に満足すれば、それを持ち帰り、交易が成立する。ここでは、有用品の交換がなされるが、互いの接触が避けられる。これは贈与の互酬とは異なるが、同じ形態をとっている。すなわち、有用品の交換(商品交換)を互酬というかたちで遂行するのだ。したがって、沈黙交易は、交易(商品交換)がいかにして可能であるかを示唆している。

つぎに、部族ないし氏族の間での出会いにおいてありうる戦争について見てみよう。レヴィ＝ストロースは、贈与によって共同体と共同体の間に平和的な関係が作り出され、それに失敗すれば戦争になると考えた。しかし、ピエール・クラストルはそのような見方を批判した。それは現代の西洋諸国の干渉や影響の下で未開社会が変わってしまったことを見落としているのだ、と。(4) 初期の民族学的記録は概して、彼らがきわめて好戦的であったことを示している。クラストルは、外部との接触がまったくなかったアマゾン奥地のヤノマミ族がたえず戦争していることを指摘し、戦争はたんに交換の失敗によって生じるものではなく、交換に先行しているのだと主張した。彼の考えでは、交換(贈与)はむしろ戦争のための同盟を作るためになされるのだ。戦争は共同体の内部を分散化させる。そのために、集権的な国家の形成を不可能にする。すなわち、部族間のたえまない戦争こそ、共同体が国家に転化しない原因だ、というのである。

しかし、クラストルがヤノマミ族に見出す戦争は、一つの高次共同体の内部での戦争である。それはその外部との戦争とは異なる。贈与による和平の実現に失敗したら戦争が始まる、とレヴィ＝ストロースがいうのは、高次共同体の外部との出会いに関するものである。したがって、部族共同体の中での戦争の存在は、互酬原理の否定にはならない。というのは、ここでの戦争はまさに互酬的なものだからだ。それは多くの点で、血讐やポトラッチと類似する。彼らは戦争によって相手を屈服させようとする。殲滅することもある。だが、それは相手を従属させるためではない。戦争は自らの「威信」のためになされる、一種の供犠である。それは、それぞれの氏族共同体に凝集性・同一性をもたらすが、他の氏族を征服するということにはならない。したがって、戦争は血讐と同様に、とめどなくおこなわれることになる。こうした戦争は、多数の氏族や部族の上にそびえたつような超越的な権力、つまり、国家がないから存在すると同時に、それによって、国家の成立を不可能にもするのである。

互酬は、そのポジティヴな性質(友好)によって国家の形成を妨げるだけではない。むしろ、ネガティヴな性質(戦争)によって、国家の形成を妨げる。それは、権力の集中、高次の上位レベルの形成を妨げる。つまり、贈与の互酬は、共同体と共同体の間の紐帯を作り出し、高次の共同体を作り出す。つまり、共同体が成層化する。だが、それはけっしてハイアラーキカルにはならない。というのは、互酬は、同じレベルで、一つの共同体(氏族ないし部族)が上位に立つことを認めないし、一人の首長が他の首長に対して優越した地位に立つことを認めないからだ。いいかえれば、それは国家の成立を許さないのである。

3 成層化

贈与の互酬によって、共同体は他の共同体との間にある「自然状態」を脱し、平和状態を創出する。国家も自然状態の克服であるが、贈与によって得られる平和は、それとは根本的に異なっている。贈与によって上位共同体が形成されるのである。それは、国家の下で組織される農業共同体とは異質である。サーリンズは、贈与が果たすこのような役割について、つぎのように述べている。

まことに、贈与は、社会を団結体的ないみで組織するのではなく、ただ分節的ないみで組織するだけだ、といえるだろう。相互性とは《あいだ》の関係にほかならない。それは個々に分離した一群の人々を、いっそう高度な統一体に溶解するのではなく、まったく反対に、対立を相互に関係づけることで、対立を永続化させているのである。贈与は、契約する人々の個別的な利害のはるか上空にそびえたつ第三者を、決して必要条件とするものではない。……贈与は平等を犠牲にすることもなければ、自由を決して犠牲にすることもない。交換によって盟約を結んだ集団は、それぞれ自分でその総力をはたしてしまうことがなければ、いつまでもその力を保持できるのである(5)。

互酬によって形成される高次の共同体は、国家が農業共同体を統合・従属させるのと違って、下位共同体を統合・従属させるものではない。部族社会では、たとえ上位の共同体が形成されても、下位の共同体の独立性は消えない。その意味で、部族内部にも敵対性が残りつづける。このため、贈与は、他の共同体との間に友好的関係を築くものであると同時に、しばしば競争的なものとなる。たとえば、ポトラッチのように、相手を返済できないほどの過度の贈与によって圧伏させるものとなる。もちろん、これは相手を支配するためになされるのではない。共同体の独立性(威信)を守るために、いいかえれば、他の共同体からの脅威から解放されるためになされるのだ。それはまた、共同体内部の同一性を強化するためでもある。

この意味で、血讐も互酬的である。たとえば、共同体の成員が他の共同体の成員によって殺された場合、報復(reciprocation)がなされる。報復の「義務」は贈与・返礼の「義務」と似たようなものだ。共同体の成員が殺された場合、それは共同体所有の喪失であるから、加害者の共同体に同じ喪失をこうむらせることでしか償われない。だが、血讐がなされると、それに対する報復がなされ、それがとめどなく続くことになる。ポトラッチにおける贈与の応酬がどちらの共同体も壊滅させてしまうことがあるが、血讐も同様である。血讐が禁じられるのは、犯罪を裁く上位組織(国家)が成立するときである。逆にいうと、このことは、血讐の存在が国家の形成を妨げることを示している。血讐は上位組織に対する各共同体の独立性を回復するからである。

贈与の互酬は、クラ交易が示すように、多数共同体の連合体、いわば「世界システム」を形成する。こうした連邦は固定したものではなく、つねに葛藤をはらんでいるから、時折新たな贈与の互酬によって再確認されなければならない。互酬によって形成される共同体の結合は環節的である。つまり、上からそれを統治するような組織、すなわち、国家にはならない。おそらく、こうした部族連合体の延長に、首長制国家(chiefdom)を置くことができよう。それは国家のすぐ手前にある。しかし、ここでもあくまで国家に抗する互酬の原理が働く。国家が出現するのは、互酬的でない交換様式が支配的になるときである。

4　定住革命

サーリンズは、互酬性を、中核において共同寄託的であり、周辺において否定的互酬的であるような空間的配置においてとらえた。しかし、これを時間的な発展という軸に置き換えるとどうなるだろうか。

その場合、つぎのようにいうことができる。共同寄託的なバンド集団が始原にあり、そして、それらが互いに互酬的な関係を結び、その社会を成層的に広げてきた、と。だが、問題は先ず、なぜいかにしてそのような変化が生じたのか、である。

バンド社会は共同寄託、つまり、再分配による平等を原理とする。これは狩猟採集の遊動性と不可分離である。彼らはたえず移動するため、収穫物を備蓄することができない。ゆえに、それを私有する意味がないから、全員で均等に分配してしまう。あるいは、客人にも振る舞う。これは純粋贈与であって、互酬的ではない。収穫物を蓄積しないということは、明日のことを考えないということであり、また、昨日のことを覚えていないということだ。遊動的なバンド社会では、遊動性(自由)こそが平等をもたらすのである。テスタールはつぎのように述べている。

遊動狩猟=採集民では、社会組織の柔軟性、集団分裂のたやすさ、可動性などが、皆の許容範囲の限界をこえた搾取を許さなかった。そんなことになれば、被搾取者はどこかよそへいって住み、集団は分裂したからである。したがって、集団の決定は全員一致でしかおこなわれなかった。定住生活の状況では、住民や備蓄の固定構造が人々の自由な移動をさまたげる要因となる。不満な人々が出てゆけないので、搾取が深刻になるわけである。定住化は、政治的強制の発展へむけての第一歩であり、この強制なしには搾取の発展形態は発現しないのである(6)。

したがって、贈与とお返しという互酬が成立するのは、定住し蓄積することが可能になったときからであるといってよい。では、なぜ彼らは定住したのか。それを考えるとき、われわれは一つの偏見を取り除いておかねばならない。それは、人が本来、定住する者であり、条件に恵まれたら定住する者だという偏見である。だが、現在でも、国家による強制をもってしても、遊牧民を定住させることは容易ではない。狩猟採集民の場合はなおさらである。彼らが遊動的生活を続けたのは、必ずしも、狩猟採集の対象を求めて移動する必要があったからではない。たとえば、食料が十分にあれば定住するかといえば、そうではない。それだけでは、彼らが霊長類の段階から続けてきた遊動的バンドの生活様式を放棄するはずがない。彼らが定住を嫌ったのは、それがさまざまな困難をもたらすからだ(7)。

それは、第一に、バンドの内と外における対人的な葛藤や対立である。遊動生活の場合、たんに人々は移動すればよい。たとえば、人口が増えれば、出て行くことができる。また、そのため、バンド社会は非固定的であった。ところが、定住すれば、人口増大とともに増える葛藤や対立を何とか処理しなければならない。そこで、多数の氏族や部族を、より上位の共同体を形成することによって環節的に統合すること、また、成員を固定的に拘束することが必要となる。第二に、対人的な葛藤はたんに生きている者との間にあるだけではない。定住は、死者の処理を困難にする。アニミズムでは一般に、死者は生者を恨む、と考えられる。遊動生活の場合、死者を埋葬して立ち去ればよかった。しかし、定住すると、死者の傍で共存しなければならない。それが死者への観念、および死の観念そのものを変える。定住した共同体はリニージにもとづき、死者を先祖神として仰ぐ組織として再編成される。こうした共同体を形成する原理が互酬交換である。

このように、定住はそれまで移動によって免れた諸困難に直面させる。とすれば、なぜ狩猟採集民があえて定住するようになったのか。根本的には気候変動のためだというほかない。人類は氷河期の間、熱帯から中緯度地帯に進出し、数万年前の後期旧石器時代には、高緯度の寒帯にまで広がった。これは大型獣の狩猟を中心にしたものである。しかし、氷河期の後の温暖化とともに、中緯度の温帯地域に森林化が進んで大型獣が消え、また採集に関しては、季節的な変動が大きくなった。そのとき、人々が向かったのは漁業である。漁業は狩猟と違って、簡単に持ち運びできない漁具を必要とする。ゆえに、定住するほかなかった。おそらく、最初の定住地は河口であっただろう。

漁業のために定住した社会は、現代においても多数観察されている。たとえば、北米カリフォルニアと極東シベリアから北海道にかけての一帯には、定住し漁業によって暮らす人々が見出される。先に述べたように、テスタールは、彼らが魚を燻製にして備蓄する技術をもったことを重視している。そこから、「不平等」が始まったというのである。だが、備蓄を可能にするのは、燻製技術だけではない。もっと根本的に、定住そのものである。たとえば、燻製したものを備蓄できるのは、そもそも定住しているからだ。

また、定住は人々が意図しなかった結果をもたらしている。たとえば、簡単な栽培や飼育は、定住とともに、ほとんど自然発生的に生じた。というのは、栽培に関していえば、人間が一定の空間に居住すること自体が、周辺の原始林を食料となる種子をふくむような植生に変えるからだ。定住によって栽培が採集の延長として始まるように、狩猟の延長として動物の飼育が生じる。この意味で、定住こそが農耕・牧畜に先立っている。むろん、こうした栽培・飼育は「新石器革命」に直結しなかった。しかし、定住はある意味で、新石器革命以上に重要な変化をもたらしたのである。それが、互酬原理による氏族社会である。

定住は備蓄を可能にし、さらに不平等や戦争をもたらす。それを放置すれば、国家の形成にいたるだろう。すなわち、新石器革命にいたるだろう。氏族社会はむしろそれを回避するために形成されたといってもよい。遊動的バンドにおいて、共同寄託は自然必然的であった。だが、多くの世帯が定住して共存するような社会では、共同寄託は観念的な規範としてあらわれる。つまり、各世帯にとって、それは贈与の「義務」というかたちをとるのだ。

定住は、女性の地位に関しても問題をもたらした。狩猟採集民は定住すると、事実上、漁労や簡単な栽培・飼育によって生きるようになるが、狩猟採集以来の生活スタイルを保持した。つまり、男が狩猟し女が採集するという「分業」が続いた。が、実際には、男の狩猟は儀礼的なものにすぎない。定住化とともに、必要な生産はますます女によってなされるようになる。だが、このことが女性の地位を高めるよりもむしろ、低下させたことに注意すべきである。何も生産せずに、ただ象徴的な生産や管理に従事する男性が優位に立ったのである。

たとえば、エンゲルスはモーガンやバッハオーフェンに従って、最古段階に母系制を想定し、また、農耕の発展とともに女性の地位が上がったと考えた。マルクス主義的人類学者、モーリス・ブロックはそれを批判した。第一に、母系制が最古の段階であるとは決まっていない。第二に、母系的であることと母権的であることは別の話である。母系制社会で、女性が従属的である例が多くある。要するに、大事なのは、母系か父系かではなく、リニージによって社会を組織化されているかどうかである。さらに、ブロックはつぎのようにいっている。

エンゲルスも指摘していたように、さまざまなタイプの社会で女性は生産過程にさまざまな形で寄与しているけれども、その社会の一番重要な財の生産に女性が寄与しているからといって、彼が考えていたようには必ずしも女性に高い地位が与えられていたわけではない。東アフリカの遊牧民では、農耕によって女性が大部分の食料を生産しているが、男性が飼育するウシだけが本当に重要で貴重な生産物と定義され、それどころか遊牧の美的、政治的価値とは無縁なつまらぬ生き物としての社会的な地位の低さの申し訳に、女性が生産に主要な貢献をするのだと考えられている。さらにニューギニア高地でも、女性が農業生産物と一番価値ある財産――ブタ――の両方の主な生産者なのに、本当に重要なのは生産ではなく、大規模な儀礼交換だとこれらの人々は考えており、したがって生産における女性の役割の重要性はイデオロギー的にまたしても否認されていた。(8)

しかし、女性の地位は定住化とともに低下するとはいえ、氏族社会で女性の地位が相対的に高かったという見方はまちがっていない。それが決定的に低下するのは、国家が形成され、農耕文明が始まる段階である。そこでは、「生産」に従事するのは、女性と征服された被支配民である。一方、氏族社会では、たえず発生する富の不平等や権力の格差を解消するシステムが機能していた。それは、遊動的な社会にあった平等性を、それがもはや成り立たない定住段階の社会において確保するものである。それが贈与の互酬制である。国家を創り出した「新石器革命」に対して、私はこのことを、西田正紀にならって「定住革命」と呼びたい(9)。

氏族社会には、共同寄託を管理し再分配する役割を果たす首長が存在する。だが、首長が絶対的な権力者となることはない。互酬原理そのものがそれを妨げるからだ。たとえば、首長の地位は、得た富を贈与すること、つまり、惜しげなく振る舞うことによって得られるが、逆に、それによって、富をなくしてしまい、その結果、首長の地位をなくしてしまう。こうして、互酬原理が階級の出現、国家の形成を妨げる。その意味で、定住がただちに国家をもたらしたのではない。それは逆に、階級社会や国家を拒むシステムをもたらしたのである。

5　社会契約

ここで氏族社会がいかにして形成されたかを、国家の形成と比較しながら考えてみよう。われわれはすでに思考実験として、遊動的な狩猟採集民が何らかのかたちで定住し、他の多くのバンドや家族と共存する事態を考えた。それはいかなる状態か？　遊動的バンドは定住以前にも、他のバンドと接触していた。つまり、それらの間には、交易・戦争・贈与の可能性がつねに存在したのである。たとえば、レヴィ＝ストロースはいっている。《ブラジル西部のナンビクワラ・インディアンの漂泊小バンドは、互いに常に恐怖心を抱きあっており、互いに忌避しあう。しかし同時に彼らは接触したがっているのである。なぜなら、接触は彼らが交換を行ないうる唯一の手段であり、彼らが不足している生産物や品物を手に入れうる唯一の方法だからである。敵対関係と、互酬的給付による供給との間には、一つの結びつき一つの連続性が存在する。交換とは平和的に解決された戦いであり、そして戦いとは取引が不首尾に終った結果である》(10)。

彼らは互いに恐怖している。だが同時に、何としても互いに接触し交換しなければならない。そのために、まず贈与し、友好的な関係を作り出すのである。しかし、レヴィ＝ストロースが例にあげたような漂泊小バンドの場合、他のバンドとの持続的な関係は形成されない。すぐに移動してしまうからだ。そのため、互酬的交換が高次の共同体を形成することはない。家族以上の上位組織ができないのである。

だが、レヴィ＝ストロースが示した例は、バンドとバンドの間に恐ろしい「自然状態」が存在するということ、贈与がそこから脱出する方法としてある、ということを示唆している。ホッブズは国家を、自然状態を脱し平和を得る社会契約として見たが、サーリンズは、贈与にも一種の社会契約を見ることができるという(11)。いうまでもなく、これは、ホッブズが国家形成の根底に見出した社会契約(各人が自然権を譲渡する)とは異質である。ここでは、自然権は「譲渡」されるのではなく、「贈与」される。この場合、贈与した側が「贈与の力」をもつ。つまり、権利を贈与された側は贈与した者を拘束する権限をもつと同時に、逆に、贈与した者に拘束される。彼らの関係は「双務的＝互酬的」(reciprocal)なのである。

この両面に注意すべきであろう。バンド社会では、世帯(家族)はバンドに属するものの、それに従属していない。同時に、それは、世帯の拘束力も弱いということを意味する。夫婦関係も簡単に解消される。つまり、ここでは、人々は共同体を形成しているが、いつでも共同体から離脱することが可能なのである。しかし、氏族社会になっても、バンド社会にあった遊動性は基本的に残存する。たとえば、人口が増えたり、内部での葛藤が増大すると、外への移民がなされる。それによって、新たな独立した氏族が創設されるのである。ただ、それらは相互的に連合される。互酬原理によるこのような連合は、氏族から部族へ、部族から部族連合体に及ぶ。しかし、それはハイアラーキカルな体制にはけっしてならない[12]。下位集団は上位集団に従属するとはいえ、全面的に従属することはなく、独立性を維持している。これが互酬原理にもとづくミニ世界システムの特徴である。

6　贈与の義務

バンド社会では共同寄託がなされる。つまり、すべての物が共同所有されている。だが、定住して個々の世帯で備蓄が始まると、不平等が生じ、抗争が生じる。それを解消する方法が贈与の互酬である。モースによれば、互酬を支えるものとして、三つの義務がある。贈与する義務、受け取る義務、返礼する義務、である。このような「贈与の義務」によって、もともと敵対的ないしよそよそしかった集団の間に、強い紐帯が生まれる。また、贈与を通して、世帯内部にあった「平等主義」が、大きな共同体全体に広がる。氏族社会は富と権力の「不平等」が生まれる要素をたえずもっているのだが、同時に、それが「贈与の義務」によってたえず抑制されるようになっているのである。

贈与の義務はさまざまである。たとえば、インセストの禁止も贈与の義務と切り離せない。類人猿の研究者たちは、インセストがほとんど回避されていることを明らかにした(13)。ゆえに、インセストの回避そのものは人類に固有のものではない。ゆえに、未開社会に見られるインセストの禁止は、たんなる回避ではなく、それとは別の目的をもつことによって生まれたといわねばならない。デュルケムはインセストが禁止されたのは外婚制のためだと考えた最初の人であるが、それを血の不浄などから説明しようとした。

一方、インセストの禁止を外婚制から説明するとともに、それを互酬原理から説明しなおしたのが彼の甥のモースである。外婚制とは、所帯ないし氏族が娘ないしは息子を贈与し且つお返しするという互酬システムである。(14) だからこそ、インセストが禁止されなければならない。インセストの禁止は、世帯や氏族の内部での「使用権」の断念である。だが、娘や息子は外に贈与されても、元の世帯ないし氏族に属している。この意味で、それは「譲渡」ではなく「贈与」なのである。

贈与の義務ということでいえば、それは一見してそれに反する略奪婚についてもあてはまる。レヴィ＝ストロースはつぎのように述べている。《略奪婚ですら互酬性の法則に矛盾しない。むしろ略奪婚は「互酬性」を実行に移すための可能な合理的方法の一つである。花嫁の誘拐は娘たちを擁する一切の集団が負っている彼女たちを譲渡する義務を劇的に表現している(15)》。略奪婚が許されるのは、娘を略奪される側が、もともと娘を贈与する義務をもっているからだ。かくして、略奪婚もまた社会的紐帯を作り出すのである。

ここで注意すべきなのは、外婚制が互酬的体系を形成するのは氏族社会においてだということである。バンド社会にも外婚制がある。たとえば、ブッシュマンやナンビクワラ族においてそうであるが、交叉いとこ婚がおこなわれている。だが、婚姻は互酬的にはなっていない。バンドも家族も固定的でないからだ。したがって、氏族社会のように親族構造が確立されていない。つまり、家族(世帯)がリニージによって組織され、氏族のような上位集団に属する、ということがない。バンド社会では、あくまで家族が独立した単位である。したがって、氏族社会におけるインセストの禁止は、それまでバンド集団に参入しても独立した単位であった家族が、上位集団に従属することを意味する。互酬的な外婚制によって、氏族共同体が組織され、さらにまた、氏族と氏族を結びつける高次共同体(部族や部族連合体)が形成される。この意味で、親族を基盤とする社会(kin-based society)は、血のつながりではなく、贈与の力によって作られた社会的紐帯にもとづくのだ。いうまでもなく、この問題はたんに親族構造だけでなく、互酬交換一般の問題として考えなければならない。

第二章　贈与と呪術

1　贈与の力

われわれは先に、互酬交換を、一つの共同体の内部における制度としてではなく、一つの共同体が他の共同体との間に「平和状態」を創り出す働きとして考察してきた。そのような互酬交換の結果として、より大きな共同体が環節的に形成される。その中では、互酬交換は制度化されている。つまり、共同体が課する「義務」となっている。しかし、それは他の共同体に対しては機能しない。では、他の共同体との関係において、なぜ贈与がそれまでの敵対的な関係を変えるような力をもつのか。

マルセル・モースは、原住民マオリ族に従って、贈与された物にハウ(呪力)が宿っていると考えた。これは、モースの贈与論を受け入れた人々の間でも、批判の的となってきた。たとえば、レヴィ＝ストロースは、モースの考えは未開人の思考に従うことだと批判した。科学は、《原住民の概念作用を引き出したあとで、それに対して客観的な批判を加えてもういちど煮つめなければならず、これによってはじめて下に隠れた実在に到達することができるのである》[1]。彼は、贈与されたものが循環を作り出すのは、ハウによってではなく、それが数学的な構造の中で「浮動するシニフィアン」としてあるからだと説明した。

しかし、レヴィ＝ストロースがモースの考えを斥けることができたのは、彼が互酬関係を、すでに出来上がった一つの共同体の内部において見ようとしたからだ。「構造」とは結局、共同体の中で機能している制度にほかならない。だが、共同体と他の共同体が、贈与の互酬によって、新たな共同性を創り出し且つそれを更新する過程を見ようとすれば、贈与の「力」を無視することはできない。それが何かを、モースは問うたのである。

その点で、マルクス主義的人類学者モーリス・ゴドリエは、レヴィ＝ストロースの批判にもかかわらず、モースがハウにこだわったことを再評価しようとした。ゴドリエは資本主義的商品交換と贈与交換を類比的に見て、つぎのようにいう。《いずれも人間が生産し、交換する(あるいは保持する)物と人間との現実的関係が意識から消えうせ、消滅して、別の力、想像上の別の主役が人間に取って代り、もともとその起源である人間に置き替ってしまっているのだ》[2]。贈与された物に力が宿るのは、現実的な社会的関係が「物象化」されているからだ、とゴドリエは考える。彼はそれを、資本主義社会において社会的な関係が、貨幣—商品という交換関係によって物象化され隠蔽されていることと対比させたのである(3)。

しかし、私の考えでは、この問題に関して「物象化」論など必要ではない。商品交換においては、金のような一定の商品が、他のすべての商品と交換できる力をもつ。それが貨幣である。しかし、人は、それが一般的等価形態にあるがゆえにそのような「力」をもつとは考えず、その物自体に何か「力」が宿っている、と考える。互酬交換において、贈与される物にハウが宿っていると考えるのは、それと似たようなものである。

重要なのは、これらの類似性よりもむしろ差異である。すなわち、商品交換と互酬交換との差異である。商品交換においては、所有権が一方から他方へ移る。だから、貨幣をもつことは、他の物の所有権を獲得する権利をもつことになる。したがって、貨幣を蓄積しようとする欲望が生じる。つまり、物よりも貨幣を欲する倒錯(物神崇拝)が生じるのである。一方、贈与においてはそうではない。贈与において、使用権は移るが所有権は移らない。贈与された物は一種の貨幣となるのだが、それは貨幣とは違って、他の物を所有する権利ではなく、逆に、物を与える義務(お返しの義務)をもたらす。つまり、貨幣が蓄積や所有の拡大を促すのに対して、ハウは所有や欲望を否定する力として働くのである。

あらためていうと、モースは贈与の力を説明するために、マオリ族の「ハウ」という概念を用いた。それは互酬性を、氏族社会の宗教的観念によって説明することになる。ゆえに、レヴィ＝ストロースがそれを批判したのである。しかし、モースの欠陥は、互酬を呪術によって説明したことにあるのではない。むしろ、呪術を互酬交換から説明すべきであるのに、そうしなかったことにある。呪術とは、自然ないし人間を、贈与(供犠)によって支配し操作しようとすることである。つまり、呪術そのものに互酬性がふくまれているのである。互酬システムと同様、呪術は初めからあったものではない。遊動的バンドの段階では、呪術は未発達であった。それは定住化とともに発展したのである。(4)

2　呪術と互酬

呪術が成り立つ前提として、アニミズムが先行する。アニミズムとは、自然であれ人間であれ、すべての対象が同時にアニマ的(霊的)であるとみなす考え方である。アニミズムは遊動的バンドの段階から存在した。死者を埋葬するということがその証拠である。アニミズムは呪術の基盤であるとしても、それが呪術をもたらすのではない。そのようなアニマとの間に、互酬的交換関係が成立するときに、呪術が成立するのだ。そして、それが発展するのは、遊動民が定住化し氏族社会を形成するときである。

アニミズムに関して、フロイトはそれを幼児期の自己愛的段階に対応させた。(5) レヴィ＝ストロースはそのような見方を批判した。彼の考えでは、未開社会にも幼児がいるし、精神病者もいる。《最も未開な文化ですら、つねに大人の文化であり、そのことだけによっても、最も進化した文明において見られる幼児的表出とは相容れないのである。同様に、大人の精神病理学的現象は、大人の事柄であり、子供の正常な思考と共通の尺度を持ちはしない。精神分析学が多大な注意を払っている「退行」の諸例も、我々からすれば、別の角度から考察されねばならない(6)》。

しかし、子供や神経症者からの類推によることなく、アニミズムの世界に接近することは可能である。アニミズムは、すべての対象について、同時にそれを「アニマ」(精霊)として見る態度である。これは特に理解困難なものではない。現象学的な接近によってそれを理解することができる。その鍵となるのは、マルティン・ブーバーの『我と汝』である。彼は、世界に対してとる人間の態度を二つに分けた。第一に、「我―汝」という関係であり、第二に、「我―それ」という関係である。後者の場合、「それ」は物に限定されるものではない。「それ」のかわりに、彼や彼女といいかえてもよい。つまり、人間であろうと物であろうと、同様に、「それ」として対象化されているのである。そのとき、「汝」は消えてしまう。逆にいうと、「我―汝」という態度をとれば、物もまた「汝」となりうるのである。

他方で、「我―汝」的態度における「我」と、「我―それ」的態度における「我」は異質である。後者では、「我」は、対象（客観）に対する主観となる。しかるに、「我―汝」の関係においては、「汝」が対象でないように、「我」も主観ではない。《〈なんじ〉を語るひとは、〈なにかあるもの〉をもたない、否、全然なにものをも、もたない。そうではなくて〈なんじ〉を語るひとは、関係の中に生きるのである(7)》。「我―汝」という態度で接するならば、人間も自然も「汝」である。そのとき、アニマ（精霊）があるようにみえる。そのような考え方がアニミズムと呼ばれるのである。

アニミズムとはいわば、世界に対して「我―汝」という態度をとることである。しかし、これは未開人だけの特徴ではない。たとえば、ブーバーは、猫と見つめあった経験について語っている。一瞬、互いが「汝」として出会ったかのように思われる瞬間がある。しかし、ブーバーはいう。《大地が動き、関係が生まれ、つぎの瞬間、ほとんど間を置かず別の関係が起る。〈それ〉の世界がわたしと猫を取り囲み、一瞬の間、〈なんじ〉の世界が深淵から輝いたけれど、今や再び〈なんじ〉の世界は、〈それ〉の世界へ消えていったのである(8)》。つまり、ブーバーは、近代の人間はすでに「我―それ」という関係の世界に生きているので、それをカッコに入れ、「汝」としての世界や他者に出会うということは困難だ、といっているのである。

一方、狩猟採集民にはその逆の困難があるといってよい。フロイトはアニミズムと呪術を子供の万能感情から説明しようとしたが、「大人」の未開人は、「我―汝」の世界に生きているだけではすまない。彼らは「子供」ではない。つまり、泣けば母親がたちまち面倒を見てくれるような環境から生じる「万能」感情などもつことはできない。現実に、「我―それ」の世界で生きなければならないのだ。が、そうするためには、「我―汝」の関係をカッコに入れて、自然物や人間をたんなる「それ」として扱わなければならない。たとえば、彼らは狩猟者であるから動物を殺さなければならないが、動物にはそれぞれアニマがある。狩猟をするためには、世界への態度を「我―汝」から「我―それ」へと切り替えなければならない。その切り替えが、いわば供犠としてなされる、といってよい。

供犠とは、贈与によって自然の側に負債を与え、それによって自然のアニマを封じて「それ」へと切り替えることである。このことは呪術についてもいえる。呪術を、呪文や儀式によって自然界を操作することとして見てはならない。呪術は贈与による脱霊化によって、自然を「それ」として対象化することを可能にするものである。ゆえに、呪術者が最初の科学者である。(9)

しかし、すでに示唆したように、遊動的な狩猟採集民の社会で呪術がほとんどおこなわれないのは、彼らがまさに遊動的だからである。たとえば、死者の霊をさほど恐れる必要はない。たんに死者を埋葬してその地を離れればよいからだ。狩猟の対象に関しても同様である。定住することの困難の一つは、他人だけでなく、死者と共存しなければならないことにある。死者の霊を制御するために「贈与」する。それが葬礼であり、また、先祖信仰である。死者は先祖神として、氏族社会を統合するものとなる。

遊動的狩猟採集民から見れば、純然たる対象(それ)は存在しない。すべてが「汝」である。つまり、物＝精霊である。ところが、定住的な氏族社会では、いわば「我―それ」という態度もまたあらわれる。その意味で、呪術が発展するのである。そして、呪術者＝祭司の地位も高まる。ただし、それには限界がある。互酬原理自体が超越的な地位を許さないからだ。それは氏族社会で、首長の地位が強化されながらも、けっして王のような絶対性をもつようにならないのと同じである。しかし、氏族社会以後、つまり、国家社会では、「汝」としての精霊(アニマ)が神として超越化され、他方で、自然および他者はたんに操作さるべき「それ」となる。

3　移行の問題

定住によって遊動的バンド社会から氏族社会への移行が生じた、と私は述べた。しかし、疑問は、なぜ定住から国家社会に移行したのかではなく、なぜ氏族社会に移行したのかということにある。いいかえれば、なぜ戦争・階級社会・集権化ではなく、平和・平等化・環節的社会への道がとられたのか。このようなコースがとられる必然はなかった。現にそうであったから、必然だと思われているにすぎない。むしろ、定住化から階級社会、そして、国家が始まることのほうが蓋然性が高いというべきである。だから、われわれは氏族社会の形成を、国家形成の前段階としてではなく、定住化から国家社会への道を回避する最初の企てとして見るべきである。そのかぎりで、氏族社会はたんなる〝未開〟ではなく、われわれに或る未来の可能性を開示するものとなる。

この問題に関して、私は今や人類学者によってまったく無視されているフロイトの『トーテムとタブー』(一九一二年)が重要であると思う。彼が考えたのは、トーテムというよりもむしろ、未開社会における「兄弟同盟」がいかにして形成され維持されるのか、という問題である。つまり、彼の関心は、部族社会における氏族の平等性・独立性がいかにして生じたかにあった。彼はその原因を息子たちによる「原父殺し」という出来事に見出そうとした。いうまでもなく、これはエディプス・コンプレクスという精神分析の概念を人類史に適用するものである。その際、彼は当時の学者の主要な意見を参照し、特に、ダーウィン、アトキンソン、ロバートソン・スミスらの理論を借用している。それらがどのようなものかを、フロイト自身の言葉で示そう。

ダーウィンからは、人類が原初、小さな群族を作って生活していて、その群族のそれぞれが比較的年齢の高い男性原人の暴力的支配下にあり、彼はすべての女を独占し、若い男性原人たちを彼の息子たちも含めて鎮圧し、懲罰を加え、あるいは殺害して、排除してしまった、との仮説を借用した。アトキンソンからは、以上のような記述に続くかたちで、この父権制が、父に抗して団結し、父を圧倒し、これを殺害して皆で喰い尽くしてしまった息子たちの謀叛によって終焉に至った、との仮説を借用した。そして、さらに私は、ロバートソン・スミスのトーテム理論に従って、父殺害ののち、父のものであった群族がトーテミズム的兄弟同盟のものになったと考えた。

勝ち誇った兄弟たちは、実のところ女たちが欲しくて父を打ち殺したのではあるが、互いに平和に生活するために女たちに手を出すのを断念し、族外婚の掟を自分たちに課した。父の権力は打ち砕かれ、家族は母権に沿って組織化された。しかし、父に対する息子たちの両価的《アンビヴァレント》な感情の構えは、その後のさらなる発展の全経過に力を及ぼし続けた。父の代わりに特定の動物がトーテムとして据え置かれた。この動物は父祖であり、守護霊であるとされ、傷つけたり殺したりしてはならぬものとされたが、しかし年に一度、男性原人たちの共同体構成員全員が饗宴を開くために集まり、ふだんは崇拝されていたトーテム動物は饗宴のなかでずたずたに引き裂かれ、彼ら全員によって喰い尽くされた。この饗宴への参加を拒むことは、誰であっても許されなかった。これは父殺害の厳粛な反復だったのであり、この反復とともに社会秩序も道徳律も宗教も生まれたのである。(10)

今日の人類学者はこのような理論をすべて斥けている。古代に「原父」のようなものは存在しない。そのような原父はゴリラ社会の雄に似たものというよりも、むしろ、専制的な王権国家が成立したのちの王や家父長の姿を、氏族社会以前に投射したものだというべきである。だが、そのようにいうことで、フロイトの「原父殺し」および反復的儀式という見方の意義が無くなることはない。フロイトは、氏族社会の「兄弟同盟」システムが、なぜいかにして維持されているのかを問うたのである。

遊動的バンド社会において、「原父」のようなものは存在しなかった。むしろ、バンドの結合も家族の結合も脆弱であった。この意味でフロイトが依拠した理論はまちがっている。しかし、定住化とともに、不平等や戦争が生じる可能性、つまり、国家＝原父が形成される可能性は確かにあったのだ。が、それを抑制することによって、氏族社会＝兄弟同盟が形成された。こう考えると、フロイトの説明は納得がいく。それは氏族社会がなぜ国家に転化しないかを説明するものだ。いわば、氏族社会は、放っておくと必ず生じる「原父」を、たえずあらかじめ殺しているのだ。その意味で、原父殺しは経験的に存在しないにもかかわらず、互酬性によって作られる構造を支えている「原因」なのである。

フロイトは未開社会のシステムを「抑圧されたものの回帰」として説明した。彼の考えでは、一度抑圧され忘却されたものが回帰してくるとき、それはたんなる想起ではなく、強迫的なものとなるという。[11]氏族社会に関するフロイトの理論では、回帰してくるのは殺された原父である。しかし、われわれの考えでは、回帰してくる「抑圧されたもの」とは、定住によって失われた遊動性(自由)である。それはなぜ互酬性原理が強迫的に機能するかを説明する。

マルクスは生産様式から社会構成体の歴史を考えた。生産様式から見るとは、いいかえれば、誰が生産手段を所有するかという観点から見ることである。マルクスのヴィジョンは、原始共産主義では共同の所有であり、それが階級社会では、生産手段を所有する支配階級とそうでない支配階級の間に「階級闘争」があり、最終的に共同体所有が高次元で回復されるということになる。しかし、この観点では、遊動的段階の社会と定住的氏族社会が区別されていない。また、この観点では、最初の段階にある平等性を重視するが、それを可能にしているのが遊動性(自由)であることを無視する。すなわち、コミュニズムを、遊動性(自由)ではなく、富の平等という点でのみ見る考えになりやすい。交換様式の観点からみることによって、以上のような欠陥を克服することができるだろう。

第二部　世界＝帝国

序論　国家の起源

　われわれは社会構成体の歴史における最初の画期的な移行を、交換様式Aが支配的であるような社会構成体、すなわち氏族社会の形成に見てきた。第二部では、つぎに、そこから交換様式Bが支配的である社会構成体への移行、すなわち、国家社会の形成を論じる。これを考えるためには、先ず一般的なドグマを排さねばならない。それはゴードン・チャイルドが唱えた、農耕と牧畜にもとづく、新石器革命(農業革命)という概念に代表される。それは、農業・牧畜が始まり、人々が定住し、生産力の拡大とともに、都市が発展し、階級的な分解が生じ、国家が生まれてきたという見方である。

　私はすでにこのドグマを批判した。定住化は農業以前に起こっており、栽培や飼育は定住化の結果として自然発生的に始まったのである。栽培や飼育が発生しても、それは国家にいたるような「農業革命」にはならない。それはなぜか。人々は定住しても、狩猟採集生活を全面的に放棄しようとはしないからだ。また、定住と備蓄によって生じる階級分解や権力の集中を、互酬原理によって抑制したからである。部族や部族連合体は環節的な成層組織であり、どんなに規模が大きくなってもせいぜい首長制国家(chiefdom)にしかならない。それが国家となるには、別の要因が必要なのである。要するに、降水農業や小規模な灌漑農業が普及しても、人々は狩猟採集以来の生活スタイルや互酬原理を根本的に放棄することはなかった。ゆえに、農業から国家が始まる、ということはできない。むしろ、その逆に、国家から農業は始まるのである。

チャイルドはマルクス主義者であるが、そうでない人々の間で彼の見方が広範に受け入れられたのは、それがマルクス的というほどのものではないからだ。たとえば、「新石器革命」あるいは「農業革命」という言葉は、「産業革命」からの類推にもとづいている。しかし、もし産業資本主義や現代国家が産業革命によって生まれたというならば、誰でも、それが逆立ちした見方だということに気づくだろう。紡績機械や蒸気機関といった発明は確かに画期的ではあるが、それらの採用は世界市場の中で競合する重商主義国家と資本制生産(マニュファクチャー)の下にのみ生じたのである。したがって、産業革命は、国家や資本を説明するものではない。逆に、産業革命を説明するために、われわれは先ず国家と資本について考えなければならない。実際、マルクスはそうしたのである。

『資本論』でマルクスは、資本主義生産を、機械の発明や使用からではなく、資本によるマニュファクチャー、つまり「分業と協業」という労働の組織化から考察した。機械はもっと前に存在していたが、それが実用されるにいたったのはマニュファクチャーが発展した後である。それは、人間的労働を分割し結合すること、いいかえれば、人間的労働を「機械」化することが、機械自体よりも重要だということを意味する。さらに、それは、それまでのギルド職人とは違って、「分業と協業」に耐えるような労働者をつくりだすことを意味する。これは容易ではない。このような変化を、生産技術だけで見ることはできないのだ。

「新石器革命」についても、同じことがいえる。それを鋤やその他の生産技術の発明から説明することはできない。たとえば、サーリンズはつぎのようにいっている。

民族誌から先史時代にまで外挿的推論をすれば、J・S・ミルがすべての労働節約装置についていったのと同じことが、新石器時代についてもいえるだろう。すなわち、一分間でも労働を節約させるものはなに一つ、決して発明はされなかった、と。生活資料生産のために必要な一人当りの労働時間量において、新石器時代は旧石器時代よりも、いかなる格段の進歩もとげなかったのである。おそらく、農業の到来とともに、人々はいっそうはげしく労働しなければならなかったはずである。(1)

彼のいう通りである。とはいえ、たんに長時間の労働を強制することによって生産力を上げたというなら、それもまた見当違いになるだろう。実は、この時期に、「労働を節約する技術」が発明されているのだ。それは労働の組織化であった。灌漑農業において、重要なのは農耕労働よりも、治水灌漑の工事である。このような労働は、狩猟や採集と似ていないだけでなく、栽培や農耕とも似ていない。それはウィットフォーゲルがいったように、重工業に近い。それには、多数の人間を組織し「分業と協業」をさせるシステム、そしてディシプリンが必要であった。農業革命をもたらしたのは、機械ではないが、ルイス・マンフォードの言葉でいえば、「人間機械」(mega-machine)である。マンフォードがいうように、軍隊組織と労働組織はほぼ同じものである。(2)

自然に対するテクノロジーという意味で、古代文明がもたらした革新はさほど大きくない。だが、人間を支配する技術という意味で、それは画期的であった。そもそも、考古学的に時代を画する「青銅器」や「鉄器」といったものは、生産手段としてよりもむしろ国家による戦争の手段(武器)として考案され発達させられたのである。さらに、人間を支配するテクノロジーとして最も重要なのは、官僚制である。官僚制は、人間を人格的な関係あるいは互酬的な関係から解放する。軍隊もまた、官僚制による命令体系によって組織されるときに強力となる。大規模な灌漑農業もそれによって可能となった。

さらにいうと、人間を支配する技術とは、たんなる強制でなく、自発的に規則に従い労働するディシプリンを与えることである。その観点から見て、宗教が重要である。ウエーバーは『プロテスタンティズムの倫理と資本主義の精神』で、労働倫理(エートス)を宗教改革と結びつけたが、実は、古代文明についても同じことがいえる。サーリンズがいうように、狩猟採集社会の人々は短時間しか労働しない。そのような人たちを、土木工事や農業労働に従事させるには、たんなる強制では足りない。むしろ自発的な勤勉さが必要なのである。彼らの労働倫理の変化もまた、宗教的なかたちをとったといってよい。つまり、人々はたんに強制されただけでなく、王＝祭司のために積極的に働いたのである。彼らが勤勉に働くのは、強制ではなく、信仰によってである。しかも、それは空文句ではなかった。王＝祭司は実際に、そのような農民を軍事的に保護し、且つ再分配によって報いたからだ。

労働倫理の変化をこのように宗教的な観点から見るのは、交換様式という観点を離れることではない。なぜなら、宗教史において、アニミズムから宗教への発展といわれているものは、交換様式から見ると、互酬的な交換様式Aから交換様式Bへの移行に該当するからだ。アニミズムにおける神は超越的ではない。それは、個々の物や人に内在するアニマである。ところが、国家の形成において、神の超越化が生じる。それは首長＝祭司の権力増大を含意する。その下で編成されたのが農業共同体である。このような共同体は、超越的な首長＝祭司をもたない、また世帯間や氏族間で相互の独立性を保持した、氏族ないし部族の共同体とは、根本的に異質である。

この問題についてはあとで詳述する。ただ、ここで強調しておきたいのは、狩猟採集民の伝統をもった者を農耕民にするのは容易ではない、ということである(3)。降水農業や牧畜をとりいれても、人々は遊動生活の伝統を捨てなかった。農業をしても、彼らはまだ狩猟・採集者でありつづけた。別の観点からいえば、彼らは農民であると同時に戦士であった。従属的な農耕民あるいは農業共同体が存在するようになったのは、国家による大規模灌漑農業の結果である。あとで述べるように、アジア的共同体がアジア的専制国家を生み出したのではなく、その逆である。

一方、文明の周縁部の、降水農業にもとづく社会では、戦士＝農民の生活が継続された。また、農耕と定住が進む一方で、それを拒否したのが遊牧民である。その点で、遊牧民は狩猟採集民と似ている。しかし、彼らはもともと原都市＝国家で発明された牧畜を受け入れている以上、狩猟採集民とは違っている。また、遊牧民は定住民と不即不離の関係にある。遊牧民は農耕共同体を拒否したが、彼ら自身も、氏族共同体とは異なる盟約共同体を形成した。彼らにとって、牧草・泉・井戸などをめぐって、部族間の「契約」が不可欠であったからだ。このような盟約共同体はハイアラーキカルなものではなかった。したがって、それが国家となることは難しいし、まれであった。遊牧民が国家を形成するのは、すでに存在する中心部の国家を略奪・征服した場合だけである。彼らが国家を作るのではなく、すでに存在する国家機構の上に乗っかるだけである。ゆえに、国家の生成に関して遊牧民をもってくることはできないが、広域国家(帝国)の形成に関しては不可欠な要素である。

第一章　国　家

1　原都市＝国家

国家は農業革命の結果ではなく、その逆に、農業革命こそ国家の結果なのだ。したがって、国家はどのように成立したのかという問いに関して、「農業革命」は答えにならない。ここで、農業の発展から都市が生まれるというドグマを根本的に疑った建築ジャーナリスト、ジェーン・ジェイコブズの興味深い主張にふれておこう(1)。アダム・スミスは『諸国民の富』で、工業が発展している国では農業が発展していて、その逆はないと書いている。にもかかわらず、スミスは原始時代に関しては、共同体から農業が始まり、それが都市・国家に発展したと考えていた、と彼女はいう。そして、このスミスの考え方が、マルクスをふくめて、のちのドグマとなった、と。ジェイコブズはそれを果敢に転倒しようとして、つぎのように考えた。農業の起源は農村ではなく、さまざまな共同体からの事物や情報が集積し、技術者が集まる都市にある。彼女はそれを原都市（proto-city)と呼ぶ。さまざまな農耕技術、品種開発、さらに、動物の馴致(家畜化)が生じたのは、そこにおいてである。農業・牧畜は都市に始まり、それが周辺に広がっていった、と彼女は主張する。

私はこの考えに同意する。しかし、私は、ジェイコブズもまた、古典経済学者とともに始まった別の偏見に毒されている、といわねばならない。それは、経済が政治(国家)から独立して存在すると考える見方である。それは資本主義社会において成立するイデオロギーにすぎない。現実には、資本主義社会においても、国家はたんに経済的過程によって規定される上部構造ではない。後進資本主義国はいうまでもなく、イギリスにおいても、重商主義的な国家の主導性なしにマニュファクチャーも産業革命もありえなかった。産業革命は世界市場を前提し、また、世界市場の覇権を争う国家の主導によって起こったのだ。

ここから古代をふりかえると、つぎのようなことがいえる。ジェイコブズのいう原都市は、いわば原都市＝国家である。彼女はトルコのアナトリア地域にある遺跡Çatal Hüyükにもとづき、それに先行するであろう原都市を思考実験として考察した。しかし、私の考えでは、それは原都市＝国家である。つまり、都市が始まったとき、すでに国家が始まっていたのである。都市において農業が始まったというのは、国家において農業が始まったということにほかならない。そうでなければ、広範囲の交易や大量生産がなされるわけがないのだ。たとえば、古代国家は、メソポタミア、エジプト、インダス、中国などで、いずれも大河の河口に始まった。それはそこが農業に適した場所だったからではない。その逆に、通常の降水農業によるなら、とうてい大きな発展が望めないような地域であった。もちろん、そこには、水さえあれば、肥沃な農地となる沖積土があった。しかし、それは結果論であって、最初人々がそのような地域に寄り集まったのは、農業のためではなく、漁業のためであった。そして、そこに栽培や飼育が始まり、また、それらの交易が始まった。河口に都市ができたのは、それが河川による交通の結節点であったからだ。

原都市＝国家は、何よりも、共同体間の交易を可能にする場として始まったのである。農業はその中で始まり、後背地に広がった。そのような原都市＝国家の間の交易と戦争を通して、大きな国家が形成されるにいたった。さらに、そのような国家が灌漑農業を発展させた。それは、たとえばシュメールにおいてそうであるように、近隣諸国に対する輸出のためである。大規模な灌漑農業は当時の「世界市場」によって可能であった。つまり、それは多数の都市＝国家からなる世界システムの中で始まったのである(2)。

都市の起源を論じる人たちは、それが神殿都市から始まるとか、あるいは、城砦都市から始まるといっている。しかし、それらは同じことである。ウェーバーは、都市は多くの氏族や部族が新たに形成した盟約共同体として始まったという(3)。彼らの「盟約」は、新たな神への信仰によってなされたから、その意味で、都市は神殿都市である。一方、都市は、交易の場であるとともに、それを外敵、海賊や山賊から守るべき城砦都市、すなわち武装した国家であった。かくして、都市の形成は国家の形成と切り離せない。いいかえれば、交換様式Bと交換様式Cは不可分離なのである。

私は順序の上で交換様式Cをあとで論じるが、それはCがBの後で生まれたことを意味するものではない。交換様式Cは社会構成体の初期的な段階、つまり、Aが支配的であるような段階から存在した。定住共同体は他の共同体との交易(商品交換)を必要とするからだ。だが、共同体と共同体の間にはいわば「戦争状態」がある。氏族社会はそこから、贈与の互酬によって高次の共同体を形成することによって「平和状態」を創設する。すでに述べたように、部族連合体は、共同体の間の戦争状態を贈与の互酬によってのりこえるものだ。これは一種の「社会契約」である。それがもっと拡大すると、首長制国家(chiefdom)というかたちをとるだろう。それは空間的に〝首都〟をもつ。そこにおいて、首長らの集会がおこなわれるだけでなく、共同体間の交易がなされる。ゆえに、それが国家および都市の初期形態であるといってよい。だが、ここから国家、つまり、首長が王権となることには、あとで論じるように、大きな飛躍がある。というのも、国家は、互酬とはまったく別の交換原理にもとづいているからだ。

2 交換と社会契約

くりかえすと、未開社会において交換様式Aがドミナントであったということは、交易(商品交換)がなかったということではなく、逆に、前者によって交易が確保されたということを意味するのである。つまり、交換様式Aによってこそ、交換様式Cが可能となったのである。しかし、部族や部族連合体を越えた共同体の間では、交易はいかにして可能か。すなわち、「平和状態」はいかにして可能か。

このことに関して示唆を与えるのは、ホッブズである。ただ、ホッブズを引用する前に言っておかねばならないことがある。彼は、国家の起源を、戦争状態にあった諸個人が自然権を一人の人間(主権者)に譲渡する「社会契約」に見た。このように個人から出発する点では、ホッブズと、ホッブズを批判したルソーも共通している。たとえば、ルソーはいう。《社会はまず、ただ若干の一般的な協約だけから成立したのであって、すべての個人がこれを守ることを約束し、彼らの各々に対して共同体がその協約の保証人となっていた。……ついには人々は公権力の保管という危険な役目を幾人かの個人に委託しようと考え、そして、人民の議決を守らせる仕事を為政者に委託するにいたったにちがいない(4)》。これがルソー的な「社会契約」である。しかし、このように個々人から出発して国家を考えるのは、商品交換を個々人の交換から考えるのと同様に、近代社会において自明となった見方を過去に投射するものである。

今日では、ホッブズの理論は、国家の起源というよりもむしろ、多数決支配の根拠、つまり、多数決に少数派が従うことを根拠づけるものだという解釈がなされている。しかし、ホッブズは実際には、自然状態を、諸個人ではなく、王、封建領主、教会、都市らが抗争する状態に見ていた。そして、その中から王が絶対的な主権者として出現する過程を、「社会契約」としてとらえたのである。このような過程は西ヨーロッパの封建社会に特有のものではない。それはメソポタミアの専制国家が出現する前にも存在した。都市国家が濫立し競合する状態がそれに先行したのである。シュメールのギルガメシュ叙事詩には、そのような状態から、一人の王が権威をもち権力を集中するにいたる過程が描かれている。その意味で、ホッブズの指摘は、近世の歴史的な経験に規定された面があるとはいえ、普遍的に国家形成の過程をとらえたということができる。

したがって、ホッブズが『リヴァイアサン』でいう「契約」を、個人と個人ではなく、共同体と共同体の間において見るならば、国家の起源を考える上でも有効である。注目すべきことは、この契約の性質である。ホッブズがいう契約とは、「恐怖に強要された契約」である。通常は、恐怖によって強要された合意は契約とみなされない。(5) しかし、ホッブズはそれもまた契約であるという。《恐怖に強要された契約は有効である》。《完全な自然状態のもとで恐怖から結ばれた契約は拘束力を持つ。たとえば、もしも私が敵にたいして、自分の生命の代わりに身代金とか労働を支払うという契約を結ぶならば、私はそれによって拘束される。というのは、それは一方は生命を得、他方は金または労働を得るという契約だからである》(6)。こうして、ホッブズは国家(主権者)の成立を「社会契約」において見るとき、「恐怖に強要された契約」という意味で考えていたのである。彼は、国家が成立する過程を二つに分けている。

主権を獲得するには二つの方法がある。一つは、自然の力によるものである。たとえば人が子どもや孫たちを彼の支配に服従させ、もしも服従を拒否するならば、これを破滅せしめるというばあい、あるいは戦争によって敵をみずからの意志に従わせ、服従を条件にその生命を与えるばあいである。

他の方法は、人々が、他のすべての人々から自分を守ってくれることを信じて、ひとりの人間または合議体に、自発的に服従することに同意したばあいである。このばあいをわれわれは、政治的なコモンウェルスあるいは「設立された」コモンウェルスと呼び、前者を「獲得された」コモンウェルスと呼ぶことができよう(7)。

しかし、根本的には、国家は「獲得されたコモンウェルス」である。たしかに、「設立されたコモンウェルス」と呼んでいいような国家(都市国家)もある。しかし、それらが成立するのは、その近傍に強大な国家がある場合である。共同体の中で「ひとりの人間または合議体」に主権が与えられるのは、外の国家に対抗するためだ。その意味では、「設立されたコモンウェルス」もまた、根底において「恐怖に強要された契約」にもとづくといわねばならない。ホッブズがいうように、主権は、君主政、貴族政、民主政といった政体とは関係がない。つまり、個人が主権をもつことがあるし、合議体が主権をもつことがある。が、どの場合でも、主権は根本的に「恐怖に強要された契約」から生まれるのである。

「恐怖に強要された契約」は交換である。というのは、服従する者には「服従を条件にその生命を与える」からである。他方、支配者はそれを実行する義務がある。ホッブズは、一見して交換とはみえないようなものが、実は交換であることを見抜いたのである。それは「一方は生命を得、他方は金または労働を得るという」交換である。これは、商品交換のような交換(C)ではないが、やはり交換(B)なのだ。ホッブズはいう。《被征服者にたいする支配権は、勝利によってではなく被征服者自身の契約によって与えられる。彼は征服されたために、つまり戦いに敗れて捕えられ、あるいは敗走したために義務づけられるのではない。みずから進んで征服者に服従したために義務を負う(8)》。国家は、被支配共同体の側が支配されることに積極的に同意することにおいて成り立つ。

ゆえに、これは交換である。支配者もまた彼らの安全を保証しなければならないのである。

ホッブズは、法は国家(主権者)が成立した後にのみ可能だと考えた。しかし、これは主権者が勝手に法を作るということではない。法を強制する「力」がなければ、法は機能しないということ、そして、法的規範を強制する力を主権者がもつということを意味するのである。ウェーバーは国家の本質を「暴力の独占」に見出した。しかし、正確にいえば、それは、国家がふるう「実力」はもはや暴力ではないということを意味している。他の者が同じことをやれば、暴力として処罰される。法の背後には実力がある。これは、別の観点からいえば、国家の権力がつねに「法」を通して行使されることを意味する。

征服者(支配者)は、被征服者から収奪する。しかし、それがたんなる略奪であれば、国家を形成しない。国家が成立するのは、被征服者が略奪される分を税(貢納)として納めるときである。そのとき、「交換」が成立する。なぜなら、被征服者はそれによって、自らの所有権を確保することができるからだ。すなわち、彼らは国家から税や賦役を収奪されるとしても、国家以外の誰からも略奪されることを免れる。この結果、被支配者は賦役貢納を、たんに支配者の強制によってではなく、逆に、支配者が与える贈与(恩恵)に対する返礼(義務)としてなすかのように考える。別の観点からいえば、国家は、略奪や暴力的強制を「交換」の形態に変えることによって成立するのである。

3　国家の起源

前国家的社会と国家的社会の差異はつぎの点にある。先に述べたように、前国家的社会では互酬原理によって高次共同体が形成される。ここでは、下位集団は上位に従属するが、独立性を保持する。ゆえに、上位の決定や規制が機能しないことが少なくない。また、氏族間の抗争がある場合、それを止める力を上位集団はもたない。ゆえに、頻繁に抗争が生じる。にもかかわらず、そこから集権的な状態にいたることはない。むしろ、こうした互酬的な抗争の存在が、集権化を阻止するのである。

ここから見ると、国家の成立が、共同体間の「互酬」が禁じられるときだということがわかる。たとえば、シュメール以来の法を集大成したバビロニアの『ハムラビ法典』の中に、「目には目を」という有名な条項がある。これは「やられたらやりかえせ」という意味ではまったくない。その逆に、とめどなく続く血讐(ヴェンデッタ)を禁止することである。それは犯罪や共同体間の確執を、彼ら自身ではなく、その上位にある国家の裁定によって解決することを意味する。「目には目を」は、法思想史的にいえば、「罪刑法定主義」の始まりである。血讐は共同体が上位の組織に対して自律性をもつことを意味するから、「目には目を」という「法」は、下位共同体の自律性を否定することである。その点でいえば、ギリシアのポリスが国家に転化したといえるのは、互酬的な血讐が禁止されたときである。(9)

このような前国家的状態からの国家への移行を、一つの共同体の内部だけで考えることはできない。たとえば、国家を、共同体の中に生じた階級対立を解消する公的な権力の自立としてみる見方がある。また、支配階級が被支配階級を支配する機関(道具)としてみる見方がある。マルクス・エンゲルスは両方の考えを提起している。これらはいずれも国家を一つの共同体の発展において見るものである。しかし、国家がたんに共同体の発展として成立することはありえない。互酬原理にもとづく共同体では、いかに内部に矛盾が生じても、贈与と再分配によって解消されるからだ。また、首長制国家の場合、クライアンテリズム(パトロン―クライアント関係)によるハイアラーキーや臣従関係があるが、それは根本的に対等(互酬的)な関係であるから、官僚的な臣従関係・ハイアラーキーに移行することはない。絶対的な権力をもつ主権者がそこから生まれることはありえない。

そこで、つぎのような考えが生まれる。そのような主権者は、共同体における自己疎外の結果として生じたのではなく、もともと「外」から来たのだ、つまり、征服者として。ゆえに、国家の起源に征服があるというのである。エンゲルスは、氏族共同体を終わらせ国家をもたらすものを、その内部だけではなく、それが他の共同体を支配する事態に見出し、その例として、ローマがゲルマンを支配したケースをとりあげている。《われわれは、服属民を支配することが氏族制度とあいいれないことを知っている。……こうして、氏族制度の諸機関は国家機関に転化しなければならなかった。しかも、事態が猶予ならないものだったので、これはきわめて急速になされなければならなかった。ところで、征服者の部族団《フォルク》の手ぢかな代表者は軍統帥者であった。征服した領域を内にたいしても外にたいしても確保するためには、彼の権力を強化する必要があった。軍司令官の支配が王制に転化する時がきていた。この転化はなしとげられた(10)》。

しかし、征服がただちに国家をもたらすのではない。征服は、多くの場合、一時的な略奪に終わるだけである。または、遊牧民の征服者がそうするように、すでに存在する国家機構の上に乗っかるだけである。国家の起源を強者による征服に見出す理論を批判して、ルソーはつぎのように述べた。《征服権はけっして一つの権利ではないのだから、それは他のいかなる権利をも創設することはできなかった。完全な自由の状態におかれた国民がその征服者を、進んで自分の首長に選ぶのでないかぎり、征服者と征服された人民とはいつまでも相互に戦争状態に止《とど》まるからである。それまでは、人々がいかに降伏を行なったとしても、それはただ暴力だけに基づいたものであり、従ってそれはまさに事実上無価値なものであるから、さきのような仮説のなかには、真の社会も、政治体も、最強者の法以外のいかなる法もありえない[11]》。

征服が国家をもたらさないとしたら、国家は「内から」来るのでなければならないはずである。が、すでに述べたように、内部からは主権者は出てこない。共同体の内部でいかに氏族間の対立が生じても、それが公的な権力の自立をもたらすことはない。すると、国家は共同体の内部で生じるというテーゼと、国家は共同体の内部では生じないというアンチテーゼが成り立つ。しかし、このアンチノミーは、国家の起源として、支配共同体と被支配共同体の間に一種の「交換」を見出すことによって解消される。それは、征服した側が被征服者の服従に対して保護を与え、貢納に対して再分配するという「交換」のかたちをとることである。そのとき、征服という事実そのものが当事者たちによって「否認」されるようになる。

確かに、征服がなくても共同体の中から主権者が出てくる場合がある。たとえば、氏族社会では、緊急時において、首長は一時的に非常大権をもつ主権者となり、平時にはそうでなくなる。だが、戦争が常態となるような場合、首長は恒常的に主権者となるだろう。いいかえれば、外からの侵略の危機が恒常的にあれば、首長の地位は恒常的に絶対化されるだろう。そうなれば、王権が成立する。ゆえに、征服が現実に起こらなくても、その危険が恒常的にあるのであれば、共同体の内部でも主権者が生じる。したがって、そのように内部から生まれるとしても、主権者は窮極的には「外から」来るというべきである。実際、一つの国家が存在するならば、その周辺の共同体はその国家に服属するか、ないしは、自ら国家となるほかない。したがって、たとえ共同体がそのまま内部から国家に転化したようにみえても、その背後に必ず他の国家との関係が存在するのである。

4　共同体＝国家

ホッブズは、「一方は生命を得、他方は金または労働を得るという」交換(契約)に、国家の成立根拠を見た。むろん、このことは個々人のレベルではなく、共同体と共同体の間に見なければならない。国家は支配共同体と被支配共同体の交換(契約)によって成立するのである。それは先ず、支配共同体に対して、被支配共同体が服従し貢納することで、安全を得るということである。しかし、これは一時的な契約であるから、いつ覆されるかもしれない。国家が成立するには、それ以上の「交換」が必要である。それは、支配共同体が、被支配共同体に賦役貢納を課すとともに、課税によって得た富を再分配することである。国家は共同体による再分配を代行するかのようにみえなければならない。つまり、まるで国家が共同体の公的な機能を果たすかのように。そのとき、国家は首長制共同体の延長だとみなされる。

しかし、首長制共同体と国家は異質であり、前者がたんに拡大して国家になるということはありえない。たとえば、部族社会の首長や祭司がどんなに権力を集めても、国家の王になることはない。なぜなら、互酬的原理が執拗に残るからだ。たとえば、首長は富や権力を得るが、それは贈与することによってである。また、その権力を維持するためには、惜しげなく贈与し続けなければならない。そうしなければ地位を失ってしまう。が、鷹揚に贈与することで、その富を無くしてしまう。結局、特権的な地位は長く続かないのだ。したがって、国家は共同体の延長として成立するのではない。

すでに述べたように、王権(国家)は共同体の内部からではなく、その外部から来る。だが、同時に、それは共同体の内部から来たかのように、つまり、共同体の延長としてあるかのようにみえなければならない。さもなければ、王権(国家)は確立されないのである。その意味で、近代国家がネーション＝ステートであるように、古代から国家はいわば、共同体＝国家としてあらわれたのである。

共同体＝国家の形成において最も重要な役割を果たすのは、宗教である。氏族・部族共同体では、首長は同時に祭司であった。多数の部族を包摂する原都市＝国家の段階においても同様である。たとえば、神殿は祭祀の場であるだけでなく、再分配すべき富の貯蔵庫であり、再分配をおこなう首長が祭司であった。その意味で、祭司と政治的首長は切り離せない。原都市＝国家の段階では、首長は首長制国家の段階よりもはるかに強い権限をもつとともに、諸共同体における神(先祖神・部族神)を超えた神を奉じる祭司となった。ウェーバーは都市を盟約共同体であると考えたが、この「盟約」は何よりも、同じ神を奉じることによってなされる。それが、旧来の氏族的共同体を越えた、共同体＝国家の形成である。

古代国家は多数の都市国家の抗争から生まれた。その過程で生じたのは、宗教の面でいえば、さまざまな氏族・部族の神々を超えた神の出現である。それは、旧来の氏族・部族共同体を越えた国家の形成を意味する。これについてもっと具体的に考察するために、「獲得されたコモンウェルス」の最初の例として、シュメールの国家(ウル、ウルクなど)を見てみよう。シュメールの国家は、チグリス河とユーフラテス河に沿った多数の都市＝国家の間の抗争から生まれた。この抗争は、それまでにも起こっていた過程をさらに急激に促進した。一つの都市国家が勝てば、その神が勝つことになる。国家が強大化すれば、神もまた普遍化し超越化する。このような都市国家間の戦争を経て勝利した都市国家の王は、たんに軍事的に他を支配するだけでなく、同時に、旧来の神々を超えた神を奉じる祭司となる(エジプトの場合は、ファラオは神そのものとなる)。これによって、王は大衆の自発的な服従を得る。こうして、王権国家の確立とともに、新たに氏族・部族を越えた「想像の共同体」が創り出されるのである。したがって、重要なのは、共同体が発展して国家になったのではなく、集権的な国家の形成とともに共同体が新たに形成されたのだ、ということである。

5　アジア的国家と農業共同体

国家とともに、旧来の氏族・部族的共同体は変質する。それを支配共同体と被支配共同体のレベルで見てみよう。支配共同体のレベルでは、それまでの共同体的＝互酬的なあり方——肯定的にいえば平等主義的な、否定的にいえば血讐的であるような——が消滅し、ハイアラーキカルな秩序が形成された。もちろん、それは一気に起こったのではない。集権化は、支配階層のなかで、さまざまな首長(貴族)や祭司といった「中間勢力」(モンテスキュー)を徐々に制圧することによってのみ成し遂げられる。つまり、古代専制国家の出現において、近世ヨーロッパにおいて絶対主義王権が出現したときと構造論的に類似したことが生じたのである。貴族(豪族)を抑えた専制君主の下に、すべての人民が服属するというかたちになる。

このように支配者レベルで集権化が進むにつれて、被支配者のレベルでは、旧来の氏族的共同体は農業共同体として再編された。農業共同体は氏族社会の延長であるようにみえる。ゆえに、マルクスは、「アジア的生産様式」あるいはアジア的な農業共同体を、未開社会(氏族社会)から転化した最初の形態として見た。そして、アジア的国家をそこから説明しようとした。たとえば、彼は、インドのインダス河流域のパンジャブ地方に残存していた「農業共同体」を例にとって、つぎのように述べている。《これらの自足的な共同体の、単純な生産的有機体は、アジア的諸国家の絶え間なき崩壊と再建、および休みなき王朝の交替とにたいして、著しい対照をなすアジア的社会の不変性の秘密を解く鍵を与える[12]》。つまり、彼は、アジア的な共同体が永続的であるから、専制国家が永続的であると考えたのである。

しかし、このような言い方は誤解を与える。共同体の「アジア的形態」はアジア的専制国家の形成にともなって形成されたのであって、その逆ではない。たとえば、シュメールでは、国家がより多くの人間を動員し、大規模な灌漑工事をおこない、彼らに土地を与えて働かせた。国家が農業共同体を作り出したのである。専制国家は、貢納賦役を課すほかには、農業共同体の内部に干渉しなかった。そこには、一定の自治と相互扶助的なシステムが存在する。一見すると、これは氏族社会の互酬原理の名残のようにみえる。だが、ここでは、氏族社会にあった、上位組織に対する独立性が存在しない。

氏族社会の互酬性が、相互扶助や平等化というポジティヴな面だけではなく、相手を屈服させようとするネガティヴな面をもっていることはすでに指摘した。たとえば、それはポトラッチや血讐のような破壊的な競争としてあらわれる。互酬性は上位の権威を認めないのだ。アジア的な専制国家の下にある農業共同体では、相互扶助や平等化という面での互酬性は保持されている。しかし、それは互酬性のもう一つの面、すなわち独立性が失われている。人々は国家(王)に完全に従属する。逆にいうと、まさにそのことによって、農業共同体は自治的な集団であることが許容されたのであり、また、氏族社会にはなかったような一体的凝集性をもつようになったのである。

つぎに注意すべきことは、アジア的専制国家が形成されるためには、たんに軍事的な征服だけでなく、これまでになかったような統治の原理を必要としたということである。専制国家は、多くの都市国家間の抗争の中から広域国家として形成された。それは伝統的な共同体的規範が通用しないような社会である。先に私は、広域国家における、神の超越化について述べたが、それはたんに宗教だけの問題ではない。広域国家に不可欠なのは、法治(法による支配)という考えである。

都市国家間の抗争といえば、もっぱらギリシアのポリスのことが想起される。また、ギリシアにおけるソフィストのような多種多様な思想家の活動が想起される。しかし、記録に残っていないけれども、それに先だって、古代帝国の形成において、同じような事態があったことは疑いがない。たとえば、バビロニアやアッシリアのようなのちの帝国で、シュメールの文明に由来する言語が使われていることから見ると、それが画期的なものであったことが推測される。先に述べたように、互酬性の原理を断ち切る「目には目を」という法は自然に生まれたのではない。それを提唱した思想家がいたと考えるべきである。

そのことは中国の古代国家を見れば明らかである。都市国家が争った戦国時代(前四〇三―二二一)に、孔子、老子、韓非子など、諸子百家と呼ばれるさまざまな思想家が輩出した。彼らはギリシアのソフィストのように、諸国家をまわって、彼らの思想を説いてまわった。氏族社会の慣習や宗教による統治が不可能になったため、諸国家は新たな理論を必要としたのである。その中で、秦は法治主義を奉じる宰相、商鞅によって強国となり、その後、始皇帝によって帝国を築いた。集権的な広域国家は、旧来の氏族的な門閥貴族を制圧し、法治主義を徹底し、度量衡を統一するといった理論によって可能となったのである。秦は短期間に崩壊したが、その後にできた漢帝国は、儒教を統治原理とすることで、その後の帝国のプロトタイプとなった。

諸子百家が輩出した中国の戦国時代は、ギリシアで都市国家が抗争していた時代と、ほぼ同時代的であり、また、類似性がかなりある。中国ではこのような帝国の形成とともに、戦国時代において開かれた可能性は閉じられた。つまり、アジア的専制国家がそれ以後、存続したのである。ギリシアではどうなったかについては、あとで論じよう。ここで再確認したいのは、アジア的専制国家は、たんに氏族社会の延長として出てきたのではないということだ。それが成立するためには、シュメールであれ、中国であれ、氏族社会以来の伝統を断ち切る過程が不可欠だったのである。むろん、いったん集権的な体制を確立すれば、そのあとには、専制国家は、氏族社会以来の伝統を活用するだろう。専制国家によって構成された農民共同体が、あたかも氏族社会から存続してきたかのようにみえるのは、そのためである。

マルクスは、アジア的な共同体を「全般的隷従制」と呼んだ。それは奴隷制でも農奴制でもない。各人は自治的な共同体の一員である。だが、その共同体全体が王の所有である。王は共同体に介入する必要はない。人々は共同体の一員であることによって拘束される。ゆえに、共同体の自治を通じて、国家は共同体を支配することができる。したがって、国家と農業共同体はまったく別のものであるが、分離して存在するのではない。農業共同体とは、専制的国家によって枠組を与えられた「想像の共同体」である。それそれは近代のネーションと同様に、集権的国家の枠組が先行することなしにありえないのだ。＝アジア的専制国家は、いわば、専制国家＝農業共同体という接合体として存在するのである。

アジア的専制国家に対する誤解の一つは、それを奴隷制とまちがえることである。アジア的国家では、大衆は残虐に扱われたり、切り捨てられたりするわけではない。むしろ、手厚く保護される。たとえば、ピラミッドの工事は、ケインズが注目したように、失業者対策、政府による有効需要創出政策としてなされた（『雇用、利子および貨幣の一般理論』）。この意味で、専制国家（家父長制的家産制）は一種の「福祉国家」である。同様に、東ローマ帝国（ビザンツ）も福祉国家であったといえる。[13] だが、それはキリスト教国家だからではなく、アジア的専制国家――ここでは皇帝＝教皇である――であることからくるのだ。ウェーバーは、西ヨーロッパで「福祉国家」的な社会政策が出てきたのは、絶対主義王権においてだと述べている。

家父長制的家産制は、唯一人の個人による大衆支配である。それは、必ず、支配の機関としての「官吏」を必要とするが、これに反して、封建制は、官吏の必要性を極小化する。家父長制的家産制は、それが外国人から成る家産制的軍隊に依拠しているのでない限り、強度に臣民の善意に依存せざるをえないのに反して、封建制は、広汎にわたって、このような臣民の善意なしにもやってゆける。家父長制は、それにとって危険な特権的諸身分の野望に対しては、大衆を動員することによってこれに対処する。大衆は、常に、家父長制の所与の帰依者《アンヘンガー》であったのである。大衆神話が神聖化した理想は、英雄ではなくて、常に「良き」君主であった。

したがって、家父長制的家産制は、自分自身に対して、また臣民に対して、みずからを、臣民の「福祉」の保育者として、正当化せざるをえないのである。「福祉国家」こそ家産制の神話であり、それは誓約された誠実という自由な戦友関係《カメラートシャフト》に発したものではなく、父と子との間の権威主義的関係にもとづいている。「国父《ラントファーター》」

というのが、家産制国家の理想なのである。したがって、家父長制は、特殊の「社会政策」の担い手たることがありうるし、また、大衆の好意を確保しなければならない十分な理由があるときは、事実、常に社会政策の担い手になった。例えば、ステュアート朝が清教徒的市民層や半封建的名望家層と闘争状態にあった時代の、近世イギリスにおいてそうである。ロード Laud のキリスト教的社会政策は、半ばは教会的な、半ばは家産制的な動機に発したものなのである。(14)

西ヨーロッパでは、絶対主義王権においてはじめて、王が臣民を保育するという観念が出てきたのである。しかし、そのような「福祉国家」の観念はアジア的国家においてはありふれている。中国では漢王朝以後、専制君主の支配は儒教によって基礎づけられた。すなわち、専制君主は、武力によってではなく、仁徳によって統治する者(君子)とみなされる。すべての臣民を、官僚を通じて支配し、管理し、配慮し、面倒を見る、それが専制君主なのである。

アジア的専制国家に関するもう一つの誤解は、それが統治のすみずみまで及ぶ強固な専制的体制だという見方にある。実際には、そのような王権の権力は脆弱であり、ごく短期間しか続かない。王権を確保するために、宗教、姻戚関係、封による主従関係、官僚制などが用いられる。が、その結果、逆に、神官・祭司、豪族、家産官僚らが、つぎつぎと王権に対抗する勢力となる。さらに、内部の混乱を見て、外から遊牧民が侵入してくる。こうして、王朝は崩壊する。その後に、再び、王朝が形成される。「アジア的諸国家の絶え間なき崩解と再建、および休みなき王朝の交替」(マルクス)は、そのようなものである。

しかし、「休みなき王朝の交替」にもかかわらず不変的なのは、アジア的な農業共同体であるよりもむしろ、このような専制国家の構造そのものである。それに関して特筆すべき点は、初期的で停滞的な農業共同体に基盤をもつ初期的な国家ではなく、形式的には集権的な国家として完成された形態、つまり、官僚制と常備軍というシステムが、アジア的国家によってもたらされたということである。ゆえに、そのような形態やそれをもたらすプロセスがその後もくりかえされたのである。農業共同体が不変的だから、専制国家も永続的であったということはできない。真に永続的なのは、農業共同体よりも、それを上から統治する官僚制・常備軍などの国家機構である。これは王朝がめまぐるしく替わっても基本的に継承された。そして、それが農業共同体を永続させたのである。(15)

なぜギリシアやローマで、専制国家の体制ができなかったのか。それについては、あとで論じるが、ここで簡単にいっておく。それはギリシアやローマが社会として「進んだ」段階にあったからではない。その逆に「未開」であったからだ。つまり、晩年のマルクスが注目したように、ギリシア・ローマの都市国家では、支配共同体(市民)の間に、集権的な国家に抗する氏族社会の互酬原理が強く残ったからである。そのため集権的な官僚的体制が作られなかった。また、国家が管理しない市場経済が発展した。しかし、そのことはまた、彼らが、征服した共同体を農業共同体として再編するような専制国家の統治、あるいは、征服した多数の国家・共同体を組み込む帝国の統治ができなかったこととつながっている。もちろん、ローマは最終的に広大な帝国となったが、それはむしろ、アジアの帝国システムを基本的に受け継ぐことによってである。ゆえに、われわれは、アジアに出現した専制国家を、たんに初期的なものとしてではなく、広域国家(帝国)として(形式的には)完成されたものとして考察すべきである。

6　官僚制

すでに述べたように、古代文明は大河川流域に発生し、大規模な灌漑農業をもっていた。したがって、マルクスは東洋的専制国家を灌漑農業と結びつけた。ウェーバーもまた、つぎのようにいっている。

しかし、官僚制化の機縁を与えるものとしては、行政事務の範囲の外延的・量的な拡大よりも、その内包的・質的な拡大と内面的な展開との方が、より重要である。この場合、行政事務の内面的発展の向う方向とこの発展を生み出す機縁とは、極めて種々さまざまでありうる。官僚制的国家行政の最古の国たるエジプトにおいては、書記や官僚の機構を作り出す機縁をなしたのは、上から全国的・共同経済的に治水をおこなうことが、技術的・経済的にみて不可避的であったという事情である。次いで、すでに早くから、書記や官僚の機構は、軍事的に組織された巨大な土木事業の中に、その第二の大きな業務圏を見出した。多くの場合には、すでに述べたように、権力政策に起因する常備軍の創設とこれに伴う財政の発展と、この両者に由来するいろいろの要求とが、官僚制化の方向に働いている。

このほかにも、近代国家においては、文化の複雑性が増大し、そのために行政一般に対する要求が増してくるという事情も、同様の方向に作用している。(16)

マルクスとウェーバーの観点を受け継いだのがウィットフォーゲルである。彼は東洋的専制国家が大規模な灌漑農業を通して形成されたと考え、さらに、地理的な限定をとりのぞいて、それを「水力社会」と命名した。このような考えに関して、専制国家と灌漑農業は必然的な結びつきがないという批判がある。(17) また、ロシアのように灌漑農業をもたない地域にも専制国家が成立しているという批判がある。しかし、ウィットフォーゲル自身がその後に、ロシアのように「水力的」でない地域に専制国家ができた理由を説明しようとして、それを外からの影響に求めた。ロシアには、モンゴルによる支配を通して、アジア的な専制国家が導入されたというのである。

しかし、このこと自体、専制国家が灌漑農業とは別個に考えられなければならないことを示している。「水力社会」が実現した「文明」とは、自然を支配する技術である以上に、むしろ人間を統治する技術、すなわち国家機構、常備軍・官僚制、文字や通信のネットワークである。ゆえに、それは灌漑と縁がないような他の地域、たとえばモンゴルのような遊牧民にも伝えられたのだ。人間を統治する技術が、自然を統治する技術に先行したのである。

官僚制はどのようにできたのか。巨大な土木事業から官僚制が発達したのは確かであるが、ここで考えるべきなのは、そのような工事に従事する人間はどこから来たのか、また、それらを管理する官僚はどこから来たのか、である。氏族社会の人々は従属的な農民となることを嫌う。遊牧民も同様である。彼らは支配者となっても、官僚になることを嫌い、戦士＝農民にとどまろうとする。ギリシアのポリスで官僚制がまったく発達しなかったことはその一例である。ローマでは、官僚制がないために、私人に租税徴収を請け負わせた。ゆえに、人がすすんで官僚になることはない、と考えなければならない。

ウェーバーは、エジプトの官僚は、事実上、ファラオの奴隷であり、ローマの荘園領主は、直接の現金出納を奴隷に託していた、という。その理由として、彼は、「奴隷に対しては拷問を用いえたからである」というのだ。アッシリアでは、官僚の多くが宦官《かんがん》であった。それは、互酬的な原理にもとづく共同体の成員の場合、官僚制はありえないということを意味している。いいかえれば、官僚制は、王と臣下の間に互酬的な独立性が全面的に失われたときに生まれたのである。

ウェーバーによれば、その後に、官僚制は保証された貨幣俸給制にもとづくようになる。その意味で、貨幣経済の完全な発展が、官僚制化の前提条件である、と彼はいう。貨幣俸給制によって、官僚は、偶然や恣意のみに左右されない昇進のチャンス、規律と統制、身分的名誉感情をもつようになる。さらに、官僚は、頻繁に替わる支配者(王権)に代わって、実質的に国家の支配階級となる。だが、官僚は根本的には「奴隷」なのであり、それゆえに主人となるのだ。専制的な君主は、官僚なしには何もできないからだ。ヘーゲルのいう「主人と奴隷」の弁証法は、むしろここに見出される。

もう一つ、官僚制の基盤は文字にある。文字は、多数の部族や国家を統治する帝国の段階において不可欠のものとなった。文字言語から標準的な音声言語が作られたのである。シュメールでもそうであったが、エジプトでは、複数の複雑な文字体系を習得することが官僚の必要条件であった。官僚の「力」は、何よりも文字を知っていることにあたからである。

る。過去および現在の文献を読み書きできないならば、国家的統治はできない。中国において官僚制が連綿として続いたのは、それが何よりも漢字・漢文学の習得を必要としたからである。

先に述べたように、古代中国で専制国家の形態が完成されたのは、漢王朝においてである。それ以後、遊牧民による征服が幾度も起こった。しかし、征服王朝はそれまであった国家官僚機構を破壊せず、その上に乗っかっただけであった。度重なる征服は、逆に、国家機構を氏族・部族の共同体的紐帯から切れた、中立的なものとする方向に向かわせた。八世紀、隋王朝から始まった官僚の選抜試験制度、すなわち、科挙は、官僚制を、どんな支配者(王朝)にも仕えるような独立した機関たらしめた。それは、「絶え間なき崩解と再建、および休みなき王朝の交替」にもかかわらず、モンゴルが支配した一時期をのぞいて、二〇世紀にいたるまで存続したのである。(18)

第二章　世界貨幣

1　国家と貨幣

　商品交換は共同体と共同体の間で始まるということを、マルクスは幾度も強調した。それは商品交換の起源を個人と個人の間に見出したアダム・スミス以来の偏見を批判するためである。スミスのような見方は、近代の市場経済を過去に投射する「遠近法的倒錯」にすぎない。たとえば、今日でも、共同体の内部では、あるいは、共同体が消えたところでも家族の内部では、商品交換(売買)はめったになされない。贈与や共同寄託というかたちをとるのがふつうである。だから、交易は、共同体と他の共同体の間でしかなされない。

　しかし、ここで注意しておきたいのは、だからといって、初期の社会(共同体)では商品交換がないと考えてはならないということである。商品交換は贈与から発展したのではない。それは最初から存在したのだ。狩猟採集民のバンドにおいても交易はあった。

どんな共同体も全面的に自給自足的であることはできない。一定の物資を外から得なければならない。ゆえに、商品交換は不可欠である。定住化すれば、なおさらそうだ。だが、共同体間で商品交換をおこなうためには、そこに存する「戦争状態」を克服し、一定の友好的な関係が築かれなければならない。贈与はそのためになされるのである。たとえば、メラネシアの有名なクラ交易では、贈り物を与えられた島が他の島に贈り物を返すというかたちでなされるが、すでに述べたように、このような贈与の交換のあとに、必需品の交換がなされたのである。そのことは、贈与に比べて交易が副次的であることを意味するのではない。むしろ、交易こそ主要目的なのだが、そのためにこそ贈与が不可欠なのである。

たとえば、沈黙交易は、贈与―お返しという、一見互酬のようなかたちでなされる。沈黙交易をする共同体は、お互いに対面することを恐れている。彼らはどうしても交易したいのだが、対面することは避けたい。この事例は、贈与の根底に自然状態への恐怖があることを端的に示すものである。共同体と共同体の間での交換は容易ではない。贈与によってのみ、交易の場が開かれる。ゆえに、商品交換は太古から存在するが、いつも贈与に付随するかたちでしかありえなかったのである。いいかえれば、交換様式Cは最初から存在したのだが、交換様式Aに付随するかたちでのみ存在したのだ。そのため、未開社会ではまるで交易が存在しないようにみえるのである。

くりかえすと、交易の必要は未開の段階からあった。小さな氏族的共同体の上に高次共同体が形成されたのは、そのためである。原都市＝国家もまた、そのようにして形成されたのである。国家は、そのような原都市＝国家の間の交通（交易と戦争）によって形成されたのである。私はすでに国家を交換様式Bに由来する形態として考察してきたが、それは交換様式Cと別々にあるものではない。国家はむしろ、交易をおこなう現実とともに形成されたといってもよい。集権的な国家の下で、各共同体は納税（賦役貢納）と引き換え（交換）に、所有権を確保する。それによってはじめて、商品交換、つまり、所有物の相互譲渡がなされるのである。

たとえば、マルクスは、『資本論』で、商品と商品の交換関係を論じながら、それがそれらの所有者の法的な関係に裏づけられていることに注意を促している。《ある一人は、他人の同意をもってのみ、したがって各人は、ただ両者に共通な意志行為によってのみ、自身の商品を譲渡して他人の商品を取得する。したがって、彼らは交互に私有財産所有者として、認め合わなければならぬ。契約という形態をとるこの法関係は、適法的なものとして進行するかどうかは別として、一つの意志関係である。この関係に経済的関係が反映されている。この法関係または意志関係の内容は、経済的関係そのものによって与えられている。人々はここではただ相互に商品の代表者として、したがってまた商品所有者として存在している(1)》。

ここで、マルクスは、法関係は経済的関係を反映しているだけだと強調しているようにみえる。が、これはむしろ、商品交換という経済的関係が法関係なしにありえないことを意味する。すなわち、共同体間の商品交換を可能にするのは、契約不履行や略奪を不法として処罰するような国家の存在である。これは交換様式Bに根ざしている。もう一つは、共同体間の「信用」である。これは互酬的な交換様式Aにもとづく。したがって、共同体間に始まる商品交換様式Cは、他の交換様式AやBと連動するかたちでのみ存在してきたのである。

このように、商品交換は共同体や国家によって支えられて存在する。とはいえ、交換様式Cはcontingent(たまたま付随する)なものではない。自給自足的でありえない以上、共同体も国家もそれを絶対に必要とするのだ。交換様式AやBは、それぞれ力をもっている。「贈与の権力」や「国家権力」である。しかし、交換様式Cからも、それに固有の「力」が生まれる。それは国家によって生まれるものではなく、逆に、国家がそれを必要とするものである。その力とは、具体的にいえば、貨幣の力である。それは、交換によって直接に他の物を獲得できる権利である。すなわち、それによって、他人を、「恐怖」によってではなく、自発的な契約によって従属させることができるのだ。なぜいかにして貨幣が生じるのかは、あとで考察する。さしあたり大事なのは、商品交換がなされるためには国家が必要であるのと同様に、国家もその存続のために貨幣を必要とするということである。

国家は貨幣で人を雇用することができる。それによって、恐怖によるのではなく、また、互酬的な拘束によってでもなく、「自発的な契約」にもとづく支配が可能となる。たとえば、古代の専制国家の権力は暴力(軍事力)にもとづいていたが、そのためには「貨幣の権力」が不可欠であった。部族的共同体の規模を越えた場合、傭兵が必要であり、また、武器を作る技術者集団を雇う必要があった。そのためには、貨幣が不可欠である。国家はそれを遠隔地交易から得たのである。国家自らがそれをおこなうか、交易に課税するかどうかは別としても。古代の専制国家を特徴づける大規模な灌漑農業も、自国内の消費よりも、輸出を目指してなされたのである。

こうして、一つの社会構成体は、三つの異なる交換様式、あるいは、それに由来する異なる権力の結合——相互に対立し且つ依存し合う——において成り立つのである。資本制以前の社会構成体においても、交換様式Cは重要な要素である。しかし、それはいかに発展しても、交換様式BやAに対して副次的な地位にとどまるほかなかった。いいかえれば、それは一般に否定的に評価されていた。たとえば、商人は、国家の役人によってなされる場合をのぞけば、つねにいかがわしい存在であった。交換様式Cは、必要不可欠であるにもかかわらず、つねに劣位におかれていたのである。沈黙交易もそれを例示するものである。

この章では、交換様式Cを、その地位が従属的であるような社会構成体において考察する。交換様式Cは、資本制社会構成体において真に支配的な様式となり、その特性を全面的に示すことになる。だが、それ以前の社会においても、それがもつ力の特性はすべてあらわれている。というより、むしろ、そこにおいてこそ露骨にあらわれているというべきである。マルクスはいっている。《利子付資本、またはわれわれがその古風な形態に名づけていう高利貸資本は、その双生の兄弟である商人資本とともに、久しい以前から資本主義的生産様式に先行しそしてきわめて種々に異なる経済的社会構造において見出される、資本の大洪水以前的諸形態に属する》(2)。たとえば、商人資本や高利貸し資本は今も存在するが、もはやマージナルなものでしかない。現在の資本主義経済を考えるとき、人々はそれらを無視するし、無視してもよい。しかし、資本の本質は、商人資本や金貸し資本にこそあるといわねばならない。そこに、貨幣の力、その物神性が端的にあらわれたのである。ゆえに、われわれは資本の本性を、「大洪水以前的諸形態」に遡って考える必要がある。

2　商品世界の社会契約

商品交換からいかにして貨幣が生まれたのか、そして、貨幣がもつ力はいかにして生まれたのか。この問題に関して、考古学や人類学の資料は役に立たない。マルクスは『資本論』の序文でこう述べた。《経済的諸形態の分析では、顕微鏡も化学的試薬も用いるわけにいかぬ。抽象力なるものがこの両者に代わらなければならぬ》。このことは今でも同じである。貨幣や資本について考えるためには、マルクスが「抽象力」をもって解明したことがら、つまり、『資本論』冒頭の価値形態論に依拠するほかない。

一般に、マルクスは、スミス、リカードら古典派経済学の労働価値説を継承し、さらにそれを批判して剰余価値（搾取）理論を引き出したと考えられている。しかし、そのような仕事をしたのは、マルクスに先行するイギリスのリカード派社会主義者であった。一方、マルクスが初期から惹きつけられていた問題は、貨幣がもつ力、あるいは、その宗教的な転倒や自己疎外であった。古典派にとって、貨幣には何の謎もない。貨幣は、各商品がもつ労働価値を表示したものにすぎないからだ。ここから、ロバート・オーウエンをふくむリカード派社会主義者、さらにプルードンは、貨幣を廃止して労働時間を示す労働証票を使うことを考えたのである。むしろ、そのような考えの安易さを批判したのがマルクスである。

古典派は労働価値を持ち込むことによって貨幣をかたづけてしまったが、実は暗黙裏に貨幣を前提しているのだ。たとえば、アダム・スミスは、商品には使用価値と交換価値があると考えた。交換価値とは他の商品を購買する「力」(purchasing power)である。

それは、各商品がそれぞれ貨幣だということを意味する。しかし、そのようなことはありえない。貨幣となるような商品(たとえば、金や銀)だけがそれをもつのだから。一方、各商品にあらかじめ価値は内在していない。それは売買(貨幣との交換)がなされたのちに、はじめて存在するといえるのだ。生産物は売れなければ、いかにその生産のために労働が費やされていても、価値をもたないし、のみならず、使用価値さえもたない。つまり、たんに廃棄される。商品は、他の商品と等置されることによって、はじめてその価値をもつのである。ところが、金銀のような貨幣商品には、まさに交換価値があるようにみえる。それによって、他の商品を買う(直接に交換できる)権利があるようにみえる。では、特定の商品に、なぜそのような「力」があるのか。それは、その素材によるのではないし、また、その生産に費やされた労働によるのでもない。このような権力は、商品と商品の交換過程からのみ生じるのである。

マルクスは、多くの点で、古典派の考えを受け継いだ。つまり、各商品の価値の実体は「抽象的労働」あるいは「社会的労働」である、と彼はいう。しかし、『資本論』で彼が明確にしたのは、このような価値実体は、商品に内在するのではなく、商品と商品の交換を通してしか、すなわち、「価値形態」を通してしか発現されないということである。それは、商品の価値は、商品と商品の関係においてしか考えられないということを意味する。

したがって、人間がその労働生産物を相互に価値として関係させるのは、これらの事物が、彼らにとって同種的な人間的労働の、単に物的な外被であると考えられるからではない。逆である。彼らは、その各種の生産物を、相互に交換において価値として等しいと置くことによって、そのちがった労働を、相互に人間労働として等しいと置くのである。彼らはこのことを知らない。しかし、彼らはこれをなすのである。したがって、価値のひたいの上には、それが何であるかということは書かれていない。価値は、むしろあらゆる労働生産物を、社会的の象形文字に転化するのである。後になって、人間は、彼ら自身の社会的生産物の秘密を探るために、この象形文字の意味を解こうと試みる。(3)

価値の実体としての抽象的・社会的な労働といったものは、商品と商品が等置される関係から生じる貨幣(一般的等価物)を通して事後的に与えられるのである。したがって、貨幣の生成を見る場合、労働価値説は必要ではない。マルクスは『資本論』で価値形態を論じる前に、商品に内在する労働価値について述べたため、無用の混乱を与えた。しかし、労働価値であれ何であれ、商品に内在する「価値」などはない。それは他の商品と等置されたときに、はじめて価値をもつにすぎない。そして、その価値は、他の商品の使用価値で表現される。つまり、一商品の価値は、他の商品との等置形態、いいかえれば、「価値形態」において生じるのである。

たとえば、商品aの価値は商品bの使用価値によって表示される。マルクスはこれを「単純な価値形態」と呼んだ。マルクスの言葉では、このとき、商品aは相対的価値形態、商品bは等価形態におかれる。いいかえると、商品bは、事実上、貨幣(等価物)である。しかし、このような「単純な価値形態」では、逆に、商品aで商品bを買った、つまり、商品aこそ貨幣(等価物)だということもできる。つまり、どの商品も自ら貨幣であると主張できる。

とすると、貨幣が出現するためには、商品bだけが等価形態にあるのでなければならない。マルクスは、こうした単純な価値形態から始めて、「拡大された価値形態」、さらに「一般的な価値形態」、「貨幣形態」に発展することを論理的に示したのだが、貨幣は、いわば商品bが、他のすべての商品に対して排他的に等価形態におかれるようになるときに出現するわけである。たとえば、金や銀が一般的な等価形態の位置を占め、他のすべての物が相対的価値形態におかれるとき、金や銀は貨幣である。ところが、ここで転倒が生じる。金や銀がそこに位置するから貨幣であるのではなく、金や銀に特別な交換価値が内在していると考えられるようになる。

一商品は、他の諸商品が全面的にその価値を、それで表示するから、そのために貨幣となるのであるようには見えないで、諸商品は、逆に一商品が貨幣であるから、一般的にその価値をこれで表わすように見える。媒介的な運動は、それ自身の結果を見ると消滅しており、なんらの痕跡をも残していない。諸商品は、自分では何もするところなく、自分自身の価値の姿が、彼らのほかに彼らと並んで存在する商品体として完成されているのを、そのまま見出すのである。これらのもの、すなわち、土地の内奥から取出されてきたままの金と銀とは、同時にすべての人間労働の直接的な化身である。このようにして貨幣の魔術が生まれる。(4)

マルクスの言い方でいえば、貨幣の生成は「商品世界の共同作業」である。われわれはこれを〝商品世界の社会契約〟と呼んでもよい。商品たちは、自分が貨幣であろうとする欲望あるいは権利を放棄し、それをいくつかの商品に譲渡した。それゆえ、一般的な等価形態や貨幣形態におかれた商品にのみ、購買する権利が与えられたのである。貨幣の力もまた一種の社会契約にもとづくのだ。

3 『リヴァイアサン』と『資本論』

このように見ると、マルクスが『資本論』で貨幣生成に関して述べたことと、ホッブズが『リヴァイアサン』で主権者の出現について述べたこととの類似は明らかである。いずれも、一者への権利の集中を、他のすべての者の権利の譲渡において見ているからだ。実際、マルクスは貨幣に関して、王を例として用いている。《この人間が、例えば王であるのは、ただ他の人間が彼にたいして臣下として相対するからである。彼らは、逆に彼が王だから、自分たちが臣下でなければならぬと信じている(5)》。

ここで貨幣と王の類似について、さらに考えてみよう。ホッブズは、主権者は、全員が一致して各自の自然権を誰か一人に譲渡するということから生じると述べた。しかし、それを、全員が集まって協議したかのように考えてはならない。そのようなものからは、せいぜい有力な首長しか生まれないからだ。『リヴァイアサン』の論理的な展開とは別に、われわれはむしろ、つぎのような歴史的過程を思い描くべきなのである。

全員が自然権を一人の主権者に譲渡するということは、現実には、すでに有力であった者が、他を押しのけて、ますます有力になっていく過程にほかならない。ヨーロッパの絶対王政は、それまで第一人者でしかなかった王が、他の封建領主や教会を徐々に制圧していくことによって成立したのだ。しかも、実際には、それによって「絶対的」な主権者が確立したわけではない。絶対王政では、貴族や教会といった「中間勢力」が残っていた。モンテスキューは、それらが絶対王政が専制国家的になることを妨げていると考えたのであるが。

フランスで「中間勢力」が駆逐されたのは、フランス革命(一七八九年)によってである。ブルジョア革命は絶対王政を滅ぼしただけでなく、同時に、中間勢力を滅ぼすことによって、絶対的な主権者を確立したのである。それは人民が主権者であるような国家(ブルジョア独裁国家)である。しかし、ある意味で、そのような過程はイギリスではもっと前に、絶対王政を倒したピューリタン革命(一六四八年)において生じた。だから、『リヴァイアサン』を書いた時点で「主権者」というとき、ホッブズが念頭においていたのは、絶対王権というよりも、むしろ、王を処刑することによって出現した人民主権であった。つまり、主権者とは、王であれ人民であれ、誰を代入してもかまわないような「場所」を指すのである。

ゆえに、ホッブズは主権者という場所の出現を、歴史的(通時的)にではなく、論理的に示そうとしたのである。同じことが、マルクスが『資本論』で見出した、貨幣の成立に関していえる。マルクスは「価値形態論」で、貨幣形態という「場所」の出現を、このような「商品世界の共同作業」として論理的に演繹しようとした。これは現実の貨幣の生成を説明するものではない。実際、マルクスは貨幣の通時的な生成に関しては、「価値形態」の後に「交換過程」という章で論じている。

したがって、価値形態論で大切なのは、貨幣の起源ではなく、「貨幣形態」の起源である。ある物が貨幣であるのは、それが何であるかに関係がなく、たんにそれが貨幣形態という場所に置かれるからだ。マルクスは、それを「商品世界の社会契約」として見たといってよい。では、なぜ、商品たちであって、人間たちではないのか。もちろん、そのような社会契約をおこなうのは、商品ではなくて人間である。ただし、それは、商品の所有者としての人間、商品というカテゴリーの担い手としての人間である。ゆえに、人間の意志よりも、個々人がそこに配置される「場所」のほうが優位にある。たとえば、ひとは、商品をもっているときと貨幣をもっているときで、立場が違ってくる。貨幣をもっていれば、ものを買いひとを雇うことができる。その逆に、商品(労働力商品をふくむ)をもつ者は、弱い立場にある。こうして、商品交換がつくる「世界」は、人間の同意にもとづきながら、なお人間の意志を越えた客観性をもつようになる。ここに、贈与の互酬におけるハウとは異なる、貨幣のもつ社会的な強制力の秘密がある。

しかし、貨幣の歴史的な生成に関しては、そのような論理的展開とは違った過程を思い描かなければならない。たとえば、ある物は、それが何であれ、貨幣形態におかれるかぎりにおいて、貨幣である。だが、すべての商品が貨幣となりうるわけではない。一般的等価物となりやすい物が最初から存在するのである。したがって、マルクスもつぎのように書いている。

商品交換の発達とともに、一般的等価形態は、もっぱら特別な商品種に付着する、すなわち、結晶して貨幣形態となる。どの商品種に付着してしまうかは、まず初めは偶然である。だが、大体においては二つの事情が決定する。貨幣形態は、あるいは、外域からのもっとも重要な交換品目に付着する。それらの物品は、事実上、領域内生産物の交換価値の自然発生的な現象形態である。あるいはまた、例えば家畜のように、領域内の譲渡しうべき所有物の主要素をなす使用対象に付着する。遊牧民族が、最初に貨幣形態を発展させる。というのは、彼らの一切の財産は動かしうる、したがって直接に譲渡しうる形態にあるからであり、また彼らの生活様式は、彼らをつねに他の共同体と接触させ、したがって、生産物交換を引起していくからである。人間は、しばしば人間自身を、奴隷の姿で最初の貨幣材料にした。しかしまだかつて、土地を貨幣材料にしたことはない。……商品交換が全く地方的な束縛を突き破るのに比例して、したがって、商品価値が人間労働一般の体化物に拡がっていくのに比例して、貨幣形態は、本来一般的等価の社会的機能に適する商品、すなわち、貴金属に移行する。(6)

現実には、はじめから等価物になりやすい素材があった。そして、それらの中で一般的な等価物となるものが生まれ、さらに、その中から、貨幣形態が生まれたと考えられる。したがって、金や銀が貨幣となったのは、たんなる偶然ではない。それらは、「任意に分割しうるということ、諸部分が一様であるということ、その使用価値が耐久的であること」(『経済学批判』)という、世界貨幣の条件を満たしていたからである。それは「生まれながらに一般的等価の社会機能に適した商品」である。だが、この点を強調しすぎると、金や銀には貨幣となる必然があるという考えに陥ってしまう。だから、先ず、素材ではなく、貨幣形態こそが大事なのだということを強調する必要があるのだ。そして、それを念頭においた上で、はじめて貨幣の歴史的な生成について考えることができる。

4　世界貨幣

ここで、マルクスが「単純な、個別的な、または偶然的な価値形態」と呼んだものについて考えてみよう。これは等価(equivalence)において成立する。しかし、等価は商品交換に始まるものではない。贈与においても、あるいは贈与交易においても、等価性の認識がある。等価の根拠は恣意的なものではない。等価は慣習や伝統によって決まっていたが、その背後には、生産に要する社会的労働時間があったといってもよい。等価が慣習的に固定されたようにみえるのは、自然環境や生産技術の変化が緩慢であるためだ。もちろん、人々はそのような背景を意識しない。まず等置することによって、互いに、その価値を別の物の使用価値で表わすのである。《彼らはこのことを知らない。しかし、彼らはこれをなすのである(7)》。

ポランニーは『人間の経済』で、等価は価格ではない、ということを強調している。これは、マルクスの観点からいえば、価格は、すべての物が一般的等価物を通して関係しあう体系の中に置かれるときに成立すること、ゆえに、それ以前では、等価はあっても価格はないということを意味するのである。いいかえれば、「単純な価値形態」ないしは「拡大された価値形態」では、等価と等価の連鎖しか存在しない。したがって、ここから「一般的な価値形態」(あるいは一般的等価物)に移行することは、一つの飛躍である。これが、事実上、貨幣形態の出現だといってよい。さらに、そこから貴金属貨幣への移行がある。これによって、各地の商品の関係体系は、共通の尺度で見られるようになる。ゆえに、これは「世界貨幣」の出現だといえる。これもまた大きな変化である。

このような等価物から世界貨幣への移行は、部族共同体、都市国家、領域国家(帝国)への移行と平行している。最も早いと思われる貴金属貨幣は、メソポタミアにおける銀の貨幣である(エジプトでは金への愛好があったが、貨幣としては用いられなかった)。ここで注意すべきことは、つぎの点である。等価物から世界貨幣への移行は、等価物が全面的に世界貨幣にとってかわられることを意味するものではない。領域国家(帝国)の下に多数の国家、部族共同体が従属しつつ存続するように、世界貨幣の下に多数の等価物・一般的等価物が従属しつつ存続するのである。世界貨幣は現実には、国際的な交易の決済においてしか使われず、国内ではもっぱら等価物や一般的等価物が使われた。だが、それを見て、世界貨幣がまだ存在しなかったと考えてはならない。

ポランニーはいう。《古代貨幣は極端な場合には、支払い手段としては一つの種類の貨幣を、価値尺度としてはもう一つの貨幣を、価値の蓄蔵のためには第三の貨幣を、交換手段としては第四の貨幣を使用する》(8)。たとえば、バビロニアでは、価値尺度としては銀、支払い手段としては大麦、交換手段としては油脂、羊毛、なつめやしの実などが使用されていた。このように、彼は「原始貨幣」の多様性を強調する。しかし、ポランニーはこう付け加えている。それらの間には、銀一シクル＝大麦一グルというレートが定められて、全体として精緻な物々交換の体系が作られていた、と。これは、すでに銀が世界貨幣であったが、国内ではほとんど使用されなかったということを意味するのである。以上の例は、世界貨幣が存在する一方で、同時に、等価物や一般的等価物が貨幣として使われていたということを示すにすぎない。

貴金属貨幣は国家によって鋳造された。しかし、それが世界的に通用したのは、国家の力によってではない。国家の力が及ぶ範囲ではともかくとして、その外で貨幣が通用する力は、国家によるものではない。国家がなしうるのは、貴金属の量を確定し保証することだけである。もちろん、それはきわめて重要であった。そのつど貴金属の量を測定しなければならないとしたら、交易が事実上不可能になるからだ。一方、国家による裏づけがあれば、決済のとき以外に、実際に貴金属を使わないですむ。にもかかわらず、貴金属貨幣が国際的に通用する「力」は、国家に負うものではない。反対に、国家こそ、それにもとづいて貨幣を鋳造したのである。(9)

このことは中国における貨幣の歴史にも示される。戦国時代から各国の貨幣が濫立していたので、秦の始皇帝は国家強権によって貨幣の統一をはかったが、ついにできなかった。それを果たしたのは、つぎの漢王朝である。そして、それは民間の経済に任せることによってであった。漢王朝は膨大な金を保有していたが、自ら通貨を造るかわりに、それを準備金として、民間に通貨を自由鋳造させた。それによって、一挙に雑多な貨幣を駆逐したといわれる。つまり、貨幣は、交換それ自体から生じる力と国家の力との相関的な働きによって流通しえたのである。(10)

貨幣は、貨幣形態という位置におかれた商品である。この商品は金銀でなくても、何であってもよい。大事なのは、国際的に通用する貨幣は、それ自体が商品(使用価値)でなければならないということである。(11)共同体や国家の範囲内では、貨幣は素材的に何であってもかまわない。紙片でもよい。が、その外に出ると、それらは通用しない。たとえば、遊牧民にとって羊が貨幣であった。彼らは羊とともに移動し、それを自ら食うとともに、貨幣として他の財を買う。彼らの世界では、国家が公認しただけの通貨はいうまでもなく、持ち運ぶことのできない貴金属も通用しなかった。だから、共同体の外、国家の外で通用するような貨幣は、その素材そのものにおいて使用価値をもっていなければならないのである。ポランニーはつぎのように付け加える。《本物の奴隷が外国の君主への貢納の支払い手段であるのに対し、子安貝は国内の支払い手段として、時には交換手段として機能する場合もある》。奴隷は、商品(使用価値)であり、また羊と同様に移動できる商品であるから、対外貨幣として通用する。しかるに、子安貝は等価物の章票(トークン)のようなものであり、対内的にしか通用しない[12]。

くりかえすが、対外貨幣(世界貨幣)は、それ自体商品(使用価値)でなければならない。一つの価値体系(商品の関係体系)の中で、そのような商品は他の商品の価値尺度となる。それは自ら商品として、他の物との関係の中で変動するがゆえに、価値尺度として機能できるのだ。さらに、このような貨幣は自ら商品であるため、他の商品体系(価値体系)の中に入り込むことができる。その結果、その商品は異なる価値体系間を貫徹する世界貨幣として機能するのである。ゆえに、貨幣を考える場合、対外貨幣から考えるべきである。いいかえれば、貨幣を国内だけで考えてはならない。それは国家をその内部だけで考えてはならないというのと類似している。

5 貨幣の資本への転化

商品交換は合意にもとづくものである。しかし、それは容易になされるわけではない。相手の商品を互いに必要とする所有者同士が出会うことは難しいからだ。ゆえに、実際には、物々交換は慣例通りの比率でなされる。また、ある商品が事実上の貨幣(等価物)の役割をしている場合がある。貨幣の登場によって、この困難は回避される。貨幣があれば、時間と空間を超えた商品の交換が可能になる。しかし、これによって、交換の困難が完全にとりのぞかれるわけではない。貨幣をもつ者はいつでも商品を買うことができるが、商品をもつ者は必ずしもそれによって貨幣を得ることができるわけではないからだ。すなわち、商品交換に固有の困難は、商品所有者の側に集中されるのである。

合意にもとづく商品交換様式Cは、交換様式AやBとは異なる。それゆえ、商品交換、あるいは、市場というとき、ひとは対等な関係を思い浮かべる。しかし、貨幣をもつ者と商品をもつ者は対等ではない。くりかえすと、商品は売れるかどうかわからないし、しかも売れなければ価値がない。しかるに、貨幣をもつ者はいつでも商品と交換できる。すなわち、直接的交換可能性の権利がある。貨幣をもつことは、いつどこででもいかなるものとも直接的に交換しうるという「社会的質権」(『資本論』)をもつことなのである。

このような貨幣と商品の間の関係が、それぞれの所有者の間の関係を規定する。それゆえに、交換様式Cは、自由で平等な関係を通して、恐怖にもとづく階級支配とは異なる種類の階級支配を作り出すのである。それは近代の産業資本主義においては、貨幣と労働力商品、すなわち資本家とプロレタリアートの関係としてあらわれる。これを奴隷制や農奴制と混同してはならない[13]。

マルクスは価値形態論において、このような貨幣と商品の関係を、等価形態と相対的価値形態に遡って考えた。貨幣としての商品にそのような「力」があるのは、それが一般的な等価形態におかれたからである。その力は、いわば、商品たちの社会契約によるものである。だが、いったん貨幣が成立すると、ある転倒が生じる。貨幣がもはやたんなる商品交換の手段ではなく、商品といつでも交換できる「力」である以上、貨幣を求め蓄積しようとする欲望とそのための活動が生じるのだ。それが資本の起源である。貨幣の蓄積は使用価値の蓄積とは区別されなければならない。資本の蓄積活動は、使用価値(対象物)への欲求というよりも、「力」への欲望によるのである。

アリストテレスは二つの取財術を区別した。一つは、必要のためになされるものであり、他は貨幣を蓄積するものである。《貨幣が案出されると、やがて必要やむを得ざる交換から別種の取財術が生じて来た、すなわち商人的なものがそれである[14]》。さらに、《この種の取財術から生ずる富には限りがないのである[15]》。つまり、第二の取財術においては、「貨幣の資本への転化」が生じるのである。それは、交換が、使用価値を求めてではなく交換価値を求めることになり、それゆえ、限りないものとなる、ということを意味している。「貨幣の資本への転化」に関して、マルクスが先ず守銭奴(貨幣退蔵者)に言及したのは、そのことに存する倒錯性を指摘するためであった。

貨幣退蔵者は、黄金神のために自分の肉欲を犠牲にする。彼は禁欲の福音に忠実である。他方において、彼が流通から貨幣で引上げることのできるものは、彼が商品として流通に投じたものだけである。彼は生産するほど、多くを売ることができる。したがって、勤勉と節約と吝嗇《りんしょく》は、その主徳をなしている。多く売って少なく買うということが、彼の経済学のすべてである(16)。

守銭奴とは、この「質権」を蓄積するために、実際の使用価値を断念する者のことである。「黄金欲」や「致富衝動」は、けっして物(使用価値)に対する必要や欲望からくるのではない。守銭奴は、皮肉なことに、物質的に無欲なのである。ちょうど「天国に宝を積む」ために、この世において無欲な信仰者のように。もちろん、太古に守銭奴が現実にいたかどうかは問題ではない。ただ、貨幣の力がそれを蓄積しようとする倒錯的ドライブをもたらすということが重要なのである。

守銭奴に対して、商人資本は、貨幣→商品→貨幣＋α(M－C－M′(M＋ΔM))という過程を通して、貨幣の自己増殖(蓄積)をはかるものである。

この絶対的な致富衝動、この激情的な価値への追跡は、資本家にも貨幣退蔵者にも共通のものである。だが、貨幣退蔵者が、ただ気狂いじみた資本家であるのに反して、資本家は合理的な貨幣退蔵者である。貨幣退蔵者が獲ようと努力する価値の休みなき増大は、貨幣を流通から救い出そうとすることによって、行なわれるのであるが、より聡明なる資本家は、これを常につぎつぎに流通に投げ出すことによって達成する。(17)

資本家は合理的な守銭奴である。つまり、商人資本の運動を動機づけているものは、守銭奴の蓄積衝動(貨幣フェティシズム)と同じである。「合理的な守銭奴」としての資本家は、資本を増殖するために、あえて流通の中に跳びこむ。商品を買って、それを売るというリスクをおかすのである。貨幣には商品と交換する権利があるが、商品には貨幣と交換する権利がない。しかも、商品は売れなければ(貨幣と交換されなければ)、価値をもたないだけでなく、使用価値ももたない。それはたんに廃棄されてしまう。だから、マルクスは、商品が貨幣と交換されるかどうかを「命がけの飛躍」(Salto mortale)

と呼んでいる。ところで、合理的な守銭奴である資本家は、貨幣→商品→貨幣(M－C－M′)という過程を通じて貨幣を増殖させようとするのだが、そのとき商品→貨幣(C－M′)という「命がけの飛躍」を経なければならない。

この危険をさしあたり回避するのが「信用」である。それは、マルクスの言い方によれば、売り(C－M′)を「観念的に先取りする」ことである。すなわち、それはいわば約束手形を発行し、あとで決済するという形をとる。このとき、売買の関係は、債権・債務の関係となる。制度としての「信用」は、流通の拡大とともに「自然成長的」に生じ、且つそれが流通を拡大する、とマルクスはいっている。信用制度は資本の運動の回転を加速し且つ永続化する。M－C－M′という過程の終りまで待つ必要がないので、資本家は新たな投資をおこなうことができるからだ。

ここで信用についていっておこう。ある意味で、貨幣はそもそも信用として出現したのである。たとえば、物々交換で、生産物が季節的に異なる場合、先に相手の物を受け取り、あとで自分の物を渡すことになる。その場合、何らかのシンボルが用いられる。それは信用貨幣である。金属貨幣が世界通貨となった場合でも、実際の交換においては、約束手形が用いられる。また、そのような手形がそれ自体、貨幣として使われるようになる。したがって、貨幣にもとづく経済の世界は「信用」の世界である。

信用の問題は、交換様式Cが、交換様式AやBといかに密接につながっているかを示すものである。たとえば、マルセル・モースは、信用取引の起源に贈与を見出している。《……贈与は必然的に信用の観念を生じさせる。発展は経済上の規則を物々交換から現実売買へ、現実売買から信用取引へ移行せしめたのではない。贈られ、一定の期限の後に返される贈与システムのうえに、一方では、以前には別々になっていた二時期を相互に接近させ、単純化することによって、物々交換が築かれ、他方では、売買——現実売買と信用取引——と貸借が築かれた。なぜならば、われわれがいま描写している段階を越えたいかなる法(とくに、バビロニア法)も、われわれの周囲に残存するすべての古代社会が知っている信用を知らなかったということを証明するなにものも存しないからである(18)》。

信用は、取引の当事者の間の共同性の観念に支えられる。債務を負う者はどうしても返済しなければならないのだ。商品交換様式Cにおける信用は、このように、交換様式Aによって支えられている。と同時に、信用が国家によって、すなわち、交換様式Bによって支えられていることを無視してはならない。なぜなら、国家は債務不履行を処罰することによって、窮極的に信用を裏づけるからである。とはいえ、商品交換Cから生まれる信用は、それに固有の世界をつくりだす。

貨幣と信用によって、商品交換は空間と時間を超えておこなわれるようになる。あとで述べるが、商品交換が空間的に拡張されたとき、商人資本の活動が可能になる。異なる空間の間での中継的交換が剰余価値をもたらすからである。ここで大事なのは、貨幣および信用がもたらす時間性の問題である。貨幣および信用によって、現存する他者のみならず、将来の他者との交換が可能になるのだ。少なくとも、そのように思念される。そして、このことは、商人資本とは違ったタイプの資本を派生させる。たとえば、投資によって利潤が得られる見通しが確実にあるならば、商人は、金を借りてでもそうするだろう。その場合、金を貸す者には利子が払われる。そこに、利子うみ資本(M－M'……)が成立する。このとき、貨幣はそれ自体、利子を生む力があると思念される。貨幣の「物神性」(マルクス)は、この利子うみ資本において極大化する。

このM－M'は、資本の最初の一般定式が無意味な要約に収縮されたものである。それは、できあがった資本であり生産過程と流通過程の統一であり、したがって一定の期間に一定の剰余価値をうむ資本である。利子うみ資本の形態では、このことが直接に、生産過程と流通過程に媒介されないであらわれる。資本が、利子の、資本自身の増殖分の、神秘的かつ自己創造的な源泉としてあらわれるのである。物(貨幣、商品、価値)がいまや、たんなる物としてすでに資本なのであって、資本はたんなる物としてあらわれる。(19)

そうなると、貨幣を蓄蔵したままでいることは、利子を失うことになる。マルクスはいう。《貨幣退蔵は、高利において初めて現実的となり、その夢を実現する。退蔵貨幣所有者によって欲求されるものは、資本ではなく、貨幣としての貨幣である。しかし、利子によって、彼はこの退蔵貨幣をそれ自体として資本に転化する》[20]。むろん、貨幣そのものに利子をもたらす力があるわけではない。それは、商人資本(M－C－M′)の活動を通してもたらされるのである。だが、それらはまったく別個のものではない。商人資本の行為自体に、すでに投機的(speculative)なものがある。商人資本と高利貸し資本は、資本の「大洪水以前的諸形態」である。しかし、それらが太古から存在するということは、交換様式Cがもたらす世界が、物質的で合理的な下部構造であるどころか、根本的に、信用あるいは投機＝思弁的(speculative)な世界であることを意味するのである。商人資本や高利貸し資本は、その形式において、近代資本主義に受け継がれている。つまり、M－C－M′やM－M′は産業資本の蓄積過程の一環として存続する。

6　資本と国家

では、M－C－M′(M＋ΔM)という流通過程で、剰余価値(ΔM)がいかにして可能なのか。それは、いわば、「安く買って高く売る」ことによってである。それはアダム・スミスがいうように、アンフェアな不等価交換なのだろうか。確かに、一つの価値体系の中では、そうである。しかし、複数の異なる価値体系の間での交易の場合、それぞれが等価交換としてなされるにもかかわらず、「安く買って高く売る」ことが成立するのである。たとえば、ある地域で、ある商品の価格が貴金属貨幣によって表示されるとする。そのとき、この価格は、たんに貴金属との等置関係によって決まるのではなく、それを通じて関係するすべての他の商品との等値関係によって決まる。いいかえれば、価値体系の中で決まるのである。それは、価値体系が異なるならば、同じ商品が別の価格をもつ、ということを意味する。たとえば、茶や香料はインドや中国では安価であるが、ヨーロッパでは高価である。そもそも、それを作ることができないからだ。であれば、商人がそれを安く買い、ヨーロッパで高く売って利益を得たら、不等価交換によるアンフェアな利得であろうか。商人はそれぞれの地域で等価交換をしており、別に詐欺をしているわけではない。また、遠隔地まで出向くことは危険を伴い、新たな商品を見つけることには才覚や情報がいる。商人が交易による差額を自らの行為に対する正当な報酬であると考えてもおかしくない。

M－C－M′という商人資本の運動は、裏面では、C－MおよびM′－Cという等価交換である。それゆえ、異なる価値体系の間でなされる場合、それぞれ等価交換を通して、安いところで買って高いところで売ることから、剰余価値を得ることができる。価値体系の差が小さい場合にその差額が小さく、大きい場合に差額が大きいことはいうまでもない。ゆえに、商人資本が発生するのは、後者、すなわち、遠隔地交易においてである。しかし、そこでは私的な交易者は発生しなかった。なぜなら、国家が交易を独占したからである。その理由の一つは、遠隔地交易が危険だということである。国家の軍事力なしには遠隔地交易はありえない。むろん、商団自体が武装すれば可能であるが、その場合、それはすでに小国家である。

ポランニーは、古代において遠隔地交易が国家によってなされたことを強調した。(21) 彼はそのような交易とローカルな市場とを区別したのである。交易は概して、国家官僚ないしそれに準じる者によってなされた。交易は固定した価格でなされたので、利得的なものではありえなかった。したがって、彼らは利潤を求めてではなく「身分動機」によって交易をした。ただ、君主から報酬として財宝や土地を受け取った。それに比べて、「利潤動機」による私的交易者は、小規模で利潤も少なく貧しかった。ゆえに、軽蔑された、とポランニーはいう。

しかし、国家による遠隔地交易も根本的に「利潤動機」にもとづいている。国家による遠隔地交易で価格が固定していたということと、そこから巨大な利潤が得られることとは、別に矛盾しない。交換の価格が固定していたようにみえるのは、自然的な条件や生産技術の変化が緩慢だったからである。しかし、価格の変化はあった。国家は灌漑農業、鉱山などの開発によって新輸出品を作り出したからである。それは古代国家の栄枯盛衰に帰結するほど重要であった。ただ、それが頻繁に変わることはなかったから、交易の価格はほぼ固定していたといってもよい。交易する国家はそれぞれ、交易を通して、他国で安く自国で高価なものを手に入れた。その場合、両方とも得をする。ゆえに、それは「等価交換」だとみなされたのである。

だが、ここでもし、私的交易者がいて、一方で安く買って他方で高く売り、そこでまた安く仕入れたものを他方で高く売るということをくりかえしおこなう、と仮定してみよう。そうすると、国家が得る利潤は奪われてしまう。ゆえに国家は公的な交易以外を規制しなければならない。交易が「身分動機」によってなされるとき、名誉ある行為とみなされ、たんに「利潤動機」から交易をおこなうことは蔑まれた、とポランニーはいう。しかし、国家もまた利潤を動機としたのだし、それに従事する官吏も財宝や土地を報酬として得たのである。したがって、国家が私的な交易者を嫌ったのは、利潤を独占するためにすぎない。そのために、私的交易を軽蔑し、それを「不正義」として道徳的に非難したのである。

遠隔地交易が国家の需要を超えて広がってくると、国家はさまざまな商人に交易と商品の通過を認めざるをえなくなる。そこで、交易を許可し保護する代償として、関税や通行税を取り立てるようになる。したがって、私的交易が広がり、都市が拡大しても、基本的に、それらは国家の管理の下にあった。たとえば、中国の歴代帝国において、市場は役人によって管理され、奢侈品や詐欺が厳禁された。一方、交易は交易港を用いる管理貿易であり、また、朝貢という、贈与交易のかたちをとった。商人は国使、使節として扱われたのである。

このため、実際に存在するにもかかわらず、私的な交易や投資から差額を得ること、つまり、商人資本や金貸し資本の活動は蔑視され敵視されることになる。一方、ギリシアやローマでは、国家による交易や市場の管理がなく、交易と市場の区別もなかった。その結果、市場経済が破壊的な役割を果たしたのである。マルクスはいう。《高利は、かようにして一面では、古代的および封建的富と古代的および封建的所有とにたいして、覆滅的破壊的に作用する。他面ではそれは、小農民的および小市民的生産を、要するに、生産者がなおその生産手段の所有者として現われる一切の形態を、掘り崩し破滅させる》[22]。そのため、アリストテレスは『政治学』で、利子を「最も自然に反する」とみなし、「したがって憎んでも当然なのは高利貸しである」と述べた。

彼にとって、商人が交換から利潤を得るのは「不正義」であった。だが、奴隷を強制的に働かせることは「正義」だったのだ。同様に、古代専制国家では、賦役貢納によって富を蓄積することは正しいが、流通から富を得ることは正しくないと考えられた[23]。しかし、このことは、このような社会において支配的且つ正当な交換様式がBであったことを意味する。交換様式Cは存在するし不可欠でもあったが、同時に、交換様式BとAによって成り立つ世界を脅かすものでもあった。国家はそれを何としても限定し管理する必要があったのだ。

この点では、商業民族においても、さほど違いはない。古代から中継交易によって利益を得る部族が存在した。ベドウィンのような遊牧民やフェニキア人のような海洋民族である。彼らにとっては、遠隔地交易から利益を得ることは正当であり、定住した農業的生産こそ蔑むべきものであった。しかし、彼らは私的交易者ではなく、武装商団を組んで活動する部族集団であった。多くの場合、彼らは国家(帝国)の外にいるか、帝国の中に半従属的に存在した。たとえば、「商業民族」であるフェニキア人は、アッシリア帝国からペルシア帝国の時代にいたるまで、その中に従属し、世界=帝国の中での流通の役割を果たしたが、そののちに自ら帝国(カルタゴ)を築いた。しかし、このような商業民族も、彼らの共同体の内部では、利子をふくむ利得的行為を否定した。それがウェーバーのいう「二重道徳」である。このため、商品交換の原理が共同体の内部に浸透することがなかった。(24)

かくして、遠隔地交易がどんなに発達しても、それが社会構成体を根本的に変えることはなかったのである。ポランニーは、前近代において交易と市場は別であったという。交易と市場が統合され、市場による価格決定機構が作動するようになったのは、一八世紀後半にすぎない。それ以前、まして古代に関しては、これらを区別することが必要だ、と彼はいう。すでに述べたように、交易と市場にはつぎのような違いがある。前者は、遠隔地のように大きく異なる価値体系の間での交換であり、後者はさほど違いがないローカルな市場での交換である。後者では、多少の差や変動があっても、そこに生じる差額は少ない。商人が得るのは正当な手数料にすぎない。それ以上の利潤を得るならば、詐欺であるから、長続きしない。しかも、古代国家では、日用品は価格が公定されており、穀物のような必需品は配給された。ゆえに、小売商人がいても小規模であるほかなかったのである。また、市場では「信用」による交換がなされた。つまり、ローカルな市場では、対外交易のための貨幣とは異なる通貨が用いられたのである。

だが、古代世界において例外があった。それはギリシア・ローマであり、そこでは、交易と市場が統合されたのである。具体的にいうと、ギリシアでは、コイン(銀・金のような貴金属のほかに、銅や鉄といった卑金属もある)が採用された。これは、交易で用いる対外貨幣(貴金属)と、市場で用いる対内貨幣(卑金属)が互換的になるということを意味する。これによって、市場と交易が同じ価格形成のシステムの中に入ったのである。なぜギリシアのポリスでそのようなことがあったのか。次章でそれを詳しく扱うが、今ここで簡単にいえば、ギリシアでは集権的な体制がなく、価格を統制する官僚機構がなかったからだ。官僚機構を形成するかわりに、市場による価格の調整にゆだねられたのである。

ギリシアが他のアジア的国家と異なったのは、この点においてである。たとえば、ヘロドトスも、ペルシアとギリシアの差異をまさにこの点に見出している。ペルシアの大王キュロスは、「町の真中に場所を設け、そこへ集まって誓言しながらだまし合うような人間どもを、わしは今まで恐ろしいと思ったことなどはないのだ」と述べたという。ヘロドトスはこう付け加えている。《キュロスのこの言葉はギリシア人全体に当てていったもので、ギリシア人が市を立てて売買することによるのである。実際ペルシア人自身は市を立てて売り買いする習慣をもたず、第一市場なるものがペルシアには全くないのである(25)》。

価格の決定を、官僚ではなく市場に任せたということが、ギリシアの民主政をもたらした要因である、とポランニーは考えている。市場に判断を任せることは、政治的には、大衆の判断に任せるということである。すなわち、国家の王や官僚あるいは少数の賢明な指導者による判断よりも、大衆の判断のほうが正しいということを含意する。プラトンやアリストテレスが民主主義と市場経済に反対したのはそのためである。彼らは、中央集権的な国家による統制と自給自足的な経済が望ましいと考えたのである。それは、スパルタないしは東洋的な国家をモデルにするものであった。

しかし、ギリシアにおいて、市場経済あるいは世界＝経済が成立し、それがデモクラシーをもたらした、という見方には注意を要する。ここでは、たしかに交換様式Cが浸透したが、それが支配的となる可能性はなかったといわねばならない。たとえば、ギリシアからの植民者が築いたイオニアの諸都市では、商工業が最も発達し、また多くの哲学者、科学者、医者が輩出した。しかし、この繁栄はペルシアに征服されて簡単に終わってしまった。一方、アテネでは、ペルシアとの戦争に勝ったものの、イオニアのように商工業の発展は生じなかった。アテネは国際交易の中心となったが、交易はもっぱら寄留外国人および外国人に任せられた。アテネの市民はあくまで戦士＝農民として、商工業を軽蔑したのである。

貨幣経済の浸透は、ギリシアの都市国家の市民社会(支配者共同体)にダメージを与えた。それは経済的格差を増大させ、市民の中から債務奴隷を続出させた。それはポリス共同体の危機であるだけでなく、自弁武装による皆兵制をもつポリスにとって、軍事的な国家存亡の危機を意味した。それに対して、ギリシアのポリスはさまざまな対策を試みた。その一つの極はスパルタである。これは交易を停止し、自給自足経済を志向するものだ。それは他部族(メッセニア人)を征服して農奴(ヘイロタイ)とすることによって可能であったが、そのことはまた、奴隷の反乱に備えた軍国主義的体制を不可避にした。他方の極はアテネである。彼らは、市場経済を斥けることなく、市民の間の階級対立を解決しようとした。それが民主政(デモクラシー)である。

しかし、アテネの民主化は、たんにポリスの支配者共同体を確保するためのものでしかなかった。民主化とともに、奴隷制生産がますます強化された。というのも、市民が軍事的・政治的に参加するためには、自ら労働する暇はないからだ。したがって、アテネ国家は、ペルシアのような貢納制国家とは異なるが、やはり交換様式Bに依拠するものである。そこでは、交換様式Cはどんなに発展しても、交換様式Bに優越することはできない。それは、交換様式Bにもとづく国家の下で、それと相克しながらも、同時にそれに従属し且つ相補するかたちで存続したのである。その点では、近代にいたるまで基本的に変わっていない。

交換様式Cが社会構成体において支配的なものとなるためには、交換様式Bが支配的になる、すなわち、国家が出現するときと同様の、大きな飛躍が必要なのである。それについては、産業資本主義を扱う章(第三部第二章)で論じる。

第三章　世界帝国

1　アジア的専制国家と帝国

先に、私は古代のアジア的専制国家について述べた。そのとき、私が焦点を当てたのは、国家の内包的な側面である。専制国家は賦役貢納国家である。それは、服従と保護という「交換」によって、多くの周辺の共同体や国家を支配下におくものである。すなわち、それは交換様式Bが支配的であるような社会構成体である。しかし、アジア的専制国家は、外延的な側面において見ると、多数の都市国家や共同体を包摂する、世界システムとしての世界=帝国である(なお、帝国を世界システムとして見る場合、「世界=帝国」と呼び、個々の帝国については、「世界帝国」と呼ぶ)。帝国は、それまで危うく障害の多かった共同体間、国家間の交易を容易にする。帝国は軍事的な征服によって形成されるのだが、実際には、ほとんど戦争を必要としない。各共同体や小国家は、戦争状態よりもむしろ帝国の確立を歓迎するからだ。その意味で、世界=帝国の形成は、交換様式Bだけでなく、交換様式Cが重要な契機となる。

世界＝帝国を支えるのは、さまざまな間共同体的な原理やテクノロジーである。私は先に、帝国が鋳造する世界貨幣について論じた。貨幣の鋳造や度量衡の統一によって、帝国内部での交易が飛躍的に増大するのである。だが、いうまでもなく、世界＝帝国を支えるのは世界貨幣だけでない。たとえば、世界＝帝国に不可欠なのは、共同体を越えた法である。帝国が配慮するのは、諸部族・国家を支配することだけでなく、それらの「間」、いいかえれば、諸部族・国家間の交通・通商の安全を確保することである。帝国の法は基本的に国際法である。ローマ帝国の法は自然法のもととなったものだが、それは根本的に国際法である。この点は、そのように明文化されていなくても、他の帝国に関しても基本的に妥当する。たとえば、中国の帝国においては、傘下の諸部族・国家は朝貢しさえすればその地位を認知されるのであり、そしてその朝貢も、それ以上のお返しを受けるのであってみれば交易の一種にほかならなかった。帝国はその中の部族・国家の内部に介入しない、それが帝国内の交易の安全を脅かすのでないかぎり。世界帝国がほとんど一夜にして再形成されるようにみえるのは、新たな征服者が誰であれ、従来の国際法的秩序・交易の安全性が保証されることが歓迎されたからである。

帝国の第三の特徴は「世界宗教」をもつことである。世界帝国は、諸部族国家を統合することによって成立するが、そのとき、それぞれの国家・共同体の宗教を超えるような普遍宗教を必要とする。ローマ帝国が巨大になったとき、皇帝はそれまで迫害していたキリスト教を基盤にせねばならなくなった。同様に、中国の帝国がユーラシアの規模にまで拡大したとき、法家思想(秦の始皇帝)や儒教(漢の武帝)による統一では不十分となった。版図が飛躍的に拡大した唐王朝において、仏教が導入されたのはそのためである。モンゴルの世界帝国も仏教またはイスラム教を取り入れた。そうした世界宗教はまた、帝国内および周辺の部族・国家にも浸透する。たとえば、日本の大和朝廷も自らの基盤を固めるために仏教を必要とした。小国家といえども、多部族を包摂する規模になったとき、旧来の部族的な神々を超えた普遍宗教を必要とするからである。さらにいうと、世界帝国において、神学は、アラビアにおけるアヴィセンナ(イブン＝スィーナ)、西欧におけるトマス・アクィナス、中国における朱子のように、合理主義的で総合的なものとなる。

帝国の第四の特徴は「世界言語」(lingua franca)にある。それは、たとえば、ラテン語や漢字、アラビア文字のように、多数の部族・国家によって使用される文字言語である。帝国の中で語られている言語(俗語)は無数にあるが、それらは「言語」とみなされなかった。それらは今日の方言と同じ位置にあったといってよい。そして、右に述べたような帝国の法、宗教、哲学がこうした世界言語であらわされる以上、帝国の特質は何よりもその言語においてあらわれる。

以上が世界＝帝国に共通する点である。しかし、世界＝帝国はさまざまに違っている。それらは以下の四つのタイプに分類できるだろう。

灌漑型　西アジア、東アジア、ペルー、メキシコ
海洋型　ギリシア、ローマ
遊牧民型　モンゴル
商人型　イスラム

歴史的には、世界＝帝国は、灌漑型、つまり、東洋的専制国家として始まっている。この原型はすでにシュメールにあった。ゆえに、それ以後の西アジアの帝国は、文字、言語、宗教、官僚制をはじめとして、シュメールに始まったシステムをさまざまなかたちで受け継いでいる。それらを集大成したのがペルシア帝国である。ダレイオス一世（在位前五二二―四八六年）の帝国統治の方法は、その後のモデルとなった。たとえば、中央統制、行政区域、駅逓、コインの鋳造、統一的な公用語としてのアラム語、さらに、宗教的・文化的寛容。東アジアでは、世界＝帝国は、秦や漢より、むしろ唐王朝において形成されたというべきである。

一方、それ以外のタイプの帝国は、アジア的帝国の周辺に、それと関係するかたちで

勃興したのである。この問題に関して示唆的なのは、ウィットフォーゲルの見方である。先に述べたように、ウィットフォーゲルは灌漑農業と専制国家に関する議論のみで知られているが、むしろ重要なのは、彼が、歴史的な発展段階と見られるものを、共時的な空間的構造において見る視点を提起したことである。それは、オリエントの専制国家(水力社会)を中核(core)とし、その周辺と亜周辺という配置において見るものである。中核と周辺(margin)という見方はありふれているが、ウィットフォーゲルが特異なのは、周辺と、さらにその外である亜周辺(sub-margin)を区別したことである。

このような区別は、ウォーラーステインが近代世界システム(世界=経済)について与えた、中心(core)、半周辺(semi-periphery)、周辺(periphery)という区別と類似しているようにみえる。ウォーラーステインは、フランクが指摘した「従属」理論、すなわち、商品交換を通して、周辺から中心へ富が収奪されるという理論に加えて、半周辺という概念を付け加えた。それによって、中心と周辺を固定的なものとしてではなく、動的に変化する――たとえば、ある地域が中心に上昇したり周辺に没落したりする――ものとして見ることができるようになる。

だが、ウォーラーステインは、ウィットフォーゲルがもっと前に、近代世界システム以前、つまり、世界=帝国の段階においても、それと似た地政学的構造があることを指摘していたのに気づかなかったようである。ただし、それらは互いに似て非なるものである。世界＝経済における中心─半周辺─周辺と、世界＝帝国における中核─周辺─亜周辺とでは、それぞれを構成する支配的原理がまったく異なっている。それは世界＝経済では交換様式Cであり、世界＝帝国では交換様式Bである。したがってまた、世界＝帝国における周辺や亜周辺の現象も、世界＝経済におけるそれとはまったく異なるかたちをとるのだ。

世界＝帝国において、周辺部は中核によって征服され吸収される。また、逆に、中核に侵入して征服することがある。その意味で、周辺は中核と同化する傾向がある。ところが、亜周辺は、帝国＝文明と直接する周辺と違って、帝国＝文明を選択的に受け入れることができるような地域である。もし文明から離れすぎていたら、部族社会にとどまるだろうし、文明に近すぎたら、征服されるか吸収されてしまうだろう。ここで、私は議論をもっと明確にするために、「圏外」というカテゴリーを付け加えたい。中核の支配や影響を斥ける者は、周辺や亜周辺からさらに「圏外」へ、いいかえれば山岳部や辺境に去った。そこでは狩猟採集社会が残った。

近代以前の世界システムは、多くの世界＝帝国、その周辺、数少ない亜周辺部、さらに、「圏外」からなる、といってよい。近代世界システム(世界＝経済)、つまり、資本主義的な市場が世界を覆ったとき、第一に、「圏外」は国家によって囲い込まれた。多くの「未開人」が「文明化」を強制された。その意味で、彼らは近代世界システムの周辺部に属するようになったのである。第二に、世界＝帝国の周辺部は、世界＝経済においても周辺部にとどまった。第三に、世界＝帝国の亜周辺部は世界＝経済において「半周辺」におかれ、きわめて数少ないが、日本のように中心に移行したケースがある。第四に、旧世界＝帝国の中核もまた周辺部に追いやられた。しかし、軍・官僚などの国家機構を備えた旧世界＝帝国の中核は、その周辺部と異なって、世界＝経済の周辺におかれることに甘んじなかった。それについては後述する(1)。

2　周辺と亜周辺

世界帝国の周辺部は中心に滅ぼされるか、併呑された。それに抵抗できたのは、定住を拒み、且つ定住する必要のなかった遊牧民だけである。彼らは、国家に従属する農業共同体と異なって、狩猟採集社会・氏族社会の慣習を保持していた。遊牧民にとっては、牧草と泉・井戸の利用をめぐる部族間の「契約」が大切であった。そのため、部族あるいは部族連合体を形成したが、それはめったに国家には転化しなかった。だが、時に、彼らは結集して軍団を作り、中心部に侵入し、略奪するか、または、従来の国家機構の上に君臨することがあった。

これはメソポタミアではシュメールの時代からくりかえされてきた。中国においても古代から満州人による清朝にいたるまでくりかえされてきた。(2) 一般に、遊牧民は国家の支配者となるとき、それまでもっていた戦士の独立不羈な精神と相互扶助的な連帯意識——いずれも互酬原理にもとづく——を失う。彼らは栄誉、奢侈、平穏を求めて堕落し、内部的に腐敗する。そして、外から来る新たな遊牧民＝戦士団によって征服されてしまう。一四世紀アラビアの思想家、イブン＝ハルドゥーンは『歴史序説』において、このような反復をいわば歴史的法則として見出している。

とはいえ、遊牧民がこのような略奪と没落という反復を越えて、持続的な世界帝国を築いた例がある。それはモンゴルの帝国である。モンゴルは、遊牧民の大部族連合によって、騎馬部隊により各地を制覇し、世界帝国を築いた。それは彼らが支配者レベルで、互酬原理を否定することがなかったからである。たとえば、彼らは中国では元王朝として東洋的官僚国家体制を受け継いだが、皇帝はモンゴルの部族連合体の中では首長の一人にすぎず、特別の存在ではなかった。彼らは新たなハーンを選挙で選ぶために、ユーラシア全域から集めた首長会議を開催したのである。しかし、ハーンも首長の第一人者という程度の地位であった。モンゴルの部族共同体の互酬原理が、支配者のレベルでは存続したのである。モンゴルがそれまで相互に閉じられていた世界＝帝国を広大な規模において結合することができたのは、そのためである。

モンゴル人自身は商業に積極的に関与しなかったが、商業を重視し、旧来の世界＝帝国を結合することによって、一種の世界＝経済を一時的に実現したのである。また、そこでは初めて、紙幣が広範囲に用いられた。逆に、このようなモンゴル帝国の崩壊は、中国だけでなく、インド、イラン、トルコにいたるまで、各地に近世的な世界＝帝国を再建させることになった。そして、それと比例して、ヨーロッパによる世界＝経済がグローバルに拡大するにいたったのである。

遊牧民が世界帝国を築いたもう一つの例は、イスラム帝国である。それは、遊牧民が都市商人と同盟することによってできた。具体的には、メッカやメディナの都市商人と遊牧民ベドウィンの同盟体である。そのためには、いうまでもなく、イスラム教という統合力が必要であった。イスラム教は都市の宗教であり、商業を肯定するものであった。しかし、現実にイスラム帝国が広がったのは、むしろモンゴル帝国の首長たちが改宗したためであった。そのため、イスラム帝国は砂漠のみならず海洋を越えた商業的な帝国となった。

それは、その地域および文明的な発展度から見れば、事実上、ローマ帝国を後継するものであった。イスラム帝国が繁栄した時期、西ヨーロッパは、イスラム圏の亜周辺であったといわねばならない。しかし、イスラム帝国が近代世界システムとなりえなかったのは、基本的に、灌漑型帝国と同様に、商業や都市を国家的規制の下においたからである。そこでは、世界＝経済の発展は世界＝帝国によって抑制された。つまり、交換様式Cの自律的発展は、交換様式Bによって抑制されたのである。

最後に、海洋型の帝国(ギリシア・ローマ)についてふれておこう。ここで大切なのはむしろ、ギリシア人が帝国を築けなかったことである。確かにアレクサンダー大王はギリシア的(ヘレニズム)帝国を築いたが、それはポリスを滅ぼし、アジアの帝国の型を踏襲することによってである。また、ローマが帝国となったのも、同様に、都市国家の原理を放棄することによってである。したがって、ギリシア・ローマに関して注目すべきなのは、帝国を築いたことよりもむしろ、それらがアジア的専制国家の近傍に存在しその文明の影響を強く受けながら、なお都市国家にとどまり専制国家への道を拒み続けたことのほうである。いいかえると、ギリシア・ローマは、西アジアの文明＝帝国に対して「亜周辺」として存在したのである。

亜周辺は周辺とはどう異なるのか。ウィットフォーゲルは、亜周辺の例として、初期のギリシアやローマのほかに、ゲルマン、日本、モンゴル征服(タタールの軛《くびき》)以前のロシアをあげている。亜周辺は、周辺部の外にあるが、圏外ではない。つまり、亜周辺は、周辺のように中核の文明と直接していないが、疎遠なほどに離れてはいない。また、〝海洋的〟(maritime)な社会は、亜周辺の条件を満たしやすい。それは、帝国の中核と海上交易によってつながっているが、陸続きでないために直接の侵入を免れ、独自の世界を形成できたからである。

このように、亜周辺は中核にある文明制度を選択的に受け入れることができた。具体的にいえば、それは文明(文字・技術その他)を受け入れるにもかかわらず、中核に存在する、官僚制のような集権的制度を根本的に拒否したのである。周辺が中核に同化させられるのに対して、亜周辺では、「圏外」ほどではないが、ハイアラーキーを斥ける互酬原理(交換様式A)が濃厚に残ったからである。彼らは中核の文明を受け入れても、全面的に従属することなく、独自にそれを発展させた。また、経済的には、交換や再分配は国家による管理が少なく、市場にゆだねられた。亜周辺で世界＝経済が発展したのはそのためである。

マルクスはギリシア・ローマの社会構成体を「奴隷制生産様式」から説明しようとした。しかし、ギリシア・ローマにアジア的専制国家とは異なる画期的な特質を見るのであれば、それを奴隷制生産から説明することはできない。アジア的専制国家(世界＝帝国)がとったのは、他の国家や共同体に賦役貢納を課すが、その内部に介入しないという支配の仕方である。そこにも奴隷はいたが、「奴隷制生産」のようなものはなかった。一方、ギリシア・ローマでは、賦役貢納国家の方向に向かわず、国家官僚に管理されない、市場と交易が発達したのである。ギリシア・ローマに特有の奴隷制生産は、そのような世界＝経済がもたらした結果である。したがって、重要なのは、ギリシア・ローマにおいて、なぜいかにして世界＝経済が発展したのかを問うことである。

くりかえすと、ギリシア・ローマに生じた現象は「亜周辺」に特徴的なものである。たとえば、ギリシアの場合、先行するミュケナイ文明は「周辺的」であった。つまり、エジプト的な集権的国家の影響下にあった。ところが、それが滅んだあとにあらわれたギリシア人は「亜周辺的」であった。つまり、彼らは、西アジアから鉄器の技術を受け入れ、また、シュメールの楔形文字からフェニキア人が発展させた文字を受け入れたが、帝国中枢の政治システムだけは受け入れなかったのである。逆に、その結果として、彼ら自身、世界＝帝国を築こうとしても築けなかった。そもそもアテネもスパルタも、ギリシアの多数のポリスを統合することさえできなかったのである。

つぎに、ローマはギリシアのポリスと同様の都市国家であったが、征服した都市国家や部族の有力者を市民として組み込むことによって、また普遍的な法による支配を通して、版図を広げた。つまり、ポリスの排他的な共同体原理を抑制することによって、世界＝帝国を形成しえたのである。だが、ローマはポリスの原理を全面的に放棄することができなかった。ローマ帝国の根底には、ポリスと帝国の原理的相克が存在し続けたのである。ローマ帝国は、それまでのペルシア帝国の版図をさらに越え、西ヨーロッパをふくむ史上最大の帝国となった。しかし、ここでわれわれがローマ帝国に注目するのは、そのためではない。それがポリスと帝国の原理的相克を最も明瞭に示すからである。この問題は、近代においてネーション＝ステートと、帝国主義・地域主義の問題として反復されるのである。

3　ギリシア

古代文明の中枢では、国家による灌漑農業が発達し、それを通じて地縁的な農業共同体が形成された。だが、それが可能であったのは、灌漑さえすれば穀物を収穫できる肥沃な土地があったからである。そのような地域の外では、小規模な天水(降水)農業しかなかった。人々は旧来の狩猟採集生活を全面的に廃棄することはなかった。一般に、降水農業の場合、狩猟・採集との連続性がある。それはそこに、氏族共同体の互酬原理が残るということである。そのため、農耕が発達しても、それは集権的な国家の形成に抵抗する。他方で、降水農業の場合、土地の私有化が進む。土地の開発が国家による大規模なものではなく、個人(世帯)による小規模なものとしてなされるからだ。そのため、土地全体は共同体の所有であっても、土地を開拓した個人がその「使用権」を永続的にもつようになる。それが私有財産である。もちろん、その場合でも、共同体的所有、および、それと関連する互酬原理が残ることを忘れてはならない。

古代ギリシアの社会を見るとき、以上のような条件を念頭におく必要がある。彼らが定住したのは地中海沿岸である。そこでは、穀物生産が乏しく、牧畜やオリーブやワインの生産しかなかった。したがって、自給自足的なスパルタを例外として、ギリシア人は主に海上による交易に依存したのである。しかし、ギリシアの特異性を、そのような条件だけから説明することはできない。たとえば、ギリシアには多数の都市国家があったが、それは特異な現象ではない。オリエントの専制国家も多数の都市国家とそれらの間の抗争から生まれたのである。ギリシアでも、先行するミケーネやクレタの文明はそのように形成されたはずである。それらは小規模とはいえ、エジプトやメソポタミアの国家と似たものになっていった。そして、それがむしろ通常の発展コースであったといってよい。

しかるに、ミケーネ国家が滅亡した後に南下してきたギリシア人は、そのような専制国家への道をたどらなかった。彼らは多数の自律的なポリスを作った。なぜなのか。それは、彼らがある意味で氏族社会的な原理をもっていたからである。だが、それは彼らが後進的であったからだけではない。通常、部族社会は高度な文明を拒否するか、もしくはそれを受け入れると、オリエント的な国家の方向に向かう。ギリシア人はそうならず、多数の自律的なポリスを形成するにいたった。この謎を説明するのは、紀元前一〇世紀から八世紀にまで続いた活発な植民活動である。

彼らの場合、植民者が形成する共同体は、それ以前の氏族やポリスから独立していた。こうして、植民者らが築いた何千ものポリスが形成されるにいたったのである。だが、このような植民は特にユニークなものであったとはいえない。それは氏族社会と共通するものである。モルガンは氏族社会に関してつぎのように述べた。《村落がその成員で人口過剰になると、移民団が同じ下流をあるいは上りあるいは下り、新しい村を創設した。これが時折くりかえされ、このような村落が数個発生した。各村落はそれぞれ独立し、自治的の集団であったが、相互の防衛のために、一つの連盟あるいは連合体に結合したのである》(3)。同様に、ギリシアのポリスは互いに戦争するとはいえ、緩やかな連合体を形成していた。それはオリンピアの競技会に象徴される。

このように見ると、ギリシアの特性は氏族社会的なものの残存として説明できるように見える。しかし、同時に次の点に注意すべきである。植民者たちが形成したポリスは氏族社会的なものの延長ではなく、その否定によって生じたのである。ポリスはもっぱら、各人の自発的な選択と盟約によって形成された。ポリスの原理は、したがって、アテネやスパルタのように氏族共同体の延長としてあった都市国家ではなく、もっぱら植民者によって形成された、ミレトスなどイオニア諸都市、さらにそこから植民された諸都市において確立されたのである。ポリスが氏族社会的に見えるとしたら、それが残存しているからでなく、それが高次元において「回復」(4)されたからだ。いいかえれば、氏族社会以前の遊動民的あり方が回復されたからである。

古代ギリシアというと、一般にアテネが中心とみなされる。しかし、ギリシアの文明を真にユニークにしたのは、アテネではなく、イオニアの諸都市である。海外交易の拠点となったイオニア諸都市では、商工業が発展した。そこには、エジプト、メソポタミア、インドなどアジア全域の科学知識、宗教、思想が集積された。しかし、彼らがけっして受け入れなかったのが、アジア的専制国家で発達したシステム、すなわち、官僚制、常備軍ないし傭兵である。通貨の鋳造を開始したイオニアの人々は、アジアの専制国家のように国家官僚による価格統制を行わず、それを市場に任せたのである。価格の決定を、官僚ではなく市場に任せたということが、アルファベットの改良とならんで、ギリシアの民主政をもたらした要因だといわれる(5)。しかし、それらはすべてイオニアで開始されたのである。

ホメロスの叙事詩が書かれ且つ普及したのもイオニアにおいてである。また、ここでタレスなどの哲学者たちが輩出したことはよく知られている。が、一般には、それらはアテネで本格的に実現されるギリシア文明の初期的な段階であると考えられている。だが、そうではない。あとで述べるように、イオニア系の思想家がもっていた豊かな可能性は、むしろアテネにおいて閉じられてしまったのである。政治的にも同じことがいえる。一般に民主政はアテネに始まり、他のポリスに広がったと見なされているが、それは本来、イオニアに始まった原理にもとづいている。そして、それは民主主義ではなく、イソノミアと呼ばれていた。それに関して、ハンナ・アーレントはつぎのように述べている。

政治現象としての自由は、ギリシアの都市国家の出現と時を同じくして生まれた。ヘロドトス以来、それは、市民が支配者と被支配者に分化せず、無支配《ノー・ルール》関係のもとに集団生活を送っているような政治組織の一形態を意味していた。この無支配という観念はイソノミアという言葉によって表現された。古代人たちが述べているところによると、いろいろな統治形態のなかでこのイソノミアの顕著な性格は支配の観念(君主政 monarchy や寡頭政 oligarchy の ἄρχειν ――統治する――からきた“archy”や民主政 democracy の κρατεῖν ――支配する――からきた“cracy”がそれにまったく欠けている点にあった。都市国家は民主政ではなくイソノミアであると思われていた。「民主政」という言葉は当時でも多数支配、多数者の支配を意味していたが、もともとはイソノミアに反対していた人々がつくった言葉であった。「諸君たちのいう「無支配」なるものは、実際は、別の種類の支配関係にすぎない。それは最悪の統治形態、つまり、民衆《デモス》による支配である」。

すなわち、トックヴィルの洞察にしたがってわれわれがしばしば自由に対する脅威だと考えている平等は、もともと、自由とほとんど同じものなのであった(6)。

アーレントは、このイソノミアという原理がギリシア一般にあったと考えているようである。しかし、私の考えでは、それはイオニアに始まり、他のポリスに広がったのだ。それがアテネのような地域で受け入れられたとき、デモクラシーという形をとったのである。イソノミアという原理は、植民者によって形成されたイオニア諸都市に見出される。というのも、そこでは植民者たちがそれまでの氏族・部族的な伝統を一度切断し、それまでの拘束や特権を放棄して、新たな盟約共同体を創設することができたからである。それに比べると、アテネやスパルタのようなポリスは、従来の部族の(盟約)連合体としてできたため、旧来の氏族の伝統を濃厚に留めたままであった。それがポリスの中の不平等、あるいは階級対立として残ったのである。(7)

アテネにおける民主主義は、多数者である貧困者が少数の富裕階級を抑え、再分配によって平等を実現することである。しかし、イソノミアとは、アーレントがいうように、自由であることが平等であるような原理である。これは社会が自由＝遊動的であるような状態において可能である。たとえば、もしあるポリスの中に不平等や専制があるならば、人は別の所に移動すればよい。イソノミアは、根本的に、遊動性を前提しているのである。その意味で、イソノミアは、氏族社会の拘束を否定するとともに、そこに抑圧されていた遊動性を回復するものである。いいかえれば、それは遊動民社会を高次元で回復することだ。

つぎに、それと関連することだが、イオニアの人々の遊動性は、彼らが広範囲の交易や工業生産に従事したことにおいてあらわれている。いいかえれば、イオニアにおいて、交換様式Cが優越する社会がはじめて実現されたのである。そこでは、アテネやスパルタと違って、氏族共同体の閉鎖性を否定するような社会があった。したがって、イソノミアの原理は、そのような交換様式Cの上に、交換様式Aを高次元で回復すること、すなわち、交換様式Dの実現であるといってもよい。たとえば、アーレントは「評議会」コミュニズムに、イソノミアの現代版を見出している。アテネのデモクラシーが現代のブルジョア民主主義(議会制民主主義)につながっているとすれば、イオニアのイソノミアはそれを越えるようなシステムへの鍵となるはずである。

しかし、イオニアにおけるイソノミアは崩壊した。それは隣国のリディアやペルシアに征服されたからである。彼らは反乱を起こしたが壊滅させられた。その結果として起こったペルシア戦争にギリシア側が勝利したため、イオニア諸都市は独立したものの、元のようになることはなかった。政治的・経済的に、すべての中心がアテネに移動したのである。イオニアのポリスが壊滅したのは、それを防衛する軍事力をもっていなかったからである。だが、イオニア諸都市の偉大さは、むしろ、軍事力を優位におかなかったことにある。おそらく、イソノミアの原理は、民主主義と違って、国家と軍事力を優越させる考えとは両立しないのである。

一方、アテネもスパルタも、イオニア諸都市とは違って、戦士＝農民の共同体であった。そして、その態度を根本的に捨てることはなかった。そこにも貨幣経済が浸透したが、彼ら自身は商工業に従事することはなかった。貨幣経済の浸透は、多くのポリスを揺るがした。アテネでもスパルタでも、それが深刻な階級分解をもたらしたからである。市民の多くが債務奴隷に転落してしまったことは、自弁武装の皆兵制をとっていたポリスにとっては、ただちに軍事的危機を意味した。したがって、ポリス存続のために、社会的改革が不可欠だとみなされたのである。

その場合、スパルタがとったやり方は、アテネと対照的であった。それは一切の交易、そして、貨幣経済を廃止することであった。しかし、それは彼らが近隣のメッセニア人を征服して農奴(ヘイロタイ)にしたこと、そして、その地域が肥沃な農業地帯であったために、交易を必要としなかったことによって可能となったのである。だが、そのため、スパルタ人はたえずヘイロタイの反乱に備えて、戦士共同体を強固にする必要が生まれた。そこから、スパルタ的なコミュニズムが生まれたのである。

一方、アテネでは交易や貨幣経済の廃止は不可能であった。したがって、それを受け入れながら、階級問題を解決するほかなかった。それがデモクラシーである。アテネのデモクラシーは何よりも国家を保持するために必要とされたのである。アテネでは、市民の皆兵制という原則があった。特に、前七世紀に採用された重装歩兵による密集戦法は、旧来の貴族が騎馬に乗り平民が歩兵であるような形態とまったく違っていた。この戦法がアテネにおける民主化を促進したのである。さらに、ペルシア戦争において、ペルシア側では奴隷が軍艦の漕ぎ手であったのに、ギリシア側は自弁で武器を調達できない貧しい市民が漕ぎ手となった。そして、戦争の勝利は、こうした市民たちの政治的地位をますます高めたのである。

要するに、イオニアにおけるイソノミアが独立自営の農業や商工業の発達とともに形成されたとすれば、アテネのデモクラシーは戦士＝農民の要求から形成されたのである。アテネの民主化の第一歩は、ソロンの改革(前五九四年)である。それは、重装歩兵として武具を自弁できる財産を持つ者に、参政権を与えた。さらに、財産をもたない市民を救済する債務の帳消しと債務奴隷の廃止などの手段を講じた。その後に、貴族の中から大衆の喝采とともに登場したのが僭主である。僭主、とくにペイシストラトスのような僭主は、貴族層から権力を奪い、貧しい市民を救済しようとした。その意味で、僭主は民主化のあらわれだ、といってよい。言葉の厳密な意味でのデモクラシーは、ペイシストラトスの死後、跡を継いだ僭主が追放されたのちになされたクレイステネスの改革(前五〇八年)によってもたらされた。それは先ず、貴族の権力基盤となっていた古い部族制度を廃止し、地域割りで新しい部族を創設することにあった。このとき、地縁的な性格をもつ「デモス」が出現した。このデモスによる支配こそがデモクラシーである。

それは、血縁的観念としての氏族社会を否定する一方で、互酬原理としての氏族社会を取り戻すことを意味したのである。

この意味で、デモスは〝想像の共同体〟(アンダーソン)としての近代のネーションに似ている。アテネのデモクラシーはそのようなナショナリズムと切りはなすことができない。イオニア諸都市にあったイソノミアは、それとは根本的に異なる。前者がポリスの排他的な部族意識にもとづいているのに対して、後者は部族やポリスを越えた世界に成立したのである。アテネにおいては、外国人はどんなに富裕であっても、土地をもてず、市民にもなれなかった。彼らは法的に保護されないのに、高い税を課されていた。また、アテネの市民は、建前は農民であるが、実際に農業に従事しなかった。戦争に行くため、また国政に参加するため、労働を奴隷に任せたのである。土地があっても奴隷をもたない者は、市民の義務を果たせない。市民であるためには、奴隷が必要である。ゆえに、デモクラシーの発展が、ますます奴隷を必要としたのである。イオニアの市民と対照的に、アテネの市民は手仕事を奴隷の仕事として軽蔑していた。この差異は、イオニア自然哲学とプラトンやアリストテレスから始まる哲学との差異として顕著にあらわれる。

イオニアからは自然哲学者だけでなく、医者ヒポクラテスや歴史家へロドトスらが輩出したのである。プラトンやアリストテレスは、イオニアの自然哲学者はたんに外的自然について考えただけであり、倫理や自己の問題について考えるようになったのはソクラテスからだ、といっている。しかし、ギリシア人以外の外国人(バルバロイ)は奴隷となるのがふさわしいと考えたアリストテレスに比べて、ヒポクラテスやヘロドトスが倫理的でなかったなどということは到底できない[8]。イオニアの哲学者は、ポリスというよりもコスモポリスの空間で考えた。そして、彼らの思考の根底にイソノミアの原理があった。アテネにおいては、イオニアから来た哲学者たちはポリスの社会秩序を破壊する思想をもたらすソフィストとみなされた。

さらに、アテネの哲学に関していえば、ソクラテスはプラトンが創りあげたような人物とはほど遠い。ソクラテスは確かにデモクラシーに対して批判的であったが、プラトンのような貴族派の立場からではなかった。ソクラテスに関して注目すべきことは、彼がダイモンに告げられたという、以下のような指令を一貫して実行したことである。《ほんとうに正義のために戦おうとする者は、そして少しの間でも、身を全うしようとするならば、私人(イディオス)としてあることが必要であって、公人(デーモシオス)として行動すべきではない》(プラトン『ソクラテスの弁明』)。このような振る舞いは、アテネで一般に承認されている価値、つまり、公人として活躍し政治的指導者となることを否定するものである。アテネでは外国人、奴隷、女性は「公人」となれない。それがアテネのデモクラシーなのだ。それに対して、ソクラテスはあくまで「私人」にとどまり、「正義のために戦った」のである。その意味で、彼の立場はイソノミアの原理にあったということができる。彼はプラトンがいう哲学者＝王とは無縁であった。ソクラテスを受け継いだ弟子は、プラトンではなく、むしろ犬儒派ディオゲネスに代表される外国人らであった。そして、後者は、ポリスが滅んだのちのコスモポリスにふさわしい哲学をもたらしたのである。

要するに、アテネのデモクラシーは閉じられた共同体に成り立つ原理なのである。ゆえに、その難点は特に、対外関係においてあらわれる。アテネは海軍力の優越により、地中海における経済的な中心として発展したが、ポリスの排外的な原理のため、その支配圏を拡大することに失敗したのである。たとえば、アテネはペルシア帝国に対抗し、互いの自治権を侵害しないという約束で他のポリスとデロス同盟を結んだが、次第に、他のポリスから貢納金を収奪するようになり、軍事的にも指揮下におくようになった。そのため、デロス同盟は事実上、アテネの帝国となったといわれる。しかし、それは「帝国」の原理をもたなかった。ポリスの排外的な民主主義は、多数の国家や共同体を包摂するような帝国の原理となりえないからである。

アーレントはネーション＝ステートには「帝国」の原理がないため、それを拡張すると、「帝国主義」となるほかない、と述べた(9)。この指摘はアテネにもあてはまる。たとえば、ペリクレスはアテネ市民の経済的平等や福祉に配慮した政治家として知られているが、デロス同盟で他のポリスから得た金をアテネ市民に再分配することによってそうしたのだ。外に対しては帝国主義的収奪、内に対しては民主主義と福祉政策というのがアテネの民主主義であり、それゆえ、今日の国家の範例たりうるのである。しかし、その結果、アテネは他のポリスの反撥を招き、それらを代表したスパルタとのペロポネソス戦争に敗れて没落したのである。むろん、スパルタも帝国の原理をもたなかった。ギリシア文明による帝国が実現されたのは、ギリシアの全ポリスを滅ぼしたアレクサンダー大王(前三五六—三二三年)によってである。だが、この帝国は、アジアにギリシア化(ヘレニズム)をもたらしたとはいえ、逆に、エジプトやペルシアの帝国を受け継ぐことになった。たとえば、アレクサンダー大王はファラオと同様に、自らを神と見なすにいたったのである。

4　ローマ

ローマは、ギリシアに遅れて頭角をあらわした都市国家である。そのため、ギリシアの都市国家と類似した面がある。ローマ人は重装歩兵の密集戦法をはじめ、ギリシアの先例を見倣おうとしたのだから、なおさらそうだ、といってよい。だが、類似性のゆえに、それらの違いもまた際立つともいえる。

第一に、アテネが徹底的な民主主義に到達したのに対して、ローマではそれが不徹底であったということである。都市国家ローマも、初期のギリシアと同様に、王政から貴族政への移行が生じた。すなわち、前五〇九年に、有力な首長(貴族)らが王を追放して、貴族政が実現されたのである。貴族(パトリキ)は、多数の庇護民(クリエンテス)と奴隷を擁する、一種の「封建」諸侯であった。そして、貴族出身の終身議員で構成する元老院が実権を握った。貴族政に対して中小農民からなる平民(プレブス)が対立した。前四九四年、貴族らは平民の対抗に譲歩し、プレブスだけの民会と護民官の設置を認めた。貴族が譲歩したのは、軍事的な理由からである。彼らには重装歩兵の戦力が必要だった。重装歩兵は自弁によるものだから、中小農民の経済的基盤の確立が不可欠である。それゆえ、ポリスの中で進行した階級分解を放置するわけにはいかなかったのである。

このような過程には、アテネにおける貴族政から民主政にいたる過程と類似性がある。しかし、ローマでは、アテネのように僭主によって貴族政を打倒することが起こらなかった。平民の中から新たな貴族(ノビレス)が出現し、旧貴族と結託したからである。彼らは租税徴収請負や土木事業などで富を蓄積し、奴隷制による大農場(ラティフンディア)をもつようになり、他方、小農民は没落してプロレタリイ(土地を失った市民)となった。

ローマ市民の中のこのような階級的分解は抑えられなかった。たとえば、それを解決しようとした護民官グラックス兄弟は、大土地所有を没収して無産者に分配する土地改革を進めたが、挫折し無惨に殺された。アリストテレスはデモクラシーを貧民が優勢である政体だと述べたが、その意味での民主化の可能性がとぼしかったローマでは、階級問題の解決は、内ではなく外に向かうことでなされた。つまり、征服戦争によって、プロレタリイに土地・奴隷・富を分配しようとしたのである。それは解決にはならなかった。戦争は、かえって、貧富の差をもたらしたからだ。だが、それを解決するために、ますます征服戦争が必要になったのである。

都市国家ローマの緊急事態に際して、それに対処する特権的な地位がコンスル(執政官)であった。このコンスルは独裁者の出現を避けるために、複数任命されたが、究極的に、ここから「皇帝」が出現することになった。たとえば、ローマが征服戦争で敗北が続いたのち、マリウスがコンスルに選ばれた。彼は新たな兵制を作り、無産市民からの志願兵によって軍を編成し、退役兵に土地割り当てと植民地を与えた。その後に、スッラ、ポンペイウス、カエサルが続いた。そこから皇帝が出てきたのである。

しかし、ローマ人は、事実上、ポリスの原理を放棄しているにもかかわらず、それを維持する形式をとりつづけた。たとえば、皇帝(アウグストゥス)が出現しても、ローマの元老院に従属するかたちをとった。ゆえに、ローマの皇帝は「共和政と専制支配の統合」だといわれる。実際、帝政になっても、皇帝支配と元老院支配の二重システムが残り、皇帝たちはいわば「パンとサーカス」によって市民の支持を得るように努めなければばならなかった。しかし、特に、皇帝クラウディウス以後は、官僚組織が整備され、皇帝の神格化が進められた。

ローマがアテネと異なる第二の点は、つぎの点である。ギリシアでは市民権は極度に限定されていて、何世代もいる寄留外国人も、植民地のギリシア人も市民権を与えられなかった。解放奴隷も数少なかった。そのような排他的結合の結果、ギリシアのポリスは、他の共同体を併合吸収するための方法をもてなかったのである。それに対して、ローマでは、他の共同体に対してより柔軟な対応をすることによって、世界帝国を築くにいたった。ローマ帝国が、たんに軍事的な征服だけではなく、ポリスの拡張というかたちで形成されたことに注意すべきである。ローマはまずイタリア半島のポリスに市民権を与え、さらに、征服した地域の有力者を市民にした。それは、被征服地の待遇に差別を設けて、彼らの団結や反抗を防ぐ「分割統治」の方法でもあった。

かくして、ローマ帝国の統治は、「法の支配」によって多数の民族を統治する方法であり、それがペルシア帝国との違いだといわれる。しかし、現実には、ローマ帝国はアジアの帝国に共通の賦役貢納(ライトゥルギー)国家を完成させたのである。ギリシアによって開かれた世界=経済は、ローマ帝国後期において閉じられた。

5　封　建　制

a　ゲルマン的封建制と自由都市

ギリシア人やローマ人がアジアに対して亜周辺という位置関係にあったとき、ゲルマン人はいわば「圏外」にあった。だが、ギリシアやローマが世界＝帝国に転化した時期に、ゲルマン人は「圏外」から「亜周辺」の位置に移行したといってよい。すなわち、彼らはローマの文明を受け入れながら、同時に、ローマ帝国の政治システムを拒否したのである。実際、彼らは西ローマ帝国を滅ぼしてしまった。

しかし、ローマ帝国が滅んで、ゲルマン(ヨーロッパ)に受け継がれたというのはおかしい。ローマ帝国は東ローマ帝国(ビザンツ)として存続したからである。そして、ローマ帝国は、実質的に、イスラム帝国によって受け継がれた。一方、ゲルマン人は世界＝帝国を受け継ぐどころか、それを解体してしまった。それが「暗黒時代」と呼ばれるものだ。もちろん、西ローマ帝国を継承する皇帝(神聖ローマ帝国)の権威、さらに、ローマ教会が、この地域を文化的・イデオロギー的に統合する原理として機能していた。しかし、政治的・軍事的に統合する集権的な国家はそこに成立しなかった。そのかわりに、封建的な諸国家が分立し、数多くの自立都市が生まれた。それはまさに世界＝経済であり、ここから資本主義経済が生まれてきたのである。

ギリシアやローマが東洋的帝国の亜周辺に成立したとすると、いわゆる封建制(封建的社会構成体)は、ローマ帝国の亜周辺、すなわち、ゲルマンの部族社会において成立したものだということができる。これは、支配階級の共同体と被支配階級の共同体の両方から見る必要がある。まず、支配者のレベルで見ると、封建制は、主君と家臣の双務的な契約関係によって成り立っている。主君は家臣に封土を与え、あるいは家臣を養う。そして、家臣は主君に忠誠と軍事的奉仕によって応える。この関係は双務的であるから、主人が義務を果たさないとき、家臣関係が破棄されてもよい。

封建制に関して、ウェーバーはさまざまな封建制のタイプをあげているが、その中で、ゲルマン的封建制の特質は、レーエン封建制(人的誠実関係とレーエンが結合している)にある。[10] さらに、ウェーバーは、この人的誠実関係にもとづくが、荘園領主権の授与をともなわないタイプの封建制として、日本にあった「従士制的封建制」をあげている。人的誠実関係に支えられる封建制の特徴は、支配者階層の間に互酬性の原理が残っていることにある。このような互酬性の原理は、主君の専制権力を認めない。国王がいても、領主の中の第一人者という程度で、絶対的権力をもたなかった。これは氏族社会における首長、あるいは、初期ギリシアの王の立場と類似するものだ。その意味で、ゲルマン社会には氏族的共同体の伝統が残っていたといえるだろう。

一般に、封建制は農奴制と結びつけられている。つまり、被支配者を賦役貢納によって支配するシステムの一つとみなされる。したがって、サーミール・アミンは、封建制を貢納制の特殊形態とみなしている。しかし、封建制では支配者間に互酬性が存在するのに対して、アジア的な貢納制ではそれは存在しない。のみならず、封建制では、支配者と被支配者の間にも、支配者間にあるような互酬性が基本的に存在する。その意味で、封建制における農奴制は、アジア的な貢納制(全般的隷従制)とは異なっている。後者では、国家(王権)は農民共同体を支配するが、その内部には関与しなかった。賦役貢納を課される以外、農民共同体は自治的であった。

それに比べて、ゲルマン的共同体における農奴制は、土地を保有する個々の自営農民が、領主との間に、「恐怖に強要された契約」、つまり、保護・保証と賦役・貢納との交換という関係をもつことによって成立している。たとえば、イギリスでは、一四世紀までに、賦役・貢納が金納になり、農民の封建的義務の貨幣地代への転化が一般化していた。それによって、農民の土地保有権はたんなる借地権になった。そのような農民が独立自営農民(ヨーマンリー)と呼ばれている。しかし、このような変化は、そもそも、領主と農奴の関係が双務的・契約的なものであり、相互の所有権が明瞭だったから、起こりえたのである。

もちろん、ヨーロッパの農民も共同体を形成していた。三圃制などの共同体規制があり、また共同地(common)があった。しかし、そのような共同体規制は農業生産の性質上必要だったからであり、領主によって指揮されたものであった。さらに、共同地は領主の所有物であった。ゆえに、ゲルマン的共同体は、所有権が曖昧なままにとどまっているアジア的共同体や、私有地は各戸に分割所有されたものの、公有地が権力者に勝手に利用されていた古典古代共同体とは、基本的に異なっている。たとえば、イギリスでは、領主が羊毛生産のために、共有地を牧草地に変えようとした。それが「囲い込み」(エンクロージャー)と呼ばれている。しかし、これが可能であったのも、土地の所有権が明確になっていたからだ。ゲルマン的共同体が貨幣経済の浸透とともに、簡単に解体され、生産手段(土地)をもつ者ともたない者(プロレタリア)に分解していった理由もそこにある。

さらに、西ヨーロッパの封建制において特筆すべきものは、自由都市(共同体)である。それは、領主―農奴関係から出た人々が作った互酬的契約にもとづく共同体である。このような自由都市を可能にしたのは、封建制である。いいかえれば、帝国の弱さである。アジア的な帝国にも巨大な都市はあったが、それは国家に従属するものであった。逆に、ヨーロッパでは、国家が弱いということが、自由都市をもたらしたといってよい。ローマ帝国の崩壊以後、アジア的な帝国となった東ローマ帝国(ビザンツ)では、皇帝が教皇であり、自由都市は発展しなかった。一方、西ローマ帝国では、小国家(封建国家)が分立し、皇帝は名目的な存在でしかなかった。そのため、ローマ教会が皇帝や封建諸侯に対して優越した存在であった[11]。西ヨーロッパに「自由都市」が成立したのは、それらの三つどもえの競合のなかで、都市が教皇側につくことによってさまざまな特権を得たからである。

たとえば、ヨーロッパ南部では、フィレンツェが一一一五年、コムーネ(自由な都市国家)であることを宣言した。それを支えたのは、毛織物業などの商工業者のギルド(同業組合)である。ヨーロッパ北部では、一一一二年、ケルンの大司教が新しい城壁内のすべての住民が市民として参加する「自由のための誓約共同体の結成」を公認した。これが自由都市(コンミューン)の法的な成立である。その基盤は商工業者のギルドであった。自由都市の成立によって、商工業者は一つの身分、ブルジョア(ビュルガー)としてあらわれた。こうして、西ヨーロッパに三千以上の自由都市が成立し、それを拠点として、宗教改革やブルジョア革命が起こったのである。

自由都市は、商品交換様式の原理にもとづいて形成されたが、同時に、それは「誓約共同体」であった。そこでは、一方で、資本主義的な利益を追求するドライブがあり、他方で、それがもたらす経済的格差に対して相互扶助的な共同体(コンミューン)を回復しようとするドライブが対抗的に存在したのである。したがって、都市は、パリ・コンミューンにいたるまで、資本主義を越える運動(コミュニズム)の母体でもあった。

封建制とは、一言でいえば、誰も絶対的な優位に立ちえない多元的な状態である。王、貴族、教会、都市らが、たえず対立し連合した。したがって、封建制はつねに戦争状態としてあった。人類学者クラストルは、未開社会における恒常的な戦争を、国家形成を阻止するものとしてとらえたが、それはむしろこのケースにあてはまるだろう。王や諸侯たちの戦争による分散化・多中心化が、統一的な国家の形成を妨げた。そこから、王が絶対的な主権を握ったのが、一五・一六世紀の絶対主義王権国家である。王は並び立つ封建諸侯を制圧し、常備軍と官僚機構を確立した。これはある意味で、すでに東洋的な専制国家においてあったものを実現することだった。しかし、絶対主義王権が東洋的専制国家と異なるのは、商品交換(交換様式C)を抑えるどころか、その優位を確保し促進することによって成立したということである。それが結局ブルジョア革命にいたるのは当然である。

b　亜周辺としての封建制

先述したように、ギリシアやローマが東洋的帝国の亜周辺に成立したとすると、いわゆる封建制(封建的社会構成体)は、ローマ帝国の亜周辺、すなわち、ゲルマンの部族社会において成立したものだということができる。そのように見ると、マルクスが、「アジア的」、「古典古代的」、「封建的」と区別したものが、継起的段階ではなく、世界=帝国という空間における位置関係として見られることがわかる。

封建制は、それ以後に資本主義の発展と西ヨーロッパの優位に帰結したため、何か西ヨーロッパに固有の原理のように思われている。しかし、ギリシアやローマの特性がエジプトなどオリエントの帝国の亜周辺に位置したことから来ているのと同様に、西ヨーロッパの封建制もローマ帝国、さらにイスラム帝国の亜周辺に生じた現象だといってよい。つまり、このような特性は、「オキシデント」一般の特徴ではなく、中核、周辺、亜周辺という位置と関係にもとづくものだというべきである。そのことは、東アジアの日本の封建制を例にとることで明らかになる。

マルクスもウェーバーも日本に封建制が成立したことに注目した[12]。いうまでもなく、この場合の封建制は、人的誠実関係、すなわち、主人と家臣の間の封土—忠誠という相互的な契約関係にもとづく体制を意味する。アナール学派のマルク・ブロックやブローデルもこの事実に注意を払った。しかし、私の見るかぎり、なぜそれがありえたのかを説得的に説明しえたのは、ウィットフォーゲルだけである(『オリエンタル・デスポティズム』)。一言でいうと、彼は、日本の封建制を、中国の帝国に対して亜周辺に位置したことから説明したのである。

中国の「周辺」である朝鮮においては、中国の制度が早くから導入されていたが、島国の日本ではそれが遅れていた。日本で、中国の制度を導入して律令制国家が作られたのは七世紀から八世紀にかけてである。しかし、それはかたちだけで、国家の集権性は弱かった。導入された官僚機構や公地公民制は十分に機能しなかった。そのような国家機構の外部に、とりわけ東国地方で、開墾による土地の私有化と荘園制が進んだ。そこに生まれた戦士＝農民共同体から、封土―忠誠という人格関係にもとづく封建制が育ち、旧来の国家体制を侵食しはじめた。一三世紀以後、武家の政権が一九世紀後半まで続いたのである。

その間、朝鮮では中国化がますます進み、一〇世紀には高麗王朝で科挙(官僚の試験選抜制度)が採用された。文官の武官に対する圧倒的優位が確立された。以来、官僚制は二〇世紀まで続いたのである。しかし、日本では、すべてにおいて中国を範と仰いでいたにもかかわらず、科挙は一度も採用されなかった。文官を嫌う、戦士＝農民共同体の伝統が強く残ったのである。とはいえ、古代の天皇制と律令国家の体制はかたちの上で残され、権威として機能しつづけた。それは、封建的国家が、旧来の王権を一掃するかわりにそれを崇めることで、正統性を確保したからである。それが可能だったのは、外部からの征服者がいなかったせいでもある。

だが、このように旧来の権威を利用することは、封建制的な要素を抑制することになる。すなわち、そこにあった双務的(互酬的)な関係を弱めてしまう。マルク・ブロックは、日本の封建制がヨーロッパのそれと酷似するにもかかわらず、そこに「権力を拘束しうる契約という観念」が希薄である理由を、つぎの点に見出している。《日本では、西ヨーロッパの封建体制にきわめてよく似た人的並びに土地的従属関係の体系が、西ヨーロッパにおけると同じように、それよりはるかに古い王国に相対峙して少しずつ形成されるようになった。しかし、日本では〔国家と封建制という〕二つの制度は相互に浸透することなく併存していた[13]》。

一六世紀の戦国時代を経て覇権を握った徳川幕府は、朝鮮王朝から朱子学を導入し、集権的な官僚体制を作ろうとした。さらに、また、幕府の正統性を、古代からの天皇制国家の連続性の下に位置づけた。ゆえに、徳川時代において、封建制よりも集権的な国家の側面が強まったことは確かである[14]。しかし、事実上、封建的な体制と文化が維持された。たとえば、武士には「敵討ち」の権利と義務が与えられた。いいかえれば、国家の法秩序とは別に、主君との人格的な忠誠関係が重視されたのである。官僚であるよりも、戦士(サムライ)であることに価値がおかれた。別の観点からいえば、理論的・体系的であるよりも、美的あるいはプラグマティックであることに価値がおかれたのである。

しかし、このように帝国に発する文明を選択的にしか受け入れないということは、日本の特徴というよりもむしろ、亜周辺に共通した特徴である。たとえば、同じ西ヨーロッパの中でも、ローマ帝国に対する関係という面から見て、「周辺的」と「亜周辺的」の違いが存在する。フランスやドイツがローマ帝国以来の観念と形式を体系的に受け継ごうとする「周辺的」傾向があったのに対して、イギリスは「亜周辺的」であり、そこではより柔軟、プラグマティック、非体系的、折衷的な態度がとられてきた。イギリスが大陸には向かわず、「海洋帝国」[15]を築き、近代世界システム(世界＝経済)の中心となったのは、そのためだといえよう。

第四章　普遍宗教

1　呪術から宗教へ

これまで三つの交換様式とそれらの接合によって成り立つ社会構成体について述べてきたが、最後に述べる四つ目の交換様式は、それらに対抗するものである。それは、序説で示した図1（一五頁）において、第四象限Dの位置にある。その特質はつぎのようなものだ。これは交換様式B、すなわち国家の原理とは対極的である。だが、それは個々人が共同体の拘束から解放されているという点で、市場的な社会、すなわち交換様式Cと似ているし、同時に、市場経済の競争や階級分解に対して、互酬的（相互扶助的）な交換――資本の蓄積が発生しないような市場経済――を目指すという点で、共同体あるいは交換様式Aと似ている。このことは、交換様式Dが、第三象限の市場経済（C）の上で、第一象限の互酬的な共同体（A）を回復しようとするものだということを意味する。その場合、交換様式Aは回復されるけれども、もはや個々人を共同体に縛りつける力をもたない。その意味で、交換様式Cが先行していないかぎり、Dはありえないということができる。

さらに、Dが他の三つの交換様式と異なるのは、理念であって現実に存在しないということである。事実、それは歴史的には、普遍宗教というかたちであらわれた。たとえば、ウェーバーは、宗教の発展を呪術からの解放を尺度としてとらえ、それを社会経済史的な原因から説明した。つまり、彼は宗教の発展を「呪術から宗教へ」あるいは「呪術師から祭司階級へ」の変化に見出し、これを氏族社会から国家社会への移行によって説明したのである[1]。彼の考えでは、呪術からの脱却は近代資本主義社会と近代科学によって実現される。しかし、私はこのような見方を、交換様式という観点から見直したい。というのは、宗教はそれ自体において交換様式に根ざしているからである。

ウェーバーにも宗教を交換様式から見る視点がある。たとえば、彼は呪術を、神に贈与することによって神を強制する行為であると考えた。そして、これは救済宗教においても残る。《宗教的行為は「神礼拝」ではなくて、「神強制」であり、神への呼びかけは、祈りではなくて呪文である》。

人格的な主《ヘル》としての神の、その力と性格が次第に明らかに観念されてくるにつれて、そこに呪術的でない諸動機も次第に優勢となってくる。神は、その意のままに拒否することもできる偉大なる主となり、したがって、いかなる呪術的強制をともなう方策によってでもなく、ただ請願と寄進とによってのみこの神に近づくことが許される。しかしながら、このような呪術的でない諸動機が、純然たる「呪術」に対して新たにつけ加えるもののすべては、さしあたっては呪術そのものの動機と同じくらい、割り切った合理的要素なのである。すなわち、「与えられんがために、われ与う」(Do ut des)というのが、広くゆきわたっているその根本的特質である。このような性格は、あらゆる時代とあらゆる民族の日常的宗教性ならびに大衆的宗教性にのみならず、あらゆる宗教にもそなわっている。「此岸的な」外面的災禍を避け、また「此岸的な」外面的利益に心を傾けること、こういったことが、もっとも彼岸的な諸宗教においてさえも、あらゆる通常の「祈り」の内容をなしているのである。(2)

ウェーバーは、救済宗教における「祈り」に「与えられんがために、われ与う」という〝交換〟があること、そして、それが呪術に由来することを指摘する。しかし、交換があるからといって、それらが類似するとはいえない。呪術における〝交換〟と、祈りにおける〝交換〟とは、似ているが本質的に違っている。この違いに注目しないと、「呪術から宗教への発展」を理解することができない。

ウェーバーは、交換様式の差異に何の注意も払わなかった。その点では、彼が参照したニーチェも同様である。ニーチェは道徳や宗教の問題を「交換」の観点から見た最初の人である。たとえば、彼は負い目という道徳感情が、「負債という極めて物質的な概念」に由来するという。《負い目とか個人的責務という感情は、われわれの見たところによれば、その起源を存在するかぎりの最も古い最も原始的な個人関係のうちに、すなわち、買手と売手、債権者と債務者の間の関係のうちにもっている》。さらに彼は、「正義」が経済的な価値の概念に由来するという。《人々はまもなく「事物はそれぞれその価値を有する、一切はその代価を支払われうる」というあの大きな概括に辿り着いた。――これが正義の最も古くかつ最も素朴な道徳的規準であり、地上におけるあらゆる「好意」、あらゆる「公正」、あらゆる「善意」、あらゆる「客観性」の発端である[3]》。

しかし、ここで、ニーチェは、互酬交換における債務と商品交換における債務を同一視する誤謬を犯している。「最も古い最も原始的な個人関係」は互酬的な交換である。それを商品交換とみなすのは、まさにニーチェのいう「遠近法的倒錯」である。実際はこうだ。商品交換様式Cでは、まさに債務が生じるがゆえに、債務感情は生じないのである。それはむしろ、互酬的な関係に由来する債務感情からの解放、すなわち、人間関係をビジネスライクに扱うことを可能にするのだ。それは、呪術的な関係から人間を解放するといってもよい。

私はすでに呪術から宗教への発展を、交換様式という観点から考察してきた。それを簡単にくりかえすと、呪術とは、自然ないし人間を、贈与(供犠)によって支配し操作しようとすることであり、それは互酬性の原理にもとづいている。ゆえに、呪術は、社会が遊動的バンド社会から定住的氏族社会に移行するにつれて、つまり、互酬原理によって組織されるにつれて発展した。それによって、呪術者＝祭司の地位も高まった。とはいえ、それには限界がある。互酬原理自体が超越的な地位を許さないからだ。それは氏族社会で、首長の地位が強化されながらも、けっして王のような絶対性をもつようにならないのと同じである。しかし、氏族社会以後、つまり、国家社会では、「汝」としての精霊(アニマ)が神として超越化され、他方で、自然および他者はたんに操作さるべき「それ」となったのである。

呪術は国家社会においても残るが、ただ、その内実が違ってくる。呪術は氏族社会では平等主義的な機能をもっている。たとえば、贈与する義務、受け取る義務、お返しする義務は平等主義を強制するものである。それは呪術によって再分配を実現する。だから、モースはそれを呪力(ハウ)の働きとして説明したのである。だが、国家社会において支配的な交換様式Bは、服従と保護の関係である。これも双務的(互酬的)ではある。国家社会において支配者は被支配者の服従に対して、保護によって応じなければならない。これを宗教的にいいかえると、祈願ということになる。すなわち、人々は神に祈願し供犠をすることでその力を受け取ろうとする。これが狭い意味で宗教の始まりだといえる。宗教的祈願には、ウェーバーがいったように呪術と共通した面がある。神に贈与することで、反対給付を引き出そうとするからである。しかし、この双務性(互酬性)は交換様式Bにもとづくもので、交換様式Aである呪術の互酬性とは異なる。祈願は呪術と異なり、支配者である王＝祭司、したがってまた超越的な神に対してなされる。ここに「平等主義的」要素はない。

ただし、国家社会に残った呪術的なものが「平等主義的」な機能を果たす例がある。それは「アジール」である。そこに入ると、人々はそれまでの社会的拘束から解放される。アジールはどんな国家社会にも普遍的に存在している。それは社会的な拘束や制限から解放させる倫理的な意義をもつのである。むろん、それはヒューマニズムにもとづくものではない。オルトヴィン・ヘンスラーは、アジールは元来、呪術的な起源をもつもので、倫理的な意味をもっていなかったという(4)。では、なぜ呪術的なものが倫理的な意義をもつのか。われわれの考えでは、アジールは、氏族社会が国家社会になった時点で抑圧されようになった遊動性が回帰したものである。その意味で、最初から倫理的な意義をはらんでいる。ただ、それは「抑圧されたものの回帰」として、強迫的なかたちであらわれる。すなわち、呪術的な力として。国家的な権力がアジールに逃げ込んだ者に手を出せないのは、彼らにいわばアニマが付いているからだ。

しかし、一般的にいえば、呪術性の残存は交換様式Bを補強するものとして働く。原都市＝国家の段階で、首長＝祭司は氏族社会よりはるかに強い権力をもつようになる。というのは、異なる氏族を服従させ統合するには、たんに軍事的ではなく、それまでの氏族神を超えた神を必要とするからであり、それは祭司（神官）の権力の強化に対応する。その権力は、原都市＝国家間の抗争の中で、より強化される。そのような過程を経て成立した国家において、王＝祭司は集権的であり超越的である。それはまた、神の一層の超越化を意味する。国家はさらに他の国家との交通（戦争と交易）を経て、多数の部族・都市国家を包摂した広域国家＝帝国となる。この過程で、神はより集権化・超越化し、同時に、王＝祭司はより集権化・超越化される。

国家は多数の都市国家や部族共同体を軍事的に従属させることで成立する。しかし、軍事的な征服や強制だけでは安定した永続的体制を作ることができない。支配者に対する貢納や奉仕を、支配者の側からの贈与に対する被支配者の返礼というかたちにしてしまう必要がある。それが宗教の役割である。ゆえに、このような宗教は国家のイデオロギー装置である。被支配者（農業共同体）は、神に自発的に服従し祈願することによって助けを得ようとする。その神は王＝祭司の手に握られている。神への祈願は王＝祭司への祈願である。

ゆえに、宗教的な位相を見ないと、氏族的共同体が国家に転化していくプロセスを理解できない。それは宗教がまさに「交換」という経済的次元に根ざしているからだ。宗教と政治・経済は不可分離である。たとえば、国家の神殿は供出物を備蓄し再分配する倉庫でもあった。読み書きに堪能な祭司階層は同時に、国家の官僚階層でもあった。また、天文学や土木工学を発展させた科学者でもあった。「呪術から宗教へ」の発展とは、氏族社会から国家への発展にほかならない。それに関して、ウェーバーもこう述べている。呪術師はどこでも先ず雨乞い祈禱師であるが、メソポタミアのように国家による灌漑農業がおこなわれるところでは、呪術師はもはや機能しない。収穫をもたらすのは、水を引いてくる灌漑施設を造る国王であるとみなされる。ゆえに、国王は絶対視される。国王は、荒漠たる砂の中から収穫をもたらす。世界を「無から創り出す」神という観念の一源泉はそこにある、とウェーバーはいうのである(5)。

しかし、このような神は真に超越的な神ではない。なぜなら、この神は、人の祈願＝贈与に応えられないならば、人に棄てられるからだ。具体的にいえば、共同体や国家の神は、戦争に負ければ棄てられる。つまり、ここでは、神と人間の関係の互酬性が残っているのである。その意味で、呪術的なものが残存する。普遍宗教が出現するのは、いわば、祈願に対して応じなくても棄てられない神、戦争に負けても棄てられない神が出現するときである。それはいかにして生じたのか。

2　帝国と一神教

国家は他の国家との交通(戦争と交易)を経て、多数の部族・都市国家を包摂した広域国家となる。それが「帝国」である。この過程で、敗北した共同体や国家の神が棄てられ、勝利した国の神がより集権化・超越化され、同時に、王＝祭司がより集権的・超越的な地位を得ていった。国家が他の共同体を傘下に入れていく場合、支配者の神を被支配者に強制するのは当然だが、被支配者の神々をたんに否定するのではなく、しばしば、それらをパンテオン(万神殿)に入れて崇める。これは王権とその臣下である部族首長(豪族)らとの関係を反映するものである。これによって、多数部族を包摂することができる。この場合、王権が弱いとその神も弱く、他の部族の神々と横並びになる。逆に、国家が中央集権的になればなるほど、神も超越化する。もとより、この超越性は国家(王)の超越性にもとづくもので、国家が滅びれば神も滅びてしまう。

この意味で、宗教の発展は国家の発展にほかならない。帝国の形成において神の超越化が極まるのはいうまでもない。超越的な王権＝祭司とともに、超越的な神が出現することは見やすい道理である。ニーチェは、「世界帝国への進行はつねにまた世界神への進行である」といっている。[6] しかし、このような「世界神」は普遍宗教の神とは異なる。

普遍宗教における神の超越性は、世界帝国＝世界神の超越性とは異なり、むしろ後者を否定するものとして出てきたのである。

だが、「帝国」は普遍宗教が出現するための十分条件ではないが、必要条件であった。たとえば、一神教というとユダヤ教の特徴だとみなされている。しかし、それは特にイスラエルに限られたものではない。たとえば、一神教の信仰は先ずエジプトにおこった。それは王アメノフィス四世による「アマルナ改革」(前一三七五—一三五〇年)として知られている。彼はそれまでの多神教を廃止して、太陽神アテンを至高の唯一神とした。また、自分の名を「アテンに仕える者＝アク・エン・アテン」(イクナトン)と変えた。それについて、ウェーバーはつぎのようにいっている。

アメノフィス四世(イクナトン)の一神教的な、したがってまた事実上普遍主義的な太陽崇拝への動きは、以上とはまったく異なった事情に由来するものであった。すなわち一方では、ここでも広く行きわたっている祭司合理主義やおそらくはまた平信徒合理主義——ただしそれらはイスラエル的な預言とはきわめて対照的な、純粋に自然主義的な性格のものである——に由来するものであったが、他方ではまたそれは、官僚的な統一国家の頂点に位する君主のいだく次のような実際的要求に、すなわち数多い祭司的神々を排除することによって、祭司たち自身の優勢な権力をも打ち挫き、また国王を最高の太陽神祭司へとたかめることによって、神と崇められたかつてのファラオたちの権勢を再現するといった要求に由来したのである。(7)

わかりやすくいうと、王と神官の間にはつねに対立があった。この対立の背後には、集権化を進めようとする王権と、従属しながらも独立性を維持しようとする豪族(貴族)たちとの対立が隠れている。前者が唯一的な神を奉じるのに対して、後者はそれまでの多数の部族の氏神を保持しようとする。イクナトンによる一神教の導入は、多神教＝多数豪族を圧伏させる王権の確立を意味したのである。

それに加えて、イクナトンが一神教の導入に向かった理由として、当時、エジプトが領土を拡張し「帝国」となったことを見落としてはなるまい。たとえば、フロイトは『モーセと一神教』において、モーセがエジプトの王家の者であり、イクナトンが創始しその後廃棄された一神教を回復しようとしたといっている。この仮説についてはあとで述べるが、フロイトもエジプトで一神教が採用された理由を帝国の成立から説明している。帝国を確立するためには、支配下に入った部族および彼らの神々を抑える唯一至上の神を必要とする。イクナトンの死後、一神教は否定され、その痕跡さえ消されてしまった。しかし、これは多神教の伝統が強かったからだけでない。エジプトがメソポタミアの帝国と異なって、その規模を拡張しないかぎり、周辺からの侵略の危機がなく、

さほど集権的な体制を必要としなかったからである。(8)

世界帝国が、一神教であろうとなかろうと普遍的な「神性」を必要とすることは、その後の世界帝国(ローマ帝国からアラビア・モンゴルその他)に関しても妥当する。そして、普遍的な神性の背後には、独立性を維持しようとする貴族・首長らを従属させようとする王権の意志がひそんでいる。一方、普遍宗教は元来、そのような世界帝国＝宗教に対する否定としてあらわれたのである。ただ、それは定着すると、世界帝国の統治手段と化した。実際、現在「世界宗教」と呼ばれるものは、ほとんど旧世界帝国の版図を越えていない。

しかし、普遍宗教は本来、世界帝国を構成している諸要素に根本的に敵対するものである。このことを交換様式から考えてみよう。世界帝国は交換様式BおよびCが空間的に拡大した状態である。これまで見てきたのは、交換様式Bに関してであった。つまり、国家の強大化という側面である。だが、帝国はまた、交換様式C、すなわち、交易や市場の発展という側面をもっている。普遍宗教を生み出すもう一つの契機は、世界市場あるいは世界貨幣にある。普遍宗教は交換様式Dとして、すなわち、世界帝国において最大化された交換様式BとCに対する批判としてあらわれたのである。

世界貨幣は共同体や国家を越えて「普遍的に」通用するものである。その意味で、世界貨幣は普遍的貨幣である。先に述べたように、世界貨幣は世界帝国において出現した。

しかし、それは世界帝国の力によるものではない。世界貨幣(金や銀)そのものの普遍的な力によるのである。帝国がおこなうのは鋳造によって、金属の含有量を保証することでしかない。このような保証がなければ、また、交易の安全の保証がなければ、交易は発展しない。その意味で、世界帝国が世界市場をもたらしたということができる。が、世界貨幣のもつ力はあくまで、国家によるものではない。それは商品交換から生じたのである。

多くのローカルな貨幣の中で、金や銀が「世界貨幣」となった。貨幣崇拝はマルクスの言葉でいえば「物神崇拝」であるが、世界貨幣において、それはいわば「一神教」的なものとなったのである。貨幣という神の下で、旧来の部族的共同体の名残をとどめた社会は変質させられる。マルクスはこう述べた。《貨幣においては、商品の一切の質的差異が消失するのであるが、同じように、貨幣の方でもまた、急進的平等主義者《レヴェラー》として、一切の差異を消滅させる。……古代社会は、貨幣を、その経済的および道徳的な秩序の破壊者として非難する[9]》。

実際、貨幣の「急進的平等主義」は氏族的共同体を破壊した。一方で、それは個人を氏族共同体の拘束から解き放つ。それまで共同体を通してしか関係しなかった諸個人が、貨幣経済を通して直接に交通するようになる。それまで双務(互酬)的関係か支配―服従関係に拘束されていた諸個人が、貨幣を通した交換(契約)によって関係するようになる。

貨幣経済が浸透すると、他人を、呪力や武力によって強制する必要が減少する。相互の合意による「契約」によって強制できるからだ。その意味で、ウェーバーがいう「呪術からの解放」は、貨幣経済によってはじめて可能となる。貨幣は人や物を「それ」として、つまり、計量可能なものとして扱うことを可能にするからだ。

貨幣経済は個人を共同体の拘束から解放し、帝国＝コスモポリスの人民とするだけではない。その「急進的平等主義」は、共同体にあった平等主義、いいかえれば、互酬的な経済と倫理を破壊してしまう。つまり、それは貧富の格差をもたらすのである。この二つの条件が、普遍宗教があらわれる前提である。要するに、普遍宗教は、帝国が形成される過程で、交換様式Bの支配の下で交換様式Cによって交換様式Aを解体していった時点で、それらに対抗する、交換様式Dとして出現したのである。

3 模範的預言者

普遍宗教は、古代文明が発生した各地域で、ほぼ同時期に、互いに関係なく生じた。それは普遍宗教が一定の転換期に生じたことを意味する。それは、都市国家が互いに抗争し、広域国家を形成するまでの時期であり、別の観点からいえば、貨幣経済の浸透と共同体的なものの衰退が顕著になる時期である。しかし、普遍宗教について考えるためには、先ず、それが先行する共同体の宗教・国家の宗教に対する批判として始まったこと、さらに、それと関連するが、普遍宗教が一定の人格によってもたらされたということを見なければならない。

普遍宗教をもたらした人格とは預言者である。ただし、預言者に関して、つぎの二つの注意が必要である。第一に、預言者は予言者(占い師)とは区別されなければならない。予言は祭司・神官によってなされた。一方、預言者は必ずしも予言する者ではない。事実、イスラエルの預言者たちは、自分は予言者でないということを強調している。普遍宗教に共通するのは、祭司階級に対する否定である。

第二に、もっと重要なのは、預言者をユダヤ教あるいはその流れの中にあるキリスト教やイスラム教に限定してはならないということである。ウェーバーは、預言者を倫理的預言者と模範的預言者の二つに区別している。前者の場合、預言者は旧約聖書の預言者、イエス、ムハンマドのように、神の委託を受けてその意志を告知する媒介者となり、この委託にもとづく倫理的義務として服従を要求する。後者の場合、預言者は模範的な人間であり、ブッダ、孔子、老子のように、自らの範例を通して他の人々に宗教的な救いへの道を指し示す。

ここから次のことがいえる。第一に、模範的預言者を考えるとき、通常、哲学者と呼ばれてきた人たちが宗教的預言者の中に入るということだ。普遍宗教の本質は、伝統的な宗教の批判にある。とすれば、それが宗教の批判としてあらわれた哲学と無縁ではありえない。たとえば、フランシス・M・コーンフォードは、イオニアにおける自然哲学者の出現に、「宗教から哲学へ」の移行を見出した。(10) 確かに、イオニアの自然哲学者は、宗教的な説明をもってくることなく、自然を説明しようとした。だが、それは彼らが宗教一般を否定したことを意味するものではない。擬人化されたオリンポスの神々を否定したとき、彼らは「唯一なる神＝自然」という観念を想定していたのである。その意味で、彼らの哲学は普遍宗教とつながっている。

イオニアの哲学者だけではない。たとえば、アテネのソクラテスも「模範的預言者」の一人だといってよい。彼はアテネのポリスに新たな神を持ち込んで伝統的な宗教を破壊したという罪を問われて処刑された。しかし、ソクラテスに対するこの非難は、ある意味では当たっている。彼はつねに内なる「ダイモン」の声にしたがって行動したのだ。彼の言動は「神の委託を受けて」なされたのである。むろん、ソクラテスは哲学者であり、新たな宗教を説いたわけではない。しかし、彼の理論ではなく、彼の生き方および死に方が、その後に多くの人々を動かす範例となったことは否定できない。その意味で、彼は模範的預言者なのである。

イオニアは、もともと共同体から一度離れたギリシア人植民者らが開発した地域であり、アジアから地中海に及ぶ世界的交易の中で発展してきた。そこには、アテネに先立って、市場と言論にもとづいた社会が育った。そのような社会では、ソフィストが典型的に示しているように、言論技術そのものが商品となりえたのである。多くの思想家が輩出したのはそのためである。だが、これを特異な現象とみなすべきではない。

すでに指摘したように、同じような事態がほぼ同時期の中国で生じた。すなわち、都市国家が争った戦国時代に、諸子百家と呼ばれる思想家たちが輩出した。その中に、孔子、老子、墨子、荀子などがいた。彼らは各国を、その思想を説いてまわった。それは、各国が、これまでのように氏族的共同体の伝統に依拠してやっていけなくなったからだ。たとえば、孔子は、「われは賈《こ》(買い手)を待つ者なり」と語った(『論語』子罕篇)。思想を必要とする事態が思想を商品としたのであり、また、そのことが思想家を輩出させたのである。これらの思想家の中で後世に宗教的な影響を与えたのは、孔子と老子である。彼らは別に宗教を説いたわけではない。だが、後には、宗教の開祖とみなされるようになった。その意味で、彼らはまさに「模範的預言者」であったといえる。

インドに関しても同じことがいえる。紀元前六世紀に、ガンジス川中流域に、コーサラ、マガダなど多数の都市国家があった。それらは主に王政であったが、貴族的共和政の国家もあった。その一つがブッダの生まれたシャーキア族の国家である。こうした国家が抗争している時期に、多様な「自由思想家」が輩出した。その中には、唯物論者もいれば、一切の道徳を否定する者もいた。ブッダ(前四六三年頃生まれた)は、そのようない「自由思想家」の一人であった。ブッダは新しい理論を説いたわけではない。彼が説いたのは、実践的な認識である。彼は新たな宗教を創始したという意識もなかった。ただ、彼の生き方が「模範的預言者」として影響を与えたのである。

以上の例は、普遍宗教が旧来の宗教への批判というかたちであらわれたこと、したがって、宗教を批判した哲学者と普遍宗教の開祖とを截然と区別することができない、ということを示している。

4 倫理的預言者

普遍宗教の起源をウェーバーがいう倫理的預言者において見る場合、最初の例はおそらく、ペルシアのゾロアスター(ツァラトゥストラ)であろう。彼は祭司階級を否定した預言者であり、アフラ・マズダーを至上神とすることによって、アーリア人の部族にあった神々を否定し、またそれによって、カースト(神官・僧侶・平民)の体制を否定した。彼はまた、共同体や国家の観点ではなく、善と悪の争う場として社会と歴史を見る視点を初めてもたらしたのである。ここに、遊牧民社会に始まる普遍宗教のプロトタイプがあることは明らかである。しかし、ゾロアスターに関する史料は乏しいので、倫理的預言者をもっぱらユダヤ教の歴史において考察したい。

一般的にいって、帝国の周辺部には遊牧民がいる。遊牧民の起源は原都市＝国家の段階に遡ることができる。遊牧民は、原都市＝国家が、国家と農業共同体の形成に向かう時点で、それを拒否した人たちである。彼らの社会はもはや氏族社会ではなく家父長的な社会であったが、ある点で、狩猟採集民＝氏族社会の原理を維持していた。たとえば、上位の集団に対して独立的であり双務的であること、また外来者に対して歓待するといった掟においてである。彼らはふだん分散しているが、帝国からの圧力が高まると、それに対して連合することがある。

イスラエル(ユダヤ民族)はそのような遊牧民の諸部族(一二部族)の盟約共同体として始まった。旧約聖書ではそれは「神との契約」として語られている。しかし、これは一つの神の下での部族の盟約を意味する。これはユダヤ民族に固有のものではない。どこでも、遊牧民が都市＝国家を形成するときは、部族の盟約によるのであり、それは神の下での盟約である。ウェーバーも「政治的な集団形成が、一個の集団神への服属を条件とすることは、普遍的な現象である」といっている(11)。ギリシアのポリスもこのような盟約によって形成されたのである。

この場合、彼らの契約は双務的(互酬的)である。ゆえに、神と人間の関係も双務的である。人間が神を忠実に信奉すれば、神もそれに報いるのであり、さもなければ神も廃棄されてしまう。国家の隆盛は神の隆盛であり、その没落は神の没落である。その意味で、この「神と人間の契約」は互酬的な交換関係である。しかるに、ユダヤ教における「神と人間の契約」にはこのような互酬性がない。そのような考え(ユダヤ教)が成立したのは、あとで述べるように、バビロン捕囚以後である。初期イスラエルの時代には、そのような神観念はなかった。それは他の遊牧民の部族連合体と特に異なるものではなかった。

実際、ユダヤ民族は遊牧民の生活からカナンの地に侵入し、専制国家と農耕共同体を形成するにいたったとき、遊牧民時代の神を事実上棄てて、農耕民の宗教(バール神信仰)に向かった。これも、他の遊牧民が定住化とともにたどった道である。さらに、イスラエルでは王＝祭司の集権化が進んだ。そして、ダビデからソロモンにいたって、王朝はアジア的な専制国家(貢納制国家)として繁栄するにいたった。これも一般にアジア的専制国家が形成される過程と同じである。ソロモン王朝の時期に預言者が輩出したことは疑いない。彼らは官僚祭司の横暴、人々の堕落、貧富の差を批判し、このままでは国家が滅亡すると警告する。しかし、そのような預言者はユダヤ教的に特異なものではなかった。遊牧民が専制国家の下で農耕民となったような所では、どこでも、共同体・国家の危機においてそのような預言者が出現しただろう。が、それが普遍宗教をもたらすことはない。普遍宗教が生じたのは、王国が滅んだ後である。

具体的にいうと、ソロモンの死後、王国は南北に分裂した。先ず、北のイスラエル王国がアッシリアによって滅ぼされた(前七二二年)。アッシリアから見れば、これは彼らが世界帝国を形成する過程のひとこまにすぎない。このとき滅ぼされたイスラエル王国の人々は民族としては消滅している。つまり、彼らの神も棄てられたのである。これは帝国の形成の過程で、多くの部族国家に生じたケースの一つでしかない。特異な出来事が起こったのは、そのつぎに、南のユダ王国がアッシリアにとってかわったバビロニアによって滅ぼされたあとである(前五八六年)。

このときも多くの者が神を捨てた。国が滅んだからである。しかし、このときバビロンに連行された人々の間で未曽有の出来事が起こった。国家の滅亡にもかかわらず、神が廃棄されなかったのだ。そのとき、新たな神観念が生れた。それは国家の敗北を神の敗北ではなく、人々が神を無視したことへの神の懲罰として解釈することであった。宗教の「脱呪術化」は、このとき生じたのといってよい。それは神と人間の関係の互酬性を否定することである。それによって神と人間の関係が根本的に変わった。だが、それは、別の観点からいえば、人間と人間の関係が根本的に変わったということである。

バビロンに連れて行かれた人々は、比較的に知識階層が多く、また彼らは主として商業に従事した。すなわち、彼らは旧支配者や祭司から離れ、同時に、農耕共同体から離れた個人として存在した。そのような諸個人が、神の下に新たな盟約共同体を形成した。それが「神と人間との契約」という形をとったのである。これは遊牧民の部族連合体の結成と似て非なるものである。ソロモン王朝時代に預言者が説いたのは、遊牧民の部族連合体の回復、いわば「砂漠に帰れ」ということであった。それは交換様式Aの回復、つまり、互酬的な共同体の回復である。それに対して、バビロンにおいて生じたのは、部族的拘束から離れた自由・平等な個々人の連合体である。それは交換様式Aの高次元での回復、すなわち、交換様式Dだといってよい。

しかし、捕囚にあった人々は、約五〇年後に、バビロニアを滅ぼしたペルシア帝国によって解放され、カナンに帰還した。以後、ユダヤ教団は国家なき民を統治するものとなった。つまり、バビロンにあった盟約共同体は、以前と同様に、祭司・律法学者が統治する民族集団に変質したのである。『聖書』が編纂されたのは、このときである。その過程で、それまでの預言者の活動、あるいはモーセの神話などが編集整理された。

普遍宗教としてのユダヤ教はバビロンにおいて生まれた。しかし、ユダヤ教団はそれを以前からあった預言の成就としてみようとした。それはバビロンで初めて起こったことの特異性を消去することである。モーセ神話にかんしても同じことがいえる。それはバビロンに起こった「神と人間の契約」を、古代に投射することである。歴史的には、モーセが率いたとされる前一三世紀ころのイスラエルは部族連合体(一二部族)であり、モーセのような専制的な指導者がいたはずがない。したがって、「出エジプト記」は、バビロン捕囚からの脱出(エクソダス)という経験を過去に投射したものである。[12] モーセの神への信仰が始まったのは捕囚以後にすぎない。

だが、モーセの神が後代に創られたものであるとしても、問題はなぜそれが強い力をもったのかということにある。この点に関して、フロイトの『モーセと一神教』が重要である。『トーテムとタブー』が現在の人類学者によって一笑に付されるのと同様に、この書は聖書学者や歴史家によって一笑に付されている。史実の裏づけがないからである。簡単にいうと、フロイトはモーセを、イクナトンの一神教を回復させようとしたエジプトの王族の一人であると考えた。モーセは虜囚であったユダヤ人たちに、一神教を受け入れるならエジプトから解放すると約束した。それが「神と人間の契約」なのだ、とフロイトはいう。

むろん、このような仮説を支持する専門家はいない。が、フロイトは、なぜ「契約」が人間によってではなく神のイニシアティヴによるのかを説明しようとしたのである。通常、部族連合体として国家が形成される場合、契約は双務的である。だから、約束を果たさなかったなら神も棄てられる。しかるに、ここでは契約はむしろ神の側から強制的に進められている。それは双務的ではない。ゆえに、人間がそれを棄てることはできない。では、いかにしてそのようなことがありえたのか。フロイトを嘲笑する者は、この問いに答える義務がある。

さらに、フロイト仮説の中で重要なのは、モーセに率いられてエジプトを脱出し砂漠を放浪した人々が緑豊かなカナンに入る手前で、モーセを殺したというものである。モーセが砂漠にとどまることを命じたからだ。だが、殺されたモーセは、カナンの文明の発展の中でモーセの神として戻ってきたのだ、とフロイトは考えた。いうまでもなく、これは『トーテムとタブー』で書かれた「原父殺し」の反復である。

フロイトの『トーテムとタブー』は遊動狩猟採集民が氏族社会を形成するときの問題に、『モーセと一神教』は遊牧民部族が国家社会を形成するときの問題にかかわっている。すでに述べたように、遊動狩猟採集民の段階に、フロイトが仮定するような専制的な原父はいないし、遊牧民社会にも「わが民」を支配するような専制的な首長はいない。しかし、そのような批判によって、フロイトが開示したことの意義を否定し去ることはできない。大切なのは、いかにして氏族社会の「兄弟的」盟約がありえたのか、また、いかにしてモーセの神が、人間の意志を超えた超越的で強迫的な神となったのかを説明することであるから。

フロイトの解答は、モーセとその神が一度殺され、のちに「抑圧されたものの回帰」として強迫的なかたちで出現した、というものだ。この考えは史実とも矛盾しない。もしモーセの教えが遊牧民社会にあった倫理、つまり、独立性と平等性であるとするならば、それは、カナンの地で発展した専制国家（祭司・官僚制と農耕共同体）において〝殺された〟のである。つまり、それは完全に抑圧された。もちろん、人々は過去を否定するつもりはなく、むしろ伝統を守ろうとしていた。だが、そのような状態こそが「抑圧」の完成態である。したがって遊牧民時代の倫理は、伝統や祭司に反して、預言者を通した神の言葉としてのみ、つまり、人間の意識・意志に反したかたちでのみ「回帰」したのである。

交換様式Dにおいて交換様式Aがより高次の次元で回復される、と私は述べたが、この場合、回復というよりも「抑圧されたものの回帰」というべきである。つまり、それはノスタルジックな回復とは異なるのだ。エルンスト・ブロッホは、フロイトの「無意識」概念に対して、「未だ－意識されないもの」(das Noch-Nicht-Bewußte)という概念を立てた(13)。この見方は、フロイトがいう「抑圧されたものの回帰」を、過去にあったもののノスタルジックな回復とみなすことである。しかし、むろん、そうではない。ブロッホがいう「未だ－意識されないもの」こそ、「抑圧されたものの回帰」としてのみ生まれるのである。それは、人が空想するような恣意的なユートピアではありえない。

5　神の力

部族的宗教としてのユダヤ教は、イスラエル王国やユダ王国の滅亡とともに棄てられた。人々の多くは他の国家に吸収された。普遍宗教としてのユダヤ教が成立したのは、バビロン捕囚となった人々においてである。彼らがヤハウェを信じたのは、もはや部族や国家の強制力によるのではない。国家を失い商業に従事した人々にとって、もはや共同体の伝統的な規制力は働かなかった。そのような諸個人の前に、ヤハウェが新たな相貌をもって現れたのである。

このことは、次の二つのことを意味する。一つは、神が部族や国家を越えた普遍的・超越的な存在となった、ということである。もう一つは、共同体の一員ではなく、そこから相対的に自立した個人があらわれた、ということである。前者の面は、「神の力」が、共同体の力、国家の力、そして貨幣の力を越えるものとしてあらわれることを意味する。これは、交換様式A・B・Cを越えるものとしての交換様式Dが、「神の力」を通して発動すること、また、それ以外に発動しえないことを意味している。また、後者の面は、交換様式Dが、共同体から自立した諸個人を前提することを意味する。これら二つの契機は分離できない。国家や共同体を越えて超越化した神は、他方に、国家や共同体に依拠することができないような個人の存在と照応するのである。

しかし、普遍宗教がもたらしたのは、たんに国家や共同体から離れた個人が直接に神と関係するということではない。むしろ、それを通して、個人と個人の関係を新たに創り出すことである。実際、普遍宗教では「愛」や「慈悲」が説かれる。交換様式という観点から見れば、それは純粋贈与(無償の贈与)である。すなわち、それは交換様式A・

B・Cを越えるDなのである。具体的にいえば、普遍宗教が目指しているのは、個々人のアソシエーションとして相互扶助的な共同体を創り出すことである。したがって、普遍宗教は国家や部族共同体を解体しつつ、それを新たな共同体として組織する。別の観点からいえば、普遍宗教は祭司階級を否定しつつ、新たな信仰集団を組織する預言者によって実現されるのである。

ユダヤ教は民族の宗教ではなく、個々人が形成する教団として生まれた。それは、たとえば、エッセネ派のような教団において顕著である。いうまでもなく、イエスの教団もユダヤ教の中から生じたのである。だが、バビロン捕囚の段階に生じたことも、それと本質的には同じである。つまり、国家を無くしたユダヤ人は、モーセの神を信じる集団として新たに組織されたのだ。それが新たなユダヤ民族となった。つまり、ユダヤ教はユダヤ民族が選んだ宗教ではなく、逆に、ユダヤ教がユダヤ民族を創り出したのである。(14)

キリスト教が支配的となったのちに、ユダヤ教に対する一つの偏見が生じた。それは、ユダヤ教がユダヤ民族の宗教であり、布教するような宗教ではないという偏見である。これは、シオニズム以後のユダヤ人にも共有されている。しかし、ユダヤ教はローマ帝国の各地に、あるいはイスラム教が出現した時期のアラビアやアフリカ、ロシアにおいても、多くの改宗者をもった。ユダヤ教はヘレニズムの時代に普遍化したといわれる。

しかし、逆に、ヘレニズム、つまり、ポリスや共同体が解体されたコスモポリスにおいて、ユダヤ教が人々に強い魅力をもったことを忘れてはならない。

もちろん、非ユダヤ人がユダヤ教徒になる場合、割礼などの特殊な部族的慣習が障壁となった。そして、それをめぐって、普遍的なものと特殊的なものの矛盾が露呈した。のちに、この矛盾がユダヤ教の内部で顕在化したとき、普遍性を選ぶキリスト教が生まれたのである。もちろん、そのことはキリスト教がより普遍的であるということを意味しない。逆に、キリスト教は特殊的なもの、つまり、さまざまな共同体や国家の慣習を受け入れるようになった。その結果、キリスト教は拡大することができたが、同時に、それは共同体や国家の宗教になってしまったのである。ゆえに、こういってよい。普遍宗教は特殊性を否定することによって普遍的なのではない。むしろ、それは普遍性と特殊性の矛盾をたえず意識しつつあることによって普遍的なのである、と。

同じことが、神の超越性と内在性という問題についていえる。普遍宗教の神は超越的である。しかし、それは同時に(個人に)内在的なのである。もし神が外部に人格的存在としてあるとしたら、そのような神は「偶像」にすぎない。しかし、他方で、神が人間に内在的であれば、神は不要である。神が存在するのは、やはり、超越的に、すなわち外部的にあるからだ。ゆえに、超越性と内在性は切り離せない逆説的な結合としてある。この二つの契機のどちらかを解消すれば、普遍宗教は終わってしまう。

以上私が述べたことは、ユダヤ教のケースを特権化するものではない。と同時に、それを普遍宗教の初期的段階として片づけることでもない。これらはどんな普遍宗教においてもついてまわる問題なのである。その他の宗教についてはあとで論じるが、ここで注意しておきたいことが幾つかある。たとえば、「偶像崇拝の禁止」がユダヤ教の特徴であるとみなされている。しかし、これは普遍宗教に共通するものである。なぜなら、超越的な神は表象不可能であるからだ。世界を越える神という存在はどんなかたちでも表象できないし、それゆえ表象されてはならない。

一般に、偶像は超越的な存在の「物象化」だとみなされる。しかし、たとえば、神を人格として見ることも物象化であり、偶像崇拝にほかならない。ゆえに、仏教では超越者を「無」とみなしている。超越者は外にあるのではない。が、内にあるのでもない。なぜなら、それは「無」であるから。その意味では、仏教もまた「偶像崇拝の禁止」を目指しているといってよい。現実には、仏教は国家や共同体に従属して存在するので、偶像崇拝に陥っている。しかし、それは多かれ少なかれ、どんな普遍宗教にも当てはまることだ。

6　キリスト教

イエスはユダヤ教の預言者であった。彼がパリサイ派や律法学者を批判したのは、それ以前の預言者が祭司階級を批判したのと同じである。ただ、イエスの批判はそれまでの預言者による批判より徹底的であった。それは、彼が、ユダヤ人がローマ帝国と貨幣経済の下に、ますます伝統的な共同体から遊離した個人として生きるようになった時期に活動したからでもある。そのような状況において、イエスが示唆したのは、国家、伝統的共同体、貨幣経済のいずれをも否定して生きることであった。

私は普遍宗教が交換様式Dとして、つまり、A・B・Cを否定するかたちであらわれると述べた。それはイエスの教えにおいて典型的に示される。新約聖書から、それらを示す例をあげてみよう。第一に、祭司・律法学者への批判がある。《あなたがたは、自分たちの言伝えを守るために、よくも神のいましめを捨てたものだ》(『マルコによる福音書』七-九)。さらに、家族・共同体への拒否がある。イエスはつぎのようにいう。《だれでも、父、母、妻、子、兄弟、姉妹、さらに自分の命までも捨てて、わたしのもとに来るのでなければ、わたしの弟子となることはできない》(『ルカによる福音書』一四-二六)。さらに、イエスは貨幣経済と私有財産がもたらす富の不平等・階級社会に抗議する。《わたしがきたのは、義人を招くためではなく、罪人を招くためである》(『マルコによる福音書』二－一七)。ここで「罪人」は、犯罪者だけではなく、取税人や売春婦のように忌まわしいとされる職業につく者を意味する。窮極的に、それは経済的な問題である。「罪」は私有財産にある。《あなたがたのうちで、自分の財産をことごとく捨て切るものでなくては、わたしの弟子となることはできない》(『ルカによる福音書』一四－三三)。

そして、イエスが説くのは次の二つのことに要約される。「神を愛せよ」と、「自分を愛するようにあなたの隣り人を愛せよ」である(『マルコによる福音書』一二－三一)。だが、イエスのいう「愛」はたんに心の問題ではない。現実に、それは「無償の贈与」を意味している。イエスの教団は、エンゲルスやカウツキーが強調したように、「共産主義」的であった。それはイエスの死後においても続いた。たとえば、『使徒行伝』にはつぎのように書かれている。《彼〔ペテロ〕の勧めの言葉を受けいれた者たちは、バプテスマを受けたが、その日、仲間に加わったものが三千人ほどあった。そして一同はひたすら、使徒たちの教えを守り、信徒の交わりをなし、共にパンをさき、祈りをしていた》(二－四一－四二)。《信じた者の群れは、心を一つにし思いを一つにして、だれひとりその持ち物を自分のものだと主張する者がなく、いっさいの物を共有にしていた。……地所や家屋を持っている人たちは、それを売り、売った物の代金をもってきて、使徒たちの足もとに置いた。そしてそれぞれの必要に応じて、だれにでも分け与えられた》(四－三二

—三五)。

しかし、このようなコミュニズム(アソシエーション)はイエスが初めてもたらしたものではない。すでにエッセネ派において見られるものだ。そして、これは誰かが発明したというようなものではない。普遍宗教の初期段階にこうした傾向があらわれるのは、それが「抑圧された遊動性の回帰」であることを示している。こうして、普遍宗教は、商人資本主義・共同体・国家に対抗し、互酬的(相互的)な共同体(アソシエーション)を志向するものとしてあらわれる。

したがって、イエスの教団がもつ特性を、キリスト教に固有のものとすることはできない。そもそも、イエスの教団はユダヤ教の中の一セクトであった。それをキリスト教に仕立てたのはパウロである。ユダヤ教徒はイエスが預言者であることを認めても、キリスト(メシア)であることを認めるはずがない。なぜなら、ユダヤ教徒を救済することを成し遂げていないからだ。したがって、イエスをキリストとみなすことは、むしろ非ユダヤ教徒に受け入れられやすい。キリストが犠牲となって死に、そして復活したというパウロの考えは、ある意味で普遍的である。それはフロイトが指摘したように「トーテム」と同じ起源をもつからだ。さらにまた、パウロは教団から、それまで濃厚にユダヤ的であった律法や慣習を廃棄した。こうして、イエス＝キリストの教えは、ユダヤ教を越えてローマ帝国(世界帝国)に浸透し始めたのである。

しかし、それとともに、キリスト教団も変質した。最初、使徒たちは遊牧民のように遊動的であり、平等主義的な集団を作った。だが、布教が進むといわば定住者の集団になる。つまり、それは司祭(祭司)によって統治されたハイアラーキカルな集団となった。彼らが否定してきたパリサイ派的教団組織に類似してきたのである。同時に、キリスト教の教会は、ローマ帝国に対して迎合的となった。初期の段階では、福音書にも書かれているように、「神の国」は地上に実現されると考えられていた。そして、それが間近に迫っている、と。だが、そのような終末論的熱狂がおさまると、「神の国」は天上化されてしまう。そして、現実には非政治的になる。そこから、イエスの言動を解釈するようになる。たとえば、イエスはつぎのようにいっている。《しかし今は、財布のあるものは、それを持って行け。袋も同様に持って行け。また、つるぎのない者は、自分の上着を売って、それを買うがよい》(『ルカによる福音書』二二－三六)。つまり、武装せよといっているのだ。だが、このような面は消され、「悪しき者に逆らうな」ということが強調されるようになる。

もちろん、キリスト教は何度も弾圧された。都市国家以来のローマの宗教と衝突したからである。だが、それ以外の社会的・政治的なレベルで、教会はローマ帝国の支配秩序に対立しなかった。奴隷制についても反対しなかった。ローマ帝国末期に奴隷制が消滅していったのは、奴隷が高価になり経済的に成り立たなくなったからにすぎない。ゆえに、ローマ帝国がキリスト教を受け入れて国教としても(皇帝テオドシウス一世、三八〇年)、何の問題もなかった。それは他の貴族や部族国家に対する皇帝の権力を高めることに貢献した。また、キリスト教はそれまでの氏族神や農耕神が果たしていた役割を代替するようになった。

このように、普遍宗教は国家や共同体に浸透すると同時に、それらに回収されてしまった。つまり、キリスト教会は、それまでアジア的な専制国家にあった祭司＝王という構造に組み込まれたのである。実際、東ローマ帝国(ビザンツ)では、教皇即皇帝であった。このことは、キリスト教会が強いことを意味するのではない。その逆に、王権の強さを証するものである。対照的に、西ローマ帝国では、皇帝権力は弱く、教会が強かった。その理由の一つは、キリスト教を受け入れたケルト系の部族社会では、もともと祭司階級が優越していたことにある。また、そのような部族社会は、皇帝のような専制権力を許さなかった。その結果、ローマ教会は、封建諸侯の分立状態となった西ヨーロッパにおいて、世界帝国としての同一性を維持する役割を果たしたのである。だが、そうであるかぎり、キリスト教は世界宗教(世界帝国の宗教)ではあろうが、普遍宗教から程遠い。

7　異端と千年王国

西ローマ帝国の滅亡以後、貨幣経済と都市は衰退した。社会は封建諸侯によって支配された農業共同体となった。キリスト教はヨーロッパに浸透したが、それは共同体の宗教としてであった。それは、冬至や春分の農耕儀礼をクリスマスやイースターと呼ぶように、旧来の農業的な祭式や共同体の慣習を言い換えたものでしかなかった。しかし、キリスト教が不可欠だったのは、帝国滅亡後の世界で、帝国としての同一性を維持する唯一のイデオロギーだったからである。各地に濫立した王国や封建諸侯を一つにまとめていたのは、政治的権力ではなく、ローマ教会であった。また、教会はそれ自体、封建諸侯と同じように大土地所有者となった。

初期のキリスト教が保存されたのは修道院においてである。修道院はローマ帝国の時期から始まっているが、ローマ滅亡後の「暗黒時代」に、キリスト教だけでなく、古典古代の文化・学問を伝えた唯一の場所であった。それは原始キリスト教団の共同所有・労働という原則を回復するものであったから、教会組織とは本質的に対立する要素をもっていた。もちろん、修道院もそこでの生産が発展するとともに堕落していったが、たえずその改革も企てられた。その場合、イエスや使徒たちの時期の教団のあり方に戻れという形態をとったのである。この意味で、キリスト教は「原始キリスト教へ帰れ」という運動をつねに内包していた。

だが、キリスト教が普遍宗教としての活力を取り戻すのは、修道院の外に広がったとき、つまり、民衆の間に広がったときである。それが起こったのは、貨幣経済と都市が発展した一二世紀頃である。このことは、普遍宗教あるいは交換様式Dが、商品交換様式Cがもたらす両義的な効果へのリアクションとして生まれるということを裏書きするものである。貨幣経済は人々を共同体の紐帯から切り離すとともに、新たな階級関係(貨幣をもつ者ともたない者)におく。いいかえれば、貨幣経済は各人に自由をもたらすと同時に不平等をもたらす。普遍宗教が存立するのは、交換様式Cが一般化するような場所においてである。緊密な農業共同体が存在するところでは、普遍宗教はたんに共同体の宗教となってしまう。中世のヨーロッパがそうであった。

一二世紀になって、キリスト教は息を吹き返した。それは共同体の桎梏から解放された民衆個々人にアピールし、社会的な運動を巻き起こしたのである。新たに説かれたキリスト教の特徴は第一に、天上化されていた「神の国」を此岸化することにある。これはまた、「神の国」が歴史的に実現されるという見方となる。第二の特徴は、教会のハイアラーキーを否定することにある。それはまた一般に、身分の差別、富の差別、男女の差別を否定するものである。これら二つの要素が、教会や封建制社会に対立する、民衆的運動とつながることは明白である。

具体的にいうと、一一世紀に出現したカタリ派や一二世紀のワルドー派がそのような社会運動である。カタリ派は、「神の国」がこの世に歴史的に実現される、と考えた。また、それは善と悪の闘争を通して実現される、という見方を導入している。この世は旧約のエホバ＝サタンによって創られたもので、キリストによって人々は霊的に救済されるというのである。これがゾロアスター教ないしマニ教に似た考えであることはいうまでもない。さらに、カタリ派には神秘主義、つまり、神(超越)は個々人に内在するという見方があった。ここから、聖職者のハイアラーキーの否定だけでなく、万人の平等、男女の平等という考えに導かれる。当然、教会はこれを異端とみなしたが、運動はいよいよ広がった。それは封建領主にとっても脅威であった。したがって、カタリ派は教会と封建領主の結託(アルビジョア十字軍)によって無残に殲滅されたのである。

一方、ワルドー派は、創始者ワルドーがイエスのような清貧の生活を目指して始めた信徒の運動である。彼らは自分たちで福音の精神を学んで説教をおこなった。だが、ここから広がった社会運動は、教会によって異端とされ徹底的に弾圧された。しかし、教皇庁は、同じようなことを始めたアッシジのフランチェスコ、さらにドミニクの修道会については承認したのである。教会もまた、それ自身を脅かさない範囲で、キリスト教本来のあり方を回復する必要があったからである。

宗教改革というと、しばしばルターのそれから説き起こされる。しかし、宗教改革は一二世紀から各地で起こっていた。そして、それは必ず社会運動と結びついていたのである。ルターの宗教改革はそうではなかった。彼は、そのことがきっかけで起こった農民戦争を断固として弾圧する側に回ったからである。ルターの宗教改革が教会側によって重視されるのは、むしろそのためであり、キリスト教信仰を個人の内面に閉じこめ、「神の国」を天上化するものとして、である。一方、ルターによって支援された封建諸侯が弾圧したドイツの農民運動を率いたのは、トーマス・ミュンツァーであった。エンゲルスはつぎのように述べている。

ミュンツァーの宗教哲学が無神論につうじるところがあったように、彼の政治綱領は共産主義につうじていた。そして、近代の共産主義的宗派で、二月革命の前夜になってもまだその駆使する理論的武器庫の内容が一六世紀の「ミュンツァー派」のそれを越えなかったものは一つにとどまらなかったのである。この綱領——当時の都市平民の諸要求の総括というよりも、むしろこの都市平民のあいだにやっと発展しはじめたプロレタリア的分子の解放条件の天才的な予見であったこの綱領は、教会をその本来の姿にひきもどし、このいわゆる原始キリスト教的な、しかし、じつはきわめて斬新な教会に矛盾するいっさいの制度を除くことによって、神の国、すなわち予言された千年王国をただちに地上にうちたてることを要求した。しかし、ミュンツァーは、この神の国ということを、ほかでもなく、いかなる階級差別も、私的所有も、社会の構成員にたいして自立的な、外的な国家権力も、もはや存在しない社会状態と解していたのである[15]。

「いかなる階級差別も、私的所有も、社会の構成員にたいして自立的な、外的な国家権力も、もはや存在しない社会状態」とは、交換様式Dが支配的であるような社会構成体にほかならない。ミュンツァーがそのように考えたのは、彼独自の「天才的な予見」というべきではない。これは根本的に普遍宗教に包含される交換様式Dなのである。つまり、それは交換様式A・B・Cのいずれをも越えようとするものである。

以上、私は、普遍宗教によって開示された交換様式Dが、しばしば異端的な宗派の運動というかたちをとって、現実の社会運動としてあらわれることを示した。しかし、交換様式Dは、別のかたちで、歴史的な社会構成体に影響を与えてきたといってよい。というのは、普遍宗教を自らの根拠づけのために導入した国家は、その結果、普遍宗教が開示する「法」を受け入れることで自己規制されるようになったからである。

たとえば、ヨーロッパの場合、教会が国家の中で定着するにつれて、教会法がそれまでのゲルマン法やローマ法に由来する世俗法の影響を受けて形成された。教会法は、弱者(貧者、病人、孤児、寡婦、旅人)の保護、刑罰の人道化、裁判の合理化、私闘(フェーデ)の抑圧と平和の確保(神の平和、神の休戦)などの点で、世俗法に大きな影響を及ぼした。また、それは、近代の西洋諸国法の形成において、法や国家の倫理的基礎に関する理論や、国際団体の観念と国際紛争の平和的処理方法などの理論の面で貢献した。その意味で、普遍宗教は、現実の社会構成体に大きな影響を及ぼしてきたのである。

交換様式の観点から見ると、A・B・Cという三つの様式の結合からなる社会構成体は、普遍宗教に由来する観念や法を通して、交換様式Dの影響を受けてきた。ゆえに、社会構成体の歴史を見るとき、現実には存在しない交換様式Dの契機を無視することができないのである。

8 イスラム教・仏教・道教

以上私が述べたことは、ユダヤ教やキリスト教を特権化するものではない。普遍宗教は、各地の帝国が成立する過程、交換様式B・Cが十分な展開を遂げる時点で出現したのである。もちろん、それらはそれぞれ違っている。だが、その違いの大部分は、それぞれが出てきた歴史的文脈の差異によるものである。たとえば、仏教は、輪廻とそこからの解脱を目指す宗教的伝統と祭司支配の中で、それに対する「脱構築」的な批判として始まった。そのような文脈をもたない地域では、仏教は、それが脱構築しようとした教義そのものをもたらしたかのようにみえる。たとえば、仏教は輪廻を説いた、あるいは、輪廻からの解脱を説いた、というような。しかし、普遍宗教の普遍性は、それが生まれ出た文脈にではなく、それをいかに脱構築したかに求められなければならない。

たとえば、ユダヤ教は人格的な一神教であり、仏教はそうでないという通念がある。確かに禅は人格神を否定する。しかし、現実に仏教の諸派(特に浄土教・浄土真宗)では、大衆向けには「方便」として、超越者を人格神(阿弥陀仏)とみなしている。親鸞は、阿弥陀仏など存在しないが、「無」というと大衆には理解できないので、「方便」としてそういうのだ、といっている。しかし、こういう二重性は、いわゆる一神教についてもいえる。ユダヤ教でもキリスト教でもイスラム教でも、その中の神秘主義者は、神を人格と見ることを嘲笑的に否定している。ただ、大衆向けには、神を人格神とみなしている。また、そうしなければ異端として放逐されてしまう。ゆえに、一神教と仏教の違いをいうのであれば、以上のことを踏まえてからいうべきである。

普遍宗教に共通の特徴は、王＝祭司の批判である。しかし、どの宗教集団も拡大するにつれて、それが否定した道をたどった。つまり、国家の宗教となり、聖職者が支配する体制となったのである。だが、同時に、それに対する脱構築的な力を全面的に失うということはなかった。それは歴史的な現実の文脈において、「原始教団に帰れ」というかたちをとる宗教改革を通して蘇ったのである。たとえば、イスラム教もその一つである。

預言者ムハンマドがもたらしたのは、ユダヤ教やキリスト教において失われた遊牧民的な互酬的共同体を、あらためて回復しようとする運動である。とはいえ、それは根本的に都市の宗教であり、そこで強調される共同体(ウンマ)は部族的共同体とは異なった高次の共同体なのである。だが、祭司＝王権を否定するイスラム教も拡大するや、たちまち教権国家となってしまった。預言者ムハンマドの死後に、聖職者＝王(カリフ)の支配が生まれたのである。さらに、教義の上でも、祭司階級による発展がなされた。実際、ギリシア哲学、特にアリストテレスを受け入れて、「信仰と理性」という問題に最初に取り組んだのはイスラム教徒であり、それが中世ヨーロッパのキリスト教圏にもちこまれたのである。

一方、これに対して、共同体(ウンマ)を回復する運動が内部から起こった。それは「イマーム」(指導者)によるものである。預言者の崇拝はむしろ聖職者＝王権に権威を与える。しかるに、イマームは、神と個人、あるいは、超越性と内在性を逆説的に結びつけるものである。したがって、イマームへの信仰は民衆にとって、預言者崇拝以上に重要であった。特に、ムハンマドの娘婿で惨殺されたアリーを最初のイマームとして仰いだシーア派においてはそうである。パウロがイエスの死を救済史において意味づけたように、シーア派はアリーの死を救済史における要《かなめ》とした。このようなイマーム信仰から、教権国家を覆す、千年王国的な社会運動が幾度も生じたのである。このように見ると、キリスト教に関して述べたことは、イスラム教に関して基本的に当てはまる。つまり、普遍宗教のエッセンスは祭司＝王権への批判にあるということだ(16)。

仏教に関しても同様のことがいえる。すでに述べたように、ブッダが出現したのは、都市国家が濫立し、貨幣経済が急激に発展した時期であった。それはまた、マハーヴィーラ(ジャイナ教開祖)をはじめ、多くの自由思想家が輩出した時期である。ブッダがおこなったのは、一言でいえば、先行する宗教の脱構築である。それは、輪廻する同一的な自己を幻想として斥けることに集約される。それは、カースト体制を正当化するイデオロギーとしての輪廻の否定である。また、輪廻を苦行によって解脱することの否定、さらに、祭儀や呪術の否定である。いいかえれば、祭司(バラモン)階級の否定である。

ブッダの教団が「共産主義」的な遊動的集団であったことはいうまでもない。仏教は特に商工業者と女性の間で広がった。のちに、女性を罪深い存在だというのが仏教だと考えられるようになったが、それは仏教以前からある修行者たちの通念にすぎない。それを否定したからこそ、仏教はむしろ先ず女性の間に広がったのである。このように、仏教は商工業者などの支配階級の保護を受けたが、農民とのつながりが希薄だった。仏教は帝国の帝国を形成したマウリヤ王朝のアショーカ王の時代(紀元前三世紀)に、宗教となった。アショーカ王は、仏教の法(ダルマ)を政治的に実現することを目指した。これ以後、仏教は高度に哲学的に練りあげられたが、農業共同体には浸透しなかった。ゆえに、仏教は政治的に国教としての地位を失うと、インドには残らなかった。仏教を吸収した土俗的な宗教、すなわちヒンドゥー教にとってかわられたのである。仏教が存続したのはインドの外である。しかし、そこでも基本的に同じことが起こった。つまり、普及し定着すれば、国家体制のイデオロギーとなり、また、土俗的な宗教と融合したのである。たとえば、中国では、仏教は唐の時代に国教として受け入れられた。というのも、唐王朝は、それまでと違って、ユーラシアに及ぶ大帝国であったからだ。

だが、仏教から聖職者＝王権を否定するような契機が完全に消えたわけではない。特にインドの外、東アジアや東南アジアでは、弥勒(マイトレーヤ)信仰——弥勒がこの世に出現し浄土を実現するという——が広がり、それが各地で、千年王国運動を生み出した。それは中国や朝鮮で民衆反乱と結びついた。しかし、その後に仏教は影響力を無くした。東南アジアやチベットを別にすると、仏教が根を下ろしたのは日本である。しかし、それは一種の宗教改革の結果である。仏教は六世紀、日本に到来したとされるが、これは大和朝廷が集権的な体制を作るためであり、以後も仏教は「鎮護国家」のためのものであった。仏教の普遍宗教的な性格が日本で発現したのは一三世紀(鎌倉時代)、氏族社会が解体され、新たな農民共同体が形成される過渡期においてである。すなわち、仏教が個々人に訴えるものとなったのは、氏族社会の繋留から離れた個人が出現したからである。

特に、既成の教団や僧侶を否定した、浄土真宗や日蓮宗が民衆の間に普及していった。それを象徴するのは、僧侶の戒律を破って妻帯した親鸞の言葉、「善人なおもて往生をとぐ、いわんや悪人をや」(『歎異抄』)である。この場合、悪人とは犯罪者ではなく、新約聖書における取税人や売春婦のように、社会で忌避され蔑視される職業についている者を指す。他方、善人とは「悪」から自由でいられる富裕者・支配階級である。このような価値転倒が社会的階級の転倒につながるのは当然である。浄土真宗は一五世紀以後、千年王国的な社会運動(農民戦争)に転化し、封建領主を倒して平民の共和国(加賀)を作り、また封建領主から自立した都市(堺)を支えた。しかし、一六世紀末に、豊臣・徳川による政治的集権化の下で壊滅させられた。以後、仏教は徳川幕府の行政機構の一端となり、その普遍宗教的性格を喪失した。

中国における普遍宗教の開祖は孔子や老子である。先述したように、彼らは春秋戦国時代、つまり、ポリスが濫立し、諸子百家が輩出した時代にあらわれた。彼らは、それまでの共同体の宗教が機能しなくなった時期に、それを根本的に問い直したのである。それらは宗教として説かれたのではない。むしろ、それらはつねに政治的思想として語られ、そのように機能した。しかし、孔子も老子も、それぞれ、新たな「神」を導入したといってよい。それを、孔子は超越的な「天」に、老子は根底的な「自然」に見出した。

孔子が説いたのは、一言でいえば、人間と人間の関係を「仁」にもとづいて建て直すことである。仁とは、交換様式でいえば、無償の贈与である。孔子の教え(儒教)のエッセンスは、氏族的共同体を回復することだといってよい。もちろん、それは氏族共同体を高次元において回復することであって、たんなる伝統の回復ではない。特に、孔子の思想におけるその社会変革的な面は、孟子によって強調された。しかし、現実には、儒教は、法や実力によってではなく、共同体的な祭祀や血縁関係によって秩序を維持する統治思想として機能した。

つぎに、それを徹底的に否定したのが、「無為自然」を説いた老子である。[17]「無為」とは、何もしないことではない。儒教や法家が考える「有為」(社会制度の構築)の無化、すなわち、その積極的な脱構築を目指すものである。老子は集権的国家のみならず、氏族社会そのものを「人為的な制度」として否定したのだ。孔子が氏族的共同体の回復を目指したとしたら、これはいわば、遊動的狩猟採集民の生活の回復を目指すものだといってもよい。だが、現実には、老子の教えも統治思想の一種として機能した。それは、統治者は「法の支配」に任せて何もしないほうがよい、という法家の思想になじみやすいものであったからだ。

諸子百家の中で、政治的に最も有効且つ有力であったのは、法治主義によって秦を強国にした法家である。特に、韓非子は、秦の始皇帝に仕え、氏族的連帯を斥け官僚制と常備軍による中央集権的体制を確立する政策を進めた。秦の始皇帝は帝国を確立するや、儒教を、封建的(地方分権的)共同体を目指す反法治主義的思想として徹底的に弾圧した。いわゆる「焚書坑儒」を断行したのである。

しかし、秦王朝はきわめて短命であった。次の漢王朝の初期段階では、「無為自然」を説く老子の思想が国是とされた。これは、法と恐怖によって支配した秦王朝によって荒廃させられた社会が回復するまでは有効であった。が、三代目の皇帝武帝は、儒教を、氏族的共同体の基盤から国家秩序を維持するイデオロギーとして活用しようとした。一方、それまで周王朝の封建的社会を理想化し集権的な国家を否定していた儒教も、法家の中央集権主義をとりいれて変容していた。爾来、儒教は、国家秩序を共同体的儀礼や血縁的絆によって固める役割を果たした。

むろん、以上が儒教のすべてではない。その後の儒教の歴史において、たとえば、陽明学のように、仁にもとづく社会変革の思想が回復され、それがさまざまな社会運動をもたらしたという面を見落としてはならない。また、老子の思想はもはや統治思想としてではなく、統治そのものを否定する、ユートピア主義とアナーキズムの源泉としてあり続けた。老子の思想は当初、知識人にのみ知られていたが、道教の始祖とみなされることによって大衆化した。老子は呪術的な道教と無縁であるが、少なくとも、道教が王朝に対抗する大衆運動となるとき、そこに老子の思想が活きているということができる。中国史において、最初の民衆反乱は後漢末に起こった「黄巾の乱」である。これは道教にもとづく千年王国の運動であった。これは帝国を滅ぼすきっかけを作っただけであったが、以後、中国史において、しばしば王朝の交替の時期に「黄巾の乱」に似た宗教的社会運動が起こった。たとえば、明朝の太祖朱元璋はそのような運動の指導者であった[18]。

第三部　近代世界システム

序論　世界＝帝国と世界＝経済

私はここまで、交換様式Bが優位であるような社会構成体のあり方を考察してきた。第三部では、交換様式Cが優位にあるような社会構成体を扱う。だが、その前に考えるべき問題がある。それは、交換様式Cの優位性がいかにして成立したのか、である。交換様式C、つまり、商品経済は古代からあったが、それはどんなに拡大しても、交換様式Bが支配的であるような社会構成体を突き破ることはなかった。しかるに、ヨーロッパでそれが起こったのである。

マルクス主義者の間では、これは「封建制から資本主義への移行」という問題として論議されてきた。(1) 一方で、ポール・スウィージーは、資本主義が、それに先立つ交易の発展——特に、アメリカ大陸からの銀の流入——の上にあることを強調した。他方で、モーリス・ドッブは、封建制の内部的な解体を強調した。それは、流通過程を重視する者(スウィージー)と、生産過程を重視する者(ドッブ)の間の対立だといってもよい。両者の対立は、マルクスの文献に依拠するだけでは解決できない。マルクスは両方の見方を提示しているからである。

たとえば、彼はつぎのようにいう。《近代的経済の現実的科学は、理論的考察が流通過程から生産過程に移るところで初めて始まる》[2]。ここでマルクスは、近代資本主義の起源をマニュファクチャーに、しかも生産者(自営農民)自身が資本家として始めるマニュファクチャーに見出した。いいかえれば、近代資本主義の起源を封建制社会が内部的に解体されたことに見出した。ドッブだけでなく、一般に、マルクス主義者はこの面を強調してきたのである。

だが、同時に、マルクスはつぎのようにもいっている。《商品流通は資本の出発点である。商品生産と、発達した商品流通である商業は、資本の成立する歴史的前提をなしている。世界商業と世界市場は、一六世紀において、資本の近代的生活史を開始する》[3]。マルクスの考えでは、このような「世界市場」は、具体的にいえば、一五世紀にバルト海地域と地中海地域の国際的経済が連結されたときに、さらに、一六世紀にヨーロッパとアメリカ、アジアをつなぐ「交通」が開かれたときに成立したのである。ヨーロッパの資本主義的発展は、これまで孤立してきた複数の世界＝帝国を結びつける、世界市場なしには考えられない。スウィージーの見方は、この上に立っている。一六世紀ヨーロッパから世界＝経済が始まったというウォーラーステインの見方も、その延長線上にある。

しかし、いずれの見方も、資本主義経済がなぜヨーロッパにおいて発生したかを説明しえていない。生産を重視する見方に関していえば、封建制が解体されるという前に、なぜいかにしてヨーロッパに特有の封建制が始まったのかを問わなければならない。それをたんに賦役貢納制の一種とみなすのでは、不十分である。また、流通を重視する見方に関していえば、なぜいかにして「世界商業と世界市場」がヨーロッパから始まったのかを問わなければならない。それは旧来の世界＝帝国における交易とは異質なのである。そして、この二つの問題は別のものではない。ヨーロッパから始まる「世界商業」は「封建制」と切り離すことができないのである。

この問題を考えるために、まずブローデルにもとづいて、世界＝帝国と世界＝経済を区別することから始めたい。これらの違いは、国家による交易の管理があるかどうかという点に集約される。世界＝帝国では、国家官僚が交易を独占し、食糧などの価格を統制する。一方、そのような国家的統制がなく、交易とローカルな市場が結合するときに、世界＝経済が成立する。その場合、ウォーラーステインは、世界＝経済が一六世紀ヨーロッパに生まれ、それが各地の旧来の世界＝帝国をのみこみ、世界を中心(core)、半周辺(semi-periphery)、周辺(periphery)という構造に再編成したと考えている。

しかし、ブローデルは、世界＝帝国から世界＝経済への「発展」という見方を斥けた。(4) ヨーロッパは一六世紀以前から世界＝経済であった、というのだ。しかも、世界＝経済は、西ヨーロッパに限定されない。ポランニーが指摘したように、ギリシアやローマにも世界＝経済があったからだ。ギリシアでは、先に述べたように、経済的統制をおこなうような官僚機構を受け入れなかった。それを市場に任せたのである。それは彼らが文明的に〝進んでいた〟ためではない。その逆に、氏族的な独立性の伝統が濃厚に残っていたからである。さらに、世界＝帝国から文明を受け取りながら、その干渉を受けずにすむような地域、すなわち、世界＝帝国の亜周辺にあったためである。

同様に、西ヨーロッパに世界＝経済が発生したのも、それが文明的に進んでいたからではなく、ローマ帝国、さらに、それを受け継いだアラビアの世界＝帝国の亜周辺にあったからである。もちろん、ヨーロッパも世界＝帝国を実現しようとしたのだが、ついにできなかったのだ。つまり、集権的な国家が成立せず、王や封建諸侯が濫立し抗争する状態が続いた。その分、国家の統制なしに、交易や市場が自由になされた。その結果、自立的な都市が数多く成立したのである。したがって、ヨーロッパにおける「封建制」と「世界商業」は切り離せないのだ。

ブローデルは、各種の世界＝経済を比較して、共通の傾向規則をとりだしている。それは、世界＝経済には一つの中心があり、それが中心的な都市(世界＝都市)であるということだ。世界＝帝国においては、都市は政治的な中心である。が、世界＝経済においては、政治的な中心であることが中心的な都市を決めるのではない。逆に、交易の中心である都市こそが政治的にも中心となる。そして、世界＝経済において、中心はたえず移動する。

ブローデルはいう。《世界＝経済はかならず極をなす都市を有する。すなわち、その商業活動の兵站中心地に位置する都市である。情報・商品・資本・信用・人間・注文・商用通信文がそこに流入してはまた出で立ってゆく[5]》。そのような中心を、多数の中継都市が遠巻きにする。だが、それらの間に競合があるため、中心は固定することなく、たえず移動する。たとえば、世界＝都市は、アントワープ→アムステルダム→ロンドン→ニューヨーク、といったぐあいに移動する。もちろん、世界＝帝国においても、中心は都市にあるし、またそれも移動しないわけではない。ただ、中心の移動があっても、それはもっぱら政治的・軍事的な理由からである。しかるに、世界＝経済では、中心的都市が移動するにつれて、政治的な中心が移動する。

世界＝帝国では、中心と周辺という空間的な構造は、主に政治的・軍事的な力の性質にしたがって形成される。第一に、ロジスティクス(兵站)によって限定される。たんに領土を征服するだけでなく、それを維持しようとすれば、その範囲は限られる。第二に、帝国の範囲は、境界を拡張することによって得られる富と、そのために必要な軍・官僚制のコストとの比率によって決まる。一方、世界＝経済には「限界」がない。商品交換は、空間的にはどこまでも及ぶことができるからだ。とはいえ、現実には、国家による法と安全の確保がなければ、それは成り立たない。ゆえに、歴史上に存在した世界＝経済は、世界＝帝国に破壊されるか、併呑されてきた。しかし、西ヨーロッパから広がった近代の世界＝経済は、逆に、世界＝帝国をのみこんだのである。

先述したように、世界＝帝国においては、中核(core)、周辺(margin)、亜周辺(sub-margin)、圏外という構造があった。しかし、世界＝経済が世界を覆った状態では、世界＝帝国はもはや中核として存在できない。したがって、その周辺・亜周辺も存在できなくなる。一方、世界＝経済においても、中心と周辺という地政学的構造がある。それを最初に〝メトロポリス〟と〝サテライト〟というタームで指摘したのが、アンドレ・グンダー・フランクであった。彼の考えでは、世界＝経済は、中心部が周辺部から余剰を収奪する仕組みになっている。そのため、周辺部は中心部の発展に応じて、低開発(under-develop)される。周辺部は、もともと未開発だったのではなくて、中心と関係することで、低開発された、というのである。これに対して、ウォーラーステインは半周辺という概念を加えた。「半周辺」は中心部に移動することがあり、また周辺部に転落することがありうる。こうして、世界＝経済は、中心(core)、半周辺(semi-periphery)、周辺(periphery)という構造となる。

これはウィットフォーゲルが示した世界＝帝国の構造、すなわち、中核、亜周辺、周辺と類似している。だが、世界＝帝国と世界＝経済の構造には決定的な違いがある。世界＝帝国では、中心部が暴力的な強制によって周辺部から余剰を収奪するのだが、周辺部に行けば行くほどそれが困難になる。帝国の版図を拡大するためには、逆に、中心部の余剰を周辺にまわさなければならない。たとえば、中国の朝貢外交も、いわば互酬的な交換であり、その場合、朝貢に対する皇帝からのリターンのほうが大きい。そのような贈与によって、皇帝は威信を保持し支配領域を広げたのである。

ところが、世界＝経済では、直接的な収奪よりもむしろ、たんなる商品交換を通して、中心部が周辺部から余剰を収奪する構造がある。また、世界＝帝国では、周辺部が原料を加工した生産物を中心部に送るのに対して、世界＝経済では、周辺部が原料を提供し、中心部でそれを加工・製造する仕組みになっている。このような国際分業においては、加工・製造部門のほうが価値生産的である。そのため、中心部は、周辺部を国際分業に組み込むことによって、剰余価値を獲得することができる。

一言でいえば、世界＝帝国では、富の蓄積＝収奪が、暴力的な強制と安堵という交換によってなされる。つまり、それは交換様式Bにもとづいている。一方、世界＝経済では、富の蓄積＝収奪が商品交換によってなされる。つまり、それは交換様式Cにもとづいている。ヨーロッパで始まったこのシステムが、それまでの世界システムを急激に変えていったのである。それについて述べる前に、つぎの点に注意しておきたい。

第一に、世界市場と世界資本主義の広がりの中で、旧来の世界＝帝国が周辺化されたことは事実であるが、それはアステカ帝国（メキシコ）やインカ帝国（ペルー・ボリビア）をのぞけば、一六世紀ではなく、一九世紀になってからである。にもかかわらず、一九世紀以後のヨーロッパの圧倒的な優位が、それ以前の実像を歪めてしまった。一六世紀以後の西ヨーロッパの世界=経済が拡大した時期、アジアでは古代帝国のまま停滞していたわけではないし、衰退していたわけでもない。モンゴルによるユーラシアの大帝国が崩壊したあと、アジアの各地では、中国の清朝、インドのムガール帝国、さらにオスマン・トルコといったぐあいに、世界=帝国が再建された。それらは経済的にも大きな発展を遂げた。その点に関して、フランクは、アジアの近世帝国、特に中国のそれは一八世紀の末にいたるまで経済的にヨーロッパに優越するものであったといっている（『リオリエント』）。近代ヨーロッパの世界=経済の発展は、アメリカ大陸から得た銀をもって、中国や東南アジアの交易に参入することで成り立ったのである。さらに、ジョゼフ・ニーダムが指摘したように、一六世紀頃までは、中国は科学技術においても西洋よりはるかに進んでいた(6)。

第二に、グローバルな世界=経済の中で周辺部におかれた地域でも、旧来の世界=帝国の中核、周辺、亜周辺、圏外といった地政学的構造の差異は存続する。たとえば、周辺的な地域や圏外地域が西洋諸国によって簡単に植民地化されたのに対して、旧帝国の中核や亜周辺は容易に植民地化されなかった。亜周辺的な地域にあった日本は、世界=

経済に急速に適合しその中核に入っていったし、また、世界＝帝国の中核にあったロシアや中国は、世界＝経済の中での周辺化に対抗して、新たな世界システムを再建しようとした。ロシアや中国の社会主義革命は、むしろ、そのような企てとして見るべきであろう。通常、世界＝帝国は諸民族に、つまり、多数の国民国家に分解されてしまう。ロシアや中国がその運命を免れたのは、民族よりも階級問題を根本におくマルクス主義者に指揮されたからである。もちろん、彼らは帝国を再建するつもりではなかった。しかし、「意識しないがそうした」(マルクス)のである。

第一章　近代国家

1　絶対主義王権

先述したように、世界＝帝国では商業や交易が発展したが、それは国家によって独占的に管理されたものであり、そこでは、商品交換の原理は他の交換様式を上回ることができない。世界＝経済、すなわち、商品交換の原理が他の交換様式に優越するような事態は、国家が一元的な集権性をもつことがないような地域、つまり、西ヨーロッパにだけ起こったのである。そこでは、東ローマ帝国あるいはギリシア正教圏やイスラム圏と違って、政治権力と宗教権力は一元的に統合されなかった。教会、皇帝、王、封建諸侯が対立して抗争を続けていた。それらの対立を利用して、自立都市が成立した。つまり、都市も小さな国家として、王や封建諸侯に並び立つものであった。

西ヨーロッパにおいて集権的な国家が始まるのは、絶対主義的王権国家（以後、絶対王権と呼ぶ）によってである。それは、王が、これまで王と並び立っていた多数の封建諸侯を制圧し、また教会の支配権を奪うことによって成立した。このことが可能だったのは、つぎの理由からだといってよい。一つには破壊力をもった火器の発明である。火器は旧来の戦力を無効にし、貴族＝戦士の身分を無意味にしてしまった。このことは、国家が暴力の独占にあるという観点から見て、重要である。

もう一つの要因は貨幣経済の浸透である。たとえば、イギリスでは一四世紀の時点で、封建領主は事実上、農民から封建的貢納を受け取るかわりに、地代を受け取る地主階級になっていた。むろん、彼らは意識においては封建領主のままであり、さまざまな封建的特権をもっていた。そこで、王は都市の商工業者と結託しつつ、封建諸侯の諸特権を廃止し、地租を独占し、さらに、関税や所得税を得るために、貿易を推進した。権力を奪われた封建諸侯は、国家が得る租税から分配される宮廷貴族・地主階級となった。こうして、貨幣経済は、絶対王権を支える官僚や常備軍をもたらしたのである。

しかし、圧倒的な軍事力、貨幣経済、多数の部族の制圧、重商主義政策といったことは、絶対王権に固有のものではない。それは古来、貢納専制国家が形成される過程にもあった。その点で、両者には共通した面がある。先に述べたように、ウェーバーは封建制と「家父長制的家産制」(アジア的国家)の違いの一つを、福祉政策の点に見出している。すなわち、封建制が行政機能を極小化し、自分自身の経済的存立にとって不可欠な範囲内においてしか隷属民の境遇を考えないのに対して、家父長制的家産制においては、行政的関心が極大化される。その点では、絶対王権国家は封建的国家よりもはるかに貢納専制国家に似ている、とウェーバーはいう(一二〇頁以下参照)。

絶対王権国家がアジア的な専制国家に似ているのは、たんに集権的な国家機構の形成という面においてである。しかし、その中身は違っている。アジア的な専制国家が、交換様式Bが支配的であるような社会構成体であるのに対して、絶対王権国家は事実上、交換様式Cが支配的であるような社会構成体なのである。そのため、アジア的な専制国家が崩壊してもまもなく再建されるのに対して、絶対王政が崩壊するときは、ブルジョア社会になってしまう。

その点で、絶対王権国家はアジア的な専制国家(世界＝帝国)とは根本的に異質である。それはまさに世界＝帝国が存在しない西ヨーロッパに生まれたのである。西ヨーロッパでは、ローマ教会が全体を統合していたが、政治的には統合がなされなかった。皇帝が存在したとはいえ、教会に支えられた、名目的な存在でしかなかった。実際には、教会、王、封建領主、都市などが拮抗し、且つ相互に依存する錯綜した状態が続いた。この状態から絶対王権国家が出現したのである。

それは他の封建領主や都市を制圧することによって生まれた。しかし、それは一国の内部だけで生じたのではない。たとえば、王が対抗する領主らを簡単に抑えることができないのは、その背後に、教会ないし外国の王などがついているからである。内戦がたちまち外国との戦争になってしまう。ゆえに、王が他の領主を抑えて王権を確立するためには、その国にとって外的・超越的なものを抑えなければならない。その中でも最大の障害は教会であり、また、教会によって支えられた「帝国」の観念である。

絶対王権はつぎの二つの意味で「絶対的」である。第一に、王権の絶対性は、一定の領域において、それまで封建諸侯の中の第一人者という程度の地位にあった王が、他の領主(貴族)たちを越えた〝絶対的〟な地位に立つことを意味する。第二に、王権の絶対性は、上位の組織や観念(教会や皇帝)を斥けるということを意味する。それは王が皇帝のような地位に立つことを意味しない。逆に、絶対王権は、自らが皇帝のような地位に立つことを否定する。それはとりもなおさず、他の絶対王権の存在を承認するということである。その結果、帝国としての統合が断念され、複数の王権国家が共存することになる。

こうして、西ヨーロッパからは、かつてないタイプの集権的な国家が出現したのである。一六世紀の思想家ジャン・ボダンは、このような絶対王権を「主権」と呼んだ[1]。彼は主権を二つの面でとらえた。第一に、主権は対外的に、神聖ローマ帝国皇帝や特にローマ教皇の普遍的権威に対して自立すること。第二に、主権は対内的に、領域内のあらゆる権力を越え、身分、地域、言語、宗教などの差異を越えて存在することである。いうまでもなく、このような二面性は、絶対王権の二面性にほかならない。

一般に、国家はその内部と同時に、外部の国家との関係の中で規定される。ゆえに、「主権」が対内的と対外的の二重の側面において考えられるのは当然である。しかし、ボダンがいう「主権」国家は、特殊ヨーロッパ的な文脈から生まれたのである。主権国家は相互の承認によって成立する。それより上位の存在、帝国を認めない。だが、そのような主権国家はヨーロッパの版図の中に成立したものであるから、ヨーロッパの外では妥当しない。では、なぜそれが一般に近代国家の原理となっていったのか。

もちろん、それはヨーロッパ列強が経済的・軍事的に優位に立ったからだが、主権国家の観念が一般化したのは、彼らが非西洋諸国を支配したとき、主権国家の原理にもとづいてそうしたからである。第一に、主権国家という観念は、主権国家として認められない国ならば、支配されてもよいということを含意する。ヨーロッパの世界侵略・植民地支配を支えたのはこの考えである。ゆえに、そのような支配から脱するためには、諸国は自ら、主権国家であると主張し、それを西洋列強に承認させなければならない。

第二に、西洋列強は、オスマン、清朝、ムガールといった巨大な世界帝国には手が出せないので、それらの帝国の統治形態を非難し、あたかも帝国に従属している諸民族を解放し主権(民族自決権)を与えるかのようにふるまった。その結果、旧世界帝国は解体され、多数の民族国家に分解し、それぞれが主権国家として独立する道をたどった。要するに、主権国家の存在は必然的に他の主権国家を創り出す。このように、西ヨーロッパに始まったとしても、主権国家がグローバルに主権国家を生み出さずにはいないのである。それは、世界＝経済がヨーロッパで始まったとしてもグローバルになるのと同じである。

2 国家と政府

あらためていうと、主権国家は、その内部での集権化によって生じるとはいえ、本来、外部に対して存在するものである。絶対王政においては、そのことは明白であった。しかし、絶対王政を倒した市民革命以後には、そのような事実が見落とされるようになる。たとえば、ロックは、国家を、主権者である市民らの社会契約としてとらえた。だが、このとき、国家はその内部だけで考えられている。したがって、国家は主権者である人々の代表である政府に還元されてしまう。国家が何よりも他の国家に対して存在するということが見失われるのである。さらにいうと、絶対王政においては、重商主義政策が示すように、それが資本＝国家であること、つまり、国家と資本主義が切り離せないことは自明であった。しかし、絶対王政を倒した市民革命以後、このことが見失われる。政治的なものと経済的なものが分離されるからだ。要するに、市民革命以後の見方、あるいはそれにもとづく今日のイデオロギーは、国家が何たるかを見逃すことになる。

ここでホッブズについて考えてみよう。絶対王政を批判したロックに比べると、ホッブズは絶対王政を支持していたようにみえる。しかし、ホッブズが『リヴァイアサン』を書いたのは、ピューリタン革命の最中においてである。イギリスのピューリタン革命では、一六四八年に絶対王政が倒されたあと、クロムウェルの独裁体制があり、さらにそれが倒されて一六六〇年に王政復古となり、一六八八年にいわゆる名誉革命があって、立憲君主制が確立された。ロックの『市民政府論』はそれを理論的に根拠づけるものである。それなら、ホッブズの『リヴァイアサン』は何を根拠づけようとしたのだろうか。彼がこれを絶対王政が倒されたあとに出版したのは、それを擁護しようとしたからではない。彼が擁護しようとしたのは、内戦状態を終わらせるものとしての主権者である。

そもそも絶対王政の時代には、王は超越的な存在であるという「王権神授説」があり、それで十分であった。だが、ホッブズから見ると、絶対王政は真に主権者(リヴァイアサン)だとはいえない。それは確かに貴族(封建領主)や教会を制圧したが、彼らはまだモンテスキューがいう「中間勢力」として残っていたからだ。それは、内戦の可能性があるということ、また、外部からの介入があるということを意味する。しかるに、ピューリタン革命はそのような中間勢力を一掃した。ゆえに、むしろ王がいない共和政においてこそ、絶対的な主権者(リヴァイアサン)が成立した、ということができる。とはいえ、『リヴァイアサン』は共和政を擁護するために書かれたわけでもない。ホッブズの考えでは、大事なのは、王政であろうと共和政であろうと、とにかく主権者が存在するということ、そして、それによって「戦争状態」がなくなるということである。それがホッブズのいう意味での社会契約なのだ。ロックがいうような社会契約は、そのあとに成立するにすぎない。

すでに述べたように、ホッブズは「主権を獲得するには二つの方法がある」という。一つは、「獲得されたコモンウェルス」であり、これは「恐怖に強要された契約」にもとづくものであり、もう一つは、「設立されたコモンウェルス」であり、これは「人々が、他のすべての人々から自分を守ってくれることを信じて、ひとりの人間または合議体に、自発的に服従することに同意したばあい」にできる。(2) だが、ホッブズの考えでは、「恐怖に強要された契約」が根源的であり、ロックがいうような契約は二次的なものにすぎない。

ホッブズの見方は、主権者を国家の内部においてではなく、外部との関係において見るものである。内部だけで見ると、王が主権者であるか、国民が主権者であるかは大きな違いのようにみえる。しかし、たとえば、アイルランド人から見れば、絶対王政とクロムウェルの違いはないであろう。イギリスの政体がどう変わっても、主権国家がやることは同じである。ホッブズの考えでは、主権は、君主政、貴族政、民主政といった政体とは関係がない。たとえば、個人が主権をもつことがあるし、合議体が主権をもつことがあるが、それは、主権の性質を変えるものではない。《選挙された王は主権者ではなく、主権者の代行者にすぎない。限られた権力しかもたぬ王も主権者ではなく、主権をもつ者の代行者にほかならない。また、民主政、または貴族政のコモンウェルスの支配下にある属領が受けているのは、民主政ないし貴族政ではなく、君主政による統治である》[3]。たとえば、ギリシアのポリスは、それぞれの内部では、民主政である。つまり、主権は市民の「合議体」にある。しかし、植民地や奴隷に対しては、「君主政による統治」なのである。

ロックあるいは市民革命以後の思想家は、個々人を主体(subject)とみなし、そのような個人たち(国民)から出発して「社会契約」を考えた。しかし、ホッブズの考えでは、「主権者以外のすべての者は彼の《臣民》(subject)である」。つまり、国民という主体は、絶対的な主権者に服従する臣民として形成されるのだ。国民主権は絶対王権から派生したのであり、それと切り離せない。絶対王権が倒されると、国民が主権者となるようにみえる。しかし、主権という考えは国内だけで考えられるものではない。主権は先ず、外に対して存在するものだ。したがって、絶対王政が倒されても、他の国家に対する主権の性格は何も変わらないのである。

3　国家と資本

主権としての国家の本質は、国家の内部において見るかぎりみえてこないが、戦争においで顕在化する。それゆえ、カール・シュミットは主権者を「例外状況」において見ようとしたのである。なぜ戦争において、国家の本質が出てくるのか。国家は何よりも他の国家に対して存在するからだ。国家は、そのような対外的な面において、内部から見られるものとは異なる様相をあらわにする。市民革命以後に主流になった社会契約論の見方では、国家の意志とは国民の意志であり、それは選挙を通して政府によって代行されると考えられる。ところが、国家は政府とは別のものであり、国民の意志から独立した意志をもっている。そのことが、戦争のような例外状況において露出するのである。

だが、このことは、絶対王政においては、あるいは、一般に近代以前の国家においては、明瞭に可視的であった。ただ、国民国家以後にそれが見えなくなったのである。通常、国民は、国家というものがたえず戦争状態にあり、それに備えていることに気づかない。だから、戦争は突然の出来事のようにみえる。しかし、それは長期的な展望と戦略によって準備され予想されたものである。そして、それを実行するのが、国家機構である常備軍と官僚である。これらが西ヨーロッパでは絶対王政によって形成されたことは、すでに述べた。では、絶対王政が市民革命によって廃棄されたあと、軍と官僚機構はどうなったのか。それらは廃棄されるどころか、質量ともに増大したのである。そして、それは別に「国民」のためではない。国民主権の下であろうと、国家はそれ自身のために存続しようとするのである。しかし、国家をその内部だけで見ていると、そのようなことが見えなくなる。

国家が自立的で独自の意志をもつということは、国家の内部では見えない。そこではつねに多くの勢力が争い、多くの意見、利害、欲望が絡まり合っているからだ。ところが、他の国家に関しては、それが何か意志をもってふるまっていることは明らかなようにみえる。つまり、国家は、外から見たときに、国民とは別の自立した存在としてあらわれる。それはまた、国家が、他の国家と関係する次元では、国内で見慣れているものとは疎遠な、すなわち、〝疎外された〟かたちであらわれるということを意味する。

国家をその内部だけで見る観点からは、国家を揚棄することはさほど困難ではない。プルードンも初期マルクスも、近代国家を市民社会の自己疎外としてとらえた。すなわち、そこでは、公共的なものが国家として疎外され、市民社会は私的なブルジョア的な世界となる。だが、ここで、市民社会そのものに公共性を取り返せば、あるいは、市民社会における階級的矛盾を解消すれば、国家は消滅する、ということになる。このような考えは今も有力である。たとえば、ハーバーマスのように、市民社会において公共性を強化することによって、自己疎外としての国家を無化するという考えも、国家をその内部だけから考えるタイプなのである。しかし、国家を容易に揚棄できないのは、それが他の国家に対して存在するからである。そのことが露骨に示されるのは、戦争においてである。むろん、現実に戦争が起こらなくてもよい。敵国があるということだけで十分である。

国民国家によって曖昧にされたが絶対王政において明瞭であった、もう一つの点は、資本＝国家、すなわち、資本と国家の結合である。絶対王政は、資本主義が国家によって推進されることを示している。つまり、そこでは、国家が能動的な主体としてあらわれるのだ。ところが、市民革命以後のブルジョア国家においては、国家は、ブルジョアジーを代弁する機関、ないしは、市民社会の階級的利害が政治的に表現される場とみなされる。国家がそれ自体、能動的な主体であることは考えられない。その点で、絶対王政は、国家が能動的主体であることを紛れもなく示していた。たとえば、エンゲルスは、絶対王政を、封建的社会とブルジョア社会の過渡期の現象として見た。そのようなときにだけ、国家(絶対王政)が自立して独自の役割を果たす、というのだ。だが、むしろ絶対王政にこそ、ブルジョア社会で見えなくされる国家の自立性、あるいは資本＝国家の本質が明瞭に存在するのである。

資本と国家の結合は、つぎの二つの点において顕著である。一つは、国債の発行である。絶対主義王権は、この「魔法の杖」(マルクス)によって、いつでも税収入を先取りすることができるようになった。同時に、国債は、近代的銀行制度や国際的信用制度を発生させた。(4) もう一つは保護主義的政策である。イギリスの産業資本の発展も国家の保護によって可能であったが、イギリスに遅れをとったその他の後発資本主義国で、国家による産業資本主義化がおこなわれたのは当然である。その場合、どこでも、「王政」であるかどうかは別として、「絶対主義」的な体制が必要であった。ゆえに、国家が資本制経済にとってたんなる上部構造ではなく、不可欠な要素であることは明らかである。

たとえば、国家は道路・港湾をはじめ、産業資本主義に不可欠な〝公共的〟な仕事をおこなう。だが、国家がおこなうことの中で、産業資本主義にとって最も重要なのは、産業プロレタリアの育成である。これはたんなる貧民ではない。規律をもち、勤勉で、新たな多様な仕事にすばやく適応できる能力をもつ人たちである。また、彼らは農民のように自給自足することなく、賃労働で得た金で、生産物を買う消費者である。資本はこのような産業プロレタリア(労働力商品)を生産することができない。それをおこなうのが国家なのだ。具体的にいえば、学校教育であり、徴兵制による軍隊である。後者は軍事力よりもむしろ、産業プロレタリア養成に貢献するものである。

絶対王政において、国家は軍・官僚という国家機構としてあらわれた。市民革命以後、官僚は、議会を通して表現され決定された国民の意志を実行する「公僕」であると考えられるようになる。しかし、実情がそうではないことは誰でも知っている。たとえば、ヘーゲルは議会と官僚についてこう考えていた。《国家の最高官吏たちのほうが、国家のもろもろの機構や要求の本性に関していっそう深くて包括的な洞察を必然的に具えているとともに、この職務についてのいっそうすぐれた技能と習慣を必然的に具えており、議会があっても絶えず最善のことをなすに違いないけれども、議会なしでも最善のことをなすことができる(5)》。ヘーゲルによれば、議会の使命とは、市民社会の合意を得るとともに、市民社会を政治的に陶冶し、人々の国政への知識と尊重を強化することにある。いいかえれば、議会は、人々の意見によって国家の政策を決めていく場ではなく、官吏たちによる判断を人々に知らせ、まるで彼ら自身が決めたことであるかのように思わせる場なのである。

こうした見方を、ヘーゲル自身の議会軽視、あるいはプロイセン民主主義の未発達のせいにすることはできない。議会制民主主義が発達したはずの今日の先進国において、官僚制の支配はますます強まっている。ただ、そのようにはみえないようになっているのである。議会制民主主義とは、実質的に、官僚あるいはそれに類する者たちが立案したことを、国民が自分で決めたかのように思い込ませる、手の込んだ手続きである。

二〇世紀において、国家がケインズ主義的な経済介入、さらに社会福祉や労働政策・教育政策をとるようになったことが注目される。しかし、国家が経済に介入しなかった時期は一つもないというべきである。たとえば、一九世紀に経済的な自由主義と呼ばれたものは、政治的・経済的に世界のヘゲモニーをもったイギリス国家の「経済政策」であって、それはその体制を守るための巨大な軍事予算と課税にもとづいていた。保護主義的な政策をとった後発資本主義国家、フランス、ドイツ、日本などにおいて、国家の経済への介入は自明のことであった。国家が資本主義経済を発展させたのである。そして、それを担ったのが官僚機構である。

近年、マルクス主義者の中にはこうした変化を、現代国家の変質と見る者がいる。しかし、国家が福祉政策をとることは、現代国家に固有のことではないし、階級支配の隠蔽でもない。何度もいうように、それはアジア的な専制国家や絶対王権国家においても一般に見られる現象である。

また、近年、国家の「相対的自立性」を強調する一方で、権力を国家にだけ限定する見方を否定する人々が増えている。元来、この見方は、国家をブルジョア階級の支配のための暴力的装置として見る一般的なマルクス主義に対して、アントニオ・グラムシが提起した視点にもとづくものである。彼は、暴力的な強制である権力と、被支配者が自発的に服従するようにさせるヘゲモニーを区別した。いいかえれば、彼は、国家の秩序は暴力装置だけでなく、その成員を自発的に服従するようにさせるイデオロギー的装置(家族、学校、教会、メディアなど)によって支えられているのだということを指摘したのである。このような見方の延長線上で、ミシェル・フーコーは、個々の主体がディシプリン(規律訓練)による権力の内面化によって生じること、また、権力が中心にある実体的な何かではなく、ネットワークとして遍在するものだというようなことを主張した。

このような意見は、国家権力をブルジョアの階級支配のための暴力装置として見るような古いタイプのマルクス主義者に対する批判としては有効であろう。しかし、いずれも、国家をその内部だけで見るという点では、つまり、国家が他の国家に対して存在するという位相を見ないという点では、同じことである。国家をその内部だけで見れば、国家に特有の権力は見えなくなる。そこで、国家の権力よりも、市民社会におけるヘゲモニー、つまり、共同体や市場経済がもつ社会的な強制力が重視される。その結果、国家の権力、あるいは国家の自立性が軽視されるのだ。しかし、くりかえすが、国家の自立性は、それが他の国家に対して存在するという位相においてのみ見出されるのである。

4 マルクスの国家論

社会契約の考えによれば、国家は人民による意志決定にもとづく。それは国家を政府と同一視することになる。一方、マルクス主義者は、国家を経済的な階級(ブルジョアジー)が支配するための手段として見てきた。それは、国家の自立性を認めないという点では、社会契約論者と同じである。マルクス主義者は階級対立が解消されたならば、国家はおのずから解消されると考えた。だから、資本主義経済を廃棄するために国家権力を握ることは、一時的に許容されるという考えになる。しかし、国家は自立的な存在であって、何かのための手段とはなりえない。国家を手段とみなす者は、逆に、国家の手段にされてしまうほかないのだ。

たとえば、社会主義革命は旧来の国家機構を廃棄するようにみえる。しかし、それはただちに外からの干渉を招くので、革命の防衛のために旧来の軍・官僚機構に依存するほかない。かくして、旧来の国家機構が保存され再強化されるようになる。国家をその内部だけから見る考えでは、国家を揚棄するどころか、むしろ、国家を強化することにしかならないのである。たとえば、国家の側から見れば、ロシア革命は、旧ロシア帝国が国民国家に分解することを阻止して、それを新たな世界＝帝国として再建することに貢献したことになるだろう。

マルクスは資本主義について深い考察を与えたが、国家については不十分であった。たとえば、『資本論』では、資本の得た総利益が、利潤、地代、労賃の三つに分配されること、そしてそれらが三大階級を形成することが指摘されている。これは本来リカードの見方を受け継ぐものだが、決定的に異なる点がある。リカードが主著『経済学および課税の原理』において、「税」を重視しているのに対して、マルクスは「税」を捨象している。リカードにとって、税は資本の収益から国家によって徴収されるものであり、その意味で、税にもとづく階級(軍・官僚)が存在することを暗に示している。ゆえに、税の問題は「政治経済学」(political economy)の要であった。しかるに、マルクスは国家を、あるいは、軍・官僚という「階級」を捨象したのである。

マルクスの主著である『資本論』に国家が事実上抜けていることは、マルクス主義者に国家を軽視させるか、または、逆に、『資本論』以前のマルクスの国家論に回帰させることになった。一般的には、初期マルクスの考えは、国家は「幻想的共同体」であり、中期の考えでは、国家は階級的支配の装置である、ということになっている。しかし、たとえば、『ルイ・ボナパルトのブリュメール一八日』(一八五一年)には、そのような単純な見方を越える省察が見られるのである。これは、一八四八年の革命から、そのときまだナポレオンの甥であるという以外には何ものでもなかったルイ・ボナパルトが皇帝になっていった悪夢のような過程を分析した作品である。

ここでマルクスは、国家機構(官僚装置)が一つの階級として存在することを見落としてはいない。彼はまた、資本、賃労働、地代というカテゴリーに入らない諸階級、特に小農(分割地農民)が果たした役割を見落としていない。彼が『資本論』でそれらをまったく無視しているのは、それらを意図的にカッコに入れ、商品交換様式がもたらすシステムを純粋にとらえようとしたということを意味する。それは資本主義経済を見るのに、国家を無視してよいということではまったくない。さしあたり国家をカッコに入れてよいのは、国家による経済への介入も、資本制経済の諸原理に従ってしかなされないからである。

一般にマルクス主義者は、資本主義国家において、諸政党は現実の経済的な関係を反映すると考えてきた。それに対して、今日のマルクス主義者は、政治構造やイデオロギーは経済的構造によって重層的に決定されている、すなわち、経済的構造から相対的に自立しているというような見方をしている。それは第一次大戦後の革命の挫折とファシズムの経験からである。たとえば、ウィルヘルム・ライヒは、当時のマルクス主義者を批判し、ドイツ人がナチズムに引き寄せられた原因を精神分析によって探ろうとした。彼がそこに見出したのは、「権威主義的家族イデオロギー」、そしてそれによる性的抑圧である(『ファシズムの大衆心理』)。その後、フランクフルト学派も精神分析を導入した。しかし、『ブリュメール一八日』にもどって考えるならば、われわれは特に精神分析を必要としない。なぜなら、ここでマルクスは、ほとんどフロイトの『夢判断』を先取りしているからである。彼は短期間に起こった「夢」のような事態を分析している。その場合、彼が強調するのは、「夢の思想」すなわち、実際の階級的利害関係ではなく、「夢の仕事」すなわち、それら階級的無意識がいかにして圧縮・転移されていくかである。フロイトはつぎのようにいっている。

夢はいろいろな連想の短縮された要約として姿を現している。しかしそれがいかなる法則に従って行われるかはまだわかっていない。夢の諸要素は、いわば選挙によって選ばれた大衆の代表者のようなものだ。われわれが精神分析の技法によって手に入れたものは、夢に置き換えられ、その中に夢の心的価値が見出され、しかしもはや夢の持つ奇怪な特色、異様さ、混乱を示していないところのものである。(6)

ここでフロイトは「夢の仕事」を普通選挙による議会になぞらえている。そうであれば、われわれは、マルクスの分析に精神分析を導入したり適用したりするよりは、『ブリュメール一八日』から精神分析を読むべきなのだ。マルクスは、この夢のような事件を解明する鍵を、一八四八年の革命がもたらした普通選挙による議会に見出した。その後の事態はすべて、この議会(代表制)の中において生じたのである。

議会の外には、現実の経済的階級の多様な分節化があり、議会の中には、代表する者たちの言説の多様な分節化がある。それらはどう関係しているのか。マルクスの考えでは、代表する者(言説)と代表される者(経済的諸階級)との間には、必然的なつながりはありえない。そこにこそ、近代国家を特徴づける、普通選挙による代表制(議会)の特質がある。だからこそ、諸階級が自分たちの本来の代表に背を向け、ボナパルトに彼らの代表を見出すということがありえたのだ。《議会の党がその二大分派に解体しただけでなく、この分派のそれぞれがそれ自身の内部で解体しただけでなく、議会内の秩序党が議会外の秩序党と不仲になった。ブルジョアジーの代弁者と律法学者、彼らの演壇と彼らの新聞、つまり、ブルジョアジーのイデオローグとブルジョアジーそのものとが、代表する者と代表される者とが、互いに疎遠になり、もはや話が合わなくなった(7)》。

ナポレオンの甥というほかに何ものでもなかったボナパルトが大統領となり、さらに皇帝になっていく、この事件にある「夢の持つ奇怪な特色、異様さ、混乱」(フロイト)を、マルクスは代表制の「危機」を通して見たのである。その場合、ボナパルトをたんなる大統領にとどめず皇帝にさせた原因の一つは、最大の人口でありながら、自らの階級を代表する言説も代表者ももっていなかった農民層にある。彼らはボナパルトを自らの代表者としてではなく、仰ぎ見るような「無制限の統治権力」として見出した。いいかえれば、大統領というよりも、皇帝として。

しかし、ボナパルトを皇帝にした原因はそれだけではない。マルクスはつぎのような存在を忘れていない。《膨大な官僚制組織と軍事的組織をもち、重層的で大げさな国家機構をもつこの執行権力、五〇万の軍隊と並ぶ五〇万の官僚軍、網膜のようにフランス社会の肉体に絡みつき、そのすべての毛穴を塞いでいるこの恐ろしい寄生体は、絶対王政の時代に、封建制が衰退しているときに生成したものであり、それがその衰退の加速を助けたのである[8]》。さらに、マルクスは、一八五一年の周期的世界恐慌(危機)がここで大きく作用したことを指摘している。この例外状況において、普通選挙の議会制の下に、あるいは市場経済の下に隠れていたかにみえる官僚機構が、いいかえれば「国家」そのものが前景に登場したのである。《国家は第二のボナパルトのもとではじめて完全に自立したように見える。国家機構は、ブルジョア社会に対して自分をしっかりとかためた[9]》。

とはいえ、国家機構が直接に前面に出ることはありえない。国家機構の自立は、ボナパルトが議会を超えた皇帝として自立することによってのみ可能であった。たとえば、マルクスは、ルイ・ボナパルトがあらゆる階級に対して気前よく「贈与」することによって権威を得ていく過程を描いている。《ボナパルトはあらゆる階級に対して家父長的な役を演じたいと思う。しかし、彼は、他の階級から取ってこないことには、どの階級にも何もやれない[10]》。ボナパルトは略取したものを再分配しているだけなのに、それが「贈与」として受けとめられている。そのため、彼はすべての階級に贈与するような超越者、すなわち皇帝として表象される。つまり、国家機構による略取―再分配に、贈与―返礼という互酬交換の外見を与えることによって、皇帝権力が確立されたのである。

実は、こうした過程はすでに第一次フランス革命で起こったことである。第一次フランス革命はブルジョア革命だといわれる。しかし、この革命の実際の担い手は都市の小生産者・職人たちであったし、また、最終的に権力を握ったのはブルジョアジーではなく、皇帝ナポレオンであった。いいかえれば、ナポレオンを通して「国家」が前面に出てきたのである。この意味では、フランス革命は、イギリスの産業資本に圧倒されて危機的な局面にあったフランス国家の対抗をもたらすものとしてあった。それが一八四八年にもくりかえされたわけである。

一八四八年フランスに始まるヨーロッパ革命の直前に、マルクスとエンゲルスは『共産党宣言』を発表した。マルクスの予見、世界が資本家とプロレタリアの二大階級の決戦になるだろうという予見は、しかし、まったくはずれた。フランスにおけるボナパルトやプロイセンにおけるビスマルクの登場は、国家が自立的な存在であることを如実に示すものである。そして、マルクスがそれを見逃さず本質的な考察を与えたことは、以上からも明らかである。にもかかわらず、マルクスは、経済的な階級対立が揚棄されるならば上部構造である国家は自然に消滅するだろう、という観点をとりつづけた。そして、そのことがのちに、社会主義にとって致命的な結果をもたらすことになったのである。

近代の国家を考えるとき、国民国家からではなく、絶対王権から考察しなければならない。絶対主義国家においては、軍と官僚という国家機構が主権者である王の意志を履行していた。しかるに、ブルジョア革命以後、国家は、主権者である国民の意志を代行する政府と同じことになる。いいかえると、ブルジョア革命と国民国家は、国家が交換様式Bに根ざす主体であることを隠蔽してしまう。しかし、国民主権は虚構にすぎない。事実、危機的な状態においては、主権者、つまり、絶対主義的な王に似た強力な指導者が、国民の喝采とともに出現する。その意味で、ヨーロッパにおける絶対王権がたどった過程は普遍的である。それは必ずしも「王」でなくてもよい、社会構成体の中の分裂を政治的に統合する者であるならば。そして、このことは、近代世界システムにおいて周辺におかれた地域が、独立と産業化をはかったとき、どのようにしたかを見るとき、参考になるだろう。たとえば、開発型独裁政権や社会主義的な独裁政権は、絶対王権に相当するといってよい。

5　近代官僚制

最後に、あらためて官僚制の問題について論じよう。ウェーバーがこれを重視したのは、それが近代の国家と資本にとって重要な問題だったからだ。彼は、官僚制を「合法的支配」の一形態とみなした。つまり、官僚制は支配の最も合理化された形態である。その特徴は、規則による権限の明確化、官職階層制、自由な契約による任命、規律による昇進、専門的訓練、貨幣のかたちで支払われる俸給といったものにある。それは東洋的国家の家産官僚制から存在したものだ。ただ、家産官僚制では、「伝統的支配」から切断されておらず、君主や主人に対する人格的関係に従属していた。そのため、以上の原則は首尾一貫したかたちで実現されなかった。それに比べて、近代官僚制はもっと「合理的」(目的合理的)である。

さらに重要なことは、近代においては、官僚制が国家機構だけでなく、私企業においても存在するということである。というよりも、近代官僚制はむしろ資本主義的な経営形態(分業と協業)にもとづいて形成されたのである。マルクスは『資本論』で、個々の生産者が横断的に連合したマニュファクチャーの段階から、資本によって位階的に管理される工場の段階への移行を論じているが、それは企業の官僚制化に対応している。マルクスがいう産業プロレタリアは、そのような官僚制化の訓練を受けた者を指している。それに対して、アナーキズムが栄えたのはきまって、産業資本が未発達で労働者が職人的であるような所であった。それは、資本主義的発展が同時に官僚制的発展であることを意味するのである。

ライト・ミルズがかつて分析したように、ホワイト・カラーは私企業における官僚層である(『ホワイト・カラー』)。先進資本主義国ではホワイト・カラーの割合が大きい。彼らは、貨幣と商品という経済的カテゴリーにもとづく階級(class)でいえば、プロレタリアなのだが、実際には、ブルー・カラーを支配する身分(status)にある。ホワイト・カラーの苦悩は、そこに入るために「科挙」のような試験を経なければならないこと、また入ってみれば、自分の意思を犠牲にして、組織の歯車として働き、位階を上るためにあくせくしなければならないということにある。つまり、これは賃労働制というよりもむしろ、官僚制に特徴的な問題である。

労働者階級は、企業の中で、経営陣、正社員、パートタイマーというような位階制の下に分断される。そのため、旧来の「階級闘争」論が通用しなくなる。しかし、資本と賃労働の対立は本質的に解消されていない。たんに、生産過程にのみ階級闘争を見ようとする、従来のやり方が通用しないというだけのことである。この問題に関しては、第四部第二章1節「資本への対抗運動」で詳述する。

一方、国家の官僚制についていえば、ネオリベラリスト(リバタリアン)は、それを「民営化」あるいは「市場経済原理」によって解消すべきだと主張している。官僚制は非能率的であり、それを企業と同じ基準でやれば、能率が上がり、官僚は縮小されるだろうというのだ。しかし、民営化によって、官僚制を解消できるという考えは欺瞞である。私企業そのものがすでに官僚制的なのだから。私企業が官庁よりも目的合理的にみえるのは、それが官僚制的でないからではない。何よりも、その「目的」が資本の自己増殖(利潤の最大化)という、明白かつ単純なものだからである。

しかし、利潤という計算可能な目的をもたないか、あるいはもちえない領域にかかわる公的官僚に、そのような目的合理性を強制することはできない。ゆえに、公的官僚制だけが官僚制であると考え、それを民営化によって滅ぼせると考えるのはまちがいである。そのような目的合理性の強制によって生じるのは、官僚制の消滅ではなく、たんにもっと徹底的に目的合理的となった官僚制なのである。

アナルコ・キャピタリスト(リバタリアン)は、警察や軍隊をふくむ官僚機構の民営化を説いている。だが、それは官僚制の揚棄ではないし、国家の揚棄にいたることもない。商品交換様式Cがどんなに広がっても、国家やネーションが自動的に解消されることはない。なぜなら、それらは商品交換とは別の交換様式に根ざしているからであり、また商品交換も国家やネーションを不可欠とするからである。リバタリアンが目指しているのは、たんに資本を、ネーション＝ステートの軛から解放することである。「新自由主義」とはそのような政策である(四四五頁以下参照)。

第二章　産業資本

1　商人資本と産業資本

商人資本主義は古代から存在したし、社会において大きな位置を占めていた。にもかかわらず、それは資本制以前の社会構成体を根本的に変えることがなかった。いいかえれば、商品交換様式Cは古来存在したが、交換様式AおよびBが優位にあるような社会構成体の中でそれらに従属したままであった。商品交換様式Cがドミナントであるような社会構成体は、産業資本主義とともにあらわれたのである。ゆえに、産業資本主義の出現という出来事は、氏族社会の出現、および国家の出現と並んで、世界史的に画期的な出来事である。この章で論じるのは、交換様式Cがいかにしてドミナントな交換様式となったかである。

われわれはすでに、その鍵をヨーロッパの世界＝経済に求めた。そこでは、中央集権的な国家がなく、したがって、遠隔地交易とローカルな市場の結合が生じたからである。

その結果、ヨーロッパでは各地に都市が出現した。しかも、それらは拮抗しあう教会と諸侯の力のバランスによって、自立的な都市となった。ここに資本主義経済の出現の基盤があることは確かである。しかし、交易や市場の拡大は資本主義経済の必要条件ではあるが、十分条件ではない。たとえば、世界市場に向けられた商品生産は、かえって、東ヨーロッパでは「再版農奴制」を、また、ラテン・アメリカでは新たな奴隷制や農奴制をもたらした。つまり、交易や市場の発展は、商品交換様式Cがドミナントになることを必ずしも保証しないのである。商品交換様式Cが交換様式BやAの抵抗を越えるためには、ある変化が生じなければならない。では、それは何か。

産業資本主義にはそれまでの資本主義とは異質な何かがある。実際、多くの論者が、産業資本が商人資本と異なることを強調してきた。その最初の論者はアダム・スミスである。彼は、商人資本は安く買って高く売る差額から利潤を得るのに対して、産業資本は生産性の向上によって利潤を得ると主張した。ウェーバーも、産業資本に、古代からある商人資本主義からの根本的な断絶を見ようとしたが、それをいわば、労働に対する態度の変化に見ようとした。たとえば、産業資本主義の根底に、商人資本においてあったような利益追求や消費欲望の断念、そして勤勉な労働のエートスを見出したのである（『プロテスタンティズムの倫理と資本主義の精神』）。

一般的に、産業資本に商人資本からの根本的な切断を見出す者は、生産過程に注目している。だが、このような見方に対しては、資本主義の問題を、流通ないし消費の過程において見る者からの批判がある。たとえば、ゾンバルトはウェーバーに反対して、産業資本主義を、根本的に商人資本主義の延長であるとみなした。彼は資本主義的発展の契機を、禁欲よりも奢侈を求める欲望に見たのである。この見方は、後期資本主義あるいは消費社会の段階で、高く評価されるようになった。

しかし、以上のような見方は、それぞれ産業資本主義の一面をしか見ていない。私の見るかぎり、産業資本主義を両面から明らかにしたのは、やはりマルクスである。一般には、マルクスはスミスのような立場に立っていたとみなされている。実際、彼はこう述べている。《近代的経済の現実的科学は、理論的考察が流通過程から生産過程に移るところで初めて始まる》[1]。しかし、マルクスが古典派と異なる点は、あらためて流通過程に焦点を当てたことにある。彼は資本主義が何よりも交換様式Cから生じているという認識から始めたのである。彼は、産業資本が交換による差額から利益を得る点で、根本的に、商人資本と異ならないと考えた。したがって、資本一般をM－C－M'という範式の下に考察したのである。

産業資本を商人資本から区別する者は、産業資本が商人資本と同じことをしているということを見ないか、または隠蔽するのである。前に指摘したことだが、商人資本が不等価交換から利潤を得るという見方はまちがっている。むろん、一つの価値体系の中で安く買って高く売ることをすれば、不等価交換、というより、詐欺になる。しかも、一資本が得をしても、他が損するのだから、総体としての資本は剰余価値を得られない。マルクスも書いている。《一国の資本家階級の総体は、自分自身を騙取《へんしゅ》するというわけにはいかない。だから、考えたいように、どうにでも考えてみるがよい。総計はいつも同一である。等価が交換されるとすれば、剰余価値は成立せず、非等価が交換されるとしても、また何らの剰余価値も成立しない。流通または商品交換は、何らの価値を産まない(2)》。

では、等価交換からどうして利潤が得られるのか。この問題は先に述べたように、異なる価値体系の間での流通または商品交換を想定することによって解決される。マルクスが指摘したように、ある物の価値は、他のすべての商品との価値関係体系の中で決まる。それゆえ、同じ物が、違う体系によって価格が異なることになる。そこで、たとえば、商人がある物をそれが安い所で買って高い所で売れば、それぞれは等価交換でありながら、剰余価値を得られるのである。その場合、剰余価値(差額)が大きいのは、体系が空間的に離れている場合、つまり、遠隔地交易である。しかし、遠くまで出かけること、あるいは、安い物を発見することは、たやすいわざではない。したがって、遠隔地に向かう商人が利潤を自らの才覚や勇気に対する正当な報酬とみなしても、不当ではあるまい。もし産業資本家(企業家)が利潤を、労働者から搾取したとは考えず、自らの才覚や勇気に対する正当な報酬とみなすのであれば。

つぎに、産業資本が生産過程から利潤を得るのに対して、商人資本は流通過程から利潤を得るという考えは虚偽である。一般に、商人資本は、たんに中継貿易によって利潤を得るだけだといわれる。しかし、商人資本も、生産に関与する場合が多いのだ。たとえば、スミスはピンの製造を例にとって、協業と分業がいかに生産性を向上させるかを説明した。が、このようなマニュファクチャーはむしろ、商人資本によって組織されたのである。それは先ずルネサンス期のイタリアの諸都市で起こり、つぎに、オランダで起こった。商人資本も生産性の向上から利益を得たのである。

もちろん、そのようなマニュファクチャーを、産業資本の初期形態と呼ぶことができないわけではない。しかし、あとで述べるように、商人資本が主体であるかぎり、産業資本は始まらないのだ。ついでにいえば、このような「協業と分業」は古代から存在した。古代の交易においても、生産性の向上が重要であった。そして、それは「協業と分業」なしにありえない。また、「協業と分業」は、奴隷制生産においても可能であり且つ不可欠である。ゆえに、それは産業資本主義に固有の特徴ではない(3)。

商人資本は異なる価値体系の間での中継・仲介から差額を得る。つまり、空間的な差異から利潤を得る。ゆえに、「遠隔地」交易が主となる。しかし、けっしてそれだけではない。商人資本はたんに価値体系の空間的な差異にもとづくだけでなく、価値体系を時間的に差異化するのである。たとえば、商人資本は自ら生産を効率的に組織して、労働生産性を上げる、すなわち、商品生産に必要な(社会的)労働時間を短縮する。そうして安価になった生産物を海外の市場で「高い値」で売ることによって、剰余価値を得る。つまり、安く買って高く売ることを、たんなる仲介ではなく、自ら生産を組織することによっておこなうのだ。他方、産業資本も生産過程における技術革新だけから、剰余価値を得るのではない。産業資本もまた、より安い原料と労働力と消費者を求めて、「遠隔地」に赴く。ゆえに、商人資本と産業資本の差異は、たんに流通過程や生産過程を見るだけでは明示できないのである。

2　労働力商品

マルクスは商人資本と産業資本の、一見して目につくような差異にとらわれなかった。一方で、彼は古典派と同様に、産業資本は流通過程から剰余価値を得るのではない、と考えた。だが、他方で、彼は、剰余価値はあくまで流通過程から得られると考えたのである。いいかえれば、マルクスは、流通過程を重視した重商主義者と生産過程を重視した古典派のどちらをも批判したのである。彼は産業資本における剰余価値が、たんなる流通過程でもなく、たんなる生産過程でもないようなところで得られると考えたのだ。

それ故に、資本は流通からは発生しえない。そして同時に、流通から発生しえないというわけでもない。資本は同時に、流通の中で発生せざるをえないが、その中で発生すべきものでもない。……貨幣の資本への転化は、商品交換に内在的な法則の基礎の上に展開すべきものである。したがって、等価物の交換が出発点として考えられる。まだ資本家の蛹《さなぎ》として存在しているにすぎないわが貨幣所有者は、商品をその価値で買い、その価値で売らなければならぬ。そしてそれにもかかわらず、この過程の終わりには、彼が投入したより多くの価値を引出さなければならない。彼の蝶への発展は、流通部面で行なわれなければならず、また流通部面で行なわるべきものでもない。これが問題の条件である。Hic Rhodus, hic salta!〔ここがロドスだ、さあ跳べ！〕(4)

このアンチノミーは、ある商品をもってくることでのみ解決される。それは労働力商品である。あらためていうと、商人資本の価値増殖過程は、貨幣→商品→貨幣＋α、つまり、M－C－M′(M＋⊿M)という範式で表示される。産業資本の蓄積も、基本的にそれと同じである。だが、産業資本は特殊な商品を見出した点で、商人資本と異なるのだ。その商品とは、それを使用することが生産過程であるような商品、つまり労働力である。

具体的にいうと、産業資本は、商人資本のようにたんに商品を買って売るのではなく、自ら生産設備を用意し原料を買い、つぎに労働者を雇用して、生産した商品を売るわけである。そこで、産業資本の価値増殖過程は、M－C…P…C'－M'という公式で示される。商人資本との違いは、このCの部分の一部にある。つまり労働力という商品にある。しかし、生産過程を見るだけでは、この商品の特異性は見えない。すでに述べたように、商人資本も賃労働者を雇う。したがって、たんに賃労働者を用いるということは、産業資本に特有のものではない。では、産業資本を可能にするような賃労働者、つまり、産業プロレタリアとはどのようなものなのか。

マルクスは、産業プロレタリアを「二重の意味で自由な」人々として見た。第一に、彼らは自分の労働力を自由に売ることができる。これは、彼らがさまざまな封建的拘束から自由であることを意味する。第二に、彼らは労働力以外に売るものをもっていない。これは、彼らが生産手段(土地)から自由である(free from)、つまり生産手段をもたないことを意味している。この二種類の自由は不可分離である。

まず、第一の意味での「自由」について述べておこう。プロレタリアは、奴隷や農奴とは違っている。奴隷が商品として売買されるのに対して、プロレタリアはたんに労働力を商品として売るだけである。そして、それは自由な合意にもとづくものである。この売買の契約(雇用契約)として以外に、プロレタリアが資本家に従属することはない。

プロレタリアは「経済外的」な強制から自由である。ただし、その分、「経済的」な強制には従属する。たとえば、彼らは、労働力の価値に関して、労働市場での価格に従うほかない。労働時間や内容に関しても、契約条項の履行を強制される。とはいえ、これはすべての契約について当てはまることであり、「経済外的強制」とは異なる。

もっとも、労働の密度からいえば、プロレタリアの労働が奴隷や農奴のそれよりも過酷である場合が少なくない。奴隷や農奴は監視や懲罰がないときは適当にさぼることができるが、産業プロレタリアは、特に機械的生産に従属した労働の場合、契約した労働時間の強制から逃れることはできないからである。だが、このような過酷な強制を「奴隷的」と呼ぶべきではない。というのは、それはあくまで合意にもとづく契約によるからだ。低賃金である場合も、それは労働市場での価格にもとづくものであり、資本家の恣意を越えている。

つぎに、プロレタリアは、自営農民やギルド職人とも違っている。後者はそれぞれ共同体に従属するからだ。それによって、彼らはある程度、自給自足的な生活ができた。たとえば、農民の場合、共同体に住んでいれば、土地が乏しくても、共有地を利用したり雑用をしたり互酬的な扶助を受けて、なんとか生きていける。しかし、その分、彼らは共同体的な拘束に属している。つまり、「自由」ではない。職人についても同様である。徒弟制に従うかぎり、将来がある程度保証されているが、その分、それに拘束されている。その点で、産業プロレタリアは、農奴や奴隷やギルド職人と異なっている。だが、それだけではない。産業プロレタリアが、奴隷や農奴はいうまでもなく、賃労働者一般とも異なるのは、彼らが自らの作ったものを買う者だという点にある。商人資本によるマニュファクチャーの下で生産する賃労働者は、それらの生産物を買うことはない。それは概して、海外ないし富裕層に向けられた奢侈品だからだ。しかるに、産業資本を支えるのは、生産したものを自ら買いもどすような労働者である。また、その生産物は労働者が必要とする日用品が主である。

たとえば、プロレタリアは労働力以外に売るべきものをもたないというとき、彼らの貧困性が強調されているようにみえる。しかし、これはむしろ、プロレタリアが生活物資を自給自足せず、購入するほかない存在だ、ということを意味するのだ。奴隷は自分で生活物資を買うことはないし、農奴は共同体で自給自足する。それに対して、産業プロレタリアは自分の労働力を売った金で、自分および家族を養うような人たちである。産業プロレタリアの出現とは、同時に、彼らの生活の維持のために商品を買う消費者の出現なのである。産業プロレタリアと奴隷あるいは農奴との違いは、何よりもそこにある。

産業資本主義経済において、労働者の消費は、資本の蓄積過程と別に存在するのではない。労働者の消費は、それによって労働力を生産および再生産するものであるから、資本の蓄積過程の一環としてである。労働者階級の個人的消費は、資本家にとって不可欠の生産手段である労働力自身を生産し、再生産するものである。《労働者がその個人的消費を、自分自身のために行なうのであって、資本家のために行なうのではないということは、少しも事態を変えるものではない(5)》。

かくして、産業資本とは、労働者に賃金を払って協働させ、さらに、彼らが作った商品を彼ら自身に買いもどさせ、そこに生じる差額(剰余価値)によって増殖するものである。産業資本における剰余価値はこのような特異な商品のおかげで、生産過程において生じると同時に、流通過程においても生じることになる。マルクスが「ここがロドスだ、さあ跳べ」と述べた困難は、こうして解決される。

産業資本の画期性は、労働力という商品が生産した商品を、さらに労働者が自らの労働力を再生産するために買うという、オートポイエーシス的なシステムを形成した点にある。それによって、商品交換の原理Cが全社会・全世界を貫徹するものとなりえたのである。商人資本の段階では、生産過程が奴隷制であろうと農奴制だろうと、あるいはギルド的共同体であろうと、関係がなかった。ところが、労働力商品に依拠するからこそ、産業資本は、積極的に、商品交換の原理を普及させる必要があるのだ。

なお、産業プロレタリアの「二重の意味での自由」について、さらに説明を加えておきたい。一般に、プロレタリアという語にはローマ以来の意味がつきまとっている。つまり、それは生産手段(土地)を失って、労働力しか売るものがなくなった貧困者のイメージで語られる。しかし、たとえば、農民はたんに農業では生活できなくなったから賃労働者になるのではない。むしろ、多くの場合、共同体の拘束から自由になるためである。ギルドの職人に関しても同じである。今日では、それまで家庭にいた女性が賃労働者になろうとする。それはたんに夫の収入だけでは生活できないからではなく、男性や家族の拘束から自由になるためでもある。「労働力」の商品化は、こうしてつねに二重の意味をもつ。それは、個々人を自由にする、つまり、交換様式Aや交換様式Bによる拘束から解放する。他方で、労働力商品の所有者としての個々人は、新たな拘束や服従を強いられる。いつ解雇されるかもしれない恐怖にさらされるし、事実解雇される。それでも、人々は共同体や家族に従属するよりも、労働力を売って生きるほうを好むのである。

それにしても、プロレタリアという語にはどうしても貧窮者というイメージがつきまとう。たとえば、生産手段をもった農民、商店、小生産者などは、自分の子供に後を継がせるよりも、大学にやって〝サラリーマン〟にさせようとする。それは子供をプロレタリアにするということなのだが、そうは考えない。今日、ホワイト・カラーと名づけられる階層の人たちは、紛れもなく賃労働者であるにもかかわらず、自身をプロレタリアだとは考えない。プロレタリアは貧しい肉体労働者だという固定観念があるからだ。

とはいえ、無用の誤解や混乱を避けるために、私はプロレタリアという語の使用をなるべく控え、賃労働者(労働力商品を売る者)と呼ぶことにする。大事なのは、資本に労働力を売って働くというあり方、つまり、賃労働というあり方なのであり、彼らの生活が現実に豊かであるか貧困であるかとは関係がない。

3 産業資本の自己増殖

マルクスは『資本論』第一巻では、資本を個々の資本ではなく、資本一般としてとらえている。

だが、産業資本は多数・多様である。それは消費財を生産する部門から生産手段を生産する部門に及ぶ。また、各資本の「有機的構成」も異なる。つまり、不変資本が占める割合が大きく可変資本(労働力)が小さいような部門と、その逆であるような部門の間に分布している。また、同一部門における資本の競争は熾烈である。「資本一般」を見ていると、このようなことがわからない。むろん、マルクスは『資本論』第三巻でこの問題に取り組んでいる。すなわち、資本を複数の個別資本から考察したのである。

しかし、資本を資本一般あるいは総資本として見なければならない場合がある。私は先に、産業資本の特性は、労働者が資本の下で自らが作ったものを買いもどすシステムにある、と述べた。当然ながら、これは総資本、およびそれに対応した、総労働についてしか妥当しない。たとえば、労働者は自分自身が作ったものを買いもどすわけではない。彼らは、他の資本、つまり、他の労働者が作ったものを買うのだ。しかし、総体としての労働者は自らの作ったものを買いもどす、ということができる。また、労働者が買うのは一般に消費財であって、生産財ではない。生産財は資本が買うのだ。しかし、総体として見れば、資本の自己増殖は、資本が労働者を雇用し生産させた物を労働者自身に買わせることによってもたらされる、ということができる。

では、なぜいかにして、そこに差額(剰余価値)がありうるのか。剰余価値を考えるためには、総資本という観点が不可欠である。個々の資本に関して、剰余価値を云々するのは的はずれである。たとえば、もうかった企業が労働者を搾取したというなら、利潤を得られずに倒産するような資本は労働者を搾取しなかった良心的な企業だ、ということになってしまう。また、個々の資本は不等価交換から剰余価値を得ることはありうるが、総資本としてはそうすることができない。たとえば、マルクス主義者はかつて、資本が得る剰余価値は労働者を不当に酷使し搾取することから得られるという宣伝をしてきた。だが、総資本という観点から見ると、それでは資本の蓄積は不可能になる。この点について、マルクスはつぎのように書いている。

どの資本家も、自分の労働者については、その労働者にたいする自己の関係が消費者に〔たいする〕生産者の関係でないことを知っており、またその労働者の消費を、すなわちその交換能力、その賃金をできるだけ制限したいと望んでいる。もちろん、どの資本家も、他の資本家の労働者が自分の商品のできるだけ大きな消費者であることを望んでいる。だが、おのおの資本家が自分の労働者にたいしてもつ関係は、資本と労働との関係一般であり、本質的な関係である。ところが、まさにそのことによって、幻想が、すなわち自分の労働者を除くそのほかの全労働者階級は、労働者としてではなく、消費者および交換者として、貨幣支出者として、自分に相対しているのだ——個々の資本家を他の全ての資本家から区別するなら、彼にとってこのことは真実なのであるが——、という幻想が生まれてくる。……資本を支配〔・隷属〕関係から区別するのは、まさに、労働者が消費者および交換価値措定者として資本に相対するのであり、貨幣所持者の形態、貨幣の形態で流通の単純な起点——流通の無限に多くの起点の一つ——になる、ということなのであって、ここでは労働者の労働者としての規定性が消し去られているのである。(6)

個別資本は労働者に賃金を払いたくないが、生産物を買ってくれる消費者は欲しい。つまり、他の資本にはもっと賃金を払ってもらいたいのである。また、個別資本は労働者を解雇したいが、他の企業がそうするのは困る。失業者が増えれば、消費も減るからだ。しかし、個々の資本はそれぞれの利益を追求するので、総資本の観点をとることはない。しかし、危機にあっては、個々の資本の意志に反して、総資本があらわれる。それは、個別資本家の合意としてではなく、「国家」というかたちであらわれる。たとえば、一九三〇年代の大不況において、国家＝総資本は、個別資本ならばとりそうもない政策をとった。ケインズ主義あるいはフォーディズムがそのようなものである。つまり、国家が公共投資によって需要を創り出すこと、また、企業が賃金を上げることによって生産と雇用を創り出すことがはかられたのである。

だが、これによって、資本主義が「修正」されたわけではない。危機に直面して、総資本＝国家が前面に出てきたにすぎない。そもそも、総資本の観点から見ると、資本の自己増殖すなわち剰余価値の実現は、不等価交換や不当な搾取によっては果たしえないのである。総資本は総労働に対して等価交換をおこない、且つ、それによってもなお剰余価値を得ることができるようにしなければならない。剰余価値は、総体として労働者に支払われた労働力の価値と、彼らが実際に作り出した商品の価値との間の差額にある。ここにどうして差額が生じるのか。

先に述べたように、アダム・スミスはピンのマニュファクチャーを例にとって、資本が労働者を雇って組織する「協業と分業」が、個々の労働者がなしうることを越えた生産性をもたらすと考えた。その場合、スミスやリカードは、個々の労働者は、資本家が組織した分業と協業を通じてなしとげた生産の全成果を要求することはできない、その増加分(利潤)はそれを考案し組織した資本家が受け取るべきであると考えた。一方、リカード派社会主義者は、その増加分が「剰余価値」であり、それは本来労働者に帰属するものなのに、資本家によって不当に奪われていると考えた。プルードンもまた、資本は個々の労働者が集団的に働くことで実現した「集合力」に対して支払わない、ゆえに、「財産は盗みだ」と主張した。

マルクスもこのような見方を受け継いでいる。彼は労働時間の延長や労働強化によって得られる剰余価値を「絶対的剰余価値」と呼ぶ一方で、このように技術革新＝生産性の向上によってもたらされる剰余価値を「相対的剰余価値」と呼んだ。一般に『資本論』の「絶対的剰余価値」に関する記述はよく知られているが、大事なのは「相対的剰余価値」のほうである。ここにこそ産業資本の精髄があるからだ。また、「絶対的剰余価値」と違って、相対的剰余価値について考えるためには、総資本のレベルで考える必要がある。

ここで、労働力商品の価値について説明しておく。商品の価値は、それを生産するのに必要な社会的労働時間で決まる。一方、労働力の価値は、労働力の生産・再生産に要するコストであり、生活物資を中心にした他の商品の価値によって規定される。他の商品の価値が変動すれば、労働力の価値も変動する。すなわち、労働力の価値は、全商品の関係体系の中で決まる。ゆえに、それは各国や各地域によって異なるし、歴史的にも変化する。別の観点からいうと、労働力の価値の水準は労働生産性によって決まるといってよい。たとえば、ある国の労働者の賃金が他の国に比べて低いとしたら、それは労働生産性の平均的水準が低いからである。

一言でいえば、「相対的剰余価値」は、一つの国や地域の価値体系において、技術革新によって生産性を上げ、新たな価値体系を作り出すことから得られる。労働力の価値は、労働者がそれを売って雇用される時点と、彼らの生産物が売り出された時点とでは異なっている。産業資本は、このように価値体系を差異化することによって、その間の交換(等価交換)から差額を得るのである。その意味では、商人資本と同じである。しかし、産業資本はその自己増殖を、労働者が作ったものを労働者自身が買いもどす過程を通して実現するので、商人資本とは違った困難をもつ。スミスの例でいえば、分業と協業によって今までより一〇倍多く生産したピンを誰が買うのか。安くなったからといって、労働者がそれを一〇倍も買うことはありえない。ゆえに、資本が剰余価値を実現するためには、それを買う消費者を「外部」に見出さねばならない。それは外国の市場か、ないしは、これまでいた自給自足的な共同体の中から新たに労働者＝消費者として参入する者、つまりプロレタリアである。

以上の思考実験から明らかなのは、一つの閉じられた価値体系の中では、いかに生産性を上げても、剰余価値がありえず、したがって、資本の増殖がありえないということである。資本の自己増殖を確保するためには、たえまない生産性の上昇だけでなく、たえず新たなプロレタリア(労働者＝消費者)を組み込まなければならない。マルクスは、産業資本の前提条件の一つとして、「産業予備軍」をあげている。これは、国内農村あるいは国外から参入する新たなプロレタリアだと見るべきである。たえず流入するプロレタリアが「産業予備軍」を形成する。このような産業予備軍がなければ、賃金が上昇し、また、消費が飽和し下落するので、資本の利潤率が低下してしまう。

資本が蓄積を続けるためには、たえず新たなプロレタリアが必要なのである。むろん、この新たなプロレタリアは新たな消費者でもある。新たなプロレタリア＝消費者の参入が、産業資本の増殖を可能にする。かくして、産業資本は根本的に、その規模を拡大することを運命づけられている。資本とは、M－C－M'という増殖過程である。増殖できなければ、それは存在できないのだ。ゆえに、産業資本は、旧来の社会の表面にとどまっていた商人資本と違って、旧来の共同体を深層から解体して商品経済に組み込むことをせずにいられないのである。

4　産業資本主義の起源

産業資本の蓄積はM－C……C′－M′という範式で示される。商人資本はM－C－M′、金貸し資本はM－M′である。歴史的には、後者のほうが古い。産業資本はそれらが存在する中に出現したのである。マルクスは、産業資本主義の成立とともに、商人資本はとってかわられ、産業資本の商業部門におとしめられるといっている。金貸し資本についても同様である。しかし、産業資本の発展によって、商人資本や金貸し資本の形式が消えるわけではない。差異から剰余価値を得る資本は、本性上、差異が何であってもかまわないのだ。資本にとっては、利潤率だけが問題である。ゆえに、資本は、可能であれば、不変資本(固定資本)への投資が必要な産業資本よりも、商業や金融において自己増殖をはかろうとする。このことは、産業資本が中心になっても変わらない。たとえば、二〇世紀末以来、アメリカが金融資本主義に傾斜したことを見ればよい。

ここで、産業資本の出現について考えてみよう。これをたんに商人資本から産業資本への「移行」として見ることはできない。産業資本は、世界市場や商品生産の発展によって自動的に生まれてくるものではない。たとえば、近世の世界市場の下で、各地で商品生産が発展したが、先に述べたように、それは必ずしも産業資本やプロレタリアをもたらさなかった。商人資本は、旧来の体制を破壊するよりもむしろ、それを保存し強化することが少なくない。

実際問題として、産業資本（資本主義的生産）はイギリスで生まれた。なぜそうなのか。この問題に関して、マルクスは、封建制生産様式から資本主義的生産様式への移行において、「二つの道」があったといっている。[7] それは、生産者がマニュファクチャーを組織する場合と、商人資本がマニュファクチャーを組織する場合に分けられる。

> 封建的生産様式からの移行は、二重に行なわれる。生産者は、農業的自然経済と、中世都市工業の同職組合的に拘束された手工業と対立して、商人および資本家となる。これが現実に革命的な道である。あるいはまた、商人が直接に生産を支配する。後の方の道は、いかに歴史的には移行として作用するにしても——たとえば一七世紀のイギリスの織物商人《クロウジア》のように、彼は独立したままの織物業者を自己の統制下に置き、彼らにその羊毛を売って彼らの織物を買取る——、それ自体としては、古い生産様式を変革するに至りえず、むしろこれを保存して、自己の前提として維持する。[8]

イギリスでは、前者の道がとられた、ということになる。しかし、なぜ、いかにしてそうなのか。マルクス主義者の間では、このマルクスの見解に発する、「封建的生産様式からの移行」に関する有名な論争があった。[9] 先述したように(第三部序論)、それは、産業資本主義を生産過程——マニュファクチャーの側から見る観点(ドッブに代表される)と、流通過程——世界市場の側から見る観点(スウィージーに代表される)との対立である。前者は、第一の道、生産者自身によってマニュファクチャーがなされたことを裏づけるものであり、後者は、第二の道、商人のイニシアティヴでマニュファクチャーがなされたことを裏づけるものである。

もちろん、この二つはともに存在する。イギリスでも同様である。ただ、前者の意見では、イギリスでは「第一の道」が優越した。その原因は、イギリスでは、封建的生産様式がいち早く解体されていたことにある。たとえば、この論争でドッブ側に立って介入した高橋幸八郎は、ある特定の国では「二つの道」のいずれか一方が優越していることが、その国の資本主義時代における社会構造を特徴づけると述べた。彼は、フランスとイギリスでは「第一の道」が優越したこと、ドイツや日本のような国々では「第二の道」が優越したこと、それによって、これらの社会構造の差異の多くを説明することができるという。このような見方は、日本ではむしろ、高橋の師であった大塚久雄の学説として知られている。

大塚によれば、オランダの資本主義は、商人資本的であり、奢侈品を中心にし、中継貿易にもとづいていた⑽。それに対して、イギリスでは「下からのマニュファクチャー」が進んだ。これは安価な日用品の生産を中心とする。これは旧来の都市ではなく、農村の近傍にできた新しい都市でなされた。つまり、そこで作られた物は、農村から出てきた労働者自身によって買われたのである。こうして地域的な「市場」が各地に形成され、それらが結びついて国内市場となった。まもなく、イギリスの産業資本主義は世界市場でも、オランダの商人資本主義を駆逐するにいたった。

したがって、大塚の意見では、イギリスで「下からのマニュファクチャー」がいち早く進んだのは封建制の解体が進んでいたためである。このような見方では、イギリスが先進国の典型であるかのようにみえる。しかし、事実はそうではない。イタリア諸都市やオランダに比べると、イギリスはマニュファクチャーにおいてずっと遅れていた。イタリアの諸都市は貿易で覇権を握ったが、その基盤はたんなる中継ではなく、マニュファクチャーにあった。一七世紀のオランダも同様である。オランダの商人はマニュファクチャーによる毛織物を輸出することで、イタリアの諸都市やハンザ同盟の諸都市を押しのけたのである。商人資本は生産過程を組織することなしに、国際的な交易の競争に勝つことはできないのだ。しかし、オランダのマニュファクチャーは産業資本には発展しなかった。それは、オランダにイギリスよりも封建的な体制が根深く残っていたからではない。オランダが商業と金融において覇権を握ったからである。資本は、それが可能ならば、リスクの多い産業資本よりも、商人資本や金融資本の蓄積の仕方を選ぶ。世界市場の覇権を握ったオランダの資本が、マニュファクチャーを推進するよりも、商業や金融に向かったのは当然である。

一方、イギリスでも、生産者による「下からのマニュファクチャー」が最初から発展したわけではない。実際は、「上からのマニュファクチャー」があり、その割合が大きかった。鉱山業その他大規模なマニュファクチャーは、国家が関与しないではありえないからだ。また、中央の商人資本なしに、「下からのマニュファクチャー」もありえない。だが、イギリスで、「下からのマニュファクチャー」あるいは産業資本主義が進んだのは、世界交易においてオランダに遅れをとったからである。イギリスは、重商主義(保護主義)的な政策をとって国内産業を保護した。その意味で、イギリスにおける「下からのマニュファクチャー」は国家による保護と支援の下になされた。それは先進国の現象というより、後進国の現象なのだ。

くりかえすと、イギリスで「第一の道」が始まったのは、そこで封建制生産様式の解体が進んでいたからではなく、むしろ海外の市場を断念するほかなかったからである。ゆえに、問題は、「上からのマニュファクチャー」か「下からのマニュファクチャー」か、ではない。問題は、それがいかなる市場に向けてなされたか、である。商人資本による「上からのマニュファクチャー」は奢侈品が主であり、王侯貴族・富裕者に向けられていた。また、それは海外市場が主であった。それに対して、「下からのマニュファクチャー」では、安価な日用品が中心である。これは旧来の都市ではなく、農村の近傍にできた新しい都市を舞台にしていた。つまり、産業資本は、旧来の都市のギルド職人共同体でもない、また、農村の共同体でもない、新たな産業都市＝市場において出現したのだ。産業資本は、近郊農村から出てきた労働者が資本の下で社会的に結合して生産した物を彼ら自身が買うというシステムとして発生したのである。この間、イギリスではオランダの自由貿易主義に対して、関税によって国内産業が保護されていた。

このように見ると、イギリスでは産業資本主義が自生的に発展したのに対して、ドイツその他の後発資本主義国では国家の保護と育成によって発展した、という見方は成り立たない。イギリスもまた同様であったからだ。また、イギリスは一九世紀に自由貿易主義をとったが、それはヘゲモニーを握った国家としての政策であって、市場経済が国家と無関係に存在するものだからではない。また、一九三〇年代以後イギリスで、ケインズ主義によって経済への国家的な介入がなされるようになったのも、特に、新たな事態ではない。ケインズの理論など知らないドイツや日本でも同じことをやっていた。そもそも、資本主義的市場経済が国家と無関係に自律的に発展するという考えがまちがっているのだ。

先に、私は、総資本の意志は、資本家の合意としてではなく、国家の意志として出てくると述べた。このことは、労働力商品の育成という問題から見ると明白である。われわれは先に、それを「二重の意味で自由な」プロレタリアの出現として見てきた。それは土地の私有化・共同地の廃止のため、生産手段「から自由になった」(をもたない)人々の出現である。だが、そのことがもたらすのはむしろ都市の浮浪者である。彼らが産業プロレタリアであるためには、たんに生産手段をもたないというだけでは足りないのだ。産業プロレタリアは、勤勉で、時間を守り、分業と協業に適応できるような人々である。したがって、ウェーバーは、プロテスタンティズムが産業資本主義に適合する勤勉なエートスをもたらしたと主張した。しかし、そのようなエートスは、学校と軍隊での集団的訓練を通してもたらされる、というほうが普遍的である。

学校教育は職人の徒弟制の訓練とは異なる。産業資本主義における「労働力」商品には、特定の技能ではなく、どんな職種に移っても適応できるような能力が必要である。したがって、計算能力や言語能力のような一般的な知識を与える教育が必要となる。さらに、産業資本の価値増殖は技術革新(生産性の上昇)にもとづいているから、単純労働だけでなく、高度な科学技術をもたらすような労働力を育成しなければならない。ゆえに、大学や研究機関が不可欠である。このような課題を果たすのは、個別資本ではなく、総資本、つまり、現実には国家である。

国家によって労働力が育成されるということは、イギリス以外の後発資本主義国家を見るとき明白である。そこではむしろ、イギリスの産業に対抗するために、国家が率先して義務教育を実施したからだ。それを実行したのは、啓蒙専制君主、あるいはそれに似た体制(ボナパルトやビスマルクに代表される)である。非西洋諸国で急速な工業化を目指した国でも同様のことがなされた。つまり、工業技術の導入に劣らず、労働力の育成が重視されたのである。たとえば、日本は明治維新後四年目に、徴兵令と義務教育令を発布した。工業は未発達であったが、義務教育と集団的な規律によって、資本制生産に適合した労働者が先ず創り出されたのである。後発資本主義国では、マニュファクチャーを通して職人気質を徐々に変えていくというような悠長なやり方はとれないのだ。このように、産業資本主義が発展するためには、国家の介入が不可欠である。国家もまた存続するためには、産業資本主義の発展を不可欠とする。国家と資本は異質であるが、相互に依存することによってのみ存続するのである。

5　貨幣の商品化

カール・ポランニーは、市場経済が「自己調整的システム」として自立するためには、労働力、土地および貨幣が「擬制商品化」することが不可欠で、それが歴史的に具体化したのは一八世紀末以降でしかない、といっている。この場合、土地の商品化と労働力の商品化は、相互に結びついた事態である。というのは、「労働力の商品化」には、「土地の商品化」、つまり、共有地の廃止など、「土地の私有化」が先行しなければならないからだ。農業共同体は土地の私有化によって、その現実的根拠を奪われる。もちろん、土地の商品化が進んでも、水利や自然環境など農業経営のために不可欠な共同性が一応残される。また、それを維持するために「土地の商品化」が制限される。しかし、「共同体」はもはや観念でしかない。また、土地の私有化は共同体の解体にとどまらず、自然環境(エコシステム)一般の破壊となる。というのは、農業共同体の営みがそれ自体、自然環境の維持になっていたからである。

つぎに、「貨幣の商品化」は信用や金融にかかわるものである。これらは本来、商品交換がもつ本来的な困難に発している。信用制度はそれを回避するために形成されたのである。たとえば、商品の売買において、あとで貨幣を支払うということにして、〝手形〟を渡す。信用によって、資本は新たな投資をおこなうことができる。また、金がない場合、資本は他人から借りて、あとで利子付きで返済する。このような信用によって、商品交換が増進し生産が増大する。逆にいうと、商品交換の拡大は、貨幣を商品として扱う金貸し資本(M－M′)を増大させる。

このようなシステムはある程度、古代・中世から存在したし、商人資本主義とともに発展してきた。実際、産業資本主義が始まったときには、商業信用、銀行信用といったシステムがすでに存在していた。また、産業資本の下で、商人資本や金貸し資本は消滅したのではない。それらはただ、産業資本の下で再編成されたのである。マルクスはいう。

産業資本以前にすでに過ぎさったかまたは現に衰滅しつつある社会的生産状態のただ中に現われた他の種類の資本は、産業資本に従属するものとされ、それらの諸機能の機構を産業資本に適応して変ぜられるのみではなく、もはや産業資本の基礎の上でのみ運動し、したがって、それらのこの基礎とともに生滅し、興亡する。貨幣資本と商品資本は、それらが産業資本と並んで独自の事業部門の担い手としての機能をもって現われるかぎりでは、もはや、産業資本が流通部面の内部でときに採りときに棄てる種々の機能形態の、社会的分業によって独立化され、一面的に育成された存在様式であるにすぎない。(11)

しかし、産業資本の優位が確立されたのち、商人資本は産業資本の一部門になっただけではない。むしろ、逆のことが生じた。商人資本や金融資本が産業資本を包みこむようになったのである。さらに、産業資本の中からも、商人資本ないし金貸し資本的な蓄積が生まれ、且つ、優越していくという事態が生じた。それは銀行と株式会社の発展においてもたらされた。
株式会社は本来、遠隔地交易に対する共同出資において、投資家のリスクを分散化する目的で創始された。産業資本でそれが一般化したのも同じ理由からである。そこでは、固定資本への投資が大きなリスクであった。それを避けるために、株式資本、すなわち、「資本の商品化」によって、資本自体が市場で売買されるようになった。それによって、資本家はいつでも、生産過程で固定的に集積された形態(現実資本)を、貨幣資本に戻すことができる。つまり、資本は蓄積過程における困難を、株式化によって逃れるのである。

株式会社は、それまで分散していた中小資本の集中、いいかえれば、労働の一層の社会化を推進した。マルクスは株式資本の歴史的意義を認め、それを「資本主義的生産様式そのものの限界内での資本主義的生産様式の止揚」であると考えた。それは、株式会社が「資本家」という存在を止揚したことを意味する。のちに、バーリーとミーンズが提唱した「資本と経営の分離」なるものは、そもそも株式資本にはらまれていた可能性である。株式資本において、資本家は利潤率(配当率)にしか関心をもたない株主となり、生産過程から遊離する。だが、それによって、資本が消滅したわけではない。資本は株式会社によって、産業資本から一種の商人資本に転じたのである。つまり、資本という商品を扱う資本家に。株式会社は資本家を再び投機的にしたのだ。

ちなみに、マルクスは『資本論』の冒頭に、資本制経済は商品の集積であると述べ、この商品から資本への弁証法的発展を記述した。だが、彼は、最初に見出される商品に、資本自体をふくめておくべきだったろう。というのは、論理的な始元としての商品にすでに資本がふくまれるとき、商品から株式資本への発展は、ヘーゲル的な意味で弁証法的になるからだ。そのとき、『資本論』は精神＝資本の「自己実現」を記述したものとなりうる。もちろん、株式会社は、商品交換の困難を最終的に解決するものではない。逆に、そのことの不可能性を示すものである。

ルドルフ・ヒルファーディングは『金融資本論』で、マルクス体系の中の貨幣・信用論を発展させた。彼は株式会社において、実体資本の価値をうわまわる株価の形成や、新株発行にともなう創業者利得などを分析し、銀行と産業の結合、資本の集中と独占組織の形成を通じて、金融資本が形成されると考えた。金融資本は、産業資本のような自由な価格競争にもとづくことなく、市場や資源・労働力を独占しようとする。これが一九世紀末の帝国主義を経済学的に説明する理論であった。そして、それがもたらした世界戦争ののち、金融資本の活動を国際的に規制する体制があった。それが解禁され、貨幣および資本の商品化が全面化したのが、一九九〇年代以後のグローバリゼーションにおいてである。

6　労働力の商品化

産業資本とともに地位が低落したはずの、古い資本の蓄積形態(M－M′, M－C－M′)が、脚光を浴びるようになり、また、非難を浴びるようになった。まるでそれが資本主義の本質であるかのように、また、それを規制すれば資本主義が健全となるかのように。しかし、産業資本の本質はあくまで「労働力の商品化」にある。土地の商品化や貨幣の商品化、さらに資本の商品化は重要であるが、最も根本的なのは労働力の商品化である。これがなければ、商品交換が全面化することはありえないからだ。そして、資本主義の危機も本質的には、ここからやってくる。

資本主義経済は「信用」からなる体系である。そして、信用とは商品交換の困難をとりあえず越える手段であった。ゆえに、信用が突然崩壊する危険はいつもある。とはいえ、信用の「危機」を偶発的にではなく、必然的にもたらすのは、ある種の商品の交換である。それが労働力商品である。というのは、土地や貨幣・資本の商品化に関しては、市場の「自己調整的システム」は不完全であるとしても一応機能するが、労働力商品に関しては、そのような「自己調整」はありえないからだ。

私は先に、産業資本主義は、労働力商品を得ることで、「商品が作った商品を商品が買う」というオートポイエーシス的なシステムを完成したと述べた。しかし、ここには労働力商品そのものの特異性からくる、致命的な欠陥がある。資本は商品としての原料を得ることも、それを加工して商品を生産することもできるが、労働力という商品を生産することはできないのだ。労働力商品は他の商品とは違って、市場の「自己調整的システム」では調整できない。つまり、需要がないからといって廃棄することはできないし、不足したからといって急遽増産することもできない。たとえば、労働力が不足した場合、海外からの移住労働者で補塡することができるが、あとで不要になっても簡単に追い出すことはできない。その結果、労働力の市場「価格」はたえず需給によって変動し、資本の利潤率はそれによって左右される。

労働力商品に固有のこうした特異性のために、景気循環が不可避的となる。具体的にいうと、好況期では雇用が増大し、労賃が高騰する。そのため、利潤率が下がる。しかし、好況で信用が過熱しているため、資本は、見かけの上での需要に応じて、生産を続ける。最後に、信用が破綻し、恐慌が生じる。そして、過剰生産であったことが判明するのである。恐慌とその後の不況は、利潤を確保できない脆弱な企業を倒産させ淘汰してしまう。ところが、不況のため、賃金が下がり利子率が下がることによって、資本が新たな機械や技術に投資することが可能になる。その後、次第に好況がやってくる。そして、その頂点で恐慌が起こる。

資本の蓄積、あるいは、「資本の有機的構成」の高度化は、このような景気循環を通してなされる。資本主義はこのような暴力的なやり方でしか、それをなしえないのである。こう見ると、恐慌は資本主義を崩壊させるどころか、資本蓄積にとって不可欠な一過程にすぎない。信用恐慌がもはや古典的なかたちでは起こらないとしても、このような不況と好況という景気循環は産業資本につきまとうのである。以上の例は、マルクスが生きている時代に出会った短期的な景気循環にもとづくが、長期的な景気循環についてはあとで論じる。

ここで、恐慌について一言のべておく。マルクスは、商品から貨幣への姿態変換における「命がけの飛躍」——平たくいえば、商品が売れるかどうかわからないということだ——に、「恐慌の可能性」が潜んでいるといっている。むろん、これは恐慌の形式的な可能性にすぎない。現実に恐慌が起こるのは、商品経済において信用制度が発達したのちである。信用とは、商品がとりあえず売れたことにしてあとで決済されるようにするものであり、それは、交易を容易にし且つ増大させるために不可欠である。信用によって推進された売買が、あるきっかけで、現実には成立していないことが判明するとき、恐慌が生じる。すべての恐慌はその意味で、信用恐慌としてあらわれる。

重要な問題は、それがなぜ周期的となるか、ということだ。産業資本主義以前にも恐慌はあった。たとえば、オランダでチューリップの投機から起こった世界恐慌は有名である。しかし、それらの原因は突発的な投機やバブルにあった。それでは、一八二〇年代から始まった周期的恐慌や景気循環を説明することができない。『資本論』のマルクスはそれに関して多くの説明を与えているのだが、恐慌の一般的原因をいうだけで、恐慌が周期的である所以を説明するのには不十分である。宇野弘蔵がいったように、景気循環に周期性を与えているものは、労働力商品に固有の性格以外ではありえない(12)。

だが、それはなぜ一〇年ほどの周期なのか。これに関して、マルクスは、主要な工業である綿工業の機械が一〇年ほどしかもたないからだといっている。これは重要なポイントである。マルクスが考察した周期的恐慌や景気循環は、ある意味で、綿工業が主要な生産であった事態に規定されていたといえる。綿工業の場合、労働集約的であるから、賃金の上昇が早く、利潤率の低下が一〇年ほどで訪れる。それがたまたま、機械の摩滅する時期と合致したのだ。

しかし、こうした周期的恐慌は、一八七三年の恐慌を最後に消えてしまった。それは一八六〇年代から進んだ重工業の発展の結果だといえる。そこでは設備投資(不変資本)の割合が増大するため、労働生産性(剰余価値率)が高まっても、利潤率が低下する。また、重工業では綿工業ほど容易に新規の設備投資をすることができない。さらに、それは労働力(可変資本)をさほど必要としないため、失業が増える。ゆえに、国内消費が減退し、不況が慢性的となる。

景気循環の問題を総合的に考えるには、したがって、労働力商品だけでなく、どんな商品が世界資本主義の基軸商品となるかを考慮しなければならない。マルクスが分析した景気循環は、ジュグラー波と呼ばれる短期波動である。それに対して、コンドラチェフは、約五、六十年の長期波動を考察した。それ以外にも、物価の長期的変動にもとづいて、長期的なサイクルが見出されている。しかし、私の考えでは、産業資本主義におけるサイクルは、あくまで労働力商品の問題として見られるべきである。それは、長期的には、綿工業や重工業といった産業資本の主要な生産形態の変化として生じる。別の観点からいえば、「長期波動」は、世界商品(基軸商品)の交代――毛織物、綿織物、重工業、耐久消費財……に対応したかたちで起こる。世界商品の移行は、技術水準、生産・消費の形態の変動であるから、全社会的な変動を伴わずにいないのである。

たとえば、毛織物が世界商品であるあいだ、イギリスはオランダに勝てなかった。オランダの優位は毛織物工業にあり、その結果として中継貿易や金融業のヘゲモニーを握ったのである。綿製品が世界商品となりはじめたとき、ヘゲモニーはオランダからイギリスに移った。オランダは商業と金融におけるヘゲモニーを維持したが。つぎに、イギリスは繊維工業から重工業への移行においてドイツやアメリカに遅れをとった。かつてのオランダと同様に、商業と金融の部門ではヘゲモニーを維持したが。

重工業の段階で生じた問題については、すでに触れた。そこでは国内の需要は減退し、不況が慢性的となる。しかも、重工業の生産物は、鉄道や造船が典型的であるが、国内よりも国外に向けられたものである。資本は、その活路を海外市場に求めるほかない。そして、そのことは国家の支えなしにはできない。そもそも、重工業には大規模な資本が必要であった。そのためには、株式会社による資本の集積だけでなく、国家的な投資が不可欠である。イギリスがドイツに遅れてしまったのはそのためである。このように、重工業の段階では以前にも増して、国家による経済への介入が強くなる。かくして「帝国主義」と呼ばれる時代に入るわけである。

つぎに、一九三〇年代の大不況ののちに、世界商品は耐久消費財(自動車や電気製品)に移行した。それは大量生産・大量消費による「消費社会」をもたらした。しかし、それが飽和状態に達したのが一九七〇年代であり、その深刻な不況から脱するためにとられたのが「グローバリゼーション」である。それは、新たな労働者＝消費者を見出すことである。それを可能にしたのがソ連邦の崩壊(一九九一年)であった。こうして、これまで世界市場から隔離されていた旧社会主義圏およびその影響下にあった地域に、世界資本主義の活路が見出された。しかし、これはインドや中国などの巨大な人口を巻き込むものであるがゆえに、それまでに露呈していた諸矛盾を爆発的に激化させるものである。環境破壊も危機的なレベルに達する。

7　産業資本主義の限界

産業資本は労働力商品によって自己増殖的なシステムとなったが、すでに述べたように、労働力という商品にもとづくこと自体にその限界をもっている。第一に、それはたえまない技術革新を必要とする。なぜなら、産業資本の相対的剰余価値は、労働生産性を上げることによって得られるからだ。第二に、それはたえず安価な労働者＝新たな消費者を必要とする。それは、農村部・周辺部から提供される。以上二つの要素が、資本の蓄積にとって不可欠である。これらがないと、資本主義は終わってしまう。

たとえば、アダム・スミスは、彼らの時代の経済成長は一時的な現象で、やがて資本主義経済は定常状態に落ち着くだろうと予測していた。彼は技術革新が続くと考えていなかったのである。しかし、それはある意味で、技術革新が停滞したらどうなるかを示すものである。その場合、小さな技術革新ではなく、「世界商品」のシフト――たとえば、綿工業から重工業へ、さらに、耐久消費財へというような――を起こすような技術革新があるかどうかが問題である。現在、これはほぼ頂点に達している。つぎに、第二の条件についていえば、資本制経済の外部はもはや無尽蔵に存在するとはいえない。それは各地の脱農村化によって消滅しつつあるからだ。たとえば、中国やインドが十分な工業化を遂げると、グローバルな労働力商品の高騰、および消費の飽和と停滞に帰結する。

さらに、第二の条件と重なることだが、産業資本主義経済の成長は、つぎの条件を前提している。それは、工業生産の外部に無尽蔵の自然があるという前提である。それは、資源が無尽蔵にあること、および、自然界が生産に伴う廃棄物を処理しうるほどに無尽蔵であること、である。これまで産業資本主義経済の発展が可能であったのは、以上の意味での「自然」――人間的自然(労働力)と自然(環境)――が無制限に存在したからである。だが、産業資本主義の現段階では、それらが急速に限界に達しつつある。

この問題は「人間と自然」の関係にかかわっている。ここまでこの側面を捨象してきたのは、「人間と自然」の関係は、人間と人間の交換様式を通してのみ実現されるからだ。「人間と自然」の関係は根本的である。しかし、それを強調することによって「人間と人間の関係」を忘却させるイデオロギーに注意すべきである。一般に、それは、工業社会批判、テクノロジー批判といった文明批判のかたちであらわれる。それは概ね、ロマン主義的な近代文明批判の型を踏襲している。だが、環境破壊をたんに「人間と自然の関係」という観点だけから見ることはできない。なぜなら、環境の破壊＝自然の搾取は、人間が人間を搾取する社会に生じるからだ。たとえば、人類史における最初の環境問題は、メソポタミアの灌漑地に起こった。さらに、灌漑にもとづく古代の大文明はすべて滅び、砂漠化している。人間を「開発＝搾取」(exploit)するシステム(交換様式)が、人間と自然の間の交換(物質代謝)を破壊したのである。資本と国家の揚棄を目指さないかぎり、環境問題を解決する途はない。

8 世界経済

私は産業資本を総資本として考察してきた。それは、資本の自己増殖(剰余価値の実現)を個別資本だけでは考えることができないからである。だが、われわれがここまでやってきたのは、産業資本をせいぜい一国の単位で考えることであった。実際には、産業資本は、労働力、原料、および、生産物を買う消費者を、一国の中にのみ見出すわけではない。むしろ、産業資本は海外市場なしには成立しないのだ。マルクスも、資本主義的生産は一般に外国貿易なしにはありえないといっている。たとえば、イギリスに綿工業を中心とした産業革命が起こったのは、たんに国内市場のためではない。それまでの重商主義的な競争の中で、国際的な覇権を握るためであった。

しかし、海外貿易から利潤を得る重商主義に反対し、またそれがもたらす保護関税政策に反対したリカードは、自由貿易が相互に利益を得るのだということを主張した。それは、「比較生産費の法則」、つまり、各国の生産費構造において比較的に生産力が高く、したがって、比較的に少ない労働で商品を生産しうる生産部門が輸出産業部門へと特化し、こうした産業部門の国際的分業関係として、各国間に国際分業が形成されるというものである。だが、この「国際分業論」は欺瞞的なイデオロギーである。リカードはイギリスの綿織物とポルトガルのワインを例にあげて国際分業を説明した。それぞれが生産を〝特化〟することによって、互いに利益になるというのだ。しかし、歴史的事実として、ポルトガルは農業国に転化し、イギリス産業資本に従属するにいたった。それは、一国の内部で、労働生産性を高める産業資本が、農業部門の優位に立つのと同じことである。

自由主義を唱えたスミスやリカードは植民地主義に反対していた。植民地化は貿易の独占になるからだ。しかし、彼らの自由主義こそ、産業資本の発展した国家がとる「自由帝国主義」である。彼らは、旧来の帝国や重商主義国家と違って、周辺部から強制的に収奪する必要はない。自由貿易による等価交換を通して、それぞれの価値体系の差異から剰余価値を得ることができるからだ。この価値体系の差異化は、産業資本がたえまない技術革新によって労働生産性を上げることでもたらされる。

産業資本の発展した国に比べて、労働生産性の低い原料生産国では、労働力の価値は低く、原料もまた安価である。したがって、先進国の資本は、自国の労働者だけでなく、原料を通して、さらに、移住労働者を通して、周辺部との「等価交換」から、剰余価値を得ることができる。このことは、先進国の労働者の問題を考えるうえで重要である。なぜなら、先進国の労働者や農民が資本に搾取されているといっても、途上国の労働者や農民とは比べものにならないからだ。

リカードの比較優位と国際分業の考えは、今も「新自由主義」経済学者の間で支持されている。それに対して、最初に異議を唱えたのが、アルジリ・エマニュエルやグンダー・フランクであった。彼らは、世界市場価格での中枢(コア)と植民地の間の交換は、必然的に、植民地の犠牲で中枢に利益を与える不等価交換をもたらす、そして、いったん、不等価交換が始まれば、その結果は累積的である、と主張した。さらに、サーミール・アミンは、比較優位と国際分業という考えを批判し、後進国が後進性にとどまる原因をこうした「不等価交換」と「従属」に求めた。イギリスで産業革命が始まる前まで、ヨーロッパと非ヨーロッパ、特にアジアとの間にさほどの経済的・技術的水準の差はなかった。後者の未開発性は、もともとあったものではなく、産業資本主義以後に創り出されたものである。大まかなところで、この「従属論」の主張は正しい。たとえば、ウォーラーステインはこういっている。

中核と周辺というのは、ブルジョアジーによる剰余価値取得システムの一つの革新的部分を指し示す言葉にほかならない。極端にいえば、資本主義とはプロレタリアの創り出した剰余価値をブルジョアが取得するシステムである。このプロレタリアとブルジョアが別々の国にいる場合、剰余価値取得の過程に影響を与えてきたメカニズムの一つが、国境を越える価値のフローをコントロールする巧妙な操作である。そこから中核・半周辺・周辺という概念で総括されるあの「不均等発展」のパターンが生じてくるのである。この概念は、資本主義世界経済の多様な形態の階級コンフリクトを分析するうえで有用な知的な概念装置である[13]。

しかし、この不等価交換において特別に「巧妙な操作」は存在しない。ここに何ら謎はない。謎が生じるのは、産業資本を商人資本と異質なものとみなすからである。すでに何度も述べたように、商人資本であれ、産業資本であれ、資本は異なる価値体系の間での交換から剰余価値を得る。それぞれの価値体系内部では等価交換であるが、価値体系の差異が剰余価値をもたらすのだ。商人資本主義の段階では、各地の価値体系の差異、あるいは「不均等発展」は、もともと自然的な条件の差異によるものであった。ところが、産業資本による工業的生産物との交換によって、非産業資本主義国の産業は原料生産などに「特化」させられ、より「不均等」になっていったのである。そして、この「不均等」は日々再生産される。

マルクスが、一般的利潤率の傾向的低下、プロレタリアの窮乏化あるいは階級の両極分解の見通しを語ったことは、すでに一九世紀末から批判されてきた。しかし、たとえば、イギリスの労働者階級がマルクスのいう「窮乏化法則」に反してある豊かさをもちえたのは、資本が海外貿易から剰余価値を得ており、それがイギリスの労働者にもある程度再分配されていたからである。窮乏化は国内よりもむしろ海外の人々に生じたのだ。それは現在も生じている。したがって、われわれは資本主義の問題を、一国単位ではなく、つねに世界＝経済において見なければならない。

第三章　ネーション

1　ネーションの形成

ここまで、交換様式Cが支配的であるような資本制社会構成体がいかに出現したかについて考察してきた。それは、それ以前の社会にあった交換様式の結合の仕方がいかにして変わったかを見ることであった。この章で見るのは、それが、交換様式Cの優位の下に、資本＝ネーション＝ステートというかたちをとるということである。

ネーション＝国家は、ネーションと国家という異質なものの結合である。が、それが成立する前に、実は資本＝国家、つまり、資本と国家の結合が先行している。それが絶対王権である。先に私は、絶対王権は社会構成体の中で、それまで支配的であった交換様式Bが交換様式Cの優勢の中で変形されてあらわれた形態であると述べた。ネーションがあらわれるのは、その後、つまり、絶対王権が市民革命によって倒された後である。簡単にいえば、ネーションとは、社会構成体の中で、資本＝国家の支配の下で解体されつつあった共同体あるいは交換様式Aを、想像的に回復するかたちであらわれたものである。ネーションは資本＝国家によって形成されたものであるが、同時に、資本＝国家がもたらす事態に抗議し対抗するものとして、また、資本＝国家の欠落を埋め補うものとして出現したのである。

ネーションの感性的な基盤は、血縁的・地縁的・言語的共同体である。しかし、それはネーションの秘密を明らかにするものではない。そのような共同体があるからといって、ネーションが成立するわけではないからだ。ネーションは、資本＝国家の成立ののちにあらわれる。したがって、ネーションの形成はさしあたり、二つの視角から見ることができる。一つは主権国家であり、もう一つは産業資本主義である。いいかえると、前者は、交換様式Bという面であり、後者は交換様式Cという面である。ネーションは、これらの契機を統合することによって成立するのである。

a　主権国家のレベル

通常ネーションは、市民革命においてあらわれる。たとえば、イギリスでは、名誉革命(一六八八年)において人民主権が確立されたとき、ネーション＝ステート(commonwealth)が確立されたといってよい。ここで、ネーション(国民)とは国家の主権者である。だが、いうまでもなく、このような主権者としてのネーション(人民)は、最初から存在したものではない。それが打倒した絶対王権(主権者)の下で、それまでさまざまな身分や集団に属していた人たちが、王の臣下としての同一の地位におかれることを通して形成されたのだ。このような絶対王権が先行しないと、主権者であるネーション(人民)は出現しない。

たとえば、アジア的な専制国家の場合、王朝が倒されると、部族間・豪族間の争いに戻り、やがてつぎの王朝が再建されることになる。したがって、専制体制が倒されて人民が主権者となるということは、その前提として、絶対王権ないしそれに似たものが先行することを必要とするのである。多数の部族や民族を統合してしまうためには、独裁的な権力が不可欠である。たとえば、ヨーロッパの後進地域では、絶対王権は〝啓蒙専制君主〟というかたちをとった。君主自身が封建的勢力を抑えて、政治・経済的な近代化を成し遂げようとしたのである。また、非ヨーロッパの多くの国では、絶対王権が果たした役割は、むしろ独裁的なリーダーによって果たされた。その後に独裁者が倒されて、主権者としての人民が出現したのである。

多数の部族を越えて一つのネーションが存在するためには、幾つかのことが否定されていなければならない。その一つは、国家を越えた帝国の権威である。先に私は、ヨーロッパにおいて世界=帝国は十分に成立せず、だからこそ、そこに世界=経済が進展しえた、と述べた。しかし、政治的には帝国が成立しなかったとしても、広い意味で西ヨーロッパを一つの世界として統合するものが存在した。それがローマ教会であり、世界言語としてのラテン語、さらにローマ法ないしそれに淵源する自然法であった。これらを斥けたのが絶対王権である。絶対王権は、第一に、国法を帝国の法(自然法)や教会法に優越させた。第二に、ローマ教会の権威を否定した。それらを典型的に示すのは、イギリスの王権による教会の財産没収である。さらに、絶対王権の下で、各国語で書くことが始まった。つまり、ラテン語をそれぞれ各地の俗語に翻訳することを通して、各国の文字言語が形成された(1)。絶対王権はこのように、自らの〝絶対性〟を確立することによって、結果的にネーションが存在するための道を固めたのである。

以上、私は西ヨーロッパを例にとったが、このような過程は他の地域にもあてはまる。たとえば、植民地化された地域では、支配者国家に対する対抗運動の中で、部族間の対立や差異がのりこえられる。その場合、国家がすでに存在したところと、そうでないところでは、ネーションの形成は違っている。前者においては、西洋の支配者に対抗する中で、それまでの国家や文明を基盤にしたナショナリズムが形成される。後者では、植民地支配者が作った国家装置を梃子《てこ》にして、ナショナルな国家や言語が形成された。いずれの場合も、それ以前になかったような、ネーションとしての同一性が形成されたのである。この意味で、植民地支配国家が絶対主義的国家の機能を果したといってもよい。そして、それを打倒する闘争(民族解放)を通して、ネーションが確立されるのである。

一般に、部族的共同体がネーションの基盤となると考えられている。しかし、実際は、それはネーションとしての同一性の基盤となるどころではなく、逆に、部族間のたえまない不和と争い、他国との結託や裏切りをもたらす。ヨーロッパでは、それらを抑えて統合したのが絶対王権なのである。このような集権化ができなかった地域では、ネーションを形成できない。そのような地域ではまた、国家を越えた宗派が強固に残り、それがネーションとしての統合を妨げる、という結果になっている。

b　産業資本主義のレベル

つぎに、ネーションを交換様式Cから、すなわち、産業資本主義から見てみよう。これに関して参考になるのは、アーネスト・ゲルナーの見方である。彼はナショナリズムの起源を産業社会に見ようとした。この社会の特徴は「職業的な流動性と急速に移り変わる不安定な分業」および「見知らぬ者の間で頻繁かつ精密なコミュニケーション」がおこなわれることにある。《近代社会は、新人全員に対してかなり周到な長期間の訓練を施し、一定の共有された資質、すなわち、読み書き、計算能力、基礎的な労働習慣、社会的な技能、基礎的な技術的、社会的技能の熟知といった資質を強く求める(2)》。

ゲルナーがいうのは、ナショナリズムが、産業資本における「労働力商品」の形成とともに出てきたということにほかならない。徒弟制の場合、仕事が固定しており、それに対する修練や熟練の方法や階梯が決まっていた。また、一つの業種でマスターとなった者は、他の業種に取り組むことはない。ところが、産業資本主義では、分業化とともにたえず新たな技術が発明され、新たな仕事が生まれる。産業プロレタリアはその変化に敏速に対応しなければならないので、一つの業種に熟練することよりも、たえず新たな仕事に適応できる基礎的な技術が必要となる。さらに、時間を厳守し忍耐強く働く態度、のみならず、見知らぬ他人と協働する能力が必要となる。他人と協働するためには、共通の言語や文化をもつことが不可欠である。

しかし、このような労働力商品は、産業社会あるいは産業資本よりもむしろ、近代国家によって形成されたというべきである。先に述べたように、後発的な資本主義国家が真っ先におこなうのは、徴兵制と義務教育である。それは、ナショナリズムを育成することと「労働力商品」を育成することが、切り離せないものだということを意味している。

2　共同体の代補

以上の事柄は、しかし、ネーションを考えるうえで必要ではあるが、実は不十分である。以上の観点から見れば、ネーションを作ったのは国家や資本だということになる。だが、ネーションは、たんに資本=国家の受動的産物なのではない。それは自身、資本=国家に対抗するものとして出現したのである。ネーションは、国家的統合や産業資本主義という次元だけでは語れない。むしろ、それに対する反撥をはらんでいるのだ。その意味で、ネーションは、いわば感情という次元にもとづくといってよい。

ネーションは、市民革命によって絶対的主権者が倒され、個々人が「自由と平等」を獲得するときに成立する。しかし、それだけでは不十分である。そのためには、個々人の自由や平等のほかに、個々人の間の「連帯」が必要となる。たとえば、フランス革命では、自由・平等・友愛というスローガンが唱えられた。その場合、自由と平等は合理的なものであるが、「友愛」は違っている。それは個々人の間の連帯の感情を意味する。ネーションに必要なのはこのような「感情」である。それは、家族や部族共同体の中での愛とは別の、むしろそのような関係から離脱した人々の間に生まれる、新たな連帯の感情である。

ネーションをこのような感情(sentiment)から説明するのは、皮相な見方のようにみえる。それよりも、ネーションを民族的《エスニック》、言語的な共同性、あるいは経済的な共同性という現実的な基盤から説明すべきだと思う人がいるだろう。が、その種の共同性は必ずしもネーションを形成しない。むしろしばしば、ネーション形成の妨げになる。たとえば、部族や宗派のためにネーションが犠牲にされるからだ。ゆえに、ネーションについて考えるとき、われわれはむしろそれを、ある種の「感情」において見るべきである。それは問題を心理学に還元することではない。その逆に、感情というかたちでしか意識されない「交換」を見ることを意味するのである。

ニーチェが指摘したように、罪責感のような感情には、一種の交換がひそんでいる。むろん、それは互酬的な交換であって、商品交換とは異なる。商品交換の場合、ひとはむしろ感情を離れて、いわばビジネスライクにふるまうことができる。ところが、互酬的な交換に由来する債務感情は、金では返せないものであり、経済的にはまさに「経済合理性」を欠くものである。ネーションが〝感情〟としてあらわれるということは、ネーションが国家や資本とは異なる交換様式に根ざすものだということを意味する。しかし、通常、そう考えられていないのである。

ネーションという問題は、マルクス主義者を躓かせてきた問題の一つであった。彼らにとって、ネーションは、近代資本主義的経済構造によって生み出されたイデオロギーでしかなかった、つまり、啓蒙によって解消すべきであり、また解消されうるものであった。ところが、そのようにネーションを軽視したマルクス主義者の運動は、ナショナリズムを掲げたファシズムに屈しただけでない。社会主義国家自体がナショナリズムを掲げ、互いに抗争するにいたったのである。

ベネディクト・アンダーソンは、彼がネーションについて考察したのは、中ソの対立、中国とベトナムの戦争のような出来事に直面し、マルクス主義の盲点に直面させられたからだと述べている。彼はネーションを「想像の共同体」(imagined community)としてとらえた。一見すると、これは旧来のマルクス主義者の見方——ネーションは人がそれから目覚めるべき共同幻想であるという見方、つまり、啓蒙主義的な観点と同じようにみえる。しかし、一つアンダーソンが違っているのは、ネーションがむしろ啓蒙主義の結果として生じたということを見ていた点である。すなわち、彼は一八世紀西洋におけるネーションの発生を、むしろ啓蒙主義、合理主義的世界観の支配の中で宗教的思考様式が衰退したところに見出したのである。彼の考えでは、ネーションは宗教にかわって、個々人に不死性・永遠性を与え、その存在に意味を与えるものであった。

人の死に方がふつう偶然に左右されるものとすれば、人がやがては死ぬということはのがれようのない定めである。人間の生はそうした偶然と必然の組み合わせに満ちている。我々はすべて、我々の固有の遺伝的属性、我々の性、我々の生きる時代の制約、我々の身体的能力、我々の母語等々の偶然性と不可避性をよく承知している。伝統的な宗教的世界観の偉大な功績(それはもちろん伝統的な宗教的世界観が特定の支配・収奪体制の正当化に果たしてきた役割とは区別されなければならない)――それは、これらの宗教的世界観が、宇宙《コスモス》における人、種としての人、そして生の偶然性に関わってきたことにあった。仏教、キリスト教、あるいはイスラムが、数十ものさまざまの社会構成体において数千年にわたって生き続けてきたこと、このことは、これらの宗教が、病い、不具、悲しみ、老い、死といった人間の苦しみの圧倒的重荷に対し、想像力に満ちた応答を行ってきたことを証明している。(3)

ナショナリズムは、宗教にかわって「想像力に満ちた応答を行ってきた」とアンダーソンはいう。しかし、ここで彼がいう、啓蒙主義によって解体された宗教的世界観とは、むしろ農業共同体の世界観だというべきである。キリスト教であれ、仏教であれ、普遍宗教は本来、共同体に対抗して出現したものだが、現実に共同体に根を下ろそうとすれば、その要求を満たさなければならなかった。つまり、普遍宗教は農業共同体の宗教と融合したのである。したがって、共同体の解体とともに、むしろ普遍宗教はその本来的性格をとりもどしたといってよい。実際、宗教は、個人主義的な宗教(プロテスタンティズム)としては、むしろ、啓蒙主義以後に発展しているといわねばならない。

さらにいうと、啓蒙主義をたんに宗教批判としてだけ見ることはできない。啓蒙主義は通常、イギリスの市民革命以後、特にロックなどの思想と結びつけられている。しかし、一八世紀のドイツやロシアにおいて支配的であったのは、〝啓蒙専制君主〟であった。いうまでもなく、これは絶対王権である。絶対王権は国内を統合するために、ローマ教会など外的な権威を否定する啓蒙主義を必要としたのである。その意味で、啓蒙主義はむしろ絶対王権のイデオロギーであり、それが推進したのは、資本＝国家を強化することであった。そして、そのことは農業共同体を解体せずには果たしえない。それが啓蒙主義だとすると、それに対する反撥として出てきたロマン主義が、資本＝国家に対する批判、さらに、それによって解体されていく共同体とその互酬原理の回復、という意味をはらんでいたのは当然である。それゆえ、ロマン主義は両義的である。それはノスタルジックな復古主義という側面と、資本＝国家の批判という側面を同時にもったのである。一般的には前者の面が支配的であるが、たとえば、イギリスのロマン派では後者の面が強く、彼らの多くが社会主義者であったことは注目に値する。(4)

ところで、資本＝国家による共同体の解体は、アンダーソンが指摘するように、深刻な意味をもった。共同体の消滅は、それがもっていた「永遠」を保証する世代的な時間性の消滅でもあったからだ。農業共同体の経済においては、たんに生きている者たちの間の互酬だけでなく、死んだ者(先祖)とこれから生まれてくる者(子孫)との間にも互酬的な交換が想定されていた。たとえば、生きている者は子孫のことを考えて行動し、また、子孫は彼らのために配慮してくれた先祖に感謝する。農業共同体の衰退とともに、自分の存在を先祖と子孫の間におくことで得られるこのような永続性の観念も滅びる。

普遍宗教は個人の魂を永遠化するだろうが、共同体のこうした時間性を回復しない。そして、それを想像的に回復するのがネーションなのである。したがって、「国民」とは、現にいる者たちだけでなく、過去と未来の成員をふくむものである。ナショナリズムが過去と未来にこだわるのはそのためである。

アンダーソンはネーションを宗教の代補として見たが、それでは、たとえば、インドにおけるヒンドゥー・ナショナリズムのような「宗教的ナショナリズム」を理解できないだろう。しかし、ネーションが共同体の代補であると考えるならば、宗教的ナショナリズムとみえるものも、衰退した共同体の想像的回復だということが明らかとなる。この場合の宗教は普遍宗教でなく共同体の宗教である。ゆえに、共同体の衰退の中で想像的に回復されるネーションが宗教的形態をとっても別に不思議ではない。

ネーションを経済的・政治的な利害だけで考えることはできない。そこにはメタフィジカルな問題がある。しかし、それは、ネーションが経済や政治と違った、何か精神的レベルの問題だということを意味するのではない。たんにそれは、ネーションが商品経済とは違ったタイプの交換、すなわち、互酬的交換に根ざすということを意味するのである。ネーションとは、商品交換の経済によって解体されていった共同体の「想像的」な回復にほかならない。ネーションは、いわば、資本＝国家に欠けていた「感情」をそこに吹き込んだのである。ヘーゲルは『法の哲学』で、ホッブズ的な国家を「悟性的国家」と呼んだ。それはそこに「感情」が、したがってまた「ネーション」が欠けているということを意味する。ヘーゲルの考えでは、資本＝ネーション＝ステートこそ真に「理性的国家」なのである。このような問題を考えるために、私はネーションが出現する事態を哲学的文脈で考察しておきたい。

3　想像力の地位

注目すべきことは、一八世紀後半のヨーロッパに、アンダーソンがいうような「想像された共同体」が形成されただけではなく、まさに「想像力」そのものが特殊な意義をおびて出現したということである。ネーションが成立するのと、哲学史において想像力が感性と悟性を媒介するような地位におかれるのとは同じ時期である。それまでの哲学史において、感性はいつも知性の下位におかれていたが、想像力も知覚の擬似的な再現能力、あるいは恣意的な空想能力として低く見られていた。ところが、この時期はじめて、カントが想像力を、感性と知性を媒介するもの、あるいは知性を先取りする創造的能力として見出したのである。たとえば、ロマン派詩人・批評家コールリッジは、カントにもとづいて、空想(fancy)と想像力(imagination)を区別した。想像力は恣意的な空想とは異なる。その意味で、ネーションは「想像された共同体」であるという場合、それは「空想」ではなく「想像」なのだということに留意すべきである。いいかえると、それはたんなる啓蒙によっては消すことができないような根拠をもっているのだ。

ネーションの「感情」が形成されるのと、「想像力」の地位が高まるのとは、歴史的に平行した事態である。この種の問題が哲学において最も早く主題化されたのは、資本主義的市場経済が最も早く発達したイギリス、殊にスコットランドにおいてである。一八世紀の前半に哲学者が注目したのは、ある種の感情であった。それは、哲学者ハチソンがいいはじめた道徳感情(moral sentiment)である。ハチソンの弟子アダム・スミスは道徳感情について論じ、共感＝同情(sympathy)についてつぎのように述べた。

人間というものは、これをどんなに利己的なものと考えてみても、なおその性質の中には、他人の運命に気を配って、他人の幸福を見ることが気持ちがいい、ということ以外になんら得るところがないばあいでも、それらの人達の幸福が自分自身にとってなくてならないもののように感じさせる何らかの原理が存在することはあきらかである。憐憫または同憂は、まさにこの種の原理に属し、それは他人の不幸を直接見たり、あるいは他人の不幸について生々しい話を聞かされたりすると、それらの人々の不幸に対してただちに感ずる情緒である。他人が悲しんでいるのを見るとすぐに悲しくなるのは、なんら例証する必要のない自明の理である。……想像のはたらきによって、われわれは自分自身を他人の立場に置き換え、自らすべての同じ拷問に耐え忍んでいるかの如くに考え、いわば他人の身体に移入して、ある程度までその人間と同じ人格になって、その上でその人間の感じに関する何らかの知識をえ、程度こそ幾分弱いが、その人間の感じた感覚と全く異っているとも思えないある種の感覚をすら感ずるようになる。(5)

スミスのいうシンパシーとは、相手の身になって考えるという想像力である。ハチソンのいう道徳感情と、スミスのいうそれとの間には、微妙だが決定的な差異がある。ハチソンにとって、道徳感情は利己心とは反対のものだが、スミスのいう共感は利己心と両立するものなのだ。そもそも、相手の身になって考えるのであれば、相手の利己心を認めなければならない。いうまでもなく、スミスは、各人が利己的に利益を追求することが結果的に全体の福利(welfare)を増大させるということ、ゆえに、レッセ・フェール(自由放任)でやるべきだということを主張した経済学者である。しかし、スミスは本来倫理学者であったというより、最後まで倫理学者であり、彼の political economy(国民経済学)は倫理学的体系の最後にあらわれるものである。

右のような道徳感情論と、弱肉強食を肯定するレッセ・フェールの市場主義とは両立しないようにみえる。この問題はしばしばつぎのように考えられている。スミスは一方でレッセ・フェールを説きながら、他方でそれが不可避的にもたらす弊害に気づいていた、そこに彼の倫理学があった、と。かくしてスミスは厚生経済学の先駆者であった、とされるわけである。しかし、スミスが利己心を肯定すると同時にシンパシーを説いたことは、別に矛盾することではない。キリスト教——仏教でもイスラム教でも同じことだが——では、利己心の否定が説かれ憐憫が説かれる。が、スミスがいうシンパシーは、憐憫や慈悲とは異なっている。そもそも、それは、利己心が肯定されるような状況、つまり資本主義的市場経済においてはじめて出現するものなのだ。憐憫や慈悲は、商品交換原理Cが副次的であるような社会における倫理である。しかるに、スミスがいうシンパシーは、商品交換の原理が支配的となり、互酬原理が解体されてしまったときにのみ出現する「道徳感情」あるいは「想像力」であって、旧来の社会には存在しなかったものである。

4　道徳感情と美学

フランス革命において「友愛」と呼ばれたものは、スミスが共感あるいは同類感情(fellow feeling)と呼んだものと同じである。友愛という観念はもともとキリスト教的な起源をもつ。しかし、スミスのいう共感が宗教的憐憫と違って利己心が承認される状態にこそ生じるように、この時期の友愛はキリスト教的な観念とは似て非なるものである。友愛は、フランス革命における、職人的労働者たちのアソシエーションの表現であった。しかし、友愛はフランス革命の過程でネーションに吸収されていった。具体的にいえば、革命防衛戦争、さらに、ナポレオンの下で、ナショナリズムに転化していったのである。

その後、「友愛」は初期社会主義の中に復活した。だが、「友愛」はいつもナショナリズムとつながる傾向がある。初期社会主義の中で最も影響力をもったのは、サン＝シモン主義である。それは国家による産業の発展と社会問題の解決を同時にはかるものであった。しかし、それもやはりナショナリズムに帰着した、社会主義的な色彩をもったナショナリズムに。たとえば、ナポレオン三世(ルイ・ボナパルト)はサン＝シモン主義者であったし、プロイセンのビスマルクも、ドイツ版のサン＝シモン主義者であるラッサールの親友であった。したがって、プルードンが社会主義に「友愛」という契機をもちこむことを拒否するところから始めたのは、重要なことである。

しかし、一八世紀のイギリスやフランスでは、共感や友愛という「感情」に関してそれ以上の哲学的な吟味はなされなかった。それがなされたのはドイツだ、といってよい。というより、ドイツでは、友愛の問題は政治・経済的なレベルではなく、もっぱら哲学的な議論として存在したのである。したがって、それらの議論を読む場合、われわれはそれが本来的にはらんでいた問題を見失わないようにしなければならない。

ドイツでは、「道徳感情」という問題は、感情に道徳的あるいは知的な能力があるのかどうか、という問題として出てきた。先述したように、それまでの哲学では、感性は軽視されてきた。つまり、感性は人を過たせるものであり、真の認識や道徳は感性を超えたところにある、と考えられてきた。近代科学とともに感性が重視されるようになったとはいえ、それは感覚(知覚)に関してであって、感情はつねに下位におかれてきた。ホッブズやスピノザにおいても、それは人が知性によって克服すべき情念にほかならなかったのである。

一八世紀になって、感情には、知的認識や道徳的判断が可能であるのみならず、ある意味で悟性あるいは理性を超えた能力があるということを主張する議論が出てきた。それはエステティク(aesthetics)と呼ばれる。それは現在では、美学(美に関する学)を意味するが、本来、感性論という意味なのである。たとえば、バウムガルテンは『美学』を「感性的認識の学」として書いたのであって、芸術論はその中の一部でしかなかった。しかし、エステティクがほとんど美に関する学という意味で理解されるようになったのは、バウムガルテンが感性あるいは感情に理性的な認識能力を見出したからである。カントはそれを批判した。(6)

『純粋理性批判』において、カントはエステティクを感性論という意味でのみ用いている。その場合、カントは感性と悟性を区別すること、いいかえれば、「感じられるもの」と「考えられるもの」を区別することを貫いた。なぜなら、それらを区別しない思考、たとえば、或るもの(たとえば神)が「考えられる」ということからただちにそれが「在る」ということを論証してしまうような思考は、形而上学になってしまうからだ。感性と悟性を鋭く切断したカントは、感性に認識能力を見出したバウムガルテンを批判するとともに、「道徳感情」によって道徳を基礎づけようとしたハチソンを批判した。カントの考えでは、道徳法則は理性的なものであり、それは感情あるいは感性には存在しない。「道徳感情」のようなものがあるとしたら、それは道徳法則をすでに知っていることから生じるにすぎない。しかるに、あらかじめ感情に理性的なものがあるというのは、道徳(理性)の感性化＝美学化(aesthetization)なのである。

カントの考えでは、感性と悟性は、想像力によって綜合される。それは、いいかえると、感性と悟性は〝想像的にしか〟綜合されないということを意味する。カント自身は、「人間的認識の二つの幹、感性と悟性」は、「おそらく共通の、しかし、われわれには知られていない一つの根から生じているのであろう」と述べている(『純粋理性批判』)。しかし、彼はそれを積極的に示そうとはしなかった。『判断力批判』においても、彼は、それはただ「懐疑的方法」によって暗示することができるだけだと述べている。ところが、カント以後のロマン派哲学者においては、感性と悟性はもともと綜合されていると考えられるようになった。たとえば、シェリングは、感性と悟性(理論理性)の二元性を越える、直観的知性(intuitiver Verstand)なるものを見出した。それは感性と悟性の綜合である。いいかえれば、それはすべての認識の根底に芸術を見出すことである。これは哲学の「美学化」にほかならない。

5　国家の美学化

哲学史においては、カントが感性と悟性の二元論に固執し、ロマン派がそれを乗り越えたということになっている。しかし、カントは二元性を肯定したわけではない。感性と悟性の分裂ということは、具体的にいうと、ひとが自分でそう考えているのとは違った在り方を現にしているということである。たとえば、資本制社会では誰でも平等だと考えられているが、現実には不平等である。とすれば、悟性と感性の分裂が現にあるわけだ。その分裂を想像力によって越えようとするとき、文学作品が生まれる。そのような文学による現実の乗り越えが「想像的」なものだということは、誰も否定しないだろう。

ネーションも、そのような意味で「想像的」な共同体なのである。ネーションにおいては、現実の資本主義経済がもたらす格差、自由と平等の欠如が、想像的に補塡され解消されている。また、ネーションにおいては、支配の装置である国家とは異なる、互酬的な共同体が想像されている。その意味で、ネーションは、平等主義的な要求であり、国家や資本への批判とプロテストをはらんでいる。だが、同時に、ネーションは、資本＝国家がもたらす矛盾を想像的に解決することによって、それが破綻することを防いでいる。ネーションにはそのような両義性がある。私は最初に、いわゆるネーション＝ステートは、資本＝ネーション＝国家として見るべきであると述べた。それは、資本主義経済（感性）と国家（悟性）がネーション（想像力）によって結ばれているということである。これらはいわばボロメオの環をなす。つまり、どれか一つをとると、壊れてしまうような環である（図1・図2参照）。

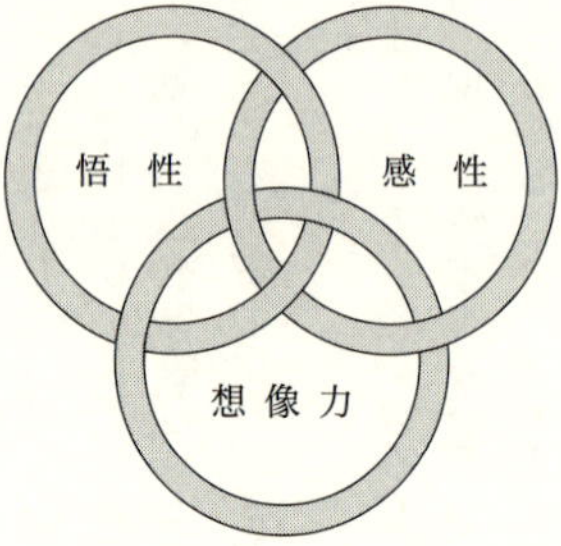

図1

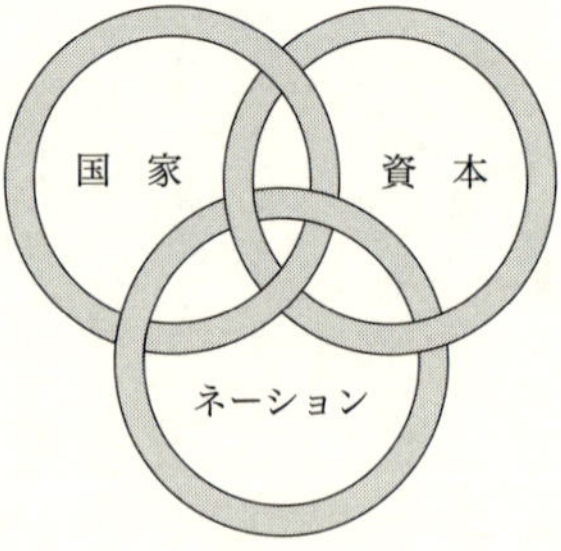

図2

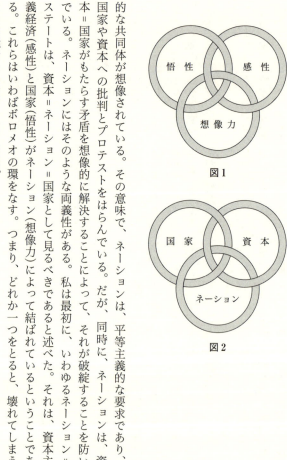

しかし、ロマン派の哲学者においては、ネーションが想像的なものだという視点が見失われる。それは客観的な実在であると考えられるのである。それは彼らが感性と悟性の二元性を否定したからである。たとえば、カントの二元論を最初に乗り越えようとしたのはその弟子ヘルダーだが、彼は『言語起源論』(一七七二年)で、ルソーの『言語起源論』が感情のみをベースにしていることを批判し、言語の起源には最初から理性が関与していることを強調した。感情そのものに理性的なものがふくまれているというのだ。(7) その意味で、ヘルダーにおいては、感性と理性が初めから綜合されている。彼は近代の主観的な哲学に対して、風土、言語、そして、言語の共同体としての民族(Volk)といった感性的な存在から出発しようとした。しかし、その場合、彼はすでに感性を理性化していた。逆にいえば、すでに理性を感性化＝美学化していたわけである。そこで、国家的理性は風土・言語・民族といった感性的なものの中に基盤をもつようになる。そして、国家は、ホッブズやロックのような社会契約論で見られた国家とは異なる、いわば、「感情」に立脚したもの、つまり、ネーションとなる。

つぎに、フィヒテの場合、ネーションの核心は言語にあると考えられている。ネーションを構成するのは、血縁的・地縁的共同性ではなく、政治的国家ではなく、言語なのである。

まず最初に、そしてとりわけ重要なこととして申し上げますが、国家と国家を分かつ最初の始源的な、そしてほんとうの意味で自然な国境とは、疑いもなくその内的な国境です。同じ言語を話す者たちは、あらゆる人為に先だって、その自然的な本性そのものによってすでに、無数の目に見えない絆によって互いに結びつけられています。彼らは互いに理解しあい、互いの考えをますます明晰に了解しあうことができます。彼らは集まって一団をなし、自然な統一体を形づくり、不可分の全体をなしているのです。このような全体が、系統と言語を異にする民族を自分自身のうちに受け入れ、自らと混合させようとすれば、少なくとも当座は紛糾をきたし、自らの教養の釣り合いのとれた進展をいちじるしく妨げられざるをえません。人間の精神の自然本性それ自体によって引かれた、この内的な国境から初めて、その結果として、居住地という外的な国境が生じるのです。事態の自然な見方からすれば、ある山と山、川と川に区切られた内部に住んでいるからといって、その人間たちは決して一つの民族なのではありません。逆に〈一つ〉の民族であるからこそ、ともに暮らしているのです。そして幸運にも川や山々に囲まれて彼らが住むことができるようになったとすれば、それは彼らがすでにそれに先だって遥かに高次な自然法則によって〈一つ〉の民族であったからなのです。

こうしてドイツ国民は、共通の言語と思考様式をつうじて申し分なく結合し、他の諸民族から十分に確然と区別され、系統を異にする種族を分かつ塁壁としてヨーロッパの中央に存在しながら、他国からのあらゆる襲撃に対して自らの国境を防衛しうるだけの人口と勇気を保持しつつ暮らしていたのです。(8)

フィヒテは、ここでネーションを国家から区別している。国家が国境をもつのに対して、ネーションは「内的な国境」をもつ。そして、「内的な国境」が現実化されたとき、真に理性的な国家が確立されるのである。しかし、内的国境としての言語において、すでに理性的なものが感性化＝美学化されていることは明らかである。逆にいえば、感性的なものが精神化されている。たとえば、言語(文学)を通して、山や川がナショナルな風景として美学化されるのである。そこで、フィヒテはつぎのようにいう。

他のゲルマン系諸民族からわれわれドイツ人を区別する根本的な特徴を見出すという課題は、解決されました。その差異はまさに、共同体としての種族が最初に分裂した際に生じたのであって、その本質は、自然力から溢れ出る最初の流れまで遡りうる生き生きとした言語をドイツ人が話しているのに対して、残りのゲルマン種族は表面だけは活発であってもその根においては死んでしまっている言語を話している、という点に存するのです。(9)

ドイツ人が根源的民族〔Urvolk〕であること、しかもドイツ人から分裂していった他の種族たちとは反対にまさしく端的に民族と自称する権利をもっている根源的民族であること、こうしたドイツ人の基本的性格についてはこれまでの講演で申し上げましたし、また歴史のなかで証明されてもいます。(10)

しかし、フィヒテはドイツ語がいかにして作られたかを忘れている。それはたとえば、ルターによる聖書の翻訳などを通して形成されたのである。ナショナルな言語は、それが帝国の文字言語(ラテン語や漢字など)からの翻訳によるということが忘れられ、直接的な感情や内面に発すると思われた時点で完成する。つまり、ヘルダーのようなロマン派の哲学者が「言語の起源」を考察しはじめたときには、すでにナショナルな言語が完成していたのである。彼らが見出す音声言語はすでに文字言語(帝国の言語)が翻訳されたものである。別の観点からいえば、彼らが見出す感性はすでに理性によって媒介されている。先に、私は、ロマン派のように感性と悟性の綜合から始めることを「美学的」と呼んだが、それはまさに言語のレベルでもいえるのである。

このようなドイツのロマン派の哲学が完成された姿は、ヘーゲルに見ることができる。特に、ヘーゲルの『法の哲学』は、資本制経済、国家、ネーションがどのように連関しているかを最初に示した書物だといってよい。この本は、家族、市民社会、国家という順で展開されている。しかし、それはこれらの歴史的順序ではなく、その構造的連関を弁証法的に示すものなのである。たとえば、ヘーゲルが最初にとりあげる家族は、原始的・部族的なものではなく、近代的な核家族である。その家族の上位レベルに、市民社会がある。それは欲望(エゴイズム)の相克する競争的世界である。ただし、ヘーゲルは「市民社会」の段階で、市場経済的社会だけでなく、警察や司法、社会政策や職能集団をふくむ国家機構を扱っている。だが、ヘーゲルによれば、それは「悟性的な国家」にすぎない。いわば、そこにはネーションがもつような感情的契機が欠けているからだ。そして、それらの統合は「理性的な国家」、すなわちネーション＝ステートにおいてはじめてもたらされる。もちろん、ヘーゲルがいうような国家は当時のドイツにおいては成立していない。彼は同時代のイギリスをモデルにして考えたのである。

このように、ヘーゲルは、一方で、民族が、家族や部族といった感性的基盤に根ざすことを示唆しながら、他方で、それは、家族・共同体を越えた市民社会をさらに越えて実現される高次の次元、すなわちネーションにおいてのみあらわれる、というのだ。彼の論理においては、ヘルダーと同様に、すでに感性の段階に理性の萌芽があり、それが次第に実現されるということになっている。そこで、民族は感性的なものであるけれども、本来理性的なものであり、それが最終的にネーション＝国家として実現される、ということになる。むろん、このような叙述は、実際の歴史的過程とは別のものである。

ヘーゲルが『法の哲学』でとらえようとしたのは、資本＝ネーション＝国家という環である。このボロメオの環は、一面的なアプローチではとらえられない。ヘーゲルが右のような弁証法的記述をとったのは、そのためである。たとえば、ヘーゲルの考えから、国家主義者も、社会民主主義者も、ナショナリスト(民族主義者)も、それぞれ自らの論拠を引き出すことができる。しかも、ヘーゲルにもとづいて、それらのどれをも批判することもできる。それは、ヘーゲルが資本＝ネーション＝国家というボロメオの環を構造論的に把握した——彼の言い方でいえば、概念的に把握した(begreifen)——からである。ゆえに、ヘーゲルの哲学は、容易に否定することのできない力をもつのだ。

しかし、ヘーゲルにあっては、こうした環が根本的にネーションというかたちをとった想像力によって形成されていることが忘れられている。すなわち、ネーションが想像物でしかないということが忘れられている。だからまた、こうした環が揚棄される可能性があることがまったく見えなくなってしまうのである。

6　ネーション＝ステートと帝国主義

私はネーションの成立を西ヨーロッパに見てきた。それは、ネーションが絶対王権(主権国家)と同様に、西ヨーロッパに最初に出現したからである。そして、主権国家が他の主権国家を生み出すように、ネーション＝ステートは自ら拡大することによって、他の地域にネーション＝ステートを生み出した。その最初のあらわれは、ナポレオンによるヨーロッパ支配である。ナポレオンはフランス革命の理念を伝えたが、現実には、フィヒテがそうであるように、フランスに占領された地域からネーション＝ステートが生まれてきたのである。アーレントはつぎのようにいっている。

国民国家と征服政策との内的矛盾は、ナポレオンの壮大な夢の挫折においてはっきり白日のもとに曝された。……ナポレオンが明瞭に示したのは、一ネイションによる征服は被征服民族の民族意識の覚醒と征服者に対する抵抗をもたらすか、あるいは征服者が手段を選ばなければ、はっきりした専制に導くかだということだった。このような専制は、充分に暴虐でさえあれば異民族圧制に成功はするだろうが、その権力を維持することは、被統治者の同意に基づく国民国家としての本国の諸制度をまず破壊してしまわなければできないのである。(11)

なぜそうなのかといえば、国民国家が帝国と異なって、多数の民族や国家を支配する原理をもっていないからだ、とアーレントはいうのである。国民国家が他の国家や民族を支配するとき、それは帝国ではなく、「帝国主義」となる、と。(12) そのように述べるとき、アーレントは、国民国家と異なる帝国の原理をローマ帝国に見出している。しかし、それは特にローマ帝国に限られるものではない。一般に、「帝国」に固有の原理なのである。

たとえば、オスマン・トルコは二〇世紀にいたるまで世界帝国として存続してきたが、その統治原理はまさに「帝国」的であった。オスマン王朝は住民をイスラム化しようとしなかった。各地の住民は固有の民族性や宗教、言語、ときには政治体制や経済活動までをも、独自に保持していた。それは国民国家が成員を強制的に同質化するのとは対照的である。さらにまた、国民国家の拡張としての帝国主義が他民族に同質性を強要するのと対照的である。

オスマン「帝国」の解体、多数の民族の独立は、西欧諸国家の介入によってなされた。そのとき、西欧の諸国家は、諸民族を主権国家として帝国から解放するのだと主張した。それによって、西欧諸国家は彼らを独立させて経済的に支配しようとしたのである。いうまでもなく、それは「帝国」ではなく「帝国主義」である。「帝国主義」とは、「帝国」の原理なしに、ネーション＝ステートが他のネーションを支配することである。したがって、オスマン・トルコを解体させた西洋列強は、たちまちアラブ諸国のナショナリズムの反撃に出会ったのである。(13)

「国民国家は征服者として現われれば必ず被征服民族の中に民族意識と自治の要求と

を目覚めさせることになる」とアーレントはいう。[14] だが、アジア的専制国家による征服が「帝国」となり、国民国家による征服が「帝国主義」となるのは、なぜなのか。この問題は、アーレントのいうような政治的統治の原理だけで考えることはできない。それは交換様式の観点から見ることによってのみ理解できる。

世界帝国の場合、征服は服従・貢納と安堵という交換に帰結する。つまり、世界帝国は交換様式Bにもとづく社会構成体である。広域国家である帝国は、征服された部族や国家の内部に干渉しない。ゆえに、同質化を強要することはない。むろん、支配者に対する反抗が起きないわけではない。世界帝国が版図を拡大すると、それに対する部族的反乱がたえず生じる。また、それがしばしば王朝を瓦解させる。しかし、それは社会のあり方を根本的に変えるものではない。帝国が滅んでも、別の帝国が再建されるからだ。

一方、国民国家の拡大としての帝国主義は、各地に国民国家を続出させる結果に終わる。それは、交換様式でいえば、帝国が交換様式Bにもとづく支配であるのに対して、帝国主義が交換様式Cにもとづく支配であるからだ。前者と違って、後者は旧来の社会構成体を根底から変容させてしまう。すなわち、資本主義的市場経済が部族的・農業的共同体を解体する。それが「想像の共同体」としてのネーションの基盤をもたらす。したがって、帝国の支配からは部族的反乱が生じるだけなのに、「帝国主義」的支配からは、ナショナリズムが生じる。こうして、帝国主義、つまり、国民国家による他の民族の支配は、意図せずして、国民国家を創り出してしまうのである。

国民国家はけっして白紙から生まれるのではない。それは先行する社会の「地」の上に生まれるのである。非西洋圏におけるナショナリズムの問題を考える場合、この「地」の違いに注意を払う必要がある。先に述べたように、旧来の世界は、近代世界システムの下で周辺部に追いやられたが、その状況はさまざまであった。旧世界帝国において、中核、周辺部、亜周辺部、圏外のいずれに位置したかによって、その状況が異なるのである。

第一に、西洋の植民地主義および帝国主義の下で、帝国の圏外、つまり、国家を形成する以前の部族社会では、西洋列強による植民地化が容易になされた。彼らは相互に孤立していたからである。このような地域では、植民地主義国家が作った領土区分や国家機構が、ネーション＝ステートのもとになった。たとえば、インドネシアは数千の島に及ぶ、言語、宗教、風習が異なる、互いに疎遠な多数の部族から成り立っていたのだが、それらはオランダの統治下において、ネーションとして同一化されたのである(15)。

つぎに、世界帝国の中核と周辺および亜周辺について述べよう。西洋列強の侵入は、帝国の支配が十分に及ばない周辺部から始まった。このような地域では、ネーションの形成は、たんに西洋帝国主義からの独立だけでなく、旧世界帝国からの独立を含意するものでもあった。たとえば、西ヨーロッパにおけるラテン語やキリスト教と同様に、どの世界帝国にも共通の文字言語や宗教がある。周辺部はそれを維持するかどうかの選択を迫られる。西洋化によって旧世界帝国からの独立をはかるケースもあるし、逆に、旧世界帝国の文明によって西洋の支配から自立しようとするケースもある。いずれにせよ、非西洋圏においても、ネーション＝ステートは、旧世界帝国の中の分節化として生じたのである。また、亜周辺の例としては、日本やタイがある。このような国は世界帝国に対して政治的・文化的にさほど従属していなかったため、西洋列強の侵入に対して独自に対応し、植民地化を免れた。日本の場合、その後急激に工業化を進め、帝国主義陣営に参入するにいたった。

問題は、世界帝国の中核である。これらは経済的・軍事的に大国であり、容易に植民地化されなかったが、一九世紀後半に及んで帝国主義列強に侵食されるようになった。世界帝国、たとえば、オスマン王朝や清朝は、自らを近代国家に組み替えようとした。しかし、多数の部族や国家を包摂しているためにうまく行かなかった。このとき、帝国の規模を維持しつつ、なお中央集権的な工業化を実行するイデオロギーは一つしかなかった。階級問題が解決されれば民族問題は解決されるという考えから、階級を民族より優先させるマルクス主義である。ロシアや中国における社会主義革命は、この意味で、旧来の世界帝国の存続を可能にしたといってよい(16)。

第四章　アソシエーショニズム

1　宗教批判

私は先に、交換様式Dが普遍宗教としてあらわれたこと、それゆえ、社会運動もまた宗教の形態をとってあらわれたということを述べた。これは古代や中世だけではなく、近代においても同じである。たとえば、最初のブルジョア革命というべきものは、イギリスにおいて、ピューリタン革命(一六四八年)として起こった。つまり、それはブルジョアではない階層による社会運動として、しかも、宗教的な運動として開始されたのである。なかでも重要なのは、水平派(Levellers)と呼ばれる党派である。彼らは資本主義的経済の拡大の中で、没落しつつあった独立小商品生産者の階級を代表していた。その点で、一九世紀のアナーキストと似たところがある。さらに、開拓派(Diggers)となると、農村のプロレタリアを代表して、明瞭に共産主義的であった。しかし、彼らの主張は「至福千年」という宗教理念として語られたのである。

このような急進的な党派は絶対王政を倒す過程までは大きな役割を果たしたが、まもなくクロムウェルの政権によって排除されてしまった。だが、後者も一六六〇年の王政復古によって崩壊し、さらに、いわゆる名誉革命(一六八八年)において、立憲君主制が確立された。この時点で、イギリスのブルジョア革命は完結したといってよい。だが、ピューリタン革命にあった社会主義的な要素はその後にもあらわれた。たとえば、名誉革命のあと、ジョン・ベラーズは貧困問題を解決するために、労働紙幣や交換銀行、職能組合運動を提唱した。彼はオーウェンやプルードンの先駆者であったといえる。だが、ベラーズはクエーカー教徒であり、彼の社会主義は宗教と切り離せなかった。

フランス革命(一七八九年)においては、ピューリタン革命のような宗教的な色調はない。しかし、一九世紀以後も、社会主義的運動はいつも宗教的な文脈と結びつけられていたのである。たとえば、サン＝シモンの社会主義は濃厚にキリスト教的な色彩を帯びていた。のみならず、一般に、社会主義者のあいだでは、イエスは社会主義者であり、原始キリスト教団はコミュニズムであると考えられていた。

一八四八年の革命においても、宗教的な社会主義はまだ有力であった。しかし、それ以後、社会主義とキリスト教の結びつきが無くなった。一つの原因は、一八四八年以後、国家に主導された産業資本主義の発展が労働力の商品化とともに、社会を根底から変えていったことにある。それは、それ以前の社会で機能していた宗教的社会主義を無効化したのである。もう一つの原因は、プルードンやマルクスが登場したことである。

宗教的な社会主義が優勢であった一八四〇年代に、プルードンは社会主義をまったく新たな観点から考えた。彼は「科学的社会主義」を唱えた最初の人物である。それは社会主義を、宗教的な愛や倫理ではなく、「経済学」にもとづかせるものであった。彼は、労働力商品にもとづく資本主義経済を、国家による再分配を通した平等化によってではなく、労働者の互酬的な交換関係を作ることによって揚棄しようとした。普遍宗教はまだ存在しない交換様式Dを開示した、と私は述べた。しかし、プルードンは、交換様式Dを産業資本主義の中に実現する可能性を、もはや宗教にではなく、文字通り交換様式の実現、すなわち「経済学」に見出したのである。

プルードン以後、社会主義者は宗教を否定するようになった。そのため、一九世紀末には、社会主義と宗教のつながりは消滅してしまった。「科学的社会主義」を唱えたエンゲルスとその弟子カウツキーが、あらためて、社会主義と宗教的運動のつながりを回復しようとしたほどに(1)。しかし、社会主義と普遍宗教の関係は複雑である。交換様式Dは最初に、普遍宗教というかたちであらわれる。それゆえ、社会主義にとって普遍宗教は欠くべからざる基盤である。だが、宗教というかたちをとるかぎり、それは教会＝国家的なシステムに回収されてしまわざるをえない。過去においても、現在においても、宗教はそのようになっている。したがって、宗教を否定しなければ、社会主義は実現されない。けれども、宗教を否定することによって、そもそも宗教としてしか開示されなかった「倫理」を失うことになってはならない。

私の考えでは、プルードンに先立って、宗教を批判しつつ、なお且つ宗教の倫理的核心すなわち交換様式Dを救出する課題を追究した思想家がいる。カントである。彼は、「他者を手段としてのみならず同時に目的として扱え」という格率を普遍的な道徳法則であると考えた。それが実現された状態が「目的の国」である。カントはつぎのようにいう。《目的の国では、いっさいのものは価格をもつか、さもなければ尊厳をもつか、二つのうちのいずれかである。価格をもつものは、何かほかの等価物で置き換えられ得るが、これに反しあらゆる価格を超えているもの、すなわち価《あたい》のないもの、従ってまた等価物を絶対に許さないものは尊厳を具有する[2]》。

他者を「目的として扱う」とは、他者を自由な存在として扱うということであり、それは他者の尊厳、すなわち、代替しえない単独性を認めることである。自分が自由な存在であることが、他者を手段にしてしまうことであってはならない。すなわち、カントが普遍的な道徳法則として見出したのは、まさに自由の相互性(互酬性)なのである。それこそ交換様式Dである。これが普遍宗教によって開示されたことは確かである。しかし、現実には、教会は交換様式Bのためのシステムと化している。そこで、カントがとったのは、一方で、宗教を徹底的に否定するとともに、他方で、そこにある道徳性を救出することであった。

一方で、カントは、教会あるいは国家・共同体の支配装置と化した宗教を否定した。《ツングース族のシャーマンから、教会や国家を同時に治めるヨーロッパの高位聖職者にいたるまで、……その原理に隔たりがあるわけではない》(3)。他方で、カントは、宗教を、それが普遍的な道徳法則を開示するかぎりにおいて肯定した。彼の考えでは、道徳法則は宗教によって開示されたとはいえ、本来〝内なる〟ものである。つまり、道徳法則は理性の中にある。しかし、それはもともと〝内なる〟ものではない。われわれの考えでは、それは〝外なる〟交換様式Dなのである。交換様式Dは、普遍宗教を通して開示されたがゆえに宗教に由来するようにみえるが、実際には、交換様式BとCによって抑圧された交換様式Aの高次元での回復にほかならない。そうであるかぎりで、宗教も普遍宗教たりえたのである。

では、なぜ自由の相互性が「内なる義務」としてあらわれるのか。たとえば、フロイトは、カントがいう義務は「父」に由来する超自我にすぎないと述べた。そして、超自我は内面化された社会の規範である、と。しかし、自由の相互性という義務は、そのようなものではありえない。といっても、フロイトの理論を斥ける必要はない。自由の相互性がなぜ内なる「義務」として執拗に迫ってくるのかを合理的に説明するためには、フロイトが「抑圧されたものの回帰」と呼んだ見方が必要なのである。要するに、カントがいう「内なる義務」は、抑圧された交換様式Aが意識において強迫的に回帰してくることから生じるのである。

カントがいう道徳法則は、通常、たんに主観的な道徳の問題として見られている。しかし、これが社会的関係にかかわることは明白である。たとえば、資本主義経済における資本―賃労働の関係は、資本家が労働者をたんなる手段(労働力商品)として扱うことによって成り立っている。そうであるかぎり、人間の「尊厳」は失われざるをえない。ゆえに、カントがいう道徳法則は、賃労働そのもの、資本制的生産関係そのものの揚棄を含意するのである。

カントがそのようなことを考えた背景には、当時のドイツ、特に、カントがいた都市ケーニヒスベルクにおいて、それまで職人的な労働者あるいは単純商品生産者が中心であったところに、商人資本による資本主義的生産が始まりかけていたという状況がある。そこで、カントは、商人資本の支配を斥けた小生産者たちの協同組合(アソシエーション)を考えた。それゆえ、新カント派哲学者ヘルマン・コーヘンは、カントを「ドイツ最初の真正社会主義者」と呼んだのである。

もちろん、このような社会主義には歴史的な限界がある。資本制生産が始まると、こうした独立小生産の連合は敗れるほかなく、資本―賃労働という両極に分解していったからだ。とはいえ、カントは、それ以後に出現する社会主義（アソシエーショニズム）の核心をつかんでいたということができる。社会主義とは互酬的交換を高次元で回復することにある。それは、分配的正義、つまり、再分配によって富の格差を解消することではなく、そもそも富の格差が生じないような交換的正義を実現することである。カントがそれを「義務」とみなしたとき、互酬的交換の回復が、人々の恣意的な願望ではなく、「抑圧されたものの回帰」として、一種の強迫的な理念として到来することを把握していたのである。

ここで、つぎのことを付け加えておこう。「他者を手段としてのみならず同時に目的として扱え」という道徳法則において、「他者」は、生きている者だけではなく、死者およびまだ生まれていない未来の他者をふくむ。たとえば、私たちが環境を破壊した上で経済的繁栄を得る場合、それは未来の他者を犠牲にすること、つまり、彼らをたんに「手段」として扱うことである。自由の相互性をこのように理解するならば、それを実現しようとすることが、資本主義経済に対する批判にいたるのは当然である。

また、重要なのは、カントのいう道徳性は、国家の揚棄を必然的にふくむということである。彼は世界史が「世界市民的な道徳的共同体」、つまり「世界共和国」に向かって進んでいると考えた。それは諸国家が揚棄されるということである。「いかなる戦争もあってはならない」とカントはいう。これは、「他者を手段としてのみならず同時に目的として扱え」という道徳法則から来るのである。《一緒に生活する人間の間の平和状態は、なんら自然状態(status naturalis)ではない。自然状態は、むしろ戦争状態である。言いかえれば、それはたとえ敵対行為がつねに生じている状態ではないにしても、敵対行為によってたえず脅かされている状態である。それゆえ、平和状態は、創設されなければならない(4)》。

このようにいうとき、カントはホッブズと同じ前提に立って考えている。ホッブズは、主権国家(リヴァイアサン)によって平和が実現されると考えたが、その平和は国家の内部だけであって、国家間においてではない。一方、カントは国家間に平和状態を創設しようとしたのである。そして、それが実現された状態が世界共和国である。

カントがいう「永遠平和」とは、たんに戦争が無いという状態ではなく、「すべての敵意が終わる」状態を意味する。国家が何よりも先ず他の国家に対して存在するということから見れば、それは国家が終わるということだ。「世界共和国」とは、諸国家が揚棄された社会を意味するのである。そして、このことは、たんに政治的次元だけですむはずがない。国家と国家の間に経済的な「不平等」があるかぎり、平和はありえない。永遠平和は、一国内だけでなく多数の国において「交換的正義」が実現されることによってのみ実現される。したがって、「世界共和国」は国家と資本が揚棄された社会を意味するのである。国家と資本、そのどちらかを無視して立てられる論は空疎であるほかない。

つぎに重要なのは、カントが、世界史が「目的の国」ないし「世界共和国」にいたるということを「理念」として見たことだ。カントの言語体系では、理念は次のことを意味する。第一に、理念は仮象である。ただ、仮象にも二つの種類があり、一つは感性によるもので、ゆえに理性によって訂正できる。もう一つは、理性が生み出すような仮象であり、これは理性によって正せない。理性こそこのような仮象を必要とするからだ。彼はそれを超越論的仮象と呼んだ。たとえば、同一の自己があるというのは仮象である。しかし、それがないと、人は統合失調症になるだろう。同様に、歴史に目的があるというのは仮象である。が、これがないと、やはり統合失調症になる。結局、人は何らかの目的を見つけずにはいないのである。

それに関連して重要なのは、構成的理念と統整的理念の区別、または理性の構成的使用と統整的使用の区別である。カントはこの区別を説明するために、数学における比例と哲学における類推《アナロジー》の違いを例にあげている。数学では、三つの項が与えられれば、第四項は確定される。これが構成的である。一方、類推においては、第四項をアプリオリに導き出すことができない。しかし、類推によって、その第四項に当たるものを経験中に探索するための指標(index)が与えられる。たとえば、これまで歴史的にこうであったからといって、今後もそうだとはいえない。しかし、そうであろうと仮定して対処することが、統整的(regulative)な理性の使用である。これはあくまで仮定であるが、このような指標をもって進むのと、ただやみくもに進むのとは異なる。

わかりやすくいうと、理性を構成的に使用するとは、ジャコバン主義者(ロベスピエール)が典型的であるように、理性にもとづいて社会を暴力的に作り変えるような場合を意味する。それに対して、理性を統整的に使用するとは、無限に遠いものであろうと、人が指標に近づこうと努めるような場合を意味する。たとえば、カントがいう世界共和国は、それに向かって人々が漸進すべき指標としての、統整的理念なのである。もちろん、それは仮象であるが、しかし、それなくしてはやっていけないという意味で、超越論的な仮象である。統整的理念の声は小さい。しかし、その声は、現実に実現されるまでは、けっしてやまないのである。

「世界共和国」とは交換様式Dが実現されるような社会である。それが完全に実現されることはない。しかし、それは、われわれが徐々に近づくべき指標としてあり続ける。その意味で、世界共和国は統整的理念なのである。その一方で、カントは、漸進的な実現可能な具体案を考えていた。彼は世界政府のようなものを最初から作ることに反対であった。なぜなら、それは巨大な世界政府(帝国)を作ることになってしまうからだ。カントが構想したのは諸国家連邦である。それは、国家の揚棄を多数の国家のアソシエーションの形成に求めることである。それがはらむ問題については、第四部の最終章で検討する。

ここで一言いっておく。今日、歴史の理念を嘲笑するポストモダニストの多くは、かつて「構成的理念」を信じたマルクス＝レーニン主義者であり、そのような理念に傷ついて、理念一般を否定し、シニシズムやニヒリズムに逃げ込んだ者たちである。しかし、彼らが社会主義は幻想だ、大きな物語にすぎないといったところで、世界資本主義がもたらす悲惨な現実に生きている人たちにとっては、それではすまない。現実に一九八〇年代以後、世界資本主義の中心部でポストモダンな知識人が理念を嘲笑している間に、周辺部や底辺部では、宗教的原理主義が広がった。少なくとも、そこには、資本主義と国家を越えようとする志向と実践が存在するからだ。もちろん、それは「神の国」を実現するどころか、聖職者＝教会国家の支配に帰着するほかない。だが、先進資本主義国の知識人にそれを嗤う資格はない。

2 社会主義と国家主義

社会主義には大まかにいって二つのタイプがある。一つは、国家による社会主義であり、もう一つは、国家を拒否する社会主義(アソシエーショニズム)である。厳密には、後者のみが社会主義だというべきである。というのは、前者は国家社会主義、あるいは、福祉国家主義と呼ぶべきだからだ。社会主義運動は、フランス革命において実現されなかった平等を追求するものだといわれる。しかし、厳密な意味での社会主義(アソシエーショニズム)は、フランス革命の延長ではなく、それを否定するものとして生まれたといわねばならない。

フランス革命では、周知のように、「自由・平等・友愛」というスローガンが唱えられた。この三つは、交換様式から見れば、三つの交換様式の結合を示すものである。すなわち、自由は市場経済、平等は国家による再分配、友愛は互酬制である。ここから見ると、フランス革命がつぎのように進展したことが明らかである。先ず、「自由」の実現、すなわち、封建的特権や制限の撤廃である。つぎに、「友愛」を唱えつつ「平等」を性急に実現しようとしたのがジャコバン派である。そのため恐怖政治に陥り、没落してしまった。しかし、それによって、「自由・平等・友愛」が放棄されたわけではない。むしろ、フランス革命は、それらの統合を「想像的」に実現するかたちで収束したのである。

そのような統合をもたらしたのは、革命を防衛する戦争を通して人気を得た軍人、ナポレオンであった。それは革命というより、ネーションを防衛し拡張する戦争となった。ナポレオンはフランス革命における「友愛」を、イギリス資本に対抗する「ナショナリズム」に変形したのである。こうして、フランス革命にあった「自由・平等・友愛」は、資本＝ネーション＝ステートという ボロメオの環として統合されたのである。ナポレオンは、あらゆる階級の要求を満たすかのような幻想を与え、それによって大統領から皇帝となった。一八四八年の第二次フランス革命で、ルイ・ボナパルトはかつて伯父がおこなったことを反復し、皇帝に就任したのである。しかし、ルイ・ボナパルトは例外的な人物ではない。彼は、その後各地で、資本＝ネーション＝ステートの危機においてあらわれるカリスマ的政治家のプロトタイプである。

われわれの考えでは、社会主義は交換様式Dである。それは「自由・平等・友愛」、あるいは、資本＝ネーション＝ステートを越えることにおいてしかありえない。しかし、現実に、フランス革命以後の社会主義運動はそのようなものではなかった。その主流はジャコバン派の流れを汲むものであった。つまり、サン＝シモンからルイ・ブランにいたるまで、社会主義運動はジャコバン主義を共有している。たとえば、ルイ・ブランは、「自由・平等・友愛」というスローガンを、「平等・友愛・自由」に言い換えた。それは、彼の社会主義が国家社会主義であることを示している。したがって、それは、サン＝シモン主義者であったルイ・ボナパルトの政権によって吸収されてしまったのである。

こうした国家主義的な社会主義に根本的な異議を唱えたのがプルードンである。「自由・平等・友愛」というスローガンにおいて、プルードンは、平等よりも自由を優位においた。さらに、友愛よりも自由を優位においた。それが何を意味するかを見るためには、これを交換様式の観点から見ればよい。というより、プルードンこそ、社会主義を交換様式、あるいは「経済学」の観点から見ることを最初に提起した人なのである。

第一に、彼は平等を自由に優越させる考えに反対した。平等は国家による再分配によって実現されるから、それは多かれ少なかれ、ジャコバン主義あるいは国家の強化に導かれる。交換様式でいえば、それは交換様式Cがもたらした「自由」を犠牲にして、交換様式Bを回復することになる。プルードンは、ジャコバン主義的な革命だけでなく、ルソーに由来する政治思想そのものに、自由を犠牲にする思想を見出した。

プルードンはこう考えた。ルソーの人民主権という考えは、実際は、絶対主義王権国家の変形でしかないのに、そのことを隠蔽するものである。主権者としての国民とは、主権者(絶対王政)に属する臣下として形成されたものであることが忘れられたときに成り立つ、架空の観念である。ルソーは個々人の意志を越えた「一般意志」をもってきて、これによってすべてを基礎づける。しかし、一般意志は個々人の意志を国家に従属させるものでしかない。ルソーのいう社会契約では、個々人は事実上存在していないのである。

とはいえ、プルードンはルソーの「社会契約」という考え全体を廃棄したのではない。彼は、ルソーにおける契約が双務的ではないことを批判したのであり、ある意味で、社会契約の観念を徹底化したのである。プルードンがいう「アナルシー」(アナーキー)とは、双務的＝互酬的な契約にもとづく民主主義のことである。アナーキーは通常、混沌や無秩序のように思われているが、プルードンによれば、国家によらない、自己統治による秩序を意味するのである。

第二に、プルードンは、友愛を自由の上におくことを否定した。友愛が真に存在するためには、それが共同体に収斂するのではなく、共同体を越えた、世界市民的なものでなければならない。しかし、友愛はしばしば狭い共同体を形成することになる。交換様式でいえば、友愛は様式Aを想像的に回復するものとして、ネーション形成に向かいがちである。実際、フランス革命は、当初の、民族を越えた「市民」がフランス「国民」となること、すなわち、友愛がナショナリズムに転化することによって終結したのである。プルードンの考えでは、自由が優位にあるときにのみ、共同体を越えた友愛が成り立つ。いいかえれば、共同体と一度絶縁した個人(カントの言葉でいえば世界市民)によってのみ、真の友愛、あるいは、自由なアソシエーションが可能だということである。

そのことを極端なかたちで強調したのが、「エゴイスト」(唯一者)を唱えたマックス・シュティルナーである。彼はあくまで社会主義者であった。ただ、アソシエーションを形成するためには、個々人が一度共同体と絶縁しなければならない、というのが彼のポイントなのである。その場合、「友愛」が大きな罠となる。なぜなら、友愛はアソシエーションを形成することは確かだが、しばしば、「想像の共同体」を形成することで、ナショナリズムに変容してしまうからだ。

ここから見ると、プルードンの社会主義あるいはアナーキズムが目指すものは明白である。それは、交換様式Dにほかならない。彼は平等を軽視したのではない。ただ、それを「分配的正義」として実現することに反対したのだ。それは国家による富の再分配を要求することになり、そのことが再分配する国家の権力を強化させることになる。そこで自由が犠牲にされる。それに対して、彼は「交換的正義」を唱えた。通常、交換的正義は交換契約の履行を意味する。しかし、ある種の交換は、等価交換にように見えながら、実際は、不等価交換となっている。それによって、資本の蓄積がなされるのだ。ゆえに、プルードンがいう交換的正義は、剰余価値の搾取をもたらさないような交換システムにおいてのみ実現される。そのような交換システムを創り出すために、彼はさまざまなプランを提起したのである。

3　経済革命と政治革命

相互の合意による交換にもとづく資本制経済において、なぜ不平等が生じるのか。プルードンの考えでは、労働者たちは協業と分業において個々人がもつ以上の「集合力」を発揮するのだが、それに対しては支払われず、資本家がその未払い分を所有する。不平等はそこから生じる。ゆえに、プルードンは「所有は盗みである」という。これはマルクスの剰余価値論を先取るものだといわれる。しかし、このような考えは、イギリスではすでにリカード派社会主義者によって早くからいわれていたのである。プルードン自身がリカード派社会主義者からある程度、影響を受けていたことはまちがいない。それについては後で述べる。

プルードンにとって、社会主義はむしろ、フランス革命が実現したものに対する批判としてあった。フランス革命は「自由」をもたらした。つまり、それは旧来の経済外的強制にもとづく支配関係を斥けたのである。だが、それは別の支配—被支配関係を創出した。つまり、資本主義的な生産関係である。資本家が労働者を働かせるのは、領主が農奴を働かせるのとは違って、強制ではなく、自由な合意にもとづいている。が、それは支配—被支配関係が無くなったことを意味しない。資本家と労働者の雇用契約は確かに自由意志によってなされる。しかし、労働力商品を売る者は貨幣をもつ資本家と対等な関係にあるのではない。資本家は指揮監督権をもち、賃労働者はそれに従属するのだ。この支配—被支配関係は、貨幣をもつか商品をもつかによって決まる。いいかえれば、貨幣と商品の関係に帰着するのである。

プルードンによれば、真の民主主義は政治的なレベルだけでなく経済的なレベルで実現されなければならない。フランス革命は王権を廃止した。しかし、経済的には「貨幣の王権」が残っている。資本家の権力は貨幣の王権にもとづいている。プルードンが「貨幣の王権」を廃棄するために構想したのは、貨幣にかわって、代替貨幣と信用銀行を創出することであった。この代替貨幣には、貨幣のような特権的な力がない。したがって、利子もない。このような通貨にもとづく交換は、相互的であり、そこに「盗み」はありえない。経済的不平等を中央集権的な国家による再分配によって解決しようとするのが「政治革命」だとしたら、それは「経済革命」である。それは、不平等を生まないシステムをもたらす。

といっても、プルードンのいう「経済革命」は、何か新たなものを計画し実現することではない。現実に、資本主義経済がある。そこでは、資本は労働者を雇い、協業と分業によって、個々の労働者がもたない「集合力」をもたらしている。資本制生産には、疎外された形態であるとはいえ、労働者の分業と協業による生産性の高度化が実現されているから、そのような疎外状態を廃棄しさえすればよい。そこで、プルードンは、「われわれの前に現象している世界」の深層に、社会的労働の生み出す「諸力の均衡に由来する連帯性」、諸個人の「自発性」と「絶対的自由」によって形成される「真実社会」があると考えたのである。

このような考え方は、一八四〇年代にドイツの青年ヘーゲル派の間で風靡した「疎外論」と同型である。実際、彼らはプルードンの影響を受けていたのだ。一般にはこう考えられている。初めに、フォイエルバッハが宗教において人間の類的本質的存在が疎外されていると批判し、それを取り戻すことを主張した、そして、このような宗教批判が、彼に刺激された青年ヘーゲル派のモーゼス・ヘスやマルクスによって、国家や資本への批判に転化されていった、と。だが、ここで注意すべきことは、フォイエルバッハが、彼に続いた青年ヘーゲル派の哲学者よりも前にプルードンの影響を受けていたことである。彼の宗教批判にはすでに資本主義批判がふくまれていたのだ。

フォイエルバッハがいう「類的本質的存在」は、プルードンのいう「真実社会」と似ている。それは社会的・集合的な生産様式を意味する。資本主義では、それが資本によって組織されるため、疎外されたかたちでしか実現されない。また、それは、労働者自身に敵対し支配的なものとして、すなわち、自己疎外としてしかあらわれない。この自己疎外を廃棄し、「類的本質的存在」を取り戻せ、というのが、フォイエルバッハのいわんとすることであった。フォイエルバッハが自らコミュニストと名乗っていたのは、この意味においてである。そして、このコミュニズムはプルードン的なアソシエーショニズムである。

フォイエルバッハのいう「類的本質的存在」は、ヘーゲルの「精神」の唯物論的な言い換えではない。したがってまた、それはヘーゲルにおけるような「個」に対する「全体」を意味するものではない。それは個と個の関係を意味するのだ。「類的」とは、いわば、「我と汝」という関係性を意味するのである。「我と汝」は、経済的な関係性、つまり、互酬的な交換関係を含意する。たとえば、「我と汝」を軸にして考えた思想家マルティン・ブーバーは、フォイエルバッハにもとづいていた。と同時に、彼が協同組合社会主義者であったことは偶然ではない。

マルクスがプルードンだけでなく、フォイエルバッハを通して得た社会主義の理念は、そのようなものである。彼がフォイエルバッハを批判し、プルードンを批判しても、この点では生涯変わっていない。いいかえれば、マルクスが国家主義的であったことは一度もないのだ。『共産党宣言』(一八四八年)でも、彼は、共産主義は「自由なアソシエーション」の実現であると書いている。プルードンとの間に亀裂が生じたのは、一八四六年にプルードンが、共同で行動しようというマルクスの申し出を断わって、つぎのような手紙を書いたころからである。

> 私はまた、あなたの手紙のなかの「行動の時には」というくだりについて、いくつかの見解を述べておかねばなりません。いかなる改革も、実力行使なしには、すなわち、かつては革命と呼ばれていたが、せいぜいのところ動乱でしかないものの助けなしには、実際には不可能だという考えを、たぶんあなたはまだ持っておられるようです。私自身この考えを長いあいだ持ち続けてきたわけですから、この考え

を理解していますし、喜んで議論するつもりですが、私はごく最近の研究によってこの見解を完全に放棄したことを告白しておきます。それはわれわれが成功するために必要なものではないと思います。つまり、革命的行動を社会改革の手段と見なしてはならないのです。なぜなら、この手段なるものはたんに力や専制への呼びかけ、要するに矛盾にすぎないからです。だから私は問題をつぎのように立てましょう。すなわち「ある経済組織によって社会から取り上げられた富を、別の経済組織によって社会に返還すること」です。いいかえれば、われわれは経済学において、あなたがたドイツの社会主義者が共産主義と呼んでいるもの——私はさしあたりそれを自由とか平等とかと呼ぶだけにしておきますが——を作り出すことを通じて、所有の理論を所有に対抗させねばならないのです。ところで、私はこの問題を近いうちに解決する方法を知ることができると思っています。つまり、私は、所有者にたいして聖パルテルミーの虐殺を行って所有に新しい力を与えるよりもむしろ、所有をとろ火で焼き上げることを選ぶものです(5)。

マルクスがプルードンを批判し始めたのは、そのあとからである。プルードンが経済革命を主張したのに対して、マルクスは政治革命、つまり、政治権力をとることが不可欠だと考えた。しかし、このようなやりとりから、マルクスとプルードンの対立を、政治革命か経済革命かという点に見出すのは正しくない。マルクスが政治革命の必要を述べたのは、国家主義者だったからではない。資本主義経済が法制度や国家政策によって護られている以上、少なくとも一時的に、それを停止する必要がある、そのために、国家権力の掌握が必要である、と考えたのである。たとえば、プルードンの提案する人民銀行と代替貨幣にしても、法制度的な支えが必要である。

実際、プルードン自身もまもなく、政治革命なしには経済革命が実行できないことを認めた。それまで政治革命を「たんなる動乱」として否定していたプルードンは、一八四八年二月革命で実現された普通選挙に立候補し、議員になったのである。否決されたが、七月と八月の二度にわたり「交換銀行」設立案を国民議会に提起した。彼の死後のプルードン派についても、同様のことがいえる。一八七一年パリ・コンミューンにおいて、彼らはマルクスの反対にもかかわらず、国家権力を奪取する蜂起を決行した。むろんマルクスも事後的にこれを支持し、「プロレタリア独裁」の見本として称賛したのである。

マルクスが国家権力の掌握を主張するようになったのは、一八四八年ごろ、ブランキ派と接触した時期からである。彼は、少数前衛の秘密結社によって革命を先導し「プロレタリア独裁」を実現するというルイ・ブランキに賛同した。しかし、ブランキはルイ・ブランのような国家社会主義者とは異質であった。彼はプルードンに基本的に賛同しており、経済的な階級関係が消滅すれば、国家は消滅すると考えていたのである。彼の考えでは、前衛(党)が権力を握るのではない、革命は大衆の蜂起によってもたらされ、大衆自身によって実行されなければならない、だが、少数の目覚めた前衛(党)がいないならば、それは方向をもたないで失敗する、ゆえに、前衛が先導しなければならない、というのである。このような考えはアナーキズムと矛盾するものではない。プルードンものちに、活動家を「少数精鋭」のメンバーに限定すべきだといっている。

バクーニンはマルクスを国家主義者・集権主義者として糾弾したが、実情はそうではない。マルクスは国家を揚棄すべきであり、また揚棄できると考えていた。経済的な階級関係が消滅すれば、国家は消滅するだろう、と彼は考えた。だから、短期間の「プロレタリア独裁」が過渡的なものとして許容されるわけである。マルクスが国家の自立性に対して警戒が足りなかったことは確かである。しかし、それは彼がプルードンと違って国家主義的だったからではなく、国家に関してプルードンと同様の見方をしていたからだといわねばならない。

4　労働組合と協同組合

マルクスは、流通過程において資本主義経済に対抗しようとするプルードンの考えを批判した。産業資本主義の核心は生産過程にある。それゆえ、プロレタリアによる資本への闘争は生産過程に見出されなければならない。マルクス主義には、この考えが強固に生き残っている。しかし、プルードンが流通過程を、マルクスが生産過程を強調したというのは、皮相な通念にすぎない。

プルードンが流通過程での「経済革命」を考えたのは、一つには、当時のフランスでは、産業資本による工場生産が、いいかえれば、産業プロレタリアがほとんど存在しなかったからである。当時プロレタリアと呼ばれた人々は、実際には、没落しつつある職人や小生産者であった。彼らが、街頭における闘争にあっては、古典的な「政治革命」の主役であった。プルードンが「経済革命」というとき、むしろ、このようなプロレタリアを生産過程において組織することを意味したのである。彼が考えたのは、職人や小生産者たちによる協同組合的な生産であり、そのための金融システムである。つまり、生産過程のために、流通過程が重視されたのである。

一方、同時期に産業資本の発達したイギリスでは、産業プロレタリアの闘争は生産過程において組織された。それは労働組合による闘争である。また、イギリスにおける社会主義運動は理論的に、「生産過程」に焦点をあてた古典経済学、すなわち、リカードの理論に根ざしていた。先ほど述べたように、プルードンは、資本は個々の労働者に賃金を払うが、労働者が協業と分業によって生み出したものに関して、労働者に支払わない、ゆえに、「所有は盗みだ」と主張したのだが、このような考えはイギリスではすでに、ウィリアム・トンプソンに代表されるリカード派社会主義者によって主張されていただけでなく、それにもとづいた実践がなされていた。(6)

リカード派社会主義者は、企業の全利潤が生産手段の所有者ではなく、労働に従事した者に対して分配されるべきであると考えた。リカード自身が事実上、そのことを示唆していたのである。彼は、機械の応用、工場への自然科学の導入、労働用具の集中、安い食糧の輸入などが、労働の交換価値を低下させることを、マルクスがいう「相対的剰余価値」の問題として理解し、しかも、この不払い労働としての剰余価値が、利潤と地代の源泉であると考えていた。ただ、その場合、リカードは、労働者たちの労働を結合(combine)したのは資本家であるから、そこから生じる剰余分は資本家に行くべきであると考えた。一方、剰余分も労働者が得るべきだという考え(労働全収権論)を主張したのが、リカード派社会主義者である。

この考えにもとづいて、労働者が団結し不払い労働の分を資本家に要求する闘争、あるいは労働時間の短縮や労働条件の改善を要求する闘争が始まった。当初、これは資本によって弾圧された。それは個々の資本にとって大きな打撃であったからだ。労働組合の闘争は激しい階級闘争となった。しかし、チャーチスト運動が頂点に達した一八四八年以後、それは収束した。労働者階級の要求は大幅に実現された。たとえば、労働時間は一〇時間に短縮され、賃金は上がり、福祉政策も進んだ。これは資本にとって敗北のようにみえるがそうではない。資本は労働組合を承認しその要求を受け入れることで、産業資本主義としての蓄積方法を確立したのである。

それまでの資本は、なるべく労働者に賃金を払わず、より長く労働させようとしてきた。しかし、結局、それは「総資本」のためにはならないのだ。第三部第二章で引用したマルクスの言葉を、あらためて引用する。《どの資本家も、自分の労働者については、その労働者にたいする自己の関係が消費者に〔たいする〕生産者の関係でないことを知っており、またその労働者の消費を、すなわちその交換能力、その賃金をできるだけ制限したいと望んでいる。もちろん、どの資本家も、他の資本家の労働者が自分の商品のできるだけ大きな消費者であることを望んでいる(7)》。

ゆえに、賃金を上げ福祉を向上させることは、個別資本にとっては損失であるが、総資本にとっては好ましいことである。それは消費を拡大し、資本の蓄積を増加させる。このような変化が資本主義経済を変容させた。その結果、労働者階級の多くがもはや貧困者ではなく、中産階級的な消費者としてあらわれた。しかし、それとともに、この運動は非政治的となった。また、社会主義運動も、ジョン・スチュアート・ミルに代表されるような社会民主主義的なものになっていった。

以上の現象はイギリスで最初に起こったが、どこでも産業資本主義が進展すると生じる現象である。一般に、プロレタリアートが反資本主義的となり、政治的に過激になるのは、産業資本主義が十分に確立していない段階においてである。それが確立されれば、プロレタリアートは非政治的・非革命的となる。あとで述べるように、それは一九世紀末のドイツでも起こった。その結果、ベルンシュタインは旧来の社会主義運動を否定し、漸進的な改良主義を唱えた。だが、彼を時代遅れだと決めつけたマルクスは、そのような事態とまったく無縁であったわけではない。それどころか、彼はまさにこのような状態の中で、『資本論』を書いていたのである。

『資本論』が彼のそれ以前の資本主義論と異なる点は、むしろそこから来るというべきである。たとえば、マルクスは、資本主義を生産過程から考えた古典経済学者に対して、逆に、それを流通過程から考えようとした。すなわち、資本を商人資本(M－C－M′)から考えたのである。産業資本の特質は、それが特殊な商品、すなわち、「労働力商品」をもつことにある。すなわち、産業資本は、労働者から労働力商品を買って、彼らに労働させるとともに、彼らにその生産物を買わせる、その差額から剰余価値を得るのである。このような蓄積は、労働者を消費者にしなければ成立しない。では、このような仕組みが確立した中で、労働者は資本に対してどのように対抗できるか。

そのためには、資本主義に対する対抗運動についての考えをあらためなければならない。『資本論』が示すのは、マルクスがイギリスの協同組合運動に非常な関心を示したことである。協同組合は、リカード左派の「労働全収権論」から出てきた二つの運動の一つである。一つはすでに述べた労働組合であり、もう一つが協同組合である。労働組合は、資本が労働者を結合(combine)して働かせて得る剰余をとりもどす闘争である。労働組合は、労働者自身が労働を連合(associate)するものである。(8) この場合、利潤は当然、労働者自身に分配される。ゆえに、これはもはや資本制生産ではない。ここでは、労働力商品は存在しない。

労働組合と協同組合はともに資本に対抗する運動であるが、質的に異なるものである。一口でいうと、労働組合は資本制経済の内部での資本との闘争であり、協同組合は資本制の外に超出する運動である。いいかえれば、前者は「生産過程」を中心とするものであり、後者は「流通過程」を中心とするものである。後者には代替貨幣や信用銀行もふくまれる。その意味で、プルードンの企てと共通するのである。

この二つの対抗運動は切り離せない。そのことは、協同組合の創設者ロバート・オーウェンが、全国労働組合連合会を結成した人でもある、ということからも明らかである。協同組合運動を発展させたのは、オーウェン派の労働者たちであった。オーウェンが最初から協同社会を作ろうとして失敗したので、彼らは、先ず、日用品の共同購入から出発し、徐々に共同性の範囲を広げていくという戦略をとったのである。つまり、流通過程から始めたのだ。彼らは一八四四年にロッチデールで、ロッチデール公正先駆者組合

(Rochdale Society of Equitable Pioneers)という消費組合を設立した。この組合の活動が成功したことから、これにならって、(1)加入自由、(2)一人一票の民主的運営、(3)出資金への配当の制限、(4)剰余金の組合員への組合利用高に応じた分配、などのいわゆる「ロッチデール原則」にもとづく消費協同組合が続々と設立されたのである。さらに、一八五〇年代には「生産者協同組合」(協同組合工場)もつぎつぎと設立された。

先に述べたように、マルクスは、資本主義経済の外に非資本主義的な企業や経済圏を創り出すプルードンの考えに否定的であった。しかし、彼はむしろイギリスで、それを考えるようになった。というのも、そこでは、資本主義的生産内部における対抗運動が困難になったからだ。労働組合運動はすでに資本主義的蓄積過程の一環でしかなくなっている。それは労働力商品を揚棄するものではまったくない。たんに、労働力の価値を確保し高めるための運動である。それに対して、協同組合には、労働力商品の揚棄、資本制の揚棄という志向が紛れもなく存在する。

マルクス主義者は、旧ユーゴスラビアのチトー主義者を例外として、一般に生産者＝消費者協同組合を否定しないまでも軽視してきた。しかし、マルクスは協同組合をきわめて重視したのである。それは協同組合において、労働力商品の揚棄が実現されるからだ。そこでは、賃労働は存在しない。労働者自身が経営者であるからだ。ゆえに、マルクスはいう。《この協同組合工場の内部では、資本と労働の対立は止揚されている》[9]。

もちろん、ここで賃金が完全に平等化されるわけではない。労働は「監督労働」をふくめてさまざまであり、また、それに応じて賃金の差がある。つまり、〝不平等〟はある程度存在する。しかし、大事なのは、貨幣―商品という関係にもとづく支配―被支配関係がもはや存在しないということである。人々が監督指揮者に従うとしても、後者に雇われたからではない。彼ら自身が選任した者に従うだけである。ここでは、労働する者たちが主権者なのである。ルソーがいうような人民主権が名目的であるのとは違って、これは現実的である。労働する者たちの関係は、互酬的(双務的)である。真の民主主義は政治的なレベルだけでなく経済的レベルで達成されなければならないというプルードンの考えは、協同組合工場において実現されている。それは交換様式Dを現実化する。

問題はこの先にある。マルクスは協同組合を称賛し、そこに真に資本主義経済を揚棄する鍵を見出した。だが、彼は、協同組合工場が大きくなり資本制企業にとってかわるということはありえない、と考えた。協同組合工場は、資本制株式会社に比べて、あまりにも非力で小規模であった。それは利潤を実現するための競争に向いていない。また、資本を集める力にも乏しい。実際、一八六〇年代以後、資本主義的株式企業の発展、特に重工業への移行とともに、協同組合工場は衰退してしまった。そこで、協同組合運動は、消費協同組合や、資本制企業と競合することがないような小生産者たちの協同組合に限定されるようになった。(10)

そのような意味で、マルクスは協同組合の限界を指摘したのである。それは、彼がプルードンの信用銀行や代替貨幣を批判したのと同じことである。後者はローカルには成立するし、有効でありうる。ただ、貨幣にとってかわることはありえない。同様に、協同組合は、資本が及ばないような領域や消費協同組合としては十分に成立するし、有効でありうる。ただ、それによって資本制企業を圧倒することはありえない。要するに、労働者のアソシエートされた生産は、どんなに望ましいものであろうと、資本(貨幣)が労働力商品を集めて結合した生産に敵わないのである。

しかし、マルクスのこのような批判の結果、マルクス主義者は、プルードンが企てたような流通過程でのさまざまな試み、あるいは、オーウェン主義者が企てた協同組合の試みを否定するか、もしくはたんに副次的なものとみなすようになった。エンゲルス以後のマルクス主義者は、国営化によって資本主義を越えることを考えたのである。だが、マルクスが協同組合の限界を指摘したことと、協同組合に社会主義の鍵を見出したこととは背馳するものではない。たとえば、マルクスはプルードン派が主流であった「国際労働者協会」(第一インターナショナル)の「設立宣言」において、協同組合工場について、つぎのように書いた。《これらの偉大な社会的実験の価値は、いくら大きく評価しても評価しすぎることはない(11)》。マルクスにとって、社会主義とは協同組合的なアソシエーションにほかならないのである。

パリ・コンミューン(一八七一年)において、プルードン派はマルクスの反対にもかかわらず、国家権力を奪取する蜂起を決行した。むろんマルクスも事後的にこれを支持し、「プロレタリア独裁」の見本として称賛したことはすでに述べた。

もし協同組合的生産が欺瞞やわなにとどまるべきでないとすれば、もしそれが資本主義制度にとってかわるべきものとすれば、もし協同組合の連合体(associated co-operative societies)が一つの計画にもとづいて全国の生産を調整し、こうしてそれを自分の統制のもとにおき、資本主義的生産の宿命である不断の無政府状態と周期的痙攣《けいれん》(恐慌)とを終わらせるべきものとすれば――諸君、それこそは共産主義、「可能な」共産主義でなくてなんであろうか!(12)

一方、マルクスが絶対に受け入れなかったのは、ラッサールの「国家社会主義」である。マルクス派とラッサール派が合同で作ったドイツ社会主義労働者党の「ゴータ綱領」(一八七五年)についても、彼は、国家によってアソシエーション(生産者協同組合)を育成するというラッサールの考えを痛烈に批判している。

労働者が協同組合的生産の諸条件を社会的な規模で、まず最初は自国に国民的規模でつくりだそうとするのは、現在の生産諸条件の変革のために努力するということにほかならず、国家の補助による協同組合の設立とはなんのかかわりもないものである！　また、今日の協同組合についていえば、それは政府からもブルジョアからも保護を受けずに労働者が自主的につくりだしたものであるときに、はじめて価値をもっている。(13)

国家によって協同組合を育成するのではなく、協同組合のアソシエーションが国家にとってかわるべきだ、とマルクスはいうのだ。とはいえ、法的規制その他、国家による支援がなければ、生産者協同組合が資本制企業に敗れてしまうことは避けがたい。だから、マルクスはプロレタリアートが国家権力を握ることが不可欠だと考えた。しかし、マルクスがラッサールと対立するのは、つぎの点においてである。ラッサールがヘーゲルにならって国家を理性的なものとみなしているのに、マルクスは国家を消滅すべきものとして見ていた。その点で、マルクスはあくまでプルードン派なのである。一方、ビスマルクの親友でもあったラッサールは、いわばドイツ版のサン＝シモン主義者、すなわち、国家社会主義者であった。

5　株式会社と国有化

マルクスは協同組合生産に、社会主義、すなわち、連合的(associated)生産を実現する鍵を見出したが、同時に、その限界にも気づいていた。それは、拡大できない、したがって資本に対抗できない、ということである。一方、マルクスはその限界を超える鍵を、株式会社に見出した。《資本主義的株式企業も、協同組合工場と同様に、資本主義的生産様式から結合生産様式への過渡形態として見られるべきものであるが、ただ、一方では対立が消極的に、他方では積極的に止揚されているのである(14)》。

これは何を意味するのか。株式会社では「資本と経営」の分離が生じる。株主は出資分に対する配当の権利をもち、経営に関して議決権をもつ。しかし、生産手段などについての所有権をもたない。それは法人の所有となる。それによって、株主は企業の損失について無限責任を免れる。つまり、会社が倒産しても、株主は自らの投資分を失うだけですむし、またいつでも株を売って貨幣資本に転化できる。このため、株式会社は資本を大規模に集積することができる。したがってまた、それが労働の大規模な社会的〝結合〟(combination)をもたらす。協同組合ではこのような拡大が難しい。ゆえに、株式会社が達成したものを、協同組合化、つまり、連合的(associated)な生産様式に転換すればよい、とマルクスは考えた。株式会社は「共産主義に飛び移るための」「もっとも完成された形態」である、と彼はいう。(15)

株式会社では、旧来の意味での資本家は消滅している。もちろん、それは資本の「消極的な」揚棄にすぎない。「資本」は、利潤率の確保という至上命令として残っているからだ。資本の蓄積(自己増殖)ができないかぎり、資本は資本たりえない。したがって、株式会社が資本の揚棄でないことは、絶対王権を倒してできた共和制政府が国家の揚棄でないのと同じである。主権者としての人民の政府が国家にとってかわったようにみえるが、いざとなれば、「国家」が王やカリスマ的指導者として顕在化する。同様に、「資本」もまた、経営の危機において顕在化する。

にもかかわらず、この消極的な資本の揚棄によって、それまでの資本家と賃労働者の関係とは異なるような関係が生まれたことは確かである。すなわち、資本家と賃労働者の関係は、経営者と労働者の関係というかたちをとるようになった。経営者は株主(貨幣資本)とは別である。また、経営者は現実資本の所有者ではない。それを所有するのは企業(法人)であるから。経営者は、労働者を組織し指揮する「監督労働」(マルクス)に対して、賃金を与えられる賃労働者(ホワイト・カラー)である。マルクスは、ここに、経営者と労働者が、株主(資本)の支配から離れて自立し、アソシエーションを形成することができる条件を見出した。株式会社を協同組合化するのは容易である。株主の多数決支配の下にある株式会社を、協同組合のロッチデール原則によって、株主をふくむ全従業員が一人一票の投票権で議決するようなシステムに変えればよいのである。必要な手続きは、ただそれだけだ。[16]

だが、このことは、言うは易く、行うは難し、である。というのは、このような変革を個々の企業のレベルでやるならば、それは協同組合工場と同様に、たちまち困難に出会うからだ。それはたんに弾圧されたり妨害されたりするだけではない。協同組合的な企業は、資本制企業の間で、競争に耐えることができない。たとえば、資本制企業は平然とリストラをおこない、また優れた技術者を高給で雇用するが、協同組合にはそのようなことができない。そんなことをするようなら、もう協同組合の名に値しないであろう。協同組合はその原理を保持しようとすれば滅亡してしまい、あえて存続しようとすれば、資本主義的なやり方を導入することになる。そのとき、揚棄されていたはずの「資本」が再浮上する。したがって、こうした変革は、個々の企業内での闘争によってではなく、国家的な規模で、法制度を変えることによってしかできないのである。

マルクスは一八六七年に、こう書いている。《社会的生産を自由な協同組合労働の巨大な、調和ある一体系に転化するためには、全般的な社会的変化、社会の全般的条件の変化が必要である。この変化は、社会の組織された力、すなわち国家権力を、資本家と地主の手から生産者自身の手に移す以外の方法では、けっして実現することはできない[17]》。いうまでもなく、このような意見は、プルードン派と対立するものではない。というのは、協同組合を発展させることや個々の企業を協同組合化していくことが困難であることは、プルードン派も認めていたからである。そのためには、国家権力を握って、一挙にそれをおこなう必要がある。したがって、マルクスの意見はプルードン派が中心であった国際労働者評議会(第一インターナショナル)で承認されたし、実際、プルードン派はパリ・コンミューンでこれを実行しようとしたのである。

だが、国家権力を握るといっても、マルクスがいうのは、ラッサールがいったような「国家によって協同組合的生産を保護育成する」というのとは似て非なるものだ。それは結局、国家の下での協同組合であり、事実上は、産業の国有化なのである。先に述べたように、マルクスはそのような考えを否定した。必要なのは、国家によって協同組合を育成することではなく、資本主義的株式会社を協同組合的に組み替えることである。マルクスが国家権力の掌握の必要を強調したのは、国有化のためではない。協同組合化によって、資本—賃労働という階級関係を廃棄するためである。それによって、階級支配にもとづく国家は死滅する。だが、そのためには、労働者階級が一時的に国家権力を握る必要がある、とマルクスは考えたのである。

マルクスが主張したのは、株式会社の国有化ではなく、株式会社における法人所有を、労働者の共同占有に変えることである。この二つは似ているようにみえるが、本質的に異なっている。たとえば、国有化と資本主義は背反するものではない。その証拠に、現在でも、巨大企業が危機に陥れば、国有化によって崩壊を回避するのだ。一般に、国営企業は、民間の株式会社ではできないような巨大な資本集積を可能にする。だから、明治日本のような後発資本主義国では、たとえば製鉄のように資本の集積を必要とするものは先ず国営企業として開始され、やがて民営化に転換されたのである。その意味で、株式会社は国営企業よりも発達した形態である。マルクスの考えでは、株式会社こそが「もっとも完成された形態」であり、それを協同組合(共同占有)のかたちにすることが社会主義なのだ。ゆえに、それを国営にすれば、社会主義からはますます遠のくだけである。

しかし、パリ・コンミューンの流産とともに、マルクスの協同組合論はその後に無視されていった。それはまた、アソシエーション＝協同組合による国家の揚棄という観点の無視につながっている。その責任はエンゲルスにある。『資本論』第三巻を編集した際、エンゲルスは、マルクスが書いたころより株式会社が巨大な発展を遂げたことを高く評価するコメントを本文の中に入れている。それは暗に、協同組合化の意義を貶めるものだ。エンゲルスは、そのような巨大な株式会社を「国有化」すれば、社会主義はすぐに実現できると考えていたのである。彼にとって、社会主義は資本主義経済を全体として計画的なものにすることだ。ここから、レーニンのように、社会主義とは、社会を

「一つの工場」のようにするものだという考えが出てくる。以後、マルクス主義において、社会主義＝国有化という考えは疑われたことがない。それはけっしてスターリニズムの所産ではない。むしろ、国有化がスターリニズムを生んだのである。たとえば、トロツキーは『裏切られた革命』でつぎのようにいっている。《私有財産が社会的財産となるためには、どうしても国有財産の段階を通り抜けなければならない》。

むろん、国有化によって、資本主義経済を否定することができる。だが、それは、労働力商品(賃労働)を廃棄することにはならない。それはたんに、労働者を国家公務員、すなわち国家の下での賃労働者にするだけである。また、農業の国営化、あるいは集団農場化は、むしろアジア的専制国家の農業共同体に逆戻りすることになる。これはソ連や中国において起こったことだ。国有化と国家統制によって、国家官僚は絶大な力をもつようになる。国有化と国家統制をおこなうかぎり、いかに警戒しようと、批判しようと、〝文化革命〟を起こそうと、官僚制化は不可避的である。

6　世界同時革命

先に述べたように、マルクスが国家権力の掌握を不可欠だとみなしたのは、国家主義者だからではない。一時的に国家権力を握って、経済的な階級関係を廃棄すれば、国家は自然に消滅すると考えたからである。それはプルードンと同じ考えであった。ゆえに、マルクスはプルードン派とパリ・コンミューンにいたるまで共闘していたのである。むしろ、マルクスはプルードン派がパリ・コンミューンへの蜂起を企てたとき、強く反対したのである。社会主義者は、国家権力を奪取するかわりに、先ず敗戦下の混乱にあるパリとフランスを立て直すことに専念すべきだ、と彼は主張した。

マルクスの見通しでは、パリは戦勝国のプロイセンによって包囲されており、コンミューンはその干渉を受けて、無惨な敗北に終わるだろう、それによって、革命運動は数十年の間、再起不能にされてしまうだろう、と。[18] もちろん、実際にコンミューンが決行されると、彼はそれを支援し、称賛の言葉を贈った。しかし、それは彼が、資本との競争によって敗れてしまう協同組合工場を貴重な「実験」として評価したのと同じ意味合いにおいてである。マルクスが予見した通り、パリ・コンミューンはプロイセン軍によって二カ月で粉砕され、数多くの犠牲者を出した。この事件によって、アナーキストあるいは古典的な革命運動は終息してしまったのである。

マルクスが蜂起に反対した理由は、これが一都市、あるいはせいぜい一国の革命でしかありえないということであった。コンミューンがすぐに外の国家からの干渉や妨害に出会うことは見え透いていた。他の国家があるというのに、一国の中で国家を揚棄するということなどありえない。いいかえれば、社会主義革命は一国だけではありえない。

それは世界同時革命としてのみ可能であり、またそのことは、世界資本主義による「普遍的交通」の下で可能となる。マルクスは『ドイツ・イデオロギー』で、つぎのように述べている。

この普遍的交通は、それゆえまた一方では、《無所有の》大衆という現象を、あらゆる民族のうちに、同時にうみだし(普遍的競争)、これら諸民族のそれぞれが、他の諸民族の変革に依存しあうようにし、ついには世界史的な、経験において普遍的な諸個人を、局地的な諸個人にかわって形成するからである。こうしたことなしには、(一)共産主義は、ただ局地的なものとしてしか存在しえないだろう、(二)交通の諸力そのものは、普遍的な、それゆえ否応なしの力として発展できなかったろう。それは田舎的‐迷信的な《しきたり》にとどまったであろう。そして(三)交通の拡大をまってしか、局地的共産主義はなくならないだろう。共産主義は、経験的には、主要な諸民族が《一挙に》、かつ同時に遂行することによってのみ可能なのであり、そしてそのことは生産力の普遍的な発展とそれに結びついた世界交通を前提としている。[19]

国家はその内部からだけでは揚棄できない。だから、革命は「主要な諸民族が《一挙に》、かつ同時に遂行することによってのみ可能」だと、マルクスは考えていた。この場合、注意すべきなのは、マルクスが「主要な諸民族が」といっていることだ。これは資本主義的先進国を意味する。マルクスの考えでは、先進国の間の「世界同時革命」が後進国における革命の前提条件である。イギリス、フランスなど先進国のレベルで「世界同時革命」があれば、それらが植民地化し、あるいは国際分業を通して富を収奪している諸国での革命や変革は容易となるからだ。逆に、それがないと、それらの国での革命は困難且つ屈曲したものとなる。

マルクスが、「主要な諸民族」に限られるとはいえ、社会主義革命が「一挙に、かつ同時的な」世界革命以外にありえないと考えたことは、社会主義革命、すなわち、資本と国家を揚棄する企てにつきまとう困難を承知していたことを示している。一国だけの社会主義革命はありえない。つまり、国家をその内部だけから揚棄するということは不可能である。

しかも、他国による干渉や妨害は、非合法的な革命あるいは暴力革命にだけ生じるのではない。たとえば、一国で、民主的な選挙を通して生まれた政府が、株式会社の協同組合化をおこなうとしよう。それはたちまち、内外の資本と国家の反撥、干渉、利用を招く。また、そのことを予想して、内部でも強い反対や抑制が生まれる。したがって、資本主義(賃労働)の廃棄は、一国だけでおこなうことはできないのである。あるいは、こういってもいい。国家をその内部からだけでは揚棄することはできない、と。なぜなら、国家は世界システムの中に存在する、つまり、他の国家との関係において存在するものだからだ。

マルクスはパリ・コンミューンの蜂起に反対した。しかし、その理由を公的に明示しなかった。ゆえに、彼のコンミューンへの称賛のみが後世に残ったのである。特にレーニンとトロツキーはマルクスの批判を無視し、もっぱらパリ・コンミューン評価を仰いで、十月革命を強行した。マルクスが蜂起に反対したのは、それが世界同時革命とはなりえないと考えたからである。革命を強行しようとしたのはプルードン派である。といっても、それは、彼らが一国だけの革命を考えていたからではない。彼らも世界同時革命を考えていたのだ。当時、世界同時革命はマルクスだけの考えではなかった。プルードン派もバクーニンも世界同時革命を当然とみなしていた。プルードン派が革命を強行したのは、それがヨーロッパ世界革命に波及すると考えたからである。むろん、それは恣意的な思い込みにすぎない。

一八四八年の革命は、まさに世界同時革命であった。その後に形成された第一インターナショナルの革命家たちは、そのような世界同時革命を将来に想定していたから、一八七一年において、パリ・コンミューンが世界革命に転化するだろうと考えたとしても無理はない。しかし、マルクスはこの時点で、世界同時革命はないと判断したのである。それはたまたまではない。世界同時革命を可能にするような「世界」そのものが根本的に変容していたのだ。マルクスはおそらくそれを察知していたが、明確に示そうとしなかった。

世界同時革命という観念は、その前提条件を不問にしたまま、たんに空疎なスローガンとして残っている。われわれが考えるべきなのは、つぎの点である。一八四八年には存在したような世界同時革命は、もはやありえない。それは可能なのだ。だが、それは「世界同時革命」がもはやありえない、ということではない。それは可能なのだ。では、いかにして可能なのか。それについて、私は第四部の最終章で詳しく述べる。とりあえず、一八四八年以後、「世界同時革命」のヴィジョンがどうなったかを見ておこう。

7　永続革命と段階の「飛び越え」

一八四八年革命は、確かに「世界同時的」であった。しかし、社会主義革命としては、それはあっけなく敗北してしまった。しかも、反革命(anti-revolution)というよりも、国民国家による対抗革命(counter-revolution)に敗れたのである。その結果出現したのは、社会主義運動あるいはプロレタリア階級を強く意識した政治体制であった。イギリスに関してはすでに述べた。チャーチスト運動は敗北したが、労働者階級の要求の多くが受け入れられ、福祉政策がおこなわれるようになったのである。フランスでは、皇帝に就任したルイ・ボナパルトが、サン＝シモン主義者として、国家の介入によって産業資本主義を振興させ、同時に労働問題を解決するという、矛盾した課題を同時的に果たそうとした。ボナパルトは「第一インターナショナル」の形成を後援さえしたのである。プロイセンでも、一八四八年の革命を機に登場したビスマルクの政策は、国家による産業資本主義を振興させ、同時に労働問題の解決を目指すものであった。ビスマルクは自身社会主義者ではなかったが、彼の国家資本主義は事実上、彼の友人であったラッサールの「国家社会主義」に呼応するものであった。

この意味で、一八四八年以後の世界は、むしろ、社会主義者が国家権力に直接的ないし間接的に参与することによって形成された、といってよい。別の観点からいうと、それは、資本＝ネーション＝ステートが形成されたということである。つまり、資本主義的市場経済でありながら、資本の専横を規制し、階級対立を富の再分配や福祉によって解消する、そのようなシステムが、まだ萌芽的なものとはいえ、形成されたのである。このとき、一八四八年の時点で考えられた革命は時代遅れとなった。パリ・コンミューンは、その最後の光芒のようなものであり、未来を示すものではなかった。

エンゲルスは一八八〇年代にいたって、一八四八年の革命はもはや時代遅れであると考え、イギリスのような状態こそ、真に社会主義革命を可能にするものだと考えていた。マルクスが死んで三年後の一八八六年に、エンゲルスはこう述べた。《その人〔マルクス〕

の全理論は、イギリスの経済史と経済的状態の研究に、全生涯をかけた成果である。またこの研究は、彼を次の結論に導いていったのである。すなわち、少なくともヨーロッパにおいては、イギリスが全く、平和的な合法的な手段をもって、不可避的な社会革命を遂行しうる唯一の国であるということである》[20]。そして、一八九〇年代に入り、ドイツで社会民主党が議会で躍進したとき、エンゲルスは、今やドイツもそのような国だと考えるにいたった。つまり、先進国では、議会制民主主義を通して社会主義的変革が可能だと考えるようになったのである。しかし、エンゲルスは、イギリスでそのような変革が可能なようにみえるのは、資本＝ネーション＝ステートというシステムが成立したからであり、このシステムは、それ自身が可能にしたような変革によっては越えられないということを見なかった。

晩年のエンゲルスの考えは社会民主主義に近いものである。エンゲルスの死後、その遺産相続人であったベルンシュタインは、一八四八年以来あったマルクス主義の社会主義革命論を非現実的であると否定した。カウツキーはそれを「修正主義」として批判した。しかし、両者の間にさほどの差はなかった。どちらも、社会主義革命を、民主的な議会を通して、国家による資本主義の規制、富の再分配をおこなうことだと考えた。ベルンシュタインが福祉国家主義を唱えたとしたら、カウツキーは社会民主主義を唱えたのだ、といってよい。

しかし、それらは資本＝ネーション＝ステートが確立した状態でのみ成立する考えだ。ここから二つのことがいえる。第一に、そのような変革によっては、資本＝ネーション＝ステートというシステムを越えられないこと。第二に、個々の資本＝ネーション＝ステートは世界システムの中で競合しながら存在しているので、それぞれの存立が危うくなれば、社会民主主義は放棄されてしまうこと。事実、ベルンシュタインだけでなく、カウツキーも、ドイツが第一次大戦に突入したとき、それを支持する方向に旋回したのである。それによって、第二インターナショナルは解散を余儀なくされた。こうして、資本主義的先進国における国際的な社会主義運動は終わってしまった。

先進資本主義国で、旧来のような革命運動が成立しないことは明らかであった。しかし、その問題に直面したマルクス主義者は、それに取り組むよりもむしろ、古典的な革命運動や階級闘争がまだ存在する周辺部での革命に向かったのである。そのような転回をもたらしたのは、特に、日露戦争の結果として生じた第一次ロシア革命(一九〇五年)である。その経験を踏まえて、トロツキーとローザ・ルクセンブルクはそれぞれ、資本主義が最も発展した段階でのみ社会主義革命が可能だ、というマルクス主義の通念を修正する主張を打ち出した。

先にローザ・ルクセンブルクについていうと、彼女はロシア帝国に属するポーランド人として、第一次ロシア革命を経験したのだが、そこから周辺部革命論を考えるようになった。さらに、中心部(先進国)での資本の蓄積が周辺部(後進国)からの収奪によって成り立つという理論によって、彼女は周辺部での革命を、たんに先進国の後を追うものとしてではなく、先進国の資本蓄積に打撃を与えるものとして意味づけたのである。ある意味で、これはマルクスを援用しつつ、マルクスの古い見方に挑戦するものであった。一方、トロツキーは、初期マルクスの考えから引き出した「永続革命」の理論によって、後進国における社会主義革命を根拠づけようとした。

マルクスは一八四八年の時点で、ブランキの少数前衛による一揆とプロレタリア独裁の考えに賛同していた。また、産業資本主義が未発達でブルジョア民主主義革命も達成されていないドイツにおいて、来るべき革命は先ずブルジョア革命であろうが、たんにそこにとどまるべきではない、「プロレタリア独裁」によって一挙に社会主義革命を推し進めるべきだ、と考えた。これが「永続革命」の理論である。しかし、マルクスは二年後に、それをつぎのように否定したのである。

私はつねにプロレタリアートの一時的な意見には反対してきた。われわれは、党自身にとってしあわせなことにまだまさに権力につくことのできない党に身をささげている。もし権力をにぎるようなことになるなら、プロレタリアートは、直接プロレタリア的ではなく、小ブルジョア的な方策をとることになるだろう。わが党は、四囲の事情が党の見解を実現することを可能にするようになったときにはじめて、権力をにぎることができるのである。ルイ・ブランは、時期尚早に権力をにぎった場合にはどうなるかを示す最良の実例を提供している。もっともフランスではプロレタリアは単独で権力をにぎるのではなく、彼らとともに農民と小ブルジョアが権力をにぎるであろう。そしてプロレタリアは自分の方策ではなく、農民や小ブルジョアの方策を実行せざるをえなくなるであろう。パリのコミューヌは、なにかを実行するためには政府にくわわる必要はないことを証明している(21)。

これ以後のマルクスは、歴史的段階の「飛び越え」に対しては非常に慎重になった。後述するように、「ザスーリチへの手紙」においても、それは明らかである。しかし、トロツキーはマルクスが否定した「永続革命」を引っ張り出してきた。彼は、革命が、世界資本主義の矛盾が最も強くあらわれる地域で起こること、また、そこでは発展段階を「飛び越え」て社会主義革命が可能である、と考えたのである。これもマルクスを援用してはいるが、事実上、彼の考えに挑戦するものであった。この点で、レーニンはトロツキーの影響を受けたといってよい。

ロシア革命は一九一七年二月、第一次大戦でロシアの敗色が濃いときに起こった。その結果、帝政が倒され議会が成立するとともに、労働者・農民の評議会(ソヴィエト)が自然発生的に成立した。議会と評議会の二重権力の状態が続いたのである。ただ、そのいずれにおいても、社会民主労働党のメンシェヴィキ、そして、社会革命党が主流であり、社会民主労働党のボリシェヴィキは少数派であった。ところが、一〇月に、トロツキーとレーニンは他のボリシェヴィキ幹部(スターリンを除く)の猛反対を押し切って、クーデターを起こしたのである。それは「全権力をソヴィエトへ」という名目でなされた。だが、実際には、議会を閉鎖しただけでなく、ソヴィエトからも他の党派を追放した。以後、評議会は名目的なものとなり、ボリシェヴィキによる独裁が始まったのである。この時点で、彼らはヨーロッパの「世界革命」がロシアのあとに起こることを期待していたが、当然ながら、それは起こらなかった。それどころか、たちまち、海外からの干渉や侵略が始まった。それ以後、他国の干渉から革命を防衛するためには、強力な国家機構を再建しなければならなかった。こうして、党＝国家官僚の専制的支配体制がまもなく形成されたのである。

このようなクーデターの強行を正当化する理論が、歴史的段階を「飛び越え」て一挙に社会主義に向かうという、「永続革命」の理論であった。その結果がどうなったかは周知の通りである。トロツキーはスターリン以後の体制を「裏切られた革命」と呼ぶが、それはむしろ十月革命がもたらしたものである。その意味で、十月革命においてすでに革命が裏切られている。

マルクスが「永続革命」を否定し、また、歴史的段階の「飛び越え」を否定したことに対する、そうした挑戦(毛沢東もふくむ)は、全般的に、失敗に終わった。つまり、結局、「飛び越え」はできなかったのである。実際、二〇世紀に起こった革命——すべて後進国で起こった——において、権力を握った社会主義者はさまざまな点で、本来ブルジョアジーがなすべきこと、というよりむしろ、絶対王権がなすべきことを代行するはめに陥ったのである。

ヨーロッパでは、絶対王権は多くの封建貴族を制圧し、人々をすべて王の「臣下」とすることで、ネーションとしての同一性を創り出した。また、それは、旧来の農業共同体を解体し収奪することを通して資本主義経済の基盤を確立した。これはマルクスが「原始的蓄積」と呼んだ過程である。絶対王政を暴力革命によって倒したブルジョアジーは、前者が築いた基盤の上に、資本主義経済を築いたのである。

一方、産業資本主義的に後進的な地域は、ほとんどが植民地体制下にあった。つまり、主権がなかった。また、その中で部族的な対立があり、ネーションとしての同一性をもちえなかった。西洋列強は、そのような分裂を巧妙に利用して植民地化を果たしたのである。また、そのような地域には、自給自足的な農業共同体が存在した。このような状態で、旧来の封建的体制を打破して、ネーションを確立し、さらに工業化を果たそうとするのは、誰であろうか。地主階級や買弁資本家は現状に満足している。民族の独立や前近代的な社会の改革を目指す者は、社会主義者しかいないのである。社会主義者は、したがって、絶対王権ないしブルジョア革命が果たしたことを果たさなければならない(22)。

マルクスがいったように、これらは本来、社会主義者がやるべき仕事ではない。しかし、周辺部諸国では、社会主義者以外に、それを実行することができない。そして、社会主義者がそうするのは当然であり、むしろ称賛されるべきことである。ただ批判されるべきなのは、彼らが実行したことを「社会主義」と呼んだことである。そのことによって、社会主義という理念が回復不可能なまでに傷つけられた。そして、その原因は、「永続革命」と「段階の飛び越え」という観念にある。

8　ファシズムの問題

マルクス主義者は資本主義を国家によって制御しようとして、国家の罠にはまってしまった。それについてはすでに十分に述べてきたので、ここで付け加えておきたいのは、もう一つの躓きである、ネーションの問題である。マルクスとエンゲルスは、一八四八年革命の勃発の直前に出版した『共産党宣言』で、プロレタリアートは祖国をもたない、ゆえに、諸国家を越えたブルジョアジーとプロレタリアートという二大階級の決戦が世界革命として生じるだろう、と期待した。しかし、実際は逆で、この時期から階級問題と並んで、民族問題が重大となったのである。
マルクス主義者は、ネーションは上部構造であるから、階級的構造が解消されれば解消されると考えた。しかし、そうはならなかった。ネーションは国家とは別の自立的な存在として機能したし、機能し続けている。すでに述べたように、ネーションは共同体あるいは互酬的交換様式Aの想像的回復である。それは平等主義的である。したがって、ナショナリズムと社会主義(アソシエーショニズム)の運動には、紛らわしい近似性がある。

たとえば、植民地状態から民族解放を目指す運動において、社会主義はナショナリズムと融合する。それは、植民地化された国の資本が買弁的・従属的であり、社会主義者でなければ、ナショナリズムを実現できないからである。ゆえに、そのようなところで、社会主義とナショナリズムが同一視されたとしても、やむをえない。問題は、むしろ発達した産業資本主義国家では、ナショナリズムが社会主義的な外見をもってあらわれることである。それがファシズムである。ファシズムとは、ナチスの党名(ナショナル社会主義ドイツ労働者党)が示すように、ナショナルな社会主義である。つまり、ネーションによって、資本と国家を越えようとする企てである。それは、資本主義にもマルクス主義にも敵対する。もちろん、ネーションによって資本主義と国家を越えることはできない。それが創り出すのは、資本主義と国家を越える「想像の共同体」にすぎない。

しかし、多くの国で、ファシズムが強い魅力をもったのは、それがあらゆる矛盾を〝今ここ〟で乗り越える夢――実際は悪夢だ――のような世界のヴィジョンを与えたからである。

多くの地域でマルクス主義の運動がファシズムに屈したのは、ネーションをたんなる上部構造だとみなしたことに原因がある。マルクス主義者がナチズムの前に無力であった事実に直面して、エルンスト・ブロッホは、その理由は、ナチズムがマルクス主義と違って、資本主義的な合理性の中で抑圧された古い要素をさまざまに喚起し動員することができたからだ、と述べている(23)。だが、これはナチズムが、交換様式Aの想像的回復としてのネーションを活用しえたということを意味する。それは一見すると、社会主義、すなわち、交換様式Dを約束するようにみえるのである。

このことはまた、アナーキストの多くがファシズムに取り込まれた秘密を明かすものである。たとえば、イタリアのファシストは、アナーキストの理論家、ソレルの影響を受けていた。ムッソリーニはもともと社会党のリーダーであり、第一次大戦に際して当初戦争に反対した社会党から出た。しかし、彼は資本と国家への反逆という信念を放棄したわけではない。彼が考えたのは、資本と国家をネーションによって越えることであった。イタリアのファシズムは、この意味で、アナーキズムの頽落した形態であると考えられる。

ドイツのナチスの場合、さまざまな要素があるが、なかでも「突撃隊」は、資本と官僚国家に敵対するアナーキストであった。彼らは、ナチズム(ナショナル社会主義)を、資本と国家をネーションによって越えるものとみなしたのである。それがたとえばハイデガーをナチスに惹きつけた理由である。「突撃隊」が粛清されたのちに、彼はナチスから手を引いた。しかし、それは、彼がナチスをやめたというより、ナチスがナショナル社会主義を棄てたことを意味する。

日本のファシズムの場合、一九三〇年代に最も影響力のあった思想家の一人、権藤成卿は、反国家主義・反資本主義を唱え、社稷《しやしよく》(農業共同体)の回復を唱えた。そのとき、彼はそれを象徴するものとして天皇をもってきたのである。天皇はこの場合、明治以後の絶対王政とは逆に、日本の古代国家以前の社会の首長として解釈されている。興味深いことに、アナーキストの多くが権藤を支持した。天皇の下でのみ、国家無き社会が可能である、と彼らは考えたのである。それもまた、ファシズムとアナーキズムの親和性を示している。

それは、ナショナリズムと社会主義(アソシエーショニズム)の近似性から来る。このことは交換様式から見ると理解しやすい。いずれも、資本主義的な経済の中で生じる階級分解や疎外という現実に対して、交換様式Aを想像的に回復するものである。違いは、その回復がいかにしてなされるかにある。私は先に、普遍宗教に関して、それが意識的でノスタルジックな過去の「回復」と異なって、無意識的で強迫的な「抑圧されたものの回帰」だということを指摘した。同じことが、ナショナリズムと社会主義に関していえる。ナショナリズムは、過去のあり方をノスタルジックに能動的に回復するものである。他方、アソシエーショニズムは、過去の交換様式Aを回復するとしても、意識的にそうするのではない。意識的には未来志向的である。したがって、後者の場合、現状を変革するものとなるが、前者は結局、現状の肯定にしかならないのである。

晩年のマルクスは、ロシアのナロードニキであった女性活動家、ザスーリチからの質問を受けた。ロシアのナロードニキは、バクーニンにならって、ロシアの農業共同体にコミュニズムが生きているという事実を高く評価した。しかし、これはそのまま、未来の共産主義に転化できるのか、それとも、資本主義的な私有化によって解体される過程をいったん経なければならないのか。それがザスーリチの問いであった。マルクスはその返事を書くのに長い時間をかけた。それはこの時期、モーガンの『古代社会』を読み、ある考え直しを強いられていたからである。

マルクスはもともと、未来の協同社会(アソシエーション)において原始共産制が高次のレベルで回復されるというヴィジョンをもっていた。しかし、これはマルクスだけでなく、一般に社会主義者がもっていたものだ。テンニースが定式化したように、ゲゼルシャフトの上にゲマインシャフトを回復するという見方は、むしろロマン主義的なものである。壮年期のマルクスはこうしたロマン主義的傾向を拒んでいた。彼が晩年において、社会主義を「共同体」の高次元での回復とみなすようになったのは、ロマン主義的な観点からではない。そのきっかけは、おそらくモーガンの『古代社会』を読んだからだと思われる。モーガンは、氏族社会に、たんに平等であるだけでなく、独立的である人々を見出した。それは戦士＝農民共同体である。彼の考えでは、古代ギリシアの民主主義はそれを受け継ぐものであった。したがって、マルクスが回復すべき「模範」として見出した氏族的共同体は、その上位集団に決して従属しないような共同体である。つまり、マルクスは氏族社会に関して、そこに保持された遊動民以来のあり方を範としたのである。

しかるに、ロシアのミールはそのような共同体ではなく、専制国家に従属する共同体である。それは氏族社会から連続的に生じたのではない。一二三六年にモンゴル軍が侵入して以来、キプチャク・ハーン国による間接支配が続いた、二五〇年間にわたる「タタールの軛」の下で、いいかえれば、アジア的専制国家の下で形成されたのである。マルクスもそのことを指摘している(24)。このような農業共同体はもはや戦士＝農民共同体にあったような独立的精神をもたない。その成員は上位の権力に対して従順であり依存的である。実際、彼らはツァーリ(皇帝＝教皇)を仰いでいた。ゆえに、このような農業共同体から未来の協同社会(アソシエーション)が出てくることはありえない。むしろこれに依拠するかぎり、社会主義はアジア的専制国家と類似したものに帰結するだろう。

したがって、ロシアの共同体がそのままで未来のアソシエーションに転化できるかといえば、「否」である。とはいえ、これはたんに共同体の解体・私有化を通過しなければならない、ということを意味するのではない。資本主義的経済が浸透して農業共同体が解体されても、人々の国家に対する従順な態度は変わらないだろう。そこから生まれるアトム化された大衆はアソシエーションを生み出すどころか、新たな〝ツァーリ〟を求めるだけである。ゆえに、こうした農業共同体からの、資本主義化によるのとは別のかたちの、アソシエーション的な自立化が必要なのである。したがって、マルクスはザスーリチの問いに対して「否」と答える。だが、同時に、それがまったく不可能ではない、と考えた。《この共同体はロシアにおける社会的再生の拠点であるが、それがそのようなものとして機能しうるためには、まずはじめに、あらゆる側面からこの共同体におそいかかっている有害な諸影響を除去すること、ついで自然発生的発展の正常な諸条件をこの共同体に確保することが必要であろう、と[25]》。これは、もっと具体的にいえば、つぎのようなものである。

　ロシアの農民共同体《オプシチナ》は、ひどくくずれてはいても、太古の土地共有制の一形態であるが、これから直接に、共産主義的な共同所有という、より高度の形態に移行できるであろうか？　それとも反対に、農民共同体は、そのまえに、西欧の歴史的発展でおこなわれたのと同じ解体過程をたどらなければならないのであろうか？
この問題にたいして今日あたえることのできるただ一つの答は、次のとおりである。もし、ロシア革命が西欧のプロレタリア革命にたいする合図となって、両者がたがいに補いあうなら、現在のロシアの土地共有制は共産主義的発展の出発点となることができる。(26)

マルクスがここで語っているのは、「世界同時革命」のヴィジョンである。つまり、これは一国だけの革命ではありえない。このような例は、現在でも、グローバルな資本主義の破壊的浸透に対する、世界各地の先住民の闘争を見る場合に示唆的である。そこでは、資本と国家に対抗する力は、社会主義的理念というよりも、互酬交換、共同の環境、共同体の伝統から来るのである。だが、そのような闘争が発展して、そのまま社会主義的な形態(交換様式D)になるかといえば、その解答は、結局、マルクスが与えたのと同じものになるだろう。つまり、先進国における社会主義的変革とそれによる支持や援助があるかぎりにおいてのみ、それは可能である、と。

9　福祉国家主義

一九九〇年以後、先進国の左翼は、旧来のような革命を完全に放棄した。市場経済を認め、それがもたらす諸矛盾を、民主的手続きによる公共的合意、さらに、再分配によって解決していこうという考えに達した。つまり、福祉国家主義あるいは社会民主主義に落ち着いたのだ。しかし、これは、資本＝ネーション＝ステートの枠組を肯定することであり、その外に出るという考えを放棄することである。序文で述べたように、それはこの時期、フランシス・フクヤマが「歴史の終焉」と呼んだ事態なのである。実際のところ、これは百年前のベルンシュタインと違わない。それはベルンシュタインの先駆性を意味するものではなく、たんに彼に対する本質的な批判が以来すこしもなされてこなかったということを意味するにすぎない。

福祉国家主義は、先進資本主義国で、ソ連型社会主義に対抗するために〝消極的に〟採用されてきた。その中で、それを積極的に根拠づけようとした理論家として注目に値するのは、ジョン・ロールズである。それは、彼が、経済的な「格差」に反対して富の再分配を、アプリオリに道徳的な「正義」という観点から基礎づけようとしたからである。

正義は、社会制度の第一の徳目であって、これは真理が思想体系の第一の徳目であるのと同様である。たとえば、理論が優美で無駄がなくとも、真理でなければ、その理論は斥けられるか改められるかしなければならない。同様に、法・制度は、正義にもとるならば、どんなに効率的で整然としていても、改正されるか廃止されるかしなければならない。各人には皆正義に根ざす不可侵性があり、社会全体の福祉でさえこれを侵すことはできない。このために、ある人々の自由の喪失が、他の人々に今まで以上の善(good)を分け与えることを理由に、正しいとされることを、正義は認めない(27)。

ロールズは、このように先験的な「正義」の原理からはじめる方法をカント的であると考えた。ある意味では、その通りである。しかし、実際にはまるで違っている。カントにとって、正義は「他者をたんに手段としてのみならず同時に目的として扱う」という道徳法則にある。ゆえに、そのことを不可能にする資本制経済はカントにとって正義ではありえない。一方、ロールズがいう正義はせいぜい「分配的正義」である。それは資本主義的市場経済がもたらす格差を、国家による再配分によって解消するというものである。それは不平等を生み出すメカニズムには手を出さないで、その結果を国家によって是正しようというものだ。一方、カントのいう正義は、格差を生み出すような資本主義経済を廃棄せよ、という考えに行きつくことになる。

カントはイギリスの経験論的な道徳理論を批判した。それは、善は幸福にあり、且つまた、幸福は経済的な富に還元される、と考える功利主義と、道徳を同情のような「道徳感情」から考えたアダム・スミスのような考えの二つである。カントはその両方を批判し、道徳性を「自由」に見いだそうとした。自由とは、自己原因的(自発的・自律的)であることである。利益、幸福、道徳感情のようなものは感性的であるから自然原因に規定されており、それにもとづくことでは「自由」はありえない。

さらに重要なのは、この自由は他人の自由を犠牲にするものではありえないということである。そこで、「他人を手段としてのみならず同時に目的(自由な存在)として扱え」ということが、先験的な道徳法則(至上命令)として見出される。いわば、それは「自由の相互性(互酬性)」である。カントの倫理学はたんに主観的なものだと考えられてきた。しかし、自由の相互性(互酬性)は、現実に他者との経済的な関係と切り離せない。そのことを、カント自身が明瞭に意識していた。カント的道徳性から必然的に生まれるのは、互酬的交換にもとづく社会であり、それを最初に明確に提示したのがプルードンであった。

一方、英米では、カントは主観的倫理学として斥けられ、彼が批判した功利主義が優勢になった。その場合、善は、経済的な効用＝利益とほぼ同じことになる。いいかえれば、倫理学は経済学と同じことになる。ロールズはそのような文化的土壌に、カント的倫理学を導入したようにみえる。しかし、そうではない。ロールズは功利主義の基盤である資本主義経済を不問に付した上で、「善」を考え、分配による「平等」を考えた。そこでは、「自由の相互性」が考えられていない。ゆえに、それをカント的と呼ぶのは的外れである。

カントがいう道徳性が資本主義批判と密接につながっていることは、一般に無視されている。同様に、マルクスにおける社会主義が何よりも道徳的問題であることが、一般に無視されている。マルクスは若い時期に、つぎのように書いた。《宗教批判は、人間は人間にとって最高の存在である、という教説で終わる。したがって、人間を卑しめられ、隷属させられ、見捨てられ、蔑まれる存在にしておくような一切の諸関係を……くつがえせという、無条件の命令をもって終わるのである》(「ヘーゲル法哲学批判序説」)。これは宗教の批判というより、自由の相互性が実現されるまでは、宗教は消えない、ということを意味する。したがって、宗教批判は現実社会の(経済的)批判にとってかわられなければならない。マルクスはこの考えを生涯捨てなかった。いうまでもないが、自由の相互性を実現せよ、という「無条件の命令」(至上命令)は、明らかにカント的なものである。

第四部　現在と未来

第一章　世界資本主義の段階と反復

1　資本主義の歴史的段階

　私はこれまで、国家、資本、ネーションなどをそれぞれ個別に扱ってきた。もとより、それらは単独で存在するものではない。だが、それぞれの特性を見るために、あえて分離してきたのである。すでに述べたように、マルクスも『資本論』では、国家をカッコに入れている。たとえば、彼は資本の収益が、利潤、地代、労賃の三つに分配されること、そしてそれらが三大階級を形成することを指摘した。これはリカードの見方を受け継ぐものだが、リカードが主著『経済学および課税の原理』において、その題名そのものが示すように、「税」を重視しているのに対して、マルクスは「税」をまったく捨象している。いいかえれば、彼は国家を、あるいは、軍・官僚という「階級」を捨象したのである。

　もちろん、これは方法的なものである。実際、マルクスは、『ルイ・ボナパルトのブリュメール一八日』の中で、国家機構(官僚装置)が一つの階級として存在することを見落としてはいない。また、資本、賃労働、地代というカテゴリーに入らない諸階級、特に小農(分割地農民)が果たした役割を見落としてはいない。しかし、彼が『資本論』でそれらをまったく無視しているのは、それらを意図的にカッコに入れ、商品交換様式がもたらすシステムを純粋にとらえようとしたということを意味する。スミスやリカードの political economy は、ポリスの経済あるいは国民経済を扱うものである。一方、マルクスが『資本論』の副題として掲げた「国民経済学の批判」は、資本主義をポリス(ネーション)という枠組をはずして見ることを意味するのである。

一見すると彼は、イギリスをモデルにして資本主義の発展を見ているようにみえる。また、イギリスの外部を捨象しているようにみえる。しかし、マルクスのターゲットはあくまで世界資本主義である。では、そのためには、イギリスだけでなく、他の国をも考慮し、その総体を論じるべきではないだろうか。しかし、世界＝経済(世界資本主義)は多数の国民経済の総和としてあるのではない。マルクスがイギリスの経済を対象としたのは、イギリスがこの当時、世界経済のヘゲモニーを握っていたからだ。その場合、残余の世界が省かれているのではない。それらは自由貿易主義をとったイギリスの経済に、貿易の関係を通して、内面化されていると見てよい。マルクスはそのようにもっぱらイギリスの経済を対象としながら、「国民経済学」のような観点を捨象して、それを世界＝経済として扱ったのである。

だが、当然ながら、各国の現実の経済と『資本論』との間には、大きなズレが見出される。現実の資本制社会構成体では、資本制生産あるいは市場経済が全面を覆うことはない。それ以外の交換様式あるいは生産関係が残っている。マルクスがモデルにした一九世紀半ばのイギリスにおいてもそうである。他の後発資本主義国においてはいうまでもない。さらに、自由主義的な経済政策をとったイギリスにおいても、国家の存在は資本主義にとって不可欠であった。他の後発国においてはなおさらである。フランス、ドイツ、日本の例が示すように、産業資本主義を積極的に育成したのは国家である。イギリスにおいても、現実の経済と『資本論』のズレが際立ってくるのは、帝国主義時代である。帝国主義は、資本主義経済から生じる問題であると同時に、たんにそれだけでは理解できないような事態であった。つまり、このとき、国家をたんなる上部構造としてではなく、能動的な主体として見なければならなくなるのだ。

このような『資本論』と現実の政治経済とのズレは、マルクス主義者を悩ませた。その結果、『資本論』を歴史的な仕事として〝発展〟させる者、つまり事実上それを放棄する者が出てきた。その中で、私が注目するのは、『資本論』を保持しつつ、このズレを解決しようとした宇野弘蔵である。宇野は、マルクスが『資本論』で「純粋資本主義」を想定したのだと考えた。むろん純粋資本主義がイギリスに実在したわけではなく、また、将来において実現されるものでもない。ただ、マルクスがいた時代のイギリスの資本主義は、自由主義的であり、相対的に国家を捨象して、そのメカニズムを考えることができたという意味で、純粋資本主義に近いものであったといえる。とはいえ、宇野がいう「純粋資本主義」は理論的なものである。彼は『資本論』が、他の要素をすべてカッコに入れ、商品交換が貫徹された場合に資本制経済がどのように働くかを理論的に考察したものだと考えたのである。したがって、『資本論』は、資本制経済が存在するかぎり、特に変更する必要のない理論である。

そのように『資本論』を見る一方で、宇野は、さまざまな要素をふくんだ現実の社会構成体では、国家が経済に関与するのであり、それが「経済政策」としてあらわれる、そして、それが資本主義の歴史的な段階を形成すると考えた。彼のいう段階は、重商主義、自由主義、帝国主義である。さらに、宇野は、第一次大戦とロシア革命以後の段階を帝国主義とは異質な段階だと考えた。それは、国家が、社会主義的あるいはケインズ主義的な経済政策をとるにいたった段階である。一般的に、それは後期資本主義(late capitalism)と呼ばれているが、フォーディズムといっても、福祉国家資本主義といってもかまわない。ちなみに、宇野理論を受け継いだロバート・アルブリトンは、この段階をコンシューマリズムと名づけている(1)。

私の考えでは、こうした諸段階は、それぞれ「世界商品」と呼ぶべき基軸商品の変化によっても特徴づけられる。重商主義段階は羊毛工業、自由主義段階は綿工業、帝国主義段階は重工業、後期資本主義段階は、耐久消費財(車と電気製品)である。後期資本主義段階は、一九八〇年代から進行してきた新段階――ここではいわば「情報」が世界商品だといってよい――にとってかわられる。この段階をどう名づけるべきかについては、この後に論じる。

もちろん、このような発展段階の考察は、マルクス主義者の間ではありふれている。彼らは、経済的下部構造あるいは生産諸力の発展が、政治的・文化的な上部構造をどう変えたかを見てきた。その観点から見れば、商人資本は国家の保護を必要とするがゆえに、重商主義政策を必要とし、産業資本はそれを必要としないがゆえに、自由主義政策をとる。さらに、帝国主義の段階では、海外への資本の輸出が生じるために、国家の軍事的な介入を必要とする。政治的なレベルはそのように経済的レベルによって規定されている。とすれば、そのような変化は、資本主義経済そのものの変容から生じるということになる。そして、それを見るためには、『資本論』を理論的に〝発展〟させなければならないということになる。

しかし、宇野弘蔵の「段階論」的把握は、それらとは違っている。彼は資本主義の発展段階を国家の経済政策のレベルで見ようとした。そのとき、彼は『資本論』ではカッコに入れられていた国家を再導入したのである。しかも、『資本論』がとらえた「純粋資本主義」の原理を変更することなしに。経済政策から資本主義の発展段階を見るという見方は、国家を資本とは別の能動的な主体として導入することである。国家はたんに資本主義経済の変化によって規定されてきたのではない。

たとえば、「重商主義」段階で、国家は商人たちの背後に隠れていたのではない。国家が交易を主導していたのだ。この点では、古代帝国の時代からそうであった。遠隔地交易は、国家の手でなされたからである。いわゆる「自由主義」段階ではどうか。そこでは、国家は何もしないどころではない。イギリスの自由主義を保証していたのは、「七つの海」を支配する海軍力であった。そもそも、「自由主義」とは、経済的且つ軍事的に他を圧倒している国家がとる政策である。他の国は、保護主義(重商主義)的な政策をとり、産業資本を育成し強化しようとする。さもなければ、植民地状態におかれたのである。帝国主義の段階では、国家はもっとあからさまに前面に立っている。さらに、ファシズム、福祉国家資本主義でも同様だ。現実の資本主義経済の歴史は、国家という次元を捨象して見ることはできないのである。しかし、宇野は自分を経済学者としての立場に限定し、国家に関してはごく控えめにしか語らなかった。そのため、結局、彼の段階論は旧来の議論の中に組み込まれてしまった。

一方、歴史家ウォーラーステインは、重商主義、自由主義、帝国主義などを、近代世界システム(世界資本主義)におけるヘゲモニーの問題としてとらえた。つまり、国家を能動的な主体として導入したのである。彼の考えでは、自由主義とはヘゲモニー国家がとる政策である。ゆえに、それは一九世紀半ばの一時期に限定されない。実際、その他の時期にもあったのである。ただ、ウォーラーステインの考察によれば、そのようなヘゲモニー国家は近代の世界経済の中で三つしかなかった。オランダ、イギリス、そして、アメリカ(合衆国)である。

オランダはヘゲモニー国家として自由主義的であった。その間(一六世紀後半から一七世紀半ばまで)は、イギリスは重商主義(保護主義的政策)をとっていたのである。オランダは政治的にも絶対王政ではなく共和政であり、イギリスよりはるかに自由であった。たとえば、首都アムステルダムはデカルトやロックが亡命し、スピノザが安住できたような、当時のヨーロッパで例外的な都市であった。これは、いわば、イギリスがヘゲモニー国家となった時期のロンドンにマルクスが亡命していたのと相似する現象である。ウォーラーステインはいう。《スコットランド人は数世代にわたって、大学教育を受けるためにオランダに行くようになった。この事実は、一八世紀末のスコットランド啓蒙主義を説明する、もうひとつの因果連関であった。しかも、スコットランド啓蒙主義こそは、それ自体、イギリス工業の劇的な発展の決定的要因のひとつであった[2]》。

ウォーラーステインは、ヘゲモニーの交代はつぎのようなパターンで生じる、という。《農＝工業における生産効率の点で圧倒的に優位に立った結果、世界商業の面で優越することができる。こうなると、世界商業のセンターとしての利益と「見えない商品」、つまり、運輸・通信・保険などをおさえることによってえられる貿易外収益という、互いに関係した二種類の利益がもたらされる。こうした商業上の覇権は、金融部門での支配権をもたらす。ここでいう金融とは、為替、預金、信用などの銀行業務と(直接またはポートフォリオへの間接の)投資活動のことである[3]》。

このように国家は、生産から商業、さらに、金融という次元に進んでヘゲモニーを確立する。しかし、《特定の中核国が、同時に生産・商業・金融の三次元すべてにおいて、あらゆる中核諸国に対して優位を保っているような状態はほんの短い期間でしかありえない[4]》。このことは、ヘゲモニーが実にはかないもので、確立されたとたんに崩壊し始めるということを意味する。と同時に、生産においてヘゲモニーを無くしても、商業や金融においてヘゲモニーは維持されるということを意味している。

ところで、ウォーラーステインの近代世界システムの定式化に対して、ジョヴァンニ・アリギは幾つかの異議を唱えた[5]。第一に、彼はオランダより前に、ジェノヴァをヘゲモニー国家として見出す。そして、ジェノヴァ、オランダ、イギリス、アメリカでは、それぞれ、生産拡大から金融拡大に転換していく過程が反復されたという。第二に、ウォーラーステインはこのような変化の根拠をコンドラチェフの長期波動に求めてきたが、アリギによれば、コンドラチェフの長期波動もブローデルの「長期的サイクル」も、物価の長期的変動にもとづくものであり、近代資本主義以前にもあてはまるから、それでは、資本の蓄積(自己増殖)のシステムに固有の現象をとらえることができない、という。

　そこで彼は、資本の蓄積の仕方として、マルクスが『資本論』で定式化した、(a)商人資本M－C－M'と、(b)利子うみ資本M－M'という二つの範式をとりあげる。資本は、貿易や生産への投資によって蓄積できるときは、(a)をとるが、それでは十分な利潤率を得られない場合、(b)に向かう。これが、ヘゲモニー国家が上昇局面で生産拡大に向かい、下降局面で金融拡大に向かうという過程をくりかえす秘密だというのである。しかし、アリギは、近代世界システムを、複数の資本や複数の国家が競争しながら共存するものとして見ていない。そのため、ウォーラーステインが見ていた能動的な主体《エージェント》としての国家を、経済過程に還元してしまうことになる。われわれはあくまで、資本と国家を、double-headed(双頭的)なものとして見なければならない。

　オランダは製造業においてイギリスに追い抜かれた一八世紀後半になっても、流通や金融の領域ではヘゲモニーをもっていた。イギリスが完全に優越するようになったのは、ほとんど一九世紀になってからであり、それが、宇野が「自由主義」段階と呼ぶ時期である。しかし、自由主義はヘゲモニー国家の政策である。世界資本主義においてイギリスが覇権をもった時期を自由主義と呼ぶなら、オランダが覇権をもった時期もそう呼ぶべきだろう。他方、重商主義とは、ヘゲモニー国家が存在しない時期、すなわち、オラ

表1　資本主義の世界史的諸段階

	1750-1810	1810-1870	1870-1930	1930-1990	1990-
世界資本主義	重商主義	自由主義	帝国主義	後期資本主義	新自由主義
ヘゲモニー国家		イギリス		アメリカ	
経済政策	帝国主義的	自由主義的	帝国主義的	自由主義的	帝国主義的
資　　本	商人資本	産業資本	金融資本	国家独占資本	多国籍資本
世界商品	繊維産業	軽 工 業	重 工 業	耐久消費財	情　　報
国　　家	絶対主義王権	国民国家	帝国主義	福祉国家	地域主義

ンダがヘゲモニーを失い、イギリスとフランスがその後釜を狙って戦った時期である。一八七〇年以後の帝国主義と呼ばれる段階も、それと同様である。それはイギリスが製造業においてヘゲモニーを失い、他方、アメリカとドイツ、日本などがその後釜を狙って争い始めた時期である。このため、重商主義的な段階と帝国主義段階は類似してくるのだ。私はそれらを「帝国主義的」と呼ぶことにする。そこで、世界資本主義の諸段階は、表1のようになる。

このように見ると、世界資本主義の諸段階は、資本と国家の結合そのものの変化としてあらわれること、また、それはリニアな発展ではなく、循環的なものであることがわかる。たとえば、私が表1で「重商主義」(一七五〇—一八一〇年)と呼ぶものは、たんにイギリスがとった経済政策あるいは経済的段階ではない。それは、オランダによる自由主義からイギリスの自由主義にいたるまでの過渡的段階、つまり、オランダが没落しつつあった一方、イギリスとフランスがそれにとってかわろうと熾烈な抗争を続けた「帝国主義的」な段階を意味する。同様に、一八七〇年以降の帝国主義とは、たんに金融資本や資本の輸出によって特徴づけられる段階ではなく、ヘゲモニー国家イギリスが衰退する中で、ドイツやアメリカ、そして日本が台頭して争った時代である。帝国主義戦争は、新興勢力が「重商主義」時代に獲得された英仏蘭の領土を再分割しようとするものであった。かくして、世界資本主義の段階は、一方で、生産力の高度化によってリニアな発展をするとともに、他方で、「自由主義的」な段階と「帝国主義的」な段階が交互に続く、というかたちをとる。

2　資本と国家における反復

近代世界システム(資本と国家)がとる段階、および、その循環的な性格を見るためには、資本主義に固有の反復性を見るだけでなく、国家の反復性を見るべきである。前者に関しては、私はすでに長期的な景気循環について述べた。つぎに、国家における反復性を見よう。これに関しては、マルクスの『ルイ・ボナパルトのブリュメール一八日』が示唆的である。冒頭の有名な言葉はこうだ。《ヘーゲルはどこかで、すべて世界史上の大事件と大人物はいわば二度現われる、と言っている。ただ彼は、一度は悲劇として、二度目は茶番として、とつけ加えるのを忘れた》[6]。このようにいうとき、マルクスは、一八四八年革命の中からルイ・ボナパルトが皇帝に就任するにいたった過程には、その六〇年前の第一次フランス革命(一七八九年)でナポレオンが皇帝になった過程が反復されているということを強調している。だが、反復はこれだけではない。第一次フランス革命の過程そのものが古代ローマ史の意匠を借りてなされたのである。その意味で、これらは re-presentation としての反復である。

しかし、このような反復は、人々が過去の意匠を借りるがゆえに生じたものではない。つまり、このような反復はたんなる表象(representation)の問題ではない。表象が実際に反復をもたらすのは、現在と過去に構造的な類似性が存在するときだけである。つまり、そこに、個々人の意識を越えて、国家に固有の反復的構造が存在するときだけであ る。実は、ヘーゲルがそのような趣旨のことを書いたのは『歴史哲学』においてであり、そこでは、「はじめは単に偶然的、可能的なものとしか見えなかったものも、反復されることによってはじめて現実的なものとなり、確認されることになるのである」と述べている。ヘーゲルが世界史的人物の一人としてとりあげたのは、皇帝になろうとして暗殺されたカエサルである。カエサルは、ローマ都市国家が拡張しもはや共和政の原理ではやっていけなくなった時点で皇帝になろうとし、共和政をまもろうとしたブルートゥスらによって殺された。しかし、カエサルが殺されたのちにはじめて、人々は帝国(皇帝)を不可避的な現実として受け入れたのである。カエサルは自身皇帝になれなかったが、その名は皇帝を指す普通名詞(カイザーやツァーリなど)となった。

「ヘーゲルはどこかで……」と書いたとき、マルクスは、以上のような文脈を忘れていたのかもしれない。しかし、『ブリュメール一八日』では、マルクスはまさに都市国家から帝国に拡大するときに生じる事態を描いているのである。カエサルの事件が反復されるのは、それがたんにローマだけでなく、一般に、国家の生成と存続にかかわる構造を如実に示しているからだ。フランス革命では、「王」が殺され、そのあとの共和政の中から、「皇帝」が民衆の拍手喝采を得て出現した。それはまさに、フロイトがいった「抑圧されたものの回帰」である。いうまでもなく、「皇帝」は殺された王の回帰であるが、もはや王ではない。皇帝は、都市国家(ポリス)あるいは国民国家の範囲を越える「帝国」に対応するものである。

ナポレオンはイギリスの産業資本主義に対抗して、ヨーロッパ統合を唱えた。彼はイギリスの海上帝国に対して、それを封鎖する陸の「帝国」を作らなければならなかった。その意味で、彼はまさに「皇帝」と名乗るべき理由があったのである。この点では、甥のルイ・ボナパルトも同様である。彼はイギリスに対抗して重工業化の政策を国家的に推進すると同時に、社会主義者(サン＝シモン主義者)として、階級的対立を永遠に解消すると称して、さまざまな社会政策を講じた。国家の専制的支配者であると同時に、民衆の代表者であること、それが「カエサル」(皇帝)である。もちろん、マルクスがいったように、彼らがそう考えていることと、実際にそうあることとは別であるが。

以上を見ると、マルクスがここでとらえているのは、国家の反復的な構造であることがわかる。むろん、『ブリュメール一八日』で、マルクスは、一八五一年の世界恐慌が、フランスのブルジョアジーに強力なリーダーシップとしてルイ・ボナパルトの政権を待望させるにいたったことを見逃してはいない。だが、この書において、彼が国家を能動的な主体として見たこと、そして、そこに「歴史の反復」を見たことに留意すべきである。

ところで、ナポレオンが「帝国」を実現することはなかった。というのは、ナポレオンが征服によって作った帝国は、もはや帝国のような統治原理をもたなかったからだ。すでに述べたように、ネーション＝ステートの拡張であるような帝国は、「帝国主義的」であるほかない(三五九頁以下参照)。ナポレオンのヨーロッパ征服は、一方で「フランス革命の輸出」を、他方でイギリスの産業資本主義に対抗するための「ヨーロッパ連邦」の企てを意味した。しかし、それがもたらしたのは、ドイツその他におけるナショナリズムの喚起である。これはアーレントが指摘したように、国民国家の帝国主義的膨張が新たに国民国家を作り出す、最初の例である。二〇世紀にいたって、帝国主義はこのようにして世界各地に国民国家を作り出したのである。

なぜ国民国家の拡張は「帝国」たりえないのか。それは、その前身である絶対主義的な主権国家が「帝国」の原理を否定するものとして生まれたからだ。ヨーロッパだけでなく、世界各地で、国民国家が旧世界帝国を否定し分節するかたちで生まれたとき、基本的に類似した過程がたどられたといってよい。もちろん、絶対主義国家が「王政」としてあらわれるとは決まっていない。その例はむしろ少ない。多くは、発展途上型独裁国家や社会主義的独裁国家のようなかたちであらわれる。国民国家は、このようにして、世界＝経済の中で形成されるユニットである。それは歴史的な構築物であり、且つ不安定なものである。とはいえ、それは容易に解体されるものではないこと、また、下手に解体されるならば宗教的あるいは血縁的共同体が出てくるだけだ、ということを心得ておく必要がある。

しかし、国民国家が最終的な単位でないことも確かである。近代の国民国家は、旧世界帝国を否定するものとして、またその分節化として生じたが、そこには、同時に、旧世界帝国、あるいは、その時代にあった文化的・宗教的な共同性に回帰しようとする衝動が存在する。その場合、帝国への回帰を一国が主導すれば、帝国主義でしかありえない。ドイツの「第三帝国」や日本の「大東亜共栄圏」がそのような例である。が、たとえ帝国主義を否定しても、「帝国への回帰」という衝迫は消えない。その意味で、国家次元での反復性が存在するのである。もちろん、これは世界資本主義の動向と切り離せない。ゆえに、資本と国家を二つの能動的主体として見るような視点が必要なのである。

3　一九九〇年以後

一九九〇年以後は、ソ連の崩壊により、アメリカの圧倒的優位の下に、資本主義のグローバリゼーションが進行した段階である。それはまた新自由主義と呼ばれる。アメリカが、一九世紀の大英帝国の自由主義時代を再現するものと目されたのである。しかし、一九九〇年以後の時代は「自由主義的」ではなく、逆に「帝国主義的」であるといわねばならない。というのは、この時期は外見と違って、前代のヘゲモニー国家が衰退し、且つ、それにとってかわるものが存在せず、複数の国家がつぎのヘゲモニーをめぐって争う段階に入ったからである。

アメリカが一九世紀のイギリス(大英帝国)のように自由主義的だったのは、むしろ冷戦時代と呼ばれていた時期(一九三〇―一九九〇年)である。この時期、アメリカに対してソ連邦が強国として対峙していたようにみえる。しかし、実際には、それは世界資本主義にとって脅威ではなかった。米ソの冷戦体制の下で、先進資本主義諸国はソ連圏を共通の敵とすることで協力しあった。第二次大戦で疲弊した先進資本主義国家は、アメリカの援助を受け、あるいは、アメリカの開かれた市場に依拠しながら、経済的発展を遂げたのである。

しかし、その結果、日本とドイツの成長が製造部門でアメリカに追いつきはじめた。この時期の世界商品であった、耐久消費財(車・電気製品)の生産と消費は飽和点に達した。アメリカのヘゲモニーの没落を示したのは、一九七一年のドルの金兌換制停止である。だが、アメリカは、製造部門で没落しても、金融部門や商業部門(石油や穀物その他原料やエネルギー資源に関する)では、依然としてヘゲモニーを握っている。さらに、軍事的に圧倒的な優位を保持している。とはいえ、そのような外見から、アメリカが以前と同様にヘゲモニー国家であると錯覚してはならない。

もう一つの面で、アメリカはもはや「自由主義的」ではなくなっている。ウォーラーステインはこう述べた。《ヘゲモニーを握った強国が圧倒的に優位に立つに至った時代は、好んで国内に目を向けた時代であったといえよう[7]》。オランダでもイギリスでも、ヘゲモニー国家であった時期、すなわち、自由主義的な時期には、国内での社会福祉が充実していた。アメリカの場合、一九三〇年代から、ソ連邦に対抗するために、国内における労働者の保護や社会福祉政策を推進した。その意味でも、冷戦体制は、アメリカに「自由主義」をもたらす役割を果たしたといえるのである。

アメリカがこのような「自由主義」を棄てるようになったのは、一九八〇年代である。それは、社会福祉を削減し、資本への税や規制を削減するレーガン主義に象徴される。

これが「新自由主義」と呼ばれている。すでに明らかなように、それは一九世紀イギリスの自由主義とはまったく異質であり、むしろ一八八〇年代に顕著となった帝国主義に類似するものだ。

第一に、この時期、製造部門において、アメリカのヘゲモニーは失われ、新たなヘゲモニーをめぐる闘争が始まっていたからだ。ソ連の脅威はもはや建前でしかなかった。むしろ、ソ連の存在が、資本主義国家間のそのような闘争の全面化を押しとどめていたのである。一九九〇年以後、ソ連圏の解体とともに生じた事態は、グローバリゼーションと呼ばれているが、実際は、ヘゲモニーをめぐる「帝国主義的」な競争という事態である。その中には、旧ソ連のロシアもふくまれる。

もちろん、この時期、帝国主義ではなく、「新自由主義」という言葉が使われた。が、事実上、それは「帝国主義」と同じである。レーニンは、帝国主義段階を歴史的に特徴づけることとして、「資本の輸出」をあげている。それは、資本が、国内市場が飽和し自己増殖することができなくなったために、市場を求めて海外に向かうことを意味する。そして、海外に出た自国の資本を保護するために、列強は海外に軍事的に進出したのである。だが、「帝国主義」は軍事的側面よりもむしろ、それがグローバリゼーションであることに注意すべきである。

つぎに、「資本の輸出」は国内政治を大きく転換させることになる。それは自国の労働者の職や福祉を切り捨てることになるからだ。イギリスでは、そのような傾向が、一八七〇年以後、帝国主義への転換とともに顕著となった。ハンナ・アーレントは、この時期の帝国主義に関して、それによってブルジョアジーが政治的に解放された、と述べている。

ヨーロッパ自体においては、ブルジョワジーの政治的解放が帝国主義時代の国内政治上の中心的出来事だった。それまでブルジョワジーは経済的には支配的地位にあったものの、政治的支配を狙ったことは一度もなかった。この奇妙な慎ましさは、この階級が、諸階級(および諸政党)を超えて諸階級を統治することを原理とする国民国家のなかで、国民国家とともに発展してきたこととときわめて密接な関係がある。このことの故に、ブルジョワジーは社会の支配的階級となることができ、しかも統治することを断念し得たのだった。国民国家が無傷でいたかぎりは、本来の政治的決定はすべて国家に任せられていた。しかし、国民国家が資本主義経済にとって必要な拡大を可能とする枠組みたり得ないことが明らかになったとき初めて、国家と社会の間の潜在的な抗争が公然たる権力闘争になった。(8)

ブルジョアジーが政治的に解放されたというのは、資本がネーションの制約から解放されたということである。しかし、そのとき、国家もネーションへの配慮から解放されたのである。すなわち、国家＝資本は、ネーションの平等主義的な要求から解放されたのだ。国際競争のためには、人々の生活は犠牲にされてもやむをえない。この意味で、新自由主義のイデオロギーは帝国主義のそれと類似する。帝国主義時代に支配的なイデオロギーは、弱肉強食という社会的ダーウィニズムであったが、新自由主義時代にもそれの新版があらわれた。たとえば、勝ち組・負け組、自己責任、といった語が公然と語られたのである。経営者、正社員、パートタイマー、失業者という位階制は、自由競争による結果として当然視される。

資本がネーションを犠牲にすることで成り立った帝国主義は、第一次大戦には、もはやそのままでは通用しなくなる。ロシアで社会主義革命が起こり、それが世界各地に飛び火したからである。それを抑えるために、他の帝国主義国家では、「対抗革命」が生まれた。イタリア・ドイツ・日本に生じたファシズム(ナショナル社会主義)は、ネーションによって資本と国家を越えるという革命である。他方、イギリスやアメリカでは、社会民主主義あるいは福祉国家資本主義的な政策がとられた。どこでも、平等主義的なネーションの原理を無視することができなくなったのである。それは自国のみならず、植民地下の人々に関しても同様であった。民族自決を要求するナショナリズムを無視できなくなった。したがって、実際は帝国主義的であるにもかかわらず、どこでも建前では、〝帝国主義〟を非難するようになったのである。

一九三〇年代には、ファシズム(ドイツ、日本、イタリア)、福祉国家主義(英米)、社会主義(ソ連)というブロックが形成された。これらの対立が第二次世界戦争に帰結したのである。それらの中で、ファシズム陣営が敗れた。そして、第二次大戦後の世界は、勝利した米ソが形成する「冷戦構造」となった。だが、実際には、先に述べたように、これはアメリカをヘゲモニー国家とするシステムにほかならなかった。アメリカの優位は一九三〇年代から明瞭であった。したがって、アメリカの衰退から生じる世界は、第二次大戦前の世界ではなく、むしろイギリスが衰退しはじめた一八七〇年代の世界に似てくるのである。

一九九〇年以後の「新自由主義」の時代が一八七〇年以後の「帝国主義」の時代と類似するもう一つの点は、一八七〇年代に旧世界帝国(ロシア、清朝、ムガール、オスマン)が、西洋列強の帝国主義によって追いつめられながらもまだ強固に存在していたように、一九九〇年代に、それらが新たな「帝国」として復活してきたことである。このような「帝国」については、あとで述べる。

4　資本の帝国

一九九一年湾岸戦争で、アメリカは絶対的な軍事的ヘゲモニーをもちながら、国連の支持を得て動こうとした。アントニオ・ネグリとマイケル・ハートは、このようなアメリカのやり方のなかに、ローマ帝国に似たものを見出した。《湾岸戦争の重要性は次のような事実に由来するのである。つまりそれは、この戦争によって合衆国が、それ自身の国家的動機に応じてではなく、グローバルな法権利の名において、国際的正義を管理運用することのできる唯一の権力として登場した、ということである(9)》。

確かに、この時点で、アメリカは国連あるいは国際法にもとづく統治を実行しようとした。とはいえ、アメリカが帝国主義ではなく、法にもとづく政治形態を実行しているという主張は、湾岸戦争から一〇年後のイラク戦争において反証されている。アメリカはもはや国連の支持を得るどころか、それを公然と無視する「単独行動主義」に踏み切ったのだから。もちろん、ネグリ＆ハートは、アメリカがローマ帝国的だという意見自体に固執するわけではない。というのも、彼らの意見では、むしろ、「帝国」とはどこにもない場所である。

資本主義的市場は障壁と排除によってその運動を妨げられ、またその逆に、自己の領域の内部によりいっそう多くを包含しつづけることによって栄える。利潤は、接触・契約・交換・交流をとおしてのみ発生可能である。そして資本主義的市場のこうした傾向の到達点は、世界市場の実現によって画されることだろう。その理念的な形態においては世界市場に外部は存在しない。地球全体がその領地なのである。私たちは世界市場の形態を、〈帝国〉の主権の形態を完全なかたちで理解するためのモデルとして使用してもさしつかえないだろう。……〈帝国〉のこうした平滑空間の内部には権力の場所は存在しない。言いかえると、それはいたるところに存在すると同時に、どこにも存在しないのである。つまり、〈帝国〉とはどこにもない場所なのであり、あるいはもっと正確にいえば非-場なのである。(10)

ネグリ&ハートが「帝国」と呼ぶのはむしろ「世界市場」のことであり、これを軍事的に支えているかぎりで、アメリカが帝国だとされるのだ。しかし、この見方がまちがっているのは、アメリカがこの時点でヘゲモニー国家であるという認識に立っているからだ。そのため、彼らの見方は、イギリスがヘゲモニー国家であった時期のマルクスの見方に類似してくる。マルクスは『共産党宣言』(一八四八年)で、「普遍的交通」の下で、民族や国家の差異は無化されるだろうという展望を語った。

同様に、ネグリ&ハートは、「帝国」(世界市場)の下で国民国家が実質的に意味を失い、それに対して、「マルチチュード」が対抗するだろうという見通しを語っている。マルチチュードとは、労働者階級だけでなく、マイノリティ、移民、原住民その他の多様な人間集団、いわば有象無象という意味のようである。しかし、これは一八四〇年代にマルクスがもっていた認識、つまり、世界は資本家とプロレタリアという二大階級の決戦になるといった予言と類似するものである。実際、ネグリらは、マルクスのいうプロレタリアが労働者階級という狭い意味に限定されないということ、それは彼らのいう「マルチチュード」に近いということを強調しているのである。

しかし、ネグリ&ハートは、スピノザからマルチチュードという概念を引き出したというが、それは強引な読みかえである。というのは、マルチチュードはもともとホッブズが使った言葉であり、それは自然状態にある多数の個人を意味する。個々人が各自の主権を国家に譲渡し、マルチチュードの状態を脱することによって、市民あるいは国民になる。その点で、スピノザも同じ意見である。ただ、ホッブズより国家に譲渡しなくてもよい自然権を広く認めたということが違うだけで、マルチチュードを肯定していないし、それに期待もしていない。

だから、ネグリ&ハートの考え方は、実際は、プルードンがいったように、深層の「真実社会」——そこには多数的・創造的な民主主義がある——という考えに近い。いいかえれば、これはアナーキズムである。そのことは、彼らがプルードンに一切言及しないで、スピノザやマルクスについて語るとしても明白である。先に述べたように、マルクスはプルードンの影響を受けて、諸国家を越えてその基底に存するような「市民社会」を想定した。そして、そこにおけるプロレタリアの自己疎外の廃棄＝絶対的民主主義の実現が、グローバルな国家と資本の揚棄になるだろうというヴィジョンを描いたわけである。ここで、プロレタリアのかわりにマルチチュードといえば、ネグリ＆ハートの考えになる。彼らは要するに、プロレタリアによる同時的世界革命のかわりに、マルチチュードによる同時的世界革命を唱えているのだ。

ウォーラーステインは、一九六八年の革命を一八四八年世界革命に匹敵すると述べた。その意味で、ネグリ＆ハートの見方は、一八四八年世界革命にあったヴィジョンだけでなく、それが再喚起された一九六八年世界革命にあったヴィジョンにもとづいているというべきであろう。しかし、ここに資本主義の歴史的段階に関する誤解がある。一八四八年革命は、イギリスが圧倒的なヘゲモニーをもった時期に生じた。同様に、一九六八年革命は、アメリカがヘゲモニーをもっていた時期に生じたのだ。そして、これらの革命は何をもたらしたか？　一八四八年の革命は民族や国家の無化どころか、フランスにもドイツにも国家資本主義を、さらに、イギリスの経済的衰退、さらには、帝国主義時代をもたらしたのである。同様のことが一九六八年革命についていえる。アメリカのヘゲモニーの衰退は、ドル兌換の停止(一九七一年)が示すように、まさに、この時期に始まったのだ。

5　つぎのヘゲモニー国家

資本主義がどんなにグローバルに浸透しようと、国家は消滅しない。それは商品交換の原理とは別の原理に立っているからだ。たとえば、一九世紀のイギリスの自由主義者は「安い政府」を唱えたが、実際に、イギリスの「自由主義的帝国主義」を支えたのは、強大な軍事力であり世界最大の課税であった。それは今日のアメリカの「新自由主義」についても同じである。リバタリアンやアナルコ・キャピタリストは、資本主義が国家を解体するかのように考えているが、そんなことは絶対にありえない。ネグリ&ハートがいうのと違って、一九九〇年以後に進行した事態は、アメリカによる「帝国」の確立ではなく、多数の「帝国」の出現である。そして、それら多数の帝国のせめぎ合いが続く時代こそ、「帝国主義的」な時代である。

エレン・M・ウッドは、ネグリ&ハートを批判して正当にもつぎのようにいっている。《グローバルな資本主義にとって、国民国家の重要性が高まっていることを明らかにしたい。グローバリゼーションの政治的な形態は、グローバルな国家ではなく、複数の国家のグローバルなシステムである。地球規模にまで膨張した資本主義の経済的な権力と、国家の領土のうちでこの権力を支える経済外的な力との間には、複雑で矛盾した関係が築かれている。そしてこの関係のうちから、新しい帝国主義に固有の姿が誕生してきたのである(11)》。

たとえば、ヨーロッパ共同体の理論家たちは、それが近代の主権国家を越えるものだと主張しているが、国民国家が近代世界システムによって強いられたものだとしたら、地域的共同体も同様である。ヨーロッパ諸国は、アメリカや日本に対抗するために、ヨーロッパ共同体を作り、経済的・軍事的な主権を上位組織に譲渡するにいたった。これを近代国家の揚棄であるということはできない。それは世界資本主義(世界市場)の圧力の下に、諸国家が結束して「広域国家」を形成するということでしかない。

このような広域国家は初めてのものではない。一九三〇年代にドイツが構想した「第三帝国」や日本が構想した「大東亜共栄圏」は、それを先駆けるものである。それらは英米仏の「ブロック経済」に対抗するものであった。そして、こうした広域国家は、「近代世界システム」、すなわち資本主義やネーション=ステートを越えるものとして表象されていた。西ヨーロッパで、このように「ヨーロッパ連邦」を作ろうとする構想はナポレオン以前からもあったが、その理念的な根拠は、旧来の「帝国」に存した文化的同一性に見出される。ただ、それを実現する企ては、結局、フランスあるいはドイツの「帝国主義」にしかならなかった。今日、ヨーロッパ共同体の形成にあたって、ヨーロッパ人はそのような過去を忘れてはいない。彼らが帝国主義ではないような「帝国」を実現しようとしていることは明らかである。にもかかわらず、それはあくまで、世界経済の中での「広域国家」でしかない。

さらに、注目すべきことは、「帝国」が、他の地域で出現しつつあることだ。すなわち、中国、インド、イスラム圏、ロシアなど、近代世界システムにおいて周辺部におかれてきた旧来の「世界帝国」が再登場したことである。どの地域でも、国民国家は旧来の世界帝国から分節されてできたものだから、一方で、「文明」の共同性をもつと同様に、分裂と抗争の生々しい過去をもっている。だが、諸国家がネーションとしてのそれぞれの記憶をカッコに入れ、自らの主権を大幅に制限して共同体を結成するとしたら、彼らが現在の世界資本主義の圧力のほうを切実に感じているからである。エルネスト・ルナンはネーションが形成されるためには歴史の忘却が必要だと述べたが、同じことが広域国家の形成についてもいえる(12)。つまり、それらもまた「想像された共同体」あるいは「創造された共同体」を作り出すことにほかならないのである。しかし、このようなものに、資本＝ネーション＝国家を越える可能性を見出すのはおこがましい。

こうした帝国間の争いの果てに、新たなヘゲモニー国家が成立するだろうか。これまでの経験では、「帝国主義的」な状態が六〇年ほどつづき、その後に、新たなヘゲモニー国家が生まれた。だが、今後については、そのような予測はできない。おそらく、今後において、中国やインドが経済的な大国となることは疑いを入れない。そして、それが旧来の経済大国と争うということもまちがいない。しかし、それらが新たなヘゲモニー国家となるかというと、疑わしいのである。第一に、一国がヘゲモニー国家となるには、経済的な優位以外の何かを必要とするからだ。第二に、中国やインドの発展そのものが、世界資本主義の終りをもたらす可能性があるからだ。

私が先に述べた「歴史の反復」は、資本の蓄積と国家の両方から考えられている。先ず、資本の蓄積について述べよう。マルクスは、M－C－M'という公式で、産業資本の蓄積過程を示した。この公式は、資本は自己増殖が可能であるかぎりにおいて資本たりえ、そうでなければ資本たりえない、ということを意味する。先に述べたように、産業資本主義の成長は、つぎの三つの条件を前提としている。第一に、産業的体制の外に、「自然」が無尽蔵にあるという前提である。第二に、資本制経済の外に、「人間的自然」が無尽蔵にあるという前提である。第三に、技術革新が無限に進むという前提である。だが、この三つの条件は、一九九〇年以後、急速に失われている。

第一に、中国やインドの産業発展は大規模であるために、資源の払底、自然環境の破壊に帰結する。第二に、中国とインドには世界の農業人口の過半数が存在した。それがなくなることは、新たなプロレタリア＝消費者をもたらす源泉がなくなるということだ。以上二つの事態は、グローバルな資本の自己増殖を不可能とする。

もちろん、資本の終りは、人間の生産や交換の終りを意味しない。資本主義的でない生産や交換は可能であるから。しかし、資本と国家にとって、これは致命的な事態である。このとき、国家は、何としてでも資本的蓄積の存続をはかるだろう。そのとき、商品交換様式Cがドミナントである世界は、国家による暴力的な占有・強奪にもとづく世界に退行する。したがって、資本主義の全般的危機において最も起こりやすいのは、戦争である。ゆえに、われわれは資本主義経済について考えるとき、国家をつねに念頭においておかねばならない。

第二章　世界共和国へ

1　資本への対抗運動

国家と産業資本の特性を考えるとき、これまで資本主義に対してなされてきた闘争には重大な欠陥があることがわかる。その一つは、資本主義を国家によって抑えようとするものである。それは可能なことではあるが、国家を強力にすることに帰結する。そして、それは国家の存続のために、逆に、資本主義を呼び戻すことになる。それが二〇世紀の社会主義革命に生じたことである。われわれは、国家の自立性について警戒しなければならない。資本主義の揚棄は、それが同時に国家の揚棄をもたらすものでなければ、意味がないのだ。

もう一つの欠陥は、社会主義運動が、生産点における労働者の闘争を根底においてきたことである。一九世紀の社会主義運動を見ると、最初は、オーウェンやプルードンがそうであるように、流通過程に重点がおかれていた。彼らは、労働者が資本に対抗し、通貨や信用を創造し、さらに労働者によるアソシエーション(協同組合)によって賃労働を廃棄する、ということを考えたのである。だが、それはまだ独立小生産者が多く、労働者が職人的であった時期である。産業資本による労働の「結合」が進んだとき、マルクスは、前者のような運動では資本主義に太刀打ちできないこと、ゆえに、そのようなやり方には致命的な限界があることを指摘した。だが、現実には、イギリスを除いて、産業資本主義は未発展であり、プルードン主義的な運動が優位性をもっていた。

実際、産業資本主義が発展すると、社会主義運動の拠点は、生産点、つまり、組織的な労働者の闘争におかれるようになった。その境目は、一八七一年のパリ・コンミューンであろう。たとえば、このあと、アナーキストはいったん没落し、テロリズムに奔ったのであるが、その後に方向転換して蘇ったのである。すなわち、労働組合を拠点にするサンディカリズムを唱え、社会主義革命をゼネストによって実現しようとした。ゆえに、パリ・コンミューン以後の社会主義運動では、マルクス主義者に限らず、生産点での闘争が優位におかれるようになったのである。

だが、同時に、生産点での闘争には、それに固有の困難があった。産業資本主義が未発達で労働組合がないような状態では、資本と労働の闘争は激烈であった。それはたんに経済的なものではなく、政治的な階級闘争となった。しかし、その闘争の結果として、労働組合が合法化され拡大すると、労使の闘争はたんに経済的なものとなり、ある意味で「労働市場」の一環となる。そこから、賃労働を廃棄するというような革命運動は出てこないのである。産業資本主義が発展し深化するほど、そうなるのだ。その意味で、先進資本主義国では、労働者階級の革命運動を期待することがますますできなくなる。

このような事態において、たとえば、レーニンは、労働者階級はそのままでは自然的な意識に閉じ込められているから、彼らを階級闘争に立ち上がらせるには、マルクス主義者の前衛党による「外部注入」が不可欠だと主張した。それを哲学的に言い換えたのがルカーチである。彼は、労働者階級が物象化された意識に陥っていること、したがって、彼らが「階級意識」に目覚め、政治的な闘争に向かうようにするためには、知識人の前衛党が必要だということを主張したのである(1)。しかし、問題は、産業資本主義が発展すればするほど、そのようなことができなくなるということにある。

産業資本主義の初期段階では、資本は賃労働者をひどい労働条件で酷使した。労働者はまさに「賃金奴隷」であった。そして、資本に対する労働者の闘争は、奴隷や農奴の反乱に似ていた。しかし、資本—賃労働の関係は、本質的に、主人—奴隷ないし農奴の関係とは異なる。産業資本主義が後者のような様相を呈するのは、商品交換様式Cが社会構成体全体に浸透しそれを組み替える段階に達していないからだ。そのために、賃労働が半封建的・奴隷制的な労働と区別されないのである。このような事態は、世界資本主義の周辺部や底辺部では今も存在する。そこでの闘争は、いわば古典的な階級闘争あるいは奴隷の反乱に似てくる。しかし、そのようなところに産業資本主義の本質を見出すことはできないし、また、たとえそのような体制を打倒したとしても、それが資本主義を越えるものではありえない。

産業資本は、あくまで商品交換の原理を貫徹しつつ、剰余価値を得るというシステムである。旧来の「階級闘争」の観念をもちこむことでは、それに対して対抗することはできない。だが、それは「階級闘争」が終わったということを意味するのではない。資本と賃労働という関係から来る対立は、それが揚棄されないかぎり、終わることはない。ただ、旧来の「階級闘争」の観念が無効なのは、それが生産過程を中心にしていたからだ。つまり、産業資本の特性を、その蓄積過程の総体において見る観点を欠いていたからである。

資本制社会では商品交換様式Cが支配的である。しかし、それにもさまざまな度合いがある。たとえば、初期的な段階では、一方で工業生産が進んでいても、他方で農村部には伝統的で共同体的な生活が残っている。産業資本主義の発展とともに、交換様式Cは、それまで家族や共同体、および国家が担っていた領域に徐々に浸透する。しかし、全面的にではない。たとえば資本制企業においてさえ、共同体的な要素、すなわち交換様式Aの要素が色濃く残っていた。

しかし、産業資本主義が発展すると、交換様式Cがあらゆる領域に深く浸透するようになる。それが劇的に進展したのが、一九九〇年以後の「新自由主義」の段階である。資本主義化はたんに旧社会主義圏や途上国において生じただけではなく、先進資本主義国にも生じた。そこでは、福祉、医療、大学などのように、これまで相対的に資本主義経済の外にあった領域で、資本主義化が進められた。一言でいえば、交換様式Cがたんに生産だけではなく、人間(労働力)の再生産の根底に浸透したのである。そのような状態にあって、資本に対する対抗は可能だろうか。「生産過程」を中心にする見方からは、それは不可能である。しかし、資本の蓄積過程を総体として見る観点に立てば、それは不可能ではない。

ここであらためて、資本の蓄積過程を考えてみよう。一般に、資本は貨幣と同一視されているが、マルクスの考えでは、「資本」とは、M－C－M′という変態を遂げる過程総体を意味する。たとえば、生産設備は「不変資本」であり、労働者も契約して雇用された状態では「可変資本」である。資本はこのように姿態を変えることで、自己増殖するのだ。資本がそのようなものであれば、当然、労働者も同様である。労働者も、資本との関係において位置する場所によって変わってくる。労働者と資本家が出会うのは三つの局面である。第一に、労働者が資本家に自らの労働力を商品として売るとき、第二に、雇用され労働するとき、第三に、労働者が自ら生産した物を消費者として買うときである。

第一の局面では、雇用契約は双方の合意による。それは基本的に「労働市場」によって決定される。ここには「経済外的」強制はない。ゆえに、賃労働者は奴隷や農奴とは異なる。だが、第二の局面では、労働者は資本の命令に属している。彼らは契約を履行しなければならない。労働者階級を生産点で見るということは、第二の局面で見るということである。確かにここでは、賃労働者は奴隷と似てくる。だから、リカード派社会主義者は賃労働者を「賃金奴隷」と名づけたのである。

この局面でも、労働者は資本に抵抗できるし、事実、そうしてきた。たとえば、彼らは賃金や労働時間・条件の改善を要求した。しかし、この場合、資本と労働者の関係は、第一の局面に戻っている。すなわち、それは雇用契約の改新にほかならない。ゆえに、労働組合運動は、最初「奴隷の反乱」のようにみえるが、まもなく資本家によって許容され、制度化されるようになる。資本が労働組合を許容するのみならず、必要とさえするにいたる。というのは、「労働市場」はむしろ労働組合の闘争の結果を織り込むことによって決まるからだ。

だが、たとえ労働組合が制度化されても、第二の局面では、労働者は資本との契約を履行しなければならない。すなわち、資本の命令に従うほかない。ところが、これまでマルクス主義者が労働者の闘争を期待したのは、第二の局面においてである。かつては、この局面で、労働組合が「革命的」にみえる時期があった。もちろん、地域によっては今もある。だが、それが合法的に制度化されるなら、生産点での闘争は雇用契約の改新に帰着する。すなわち、それは「経済闘争」である。しかるに、この局面、すなわち生産点において、労働者が「政治闘争」に立ち上がるようにしなければならない、と考えたのが、ルカーチに代表されるマルクス主義者である。

しかし、労働運動が合法化されたのちに、生産点において、労働者階級が政治的・普遍的な闘争に立ち上がることは困難である。第一に、そのためには、彼らは解雇を覚悟しなければならない。第二に、生産点では、労働者は資本と同じ立場に立ちやすいのだ。個々の資本は、他の資本、さらに外国の資本との競争の中にある。それに負ければ、企業が倒産し、労働者も解雇される。したがって、生産点では、労働者はある程度まで経営者と利害を共有する。ゆえに、彼らがこの特殊性を越えた普遍的な「階級闘争」に向かうことは期待できない。そこで、マルクス主義者は、労働者を「物象化された意識」から目覚めさせ、真に階級意識を抱くようにすることを課題とした。しかし、先進国では、それは無効であった。そこでは、彼らは、まだ生産点において労働運動が活発な資本主義の周辺部に向かうか、または、狭義の労働運動とは異なる、ジェンダー、マイノリティなど支配―被支配関係にかかわる闘争に向かうことになる。ここから、逆に、労働者階級の闘争そのものを軽視する傾向が生まれる。

しかし、労働者階級について考えるとき、それを第三の局面において見る必要がある。

産業資本主義の蓄積が他のいかなる富の蓄積とも異なるのは、それが労働者を雇用して働かせるだけでなく、その生産物を労働者自身に買わせるというシステムだということにある。労働者が奴隷や農奴と決定的に異なるのは、第一の局面よりもむしろ第三の局面においてである。なぜなら、奴隷は生産するが、けっして消費者としてあらわれることがないからだ。農奴も自給自足的であるから、産業資本とは無縁である。

労働者階級は一般的に貧窮者としてのみ考えられてきた。だから、彼らが消費者としてふるまうことが目立ってくると、人々は「消費社会」や「大衆社会」について語り始めた。まるで根本的な変化が起こったかのように。しかし、本来、産業資本におけるプロレタリアは新たな消費者として出現したのだ。つまり、労働者が同時に、彼らが生産した物を買いもどす消費者としてあらわれるときに、産業資本主義ははじめて、自己再生的システムとして自律性を獲得するのである。第二の局面で考えるかぎり、資本に対する労働者階級の闘争は、主人に対する奴隷の闘争と類比される。しかし、第三の局面では、それ以前になかった闘争のあり方が見えてくる。

先に引用したマルクスの言葉を再引用しよう。《資本を支配〔・隷属〕関係から区別するのは、まさに、労働者が消費者および交換価値措定者として資本に相対するのであり、貨幣所持者の形態、貨幣の形態で流通の単純な起点――流通の無限に多くの起点の一つ――になる、ということなのであって、ここでは労働者の労働者としての規定性が消し去られているのである⟫。今や、これがつぎのことを意味することは明らかだ。労働者は個々の生産過程では隷属するとしても、消費者としてはそうではない。流通過程では逆に、資本は消費者としての労働者に対して「隷属関係」におかれる。とすれば、労働者が資本に対抗するとき、それが困難であるような場ではなく、資本に対して労働者が優位にあるような場でおこなえばよい。

先述したように、生産点では、労働者は経営者と同じ意識をもち、特殊な利害意識から抜け出ることは難しい。たとえば、企業が社会的に有害なことをやっていても、労働者がそれを制止したり告発したりすることは期待できそうもない。生産点では、労働者が普遍的な観点をもつことは難しいのだ。それに対して、たとえば、環境問題に関しては、消費者・住民のほうが敏感であり、すぐに世界市民的な観点に立つことができる。つまり、労働者階級は第三の局面では、普遍的な「階級意識」をもつことが容易である、といってよい。

資本に対抗する運動は、産業資本主義に対するこうした理解によって、違ってくるはずだ。たとえば、社会運動の中核は、労働者から消費者や市民に移った、という人たちがいる。しかし、何らかのかたちで賃労働に従事しないような消費者や市民など、不労所得者(利子生活者)以外には存在しない。消費者とは、プロレタリアが流通の場においてあらわれる姿だというべきである。であれば、消費者の運動はまさにプロレタリアの運動であり、またそのようなものとしてなされるべきである。したがって、市民運動であれ、マイノリティやジェンダーの運動であれ、それらを労働者階級の運動と別のものとみなすべきではない。

資本は生産点においてはプロレタリアを規制することができるし、積極的に協力させることができる。ゆえに、そこでの抵抗は非常に困難である。これまで革命運動では、プロレタリアによる政治的ストライキが提唱されてきたが、それはいつも失敗してきた。しかし、流通過程において、資本はプロレタリアを強制することはできない。働くことを強制できる権力はあるが、買うことを強制できる権力はないからだ。流通過程におけるプロレタリアの闘争とは、いわばボイコットである。そして、そのような非暴力的で合法的な闘争に対しては、資本は対抗できないのである。

マルクス主義者は、マルクスがプルードンを批判したため、流通過程での対抗運動を軽視してきた。しかし、労働者階級が自由な主体として資本に対抗して活動できる場はやはり流通過程にある。それによって、資本が利潤追求のために犯すさまざまな行き過ぎを普遍的な観点から批判し是正することができる。のみならず、それによって、非資本制的な経済を自ら創り出すことができる。具体的にいえば、消費者＝生産者協同組合や地域通貨・信用システムなどの形成である。

マルクスがその限界を指摘したため、協同組合や地域通貨、つまり、資本制社会の内部においてそれを脱却しようとする運動は、否定されないまでも、軽視されてきた。しかし、たとえそれによって資本主義を超克できないとしても、資本主義とは異なる経済圏の創出は重要である。それは、資本主義を越えることがどういうものかを、あらかじめ人々に実感させる。

生産過程における資本への対抗がストライキであるとしたら、流通過程における資本への対抗手段はボイコットだ、と述べた。たとえば、ボイコットには二通りある。第一に、商品を買わないことであり、第二に、労働力商品を売らないことである。だが、そのためには、そうしないですむ条件を創らなければならない。つまり、非資本主義的な経済圏が存在しなければならない。

資本は自己増殖することができないとき、資本であることを止める。したがって、早晩、利潤率が一般的に低下する時点で、資本主義は終わる。だが、それは一時的に、全社会的な危機をもたらさずにいない。そのとき、非資本制経済が広範に存在することが、その衝撃を吸収し、脱資本主義化を助けるものとなるだろう。

以上で明らかなことは、生産過程に対する過度の重視と流通過程の軽視が、資本の蓄積過程に対応した対抗運動を損ねてきたということだ。そして、それを是正するには、もっと根本的に、社会構成体の歴史を「生産様式」ではなく、「交換様式」から見る観点をとらなければならないのである。

2　国家への対抗運動

資本主義経済は根本的に海外との交易によって成立している。一国の経済は世界＝経済の中において存在するのである。ゆえに、社会主義革命は一国だけのものではありえない。たとえば、一国でそれが起これば、それはたちまち他国の干渉や制裁に出会う。また、干渉に会わないようなタイプの社会主義は、社会主義というよりも福祉国家である。それは国家や資本にとって何ら脅威ではない。一方、資本と国家を揚棄することを目指す社会主義革命は、当然、干渉と制裁を覚悟しなければならない。だが、それに対して革命を防衛しようとすれば、自ら強力な国家として存在するほかない。したがって、国家を一国の内部から揚棄することはできない。

国家は内部からしか揚棄できないが、内部からは揚棄できない。このアンチノミーに対して、マルクスは悩まなかった。社会主義革命は、「主要な諸民族が《一挙に》、かつ同時に遂行することによってのみ」可能である、ということは、自明であったからだ。実際、一八四八年の「世界革命」はそれを示した。バクーニンもまた、同様に考えていた。《孤立した一国だけの革命は成功し得ないこと。したがって、自由を志向する万国の人民の革命的同盟・連合が不可欠であること(3)》。

では、つぎの世界同時革命はいかにして可能だろうか。何もせずに、ある日、世界各地で同時的に革命が勃発するということなどありえない。あらかじめ各国での革命運動が連合していなければ、世界同時革命はありえないのである。したがって、マルクスやバクーニンは、一八六三年に、国際労働者協会(第一インターナショナル)を結成した。それは「世界同時革命」の基盤となるはずであった。

だが、産業資本主義と近代国家の発展段階がさまざまに異なる各国の運動を統合するのは難しい。「第一インターナショナル」には、社会主義を目指す地域の活動家と、イタリアのようにネーション＝ステートとしての統一を課題としている活動家が混じっていた。また、インターナショナルではマルクス派とバクーニン派が対立したが、それはたんに、権威主義とアナーキズムの対立というようなものではなかった。そこには各国の社会的現実の差異がひそんでいたからだ。

たとえば、スイスの労働者はアナーキストでありバクーニンを支持した。だが、それは彼らが主として時計職人であり、ドイツやアメリカで発達した機械的大量生産に追いつめられていたことと無縁ではない。一方、ドイツでは、産業労働者はアナーキストなら嫌悪する組織的な運動に適合していた。そのため、マルクス主義者とバクーニン派の対立は、ナショナリズム的対立と結びつくことになる。たとえば、バクーニンはマルクスを汎ゲルマン主義的なプロイセンの回し者として非難し、それに対して、マルクスもバクーニンをロシア帝国の汎スラブ主義と結びつけた。かくして、「第一インターナショナル」は、マルクス派とバクーニン派の対立によって一八七六年に解散する結果に終わった。しかし、これをたんにマルクス主義とアナーキズムの対立の結果と見ることはできないのである。

つぎに一八八九年に結成された「第二インターナショナル」は、ドイツのマルクス主義者を中心にするものであった。しかし、ここでも各国の差異が大きく、またナショナリズム的な対立の要素も強かった。その結果、一九一四年第一次大戦勃発とともに、各国の社会主義政党がそれぞれ参戦を支持する方向に転向した。このことは、各国の社会主義運動がいかに連合(アソシエート)していても、いざ国家が現実に戦争に踏み切ると、ナショナリズムに抗することができないということを示している。たとえば、イタリア社会党のリーダー、ムッソリーニはこの時点で、ファシズムに向かった。

第一次大戦の最中、一九一七年二月、ロシアに革命が起こった。それ以後、議会とともに労働者・農民評議会(ソヴィエト)が存在する二重権力の体制であった。ボリシェヴィキはそのいずれにあっても、少数派でしかなかった。レーニンとトロツキーは一〇月、ボリシェヴィキ幹部の反対を押し切って、軍事クーデターによって議会を閉鎖し、さらに、ソヴィエトでも徐々に反対派を締め出して権力を独占した。この時点で、彼らは「世界革命」、とりわけドイツの革命の勃発を予期していたという。しかし、それは本当だとは思えない。

ドイツで革命が続いて起こらなかったのは当然である。そもそも、十月革命の強行が諸外国、特にドイツにおいて、社会主義革命への警戒と対抗を急激に強めることになったからだ。また、十月革命は、レーニンの亡命先からの帰国を助けるなど、ロシア帝国の革命と戦争からの脱落を望むドイツ国家の支援に負う面があった。すなわち、十月革命はドイツの帝国主義を助け、社会主義革命を遅らせるものだった。このような状況で、「世界同時革命」を期待するほうがおかしい。

レーニンやトロツキーは「世界革命」を志向して、一九一九年に第三インターナショナル(コミンテルン)を結成した。しかし、これは「世界同時革命」とは似て非なるものである。それまでのインターナショナルでは、運動の規模や理論などで影響力の差があったとしても、各国の革命運動は対等な関係にあった。が、第三インターナショナルでは、ソ連の共産党だけが国家権力を握っていて、圧倒的な優位に立った。各国の運動はソ連の共産党に従い、また、国家としてのソ連邦を支援するようになった。その結果、一方で、国際的な共産主義者の運動は、これまでになかったような現実的な力をもつようになった。各地の社会主義革命は、ソ連の支援の下で、資本主義強国の直接的な干渉を免れることができたからだ。他方で、それらはソ連邦に従属し、その世界＝帝国型のシステムに組み込まれたのである。

世界同時革命の理念はそれで終わったわけではない。たとえば、トロツキーは第四インターナショナルを組織した。それによって、反資本主義的且つ反スターリニズム的な運動を組織しようとしたのである。だが、それは基本的に、無力なままにとどまっている。つぎに、毛沢東は、いわば、第一世界(資本主義)と第二世界(ソ連圏)に対抗する、「第三世界」の同時革命を提起したといってよい。しかし、それも長くは続かなかった。一九九〇年に、ソ連圏、すなわち、「第二世界」が崩壊したが、それはまた、「第三世界」の崩壊でもあった。その同一性はなくなって、イスラム圏、中国やインドなど、多数の広域国家(帝国)に分解してしまった。

その中で、「世界同時革命」のヴィジョンは消えてしまったか、といえば、そうではない。ある意味で、一九六八年は世界同時革命であった。それは予測されたものではなく、また、政治的権力という観点からすれば敗北でしかなかったが、ウォーラーステインのいう「反システム闘争」という観点からすれば、大きなインパクトを与えた。その点で、一八四八年の革命と似ている。実際、一九六八年には、一八四八年のヨーロッパ革命で生じたものが回復された。たとえば、初期マルクス、プルードン、シュティルナー、フーリエらの復権である。それ以後に、「世界同時革命」のヴィジョンはどうなったか。一九九〇年以後、それは一九六八年、というよりむしろ、一八四八年の世界革命を再喚起するものとしてあらわれた。たとえば、ネグリ&ハートがいう「マルチチュード」の世界同時的反乱がそれである。「マルチチュード」は、一八四八年における「プロレタリアート」と同義である。というのも、一八四八年の反乱では、プロレタリアートと呼ばれる者は、産業労働者ではなく、いわばマルチチュードにほかならなかったからである。

この意味で、「世界同時革命」の観念は今も残っている。しかし、それははっきりと吟味されたことがない。むしろ、だからこそ、神話として機能するのである。が、われわれは失敗をくりかえさないために、それを吟味する必要がある。くりかえすと、「世界同時革命」は、国家を内部から揚棄しようとする運動が要請するものである。しかし、各国の運動は利害や目標をめぐって大きな差異をかかえている。とりわけ南北の間には埋めがたい亀裂――それは今や宗教的対立という外見をとっているが――がつきまとう。トランスナショナルな運動は、いかに緊密に連携していても、国家間の対立によって分断されてしまうことになる。一国ないし数国で社会主義政権ができると、このような分断は避けられるだろうが、それは別種の分断を、国家権力を握った者とそうでない者との間にもたらす。ゆえに、各国内部の対抗運動を世界的に連合させようとすることは挫折する運命にある。

3　カントの「永遠平和」

世界同時革命について考えるとき、最も参考になるのはカントである。もちろん、カントは社会主義革命について考えたわけではない。彼が考えたのは、ルソー的な市民革命であった。そして、彼はそれがもつ困難に気づいていた。市民革命がたんに政治的自由のみならず、経済的平等を目指すものである以上、一国だけでなく、周囲の絶対主義王権国家の干渉を招くことは避けがたいのだ。したがって、市民革命も一国の内部だけの革命ではありえない。カントはつぎのように書いた。

完全な意味での公民的組織を設定する問題は、諸国家のあいだに外的な合法的関係を創設する問題に従属するものであるから、後者の解決が実現しなければ、前者も解決され得ない。個々の人達のあいだに合法的な公民的組織を設けてみたところで、換言すれば一個の公共体を組織してみたところで、それだけでは、あまりたいした効果はない。人々を強要して公民的組織を設定せしめたのとまったく同じ非社交性は、諸国家の場合にもまた原因となって、対外関係における公共体は、他の諸国家に対する一国家として、自己の自由をほしいままに濫用することになる。(4)

「完全な意味での公民的組織」とは、ルソー的な社会契約によるアソシエーションとしての国家である。だが、それが成立するかどうかは、他の国家、というより、周囲の絶対主義的な王権国家との関係によって左右される。そのような国家による干渉戦争を阻止しないかぎり、一国だけの市民革命は不可能である。ゆえに、カントはこう付け加えている。《それだから国内においてできる限り最善の公民的組織を設定すると共に、対外関係においても諸国家のあいだに協定と立法とを制定すれば、公民的公共体に類し、また自動機械さながらに自己を保存し得るような状態が、いつかはついに創設されるのである(5)》。つまり、「諸国家連邦」の構想は、本来、真に市民革命を貫徹するためにこそ考えられたのである。

事実、フランス革命は「公民的組織」を実現したが、たちまち、周囲の絶対主義王権国家の干渉と妨害を受けた。それが民主主義的革命そのものをねじ曲げたのである。ロベスピエールの恐怖政治(Terreur)も半ば、外からの「恐怖」によって増幅されたのである。一七九二年、立法議会は革命防衛戦争を開始した。だが、それとともに、アソシエーションとしての国家は、権威主義的な国家に転化していった。そうなると、革命防衛戦争と革命輸出戦争の区別が不明瞭になる。別の観点からいえば、革命輸出戦争と征服戦争の区別が不明瞭になる。カントが『永遠平和のために』を刊行したのは、革命防衛戦争を通してナポレオンが頭角をあらわした時期である。この後に、ヨーロッパにナポレオン戦争と呼ばれる世界戦争が起こったのである。

しかし、以上の文を見れば、カントがこの事態をある程度予期していたことが明らかとなる。一国だけの市民革命の挫折が世界戦争に帰結したのである。その時点で、カントは『永遠平和のために』を刊行した。そのため、カントの「諸国家連邦」という構想は、たんに平和のための提案としてのみ読まれてきた。つまり、サン＝ピエールの「永遠平和」に始まる平和論の系譜の中で読まれてきた。しかし、カントがいう「永遠平和」は、たんに戦争の不在としての平和ではなく、「一切の敵意が終わる」という意味での平和である。それはもはや国家が存在しないこと、つまり、国家の揚棄を意味するのである。そのことは、彼がフランス革命以前に、諸国家連邦を来るべき市民革命のために構想したことをふりかえれば、明らかである。

とはいえ、カントが一国だけの革命を認めなかったのは、たんに、それが必ず他国の妨害を招くからという理由だけではない。カントは元来、「他者を手段としてのみならず同時に目的として扱う」という道徳法則が実現される社会を、「目的の国」と呼んでいた。それは当然、資本主義が揚棄された状態である。しかし、「目的の国」は一国の中だけではありえない。ある国が「完全な意味での公民的組織」を実現したとしても、それが他国をたんに手段としてのみ扱う(収奪する)ことによって成り立っているなら、それは「目的の国」ではない。つまり、「目的の国」を一国だけで考えることはできないのである。ゆえに、「目的の国」が実現されるとき、それは必然的に「世界共和国」でなければならない。カントは、世界共和国を人類史が到達すべき理念として論じている。《自然の計画の旨とするところは、全人類のなかに完全な公民的連合を形成せしめるにある。かかる計画に則って一般世界史を著わそうとする試みは、可能であるばかりでなく、また自然のかかる意図の実現を促進する企てと見なさざるを得ない(6)》。

一般に、カントは『永遠平和のために』を、このような世界共和国という理念を実現するための、現実的に可能な構想として提起した、とみなされている。その意味で、カントは理念から一歩後退したか、ないしは現実に妥協した、という者もいる。たとえば、カントはつぎのように述べた。

たがいに関係しあう諸国家にとって、ただ戦争しかない無法な状態から脱出するには、理性によるかぎり次の方策しかない。すなわち、国家も個々の人間と同じように、その未開な(無法な)自由を捨てて公的な強制法に順応し、そうして一つの(もっともたえず増大しつつある)諸民族合一国家(civitas gentium)を形成して、この国家がついには地上のあらゆる民族を包括するようにさせる、という方策しかない。だがかれらは、かれらがもっている国際法の考えにしたがって、この方策をとることをまったく欲しないし、そこで一般命題として in thesi 正しいことを、具体的な適用面では in hypothesi 斥けるから、一つの世界共和国という積極的理念の代わりに(もしすべてが失われてはならないとすれば)、戦争を防止し、持続しながらたえず拡大する連合という消極的な代替物のみが、法をきらう好戦的な傾向の流れを阻止できるのである。(7)

しかし、カントが「諸国家連邦」を唱えた理由は、それがたんにリアリスティックな「消極的な代替物」だったからではない。彼はもともと、世界共和国への道が、「諸民族合一国家」(世界国家)ではなく、「諸国家連邦」の方向にあると考えたのである。そして、ここに、ホッブズおよびその延長で考えられているものとは根本的に異なる考えが存在するのだ。もちろん、カントはホッブズと同じ前提、つまり、「自然状態」から出発する。《自然状態は、むしろ戦争状態である。言いかえれば、それはたとえ敵対行為がつねに生じている状態ではないにしても、敵対行為によってたえず脅かされている状態である。それゆえ、平和状態は、創設されなければならない(8)》。しかし、彼がホッブズと異なるのは、いかにして平和状態を創設するのかという点においてである。

ホッブズにとって、暴力を独占した主権者(国家)こそが平和状態の創設を意味する。一方、国家と国家の間には、自然状態が続く。ホッブズにとっては、国家があれば十分であり、その国家を揚棄することは考えもしなかったのである。だが、同じやり方で、国家と国家の間の自然状態を克服しようとすると、世界国家としての主権者を想定することになることは明瞭である。カントのいう「諸民族合一国家」(世界国家)はそのようなものである。カントはそれに反対した。確かにそれは「戦争の不在としての平和」をもたらすだろうが、「永遠平和」をもたらすものではないからだ。カントにとって、平和状態の創設は、国家の揚棄にほかならない。それに対して、世界国家はあくまで国家である。

4 カントとヘーゲル

ここでわれわれが考えるべきなのは、世界国家(帝国)のように至上の主権者をもつことなく、諸国家が連邦したままで「国際法」あるいは「万民の法」に従うということがいかにして可能になるのか、という問題である。ホッブズ的な考えでは、それはありえない。国内でそうであったように、戦争を通して権力を独占した主権者の下に、各国が「社会契約」を交わすときに、平和状態が可能となる。そうでなければ、諸国家の連邦では、国際法に対する違反を咎めるすべがない。たとえば、ヘーゲルはそのように考えた。彼はつぎのようにカントを批判した。

カント構想の批判——もろもろの国家のあいだには最高法官などおらず、せいぜい調停者か仲介者がいるだけである。しかもこれすら、偶然の成り行きで、特殊な意思任せでしかない。カントは国家連盟による永遠の平和を表象した。国家連盟はあらゆる抗争を調停し、個々の諸国家それぞれから承認を受けた一権能として、すべての反目を鎮め、こうして戦争による決着を不可能ならしめる、というのである。だが、こうした表象は諸国家の合意を前提にしている。この合意は、宗教的、道徳的、あるいはその他のどんな根拠や側面においてにせよ、総じていつも特殊な主権的意思に基づいてきたし、まただからいつも偶然性がまとわりついているにも拘わらず、である。

［原注］理想論として考えるかぎり、私たちはカントの構想などのほうにより大きな親近感を示すに相違ない。けれども、現代にいたるまで、リアリスティックに考えるなら、こうした事態のほうが歴史の示した現実であった。そして、私たちはこういうリアリズムを踏まえたうえで今後の世界を考えていかねばならないだろう。(9)

ヘーゲルの考えでは、国際法が機能するためには、規約に違反した国を処罰する実力をもった国家がなければならない、ゆえに、覇権国家がないかぎり平和はありえない。

しかも、戦争自体はたんに否定されるべきではない。ヘーゲルの考えでは、世界史は諸国家が相争う法廷である。世界史的理念はその中で実現される。それは、たとえばナポレオンがそうであったように、一主権者あるいは一国家の権力意志を通して、結果的に実現される。そこに「理性の狡知」があるというのである。

しかし、カントは、ヘーゲルがいうように、「理想論」をナイーブな観点から唱えたのではない。カントはヘーゲルとは違った意味で、ホッブズと同様の見方をしていた。つまり、人間の本性(自然)には「反社会的社会性」があり、それをとりのぞくことはできないと考えていた。この点で、カントをホッブズと対照的に見るのは、あまりにも浅薄な通念である。カントが永遠平和のための国家連合を構想したとき、暴力にもとづく国家の本性を容易に解消することはできないという認識に立っていた。だが、彼は世界共和国という統整的理念を放棄するのではなく、徐々にそこに近づけばよいと考えたのである。諸国家連邦はそのための第一歩である。

しかも、カントは諸国家連邦を構想しつつ、それが人間の理性や道徳性によって実現されるとはまったく考えなかった。それをもたらすのは、人間の「反社会的社会性」、いいかえれば、戦争だと、カントは考えたのである。このような考えは、ヘーゲルの「理性の狡知」に対して、「自然の狡知」と呼ばれることがある。実際、カントがいったことは「自然の狡知」を通して実現されたというほかない。一九世紀末、帝国主義の時代に支配的となったのは、ヘーゲルのような考え方である。つまり、大国の覇権争いが「世界史的国家」をめぐる争いとして意味づけられた。その結果が第一次大戦である。一方、一九世紀末に、帝国主義とともに、カントの諸国家連邦論が復活してきた。そして、それがある程度実現されたのが、第一次大戦後の国際連盟である。それをもたらしたのは、カント的な理想というよりも、第一次大戦において、彼がいう人間の「反社会的社会性」が未曽有の規模で発現されたことによってである。

国際連盟は、それを提案したアメリカ自身が批准しなかったため無力で、第二次大戦を防ぐことができなかった。しかし、第二次大戦の結果として、国際連合が形成された。つまり、カントの構想は、二度の世界大戦を通して、つまり「自然の狡知」によって達成されたのである。第二次大戦後に結成された国際連合は、国際連盟の挫折の反省に立っているが、やはり無力である。国連はそれを通して有力な諸国家が自己の目的を実現する手段でしかない、という批判があり、また、国連は独自の軍事組織がないため、軍事力をもった有力な国家に依拠するほかない、という実情がある。そして、国連への批判はいつもカントに対するヘーゲルの批判に帰着する。すなわち、国連によって国際紛争を解決しようとする考えは「カント的理想主義」にすぎないといわれるのである。もちろん、国際連合は無力である。だからといって、それを嘲笑して無視しつづけるならば、どういうことになるか。世界戦争である。しかし、それは新たな国際連合を形成することに帰結するだろう。したがって、カントの見方には、ヘーゲルのリアリズムよりも、もっと残酷なリアリズムがひそんでいる。

諸国家連邦では、諸国家の対立や戦争を抑止することができない。実力を行使しうる国家を認めないからだ。だが、カントによれば、その結果として生じた戦争が、諸国家連邦を強固にする。諸国家の戦争を抑えるのは、他に抜きんでたヘゲモニー国家ではない。諸国家間の戦争を通して形成された諸国家連邦なのである。この点に関して、後期フロイトの考えが示唆的である。前期フロイトは、超自我を親や社会の「上からの」禁止に求めてきたが、第一次大戦後、戦争神経症者のケースに出会って、それを修正した。超自我を、外に向けられた攻撃性が各自に内向してきたものとしてとらえたのである。たとえば、きわめて寛大な親に育てられた者が強い道徳性の持ち主であることは少なくない。カントがいう人間の「反社会的社会性」は、フロイトがいう攻撃性であるといってよい。そう考えると、攻撃性の発露が攻撃性を抑止する力に転化することが理解できるだろう[10]。

カントとヘーゲルに関する以上の議論は古めかしくみえるが、今なおアクチュアルである。たとえば、二〇〇三年イラク戦争をめぐって、国連から離れて行動するアメリカと国連に準拠することを主張するヨーロッパの間に対立があった。すなわち、単独行動主義(unilateralism)か多国間協調主義(multilateralism)かという対立である。その中で、ネオコンの代表的論者ロバート・ケーガンはつぎのように主張した。軍事力の強いアメリカが基礎におくのは、「万人の万人に対する戦争」というホッブズの世界観であるのに対して、軍事力で劣るヨーロッパは、経済力や非軍事的手段(ソフト・パワー)に強い関心をもち、「永遠平和」という理想を追求するカントの世界観に依拠している。だが、ケーガンによれば、そうしたヨーロッパが好むカント流の永遠平和の状態は、実は、アメリカがホッブズ的な世界観にしたがって軍事力(ハード・パワー)を行使し、安全を保障しているからこそ実現できている[11]。

しかし、単独行動主義をとるアメリカの論理は、ホッブズというよりも、ヘーゲルにもとづくものである。というのは、彼らはこの戦争が世界史的理念を実現するものだと考えていたからである。その理念とは、ネオコンの一人、フランシス・フクヤマがまさにヘーゲルを引用して述べたように、自由民主主義である。しかも、このことは、アメリカが単独でそれ自身の利益と覇権を追求するからといって否認されてはならない。アメリカ国家の特殊的意志の追求が、結果的に普遍的理念を実現する。それこそがヘーゲルのいう「理性の狡知」なのである。また、その意味で、アメリカは「世界史的な国家」である。

一方、このような対立に関して、ネグリ&ハートはつぎのように述べた。《現代の地政学に関する議論のほとんどは、グローバル秩序を維持するためには二つの戦略——単独行動主義か多国間協調主義か——のいずれかしかないことを前提としている[12]》。いうまでもなく、単独行動主義とはアメリカの立場であって、《それまでの敵—味方の境界を規定し直し、世界全体を統制する単一のネットワークを組織しはじめた[13]》。それに対して、「多国間協調主義」とは、アメリカを批判するヨーロッパ、あるいは国連の立場である。ネグリ&ハートは、これらはいずれも無効であるという。《マルチチュードこそが困難に立ち向かい、世界を民主主義的に構成する新しい枠組みをうみださなければならない[14]》。《マルチチュードがついに自らを統治する能力を手にするときにこそ、民主主義は可能になるのだ[15]》。

ヨーロッパの立場がカント的で、アメリカの立場がヘーゲル的だとすると、ネグリ&ハートの考えは、マルクス的(ただし、一八四八年の時点の)なものだといえる。諸国家はマルチチュードの自己疎外としてあるのだから、マルチチュードが自己統治することによって揚棄されるだろう、というような考えは、明らかに、初期マルクス、というより、根本的にはプルードンのアナーキズムにもとづくものである。そして、「世界を民主主義的に構成する新しい枠組み」とは、プルードン派やマルクスらによって結成された「国際労働者協会」(第一インターナショナル)のようなものだ。しかし、ネグリやハートらには、一九世紀以来の「世界同時革命」がなぜいかにして失敗したかについての反省が欠けている。

以上、われわれは、一九九〇年以後の状況の下で、カント、ヘーゲル、マルクスという古典哲学が反復されていることを見出すことができる。ゆえに、それを再検討することはアクチュアルな問題である。その場合、われわれは、カントはヘーゲルによって乗り越えられ、ヘーゲルはマルクスによって乗り越えられたというような通念を斥けなければならない。われわれはむしろ、カントを、各地の資本と国家への対抗運動やコンミューンが分断され対立させられないようにするにはどうすればよいのか、という問題意識から読み直すべきである。諸国家連邦はカントにとって「世界を民主主義的に構成する新しい枠組み」として見出されたのである。

5　贈与による永遠平和

カントは永遠平和への道筋を、世界国家ではなく、諸国家連邦に見出した。それは、先に述べたように、カントが、リヴァイアサンのような超越的な権力をもつことによって平和状態を創設するというホッブズの考えを拒絶したことを意味する。しかし、一般には、そのように理解されていない。たとえば、諸国家連邦からも強力な世界政府が生まれるのでないか、という批判がなされたりする。その原因は、一つには、カントが、ホッブズ的な原理によらずに平和状態を創設しうる根拠を示していないことにある。ゆえに、われわれの課題は、これを交換様式の観点から明確にすることである。

ホッブズがいう平和状態の創設は、主権者との「恐怖に強要された契約」、すなわち、交換様式Bにもとづいている。では、カントはどうか。たとえば、カントは『永遠平和のために』のなかで、商業の発展を平和の条件として見ている。諸国家の間の密接な通商関係が戦争を不可能にするというのである。それは一面で正しい。しかし、交換様式Cは、国家による規制、すなわち、交換様式Bに依存する。ゆえに、それは交換様式Bを根本的に揚棄するものではない。実際には、交換様式Cの発展、つまり、産業資本主義の発展は、それ以前とは異質な対立と戦争をもたらした。帝国主義的世界戦争がそれである。

現在では、先進国の間での戦争は、カントがいった理由から避けられるだろう。しかし、先進国と、先進国の経済に従属させられた途上国、および先進国と競り合う位置にある後発資本主義国との間には、いいかえれば、「南北」間には、深刻な敵対と戦争の危機がある。それは、宗教的対立の様相を呈するとしても、根本的に経済的・政治的である。このような敵対性を解消するためには、たんに軍事的に制圧するだけではすまない。真に敵対性が消えるのは、諸国家の間の経済的格差が消えること、のみならず、格差を再生産する資本主義的な体制が消えることによってのみである。

諸国家の経済的格差を解消しようとするさまざまな努力がなされてきた。たとえば、先進国から途上国への援助がなされている。これは「分配的正義」であるとみなされている。しかし、現実には、むしろこの援助を通して、先進国の資本が蓄積を果たすのである。それは国内における福祉政策と類似している。それらは資本主義的蓄積の一環にすぎない。したがって、「分配的正義」は、差異を解消するどころか、新たな差異を生み出すのである。また、「分配的正義」は、再分配する国家の権力を正当化し、且つ強化する。それは南北の間の「戦争状態」を永続させるのである。

ちなみに、ジョン・ロールズは最晩年の仕事である『万民の法』において、国家間の正義を、経済的平等の実現に見ようとした。彼はこれを、一国だけの「正義」を考えた旧著『公正としての正義』に対する自己批判的な発展として書いたのである。しかし、ロールズは依然として、正義を「分配的正義」としてしか考えていない。そのため、一国における「分配的正義」が福祉国家主義に帰着するように、諸国家間における「分配的正義」は、再分配をおこなう体制の強化を要求することになる。それは結局、経済的列強による再分配となり、実質的に、世界帝国ないし帝国主義に帰着するほかない。

しかるに、カントにおける「正義」は分配的正義ではなくて、交換的正義である。それは、経済的格差を再分配によって緩和するのではなく、格差を生み出す交換のシステムを廃棄することによって実現される。いうまでもなく、それは国家内部だけでなく、国家間にも存在しなければならない。つまり、それは、新たな世界システムとしてのみ実現されるのである。だが、いかにしてそれは可能なのか。「力」を軍事力や経済力だけで考えるかぎり、ホッブズが考えた道をたどるほかない。

ここでわれわれにヒントを与えるのは、国家以前の、部族連合体の例である。部族連合体はその頂点に王あるいは超越的な首長をもたない。先に私はこれを「国家に抗する社会」として見た。だが、今これを、諸国家がその上位に主権者をもつことなく、戦争状態を克服するにはどうすればよいのかを考えるヒントとして見たい。部族連合体を支えているのは、交換様式A、すなわち、互酬原理である。いいかえれば、軍事力や経済力ではなく、贈与の「力」である。それがまた、諸部族の実質的平等・相互的独立を保証している。

カントがいう意味での諸国家連邦はむろん、部族連合体とは異なる。前者の基盤には発達したグローバルな世界＝経済がある。すなわち、交換様式Cの一般化がある。だが、諸国家連邦とは、いわば、その上に交換様式Aを回復することである。われわれはこれまで、このことを一国単位で考えてきた。しかし、何度もいったように、それは一国だけでは実現できない。それは諸国家の関係のなかで実現されることによって、いいかえれば、新たな世界システムを創設することによってのみ実現される。それは旧来の世界システム、〝世界＝帝国〟や〝世界＝経済〟(近代世界システム)を越えるものである。それが〝世界共和国〟にほかならない。それはいわば、〝ミニ世界システム〟を高次元で回復することである。

われわれは先に、互酬的な原理の高次元での回復を消費＝生産協同組合に見てきた。今や、それを諸国家間の関係のなかで見るべきである。諸国家連邦を新たな世界システムとして形成する原理は、贈与の互酬性である。これはこれまでの「海外援助」と似て非なるものだ。たとえば、このとき贈与されるのは、生産物よりもむしろ、生産のための技術知識(知的所有)である。さらに、相手を威嚇してきた兵器の自発的放棄も、贈与に数えられる。このような贈与は、先進国における資本と国家の基盤を放棄するものである。

だが、それによって無秩序が生じることはない。贈与は軍事力や経済力より強い「力」として働くからだ。普遍的な「法の支配」は、暴力ではなく、贈与の力によって支えられる。「世界共和国」はこのようにして形成される。この考えを非現実的な夢想として嘲笑する人たちこそ笑止である。たとえば、国家に関して、最も酷薄なホッブズ的な視点を貫いたカール・シュミットは、国家死滅の唯一の可能性を、消費＝生産協同組合の一般化において見出した。

「世界国家」が、全地球・全人類を包括するばあいには、それはしたがって政治的単位ではなく、たんに慣用上から国家と呼ばれるにすぎない。……それが、この範囲を越えてなお、文化的・世界観的その他なんであれ、「高次の」単位、ただし同時にあくまで非政治的な単位を形成しようとしたばあいには、それは、倫理と経済という両極間に中立点をさぐる消費―生産組合であるであろう。国家も王国も帝国も、共和政も君主政も、貴族政も民主政も、保護も服従も、それとは無縁なのであって、それはおよそいかなる政治的性格をも捨て去ったものであるであろう。(16)

シュミットがここでいう「世界国家」とは、カントがいう世界共和国と同じである。シュミットの考えでは、ホッブズ的観点からすれば、国家の揚棄はありえない。だが、それは国家揚棄が不可能だということにはならない。ホッブズのとは別の交換原理によってのみそれが可能だということを、彼は示唆しているのである。

6　世界システムとしての諸国家連邦

カントが予想したように、二度の世界戦争から国連が生まれてきた。現在の国連は、新たな世界システムからはほど遠い。それは、諸国家が覇権を握るための争いの場となっている。しかし、国連は人類の大変な犠牲の上に成立したシステムである。たとえ不十分なものであろうと、これを活用することなしに、人類の未来はありえない。

国連に対する批判のほとんどは、安全保障理事会や世界銀行・IMFに関するものである。が、現実の国連はそれらに限定されるものではない。それは事実上、〝国連システム〟と呼ばれる複雑で厖大な連合体である。それはほぼ三つの領域からなっている。第一に軍事、第二に経済、第三に、医療・文化・環境などの領域である。第三の領域は、第一と第二とは違って、歴史的に国際連盟・国連に先行している場合が少なくない。たとえば、WHOは一九世紀からできていた国際機関が国連に参入してきたものだ。つまり、第一と第二の領域をのぞいて、〝国連システム〟は、誰かが設計したのではなく、別々に国際的アソシエーションとして生成してきたものが、国連に合流することでできあがったのである。それは世界交通の拡大とともに、たえず生成の中にある。また、この第三領域では、国家組織(ネーション)と非国家組織の区別がない。それはたとえば、世界環境会議に諸国家と並んでNGOが代表として参加しているように、ネーションを越えたものとなっている。その意味で、〝国連システム〟はまさに国連(United Nations)を越えている。

むろん、第一と第二の領域はそうなっていない。それらは、国家と資本にかかわる領域だからである。そして、それらが現在の国連を規定している。いいかえれば、交換様式BとCが、現在の国連を規定している。もし第一と第二の領域で、第三領域で生じているのと同じようなことが実現されるとしたら、新たな世界システムだといってもよいだろう。だが、それは世界交通の拡大によって、自然成長的に生じるわけではない。国家と資本が抵抗するに決まっているからだ。

国連を新たな世界システムにするためには、各国における国家と資本への対抗運動が不可欠である。各国の変化のみが国連を変えるのである。と同時に、逆のことがいえる。国連の改革こそが、各国の対抗運動の連合を可能にする、と。各国の対抗運動は、国家と資本によって分断される恐れがある。それが国境を越えて自然につながるだろうという見通し、つまり、「世界同時革命」が自然発生的に勃発するという見通しは成立しない。また、たとえグローバルな連合組織(インターナショナル)を作っても、それは諸国家を抑える力をもたない。かつてできなかったことが、今後にできるという保証は何一つない。

世界同時革命は通常、各国の対抗運動を一斉におこなう蜂起のイメージで語られる。しかし、それはありえないし、ある必要もない。たとえば、一国において革命が起こり、国家の軍事的主権を国連に「贈与」するとしよう。これは「一国革命」である。(17) しかし、この革命が外から干渉を受けたり孤立したりすることはない。どんな武力も「贈与の力」に対抗することはできないのだ。それは多くの国家の支持を得て、国連の体制を根本的に変えることになるだろう。ゆえに、この場合は、「一国革命」が「世界同時革命」を創りだすのである。

国連を軸にするかぎり、各国におけるどんな対抗運動も、知らぬ間に他と結びつき、漸進的な世界同時的な革命運動として存在することになる。一方、各国でこのような対抗運動がないならば、国連が無視され、その結果、世界戦争が生じるだろう。実際、その可能性が高い。しかし、悲観的になる必要はない。カントが考えたように、世界戦争はより高度な諸国家連邦を実現することになるだけだからだ。とはいえ、それが生じるのは、各国における国家と資本への対抗運動が存在するかぎりにおいてである。

互酬原理にもとづく世界システム、すなわち、世界共和国の実現は容易ではない。交換様式A・B・Cは執拗に存続する。いいかえれば、ネーション、国家、資本は執拗に存続する。いかに生産力(人間と自然の関係)が発展しても、人間と人間の関係である交換様式に由来するそれらの存在を、完全に解消することはできない。だが、それらが存在するかぎりにおいて、交換様式Dもまた執拗に存続する。それはいかに否定し抑圧しても、否応なく回帰することをやめない。カントがいう「統整的理念」とはそのようなものである。(18)

注

序　文

（1）フランシス・フクヤマは、その師であるアラン・ブルームからアレクサンドル・コジェーヴについて学んだようである。しかし、コジェーヴは彼らとは違っている。彼にとって「歴史の終り」という観念は一定の意味をもたず、歴史的に大きく変容してきている。歴史の終りにおいて、社会はどうなるか。最初、コジェーヴは「共産主義」になると考えた。しかし、つぎに、アメリカ的生活（動物的）、さらに、日本的生活（スノビズム）を歴史の終りに見出した（アレクサンドル・コジェーヴ『ヘーゲル読解入門――『精神現象学』を読む』上妻精・今野雅方訳、国文社）。

（2）カントによる、仮象と超越論的仮象、統整的理念と構成的理念の区別に関しては、第三部第四章「アソシエーショニズム」（三六四頁以下）を参照せよ。

（3）エルンスト・ブロッホ『希望の原理』第一巻、山下肇ほか訳、白水社、二五頁。

序　説

（1）『経済学批判』序言、武田隆夫ほか訳、岩波文庫、一三―一五頁。

（2）アルチュセールは経済的下部構造が「最終審級」にあることを強調したが、実際のところ、これは経済的な審級をとび越えた、マオイスト的な政治的実践を使嗾するためであった。

（3）マーシャル・サーリンズ『石器時代の経済学』第二章、山内昶訳、法政大学出版局。

（4）生産様式あるいは経済的下部構造という概念を疑ったのは、私が最初ではない。それはポストモダニズムにおける流行現象であった。たとえば、ジャン・ボードリヤールは『生産の鏡』（一九七三年）において、マルクスが「生産」というとき、資本主義社会において見出されるものを、それ以前の社会に投射するものだ、と批判した。《マルクス主義による批判は、資本主義経済の現在の構造に照らして、資本主義以前の社会を解明するのだと主張するが、資本主義社会とそれ以前の社会の差異をなくすために、経済学のスペクトル光線を資本主義以前の社会に照射していることに気づかない》（『生産の鏡』宇波彰・今村仁司訳、法政大学出版局、五四頁）。彼がこのように考えるにいたったのは、未開社会に関するモースやバタークユの認識を通してである。未開社会に関しては、生産様式という概念を適用することができないからだ。ここから、ボードリヤールは、経済領域を「最終的な審級」とみなす考えを否定するにいたった。そこから彼はマルクス主義を否定することになる。しかし、私の考えでは、交換というものが広い意味で経済的であるといえるならば、基礎的な交換諸様式はすべて経済的であるということができるし、その意味で、それらはいわば「経済的下部構造」であるといってよい。ボードリヤールがいう「象徴交換」とは、互酬的な交換様式Aにほかならない。ゆえに、未開社会では、それが「経済的」な下部構造だといってもよい。一方、資本主義経済を支えているのは商品交換様式Cである。ボードリヤールはこれらの差異を見ない。「生産」の優位を否定したとき、彼がもってきたのは「消費」の優位である。だが、それはこの時期、顕著になった「消費社会」現象に適合することである。マルクスは資本主義経済を未開社会に投射したにすぎないと彼はいうが、バターユ以来、消費を強調する者は、ケインズ主義以後の資本主義経済を未開社会に投射したのである。それは、資本主義経済総体を見ることなく、たんにその一局面である「消費社会」現象のみに注目することである。

（5）マルクス『資本論』第一巻第一篇第二章、向坂逸郎訳、岩波文庫㈠、一五八頁。

（6）カール・ポランニー『人間の経済』I、玉野井芳郎・栗本慎一郎訳、岩波書店。

（7）ポランニーは、一八世紀にできたアフリカのダホメ王国を例にとって、それが、資本主義市場経済と異質な、互酬性と再分配の経済をもっていたことを示そうとした（『経済と文明』）。しかし、彼が詳しく述べたダホメ王国の生成過程を見ると、このような説明は馬鹿げてみえる。この王国は、アメリカでサトウキビのプランテーションと奴隷制が始まってから発展したにすぎない。その奴隷を供給したのがダホメであり、彼らは西洋側から火器を買い、それによって周囲の国や部族を侵略して得た奴隷を売るということをくりかえして、急激に王国として拡大したのである。ダホメ王国は、原始的社会であるどころか、近代の世界市場の中で形成されたのだ。ヘーゲルは『歴史哲学』で、ダホメについてこう述べている。《ダホメーでは、民衆が王に満足しなくなったときには、その統治に対する不信任の印としてその王に鸚鵡《おうむ》の卵を送る風習がある。時としては代表者を王の許に遣わして、「統治の重荷は貴下を苦しめたにちがいないから、暫らく休まれるがよい」と告げさせる。すると、王は下臣の好意を嘉《よみ》して別室に退き、妻女達に命じて自分を絞殺させるのである》（『歴史哲学』上巻、武市健人訳、岩波書店、一四七頁）。これが事実だとすれば、それはたんに、ダホメが王国であっても、まだ首長制とさほど違っていなかったことを意味する。王は専制的な権力をもっていないのである。おそらく、このことは、ポランニーが強調したように、ダホメ王国が、市場経済ではなく、互酬性と再分配で成り立っているような社会だということを意味している。

さらに、ヘーゲルはつぎのように述べている。《黒人において見られるもう一つの特色は奴隷制度である。黒人はヨーロッパ人のために奴隷にせられて、アメリカへ売られる。といっても、本国における彼らの境遇はもっとひどいもので、そこには絶対的な奴隷制が行われている。というのは、一般に奴隷制の根底は、人間がまだその自由の意識をもたず、そのために自分が物件になり、無価値なものに成り下がるという点にあるからである》(同前書、一四五頁)。ヘーゲルは、ヨーロッパ人がアフリカ人を奴隷にしたのは、後者が「自由の意識」をもたず奴隷を拒否しなかったからだというのだ。ヘーゲルが、アフリカ人による奴隷制を開始したヨーロッパ人の側に「自由の意識」があるかどうかを問わないことには、あきれるほかはない。とはいえ、アフリカ人の奴隷がアフリカ人自身によって「生産」されたのは、事実である。ところが、ヘーゲルと対照的に、ポランニーはまったくその事実に注意を払わない。彼は、ダホメがその内部で互酬的な再分配国家であることを称賛してやまない。だが、それはダホメが外に対して「国家」であることを無視することだ。それは、国家は他の国家に対して国家であるということを見ないことである。国家のこのような性格を見ないならば、つまり、国家をその内部だけで見るならば、それを再分配システムとして美化することになる。

(8) カール・シュミット『政治的なものの概念』田中浩・原田武雄訳、未來社、一四頁。

(9) カール・シュミットはいう。《ホッブズは、「リヴァイアサン」の本来の目的は、「保護と服従との相互関係」を、人びとに再認識させることであって、人間の本性からも、神法からも、その確固たる遵守が要求される、とのべている》（シュミット、同前書、六〇頁）。だが、これは「政治的なもの」が、「保護と服従との相互関係」というよりも、ある種の「交換」において存在することを意味するのである。

(10)　ハンナ・アーレント『暴力について――共和国の危機』山田正行訳、みすず書房。なお、人類学者デイヴィッド・グレーバーは、現代の「評議会」のあり方が未開社会以来のシステムに根ざしたものであることを指摘している。彼はニューヨークの「直接行動ネットワーク」（DNA）の会合に参加したとき、そのやり方が、かつてフィールドワークのために二年過ごしたマダガスカル高地の共同体における評議会とよく似たものだということに気づいた、という（『アナーキスト人類学のための断章』高祖岩三郎訳、以文社）。

(11)　マルセル・モース『社会学と人類学』1、有地亨ほか訳、弘文堂、三八四頁。

(12)　モーゼス・ヘス「貨幣体論」『初期社会主義論集』山中隆次・畑孝一訳、未來社、一一八頁。

(13)　《人間の生産力がまず第一に形成され、人間的な本質が発展されねばならなかった。はじめはただむき出しの諸個人が、つまり、人類の単一要素が存在しただけで、そこでは人類は相互に接触しておらず、ちょうど植物のように、食料を、肉体的必要物をまったく直接に大地から手にいれていたか、あるいは残忍な動物的闘争のなかで自分たちの力を交換しあう形でしか相互に接触しているにすぎなかった。生産物交換の最初の形式が略奪だけであり、人間の活動の最初の形式が奴隷労働だけであったのも、もっともなことであった。もはや論争の余地のない、この歴史的な必然を基盤として、発生しえたものは有機的交換ではなく、ただ生産物の商品取引だけであった。こうして今日にいたっている。歴史的基盤にもとづく法則が略奪と奴隷制を規制したにすぎず、はじめは偶然的に、つまり、意識や意志もなしに生じたことを規範や原理にまで引き上げてきたにすぎない。これまでの歴史は、略奪と奴隷制の機制、基礎づけ、貫徹、一般化の歴史にほかならない。われわれすべてが例外なく、われわれの活動、生産力、能力を、つまりわれわれ自身を商品として交換すること。そして、人間がそこからはじまった共食い、相互の略奪、奴隷制が原理にまで引き上げられたこと。こういうことが結局どうして生じたのか。またこの一般的な搾取と普遍的な奴隷制からしか有機的共同社会が生じ得ないのは、どうしてなのか。以下それを明らかにしよう》(ヘス、同前書、一二五頁)。

(14) 地球を熱機関としてみる見方は、エントロピー論を開放定常系において考えた槌田敦の考えにもとづく(『熱学外論——生命・環境を含む開放系の熱理論』朝倉書店、一九九二年)。

(15) マルクスは生産に廃棄物が伴うという事実をけっして無視しなかった。たとえば、廃棄物についてこう述べている。《資本主義的生産様式の発達とともに、生産上および消費上の廃物の利用が拡張される。われわれが生産上の廃物というのは、工場と農業における屑のことであり、消費上の廃物というのは、一部は、人間の自然的新陳代謝から出てくる廃物、一部は、消費対象が消費された後に残っている形態のことである。すなわち、生産上の廃物とは、化学工業にあっては、生産規模が小さいばあいには失われてしまうような副産物である。また、機械の製造に際して屑として落ち、再び原料として鉄の生産に入る鉄屑等がそれである。消費上の廃物は、人間の自然的排泄物、ぼろの形態における衣類の残片等である。消費上の廃物は、農業にとってもっとも重要である。その使用にかんしては、資本主義経済にあっては、莫大な浪費が行なわれる。たとえば、ロンドンでは四五〇万人の糞尿の処理について、資本主義経済は、巨費をもってこれをテムズ河の汚毒化のために用いる以上の良策を知らないのである》（『資本論』第三巻第一篇第五章、岩波文庫(六)、一五六頁）。

(16)　マルクス主義者の中にもエコロジーに注目した者がいる。たとえば、マルクス経済学者玉野井芳郎はつとにマルクスにおける「エコロジー」の問題に注目し、槌田敦の理論にもとづいて、新たな経済学を構想した（『エコノミーとエコロジー』みすず書房、一九七八年）。ジョン・ベラミー・フォスターも『マルクスのエコロジー』（John Bellamy Foster, *Marx's Ecology: Materialism and Nature*, Monthly Review Press, 2000）で、マルクスがエコロジカルな認識をもっていたことを照明した。

(17)　マルクス『資本論』第一巻第四篇第一三章、岩波文庫(二)、五三四頁。

(18)　マルクス『資本論』第三巻第一篇第六章、岩波文庫(六)、一八七—一八八頁。

(19)　社会構成体の分類は、以上の五つで十分である。たとえば、サーミール・アミンは、以上の五つのほかに、アラビア諸国に見られるような商業的社会構成体、一七世紀のイギリスに見られるような、「単純小商品」生産様式が支配的であるような社会構成体を加えた（Samir Amin, *Unequal Development*, Monthly Review Press, 1976）。しかし、前者は「アジア的社会構成体」に属するし、後者は「資本主義的社会構成体」の前期的段階にすぎない。

(20)　ウォーラーステインは、国家以前のミニシステムを世界システムとみなさなかった。しかし、クリストファー・チェース＝ダンは、これも世界システムだと主張する。「世界」はその規模に依存するものではないからだ。その上で、チェース＝ダンは、世界システムをミニシステム、世界＝帝国、世界＝経済の三つに形式的に類型化した(Christopher Chase-Dunn and Thomas D. Hall, *Rise and Demise : Comparing World-Systems*, Westview Press, 1977)。これによって、それぞれの特性が明確になるが、その歴史的な変容がいかにして生じるか、つまり、ミニシステム、世界＝帝国、世界＝経済がどのように関係しあって存在し且つ変形されるか、が問われない。それを見るためには交換様式という観点が必要である。

(21) ブローデル『物質文明・経済・資本主義 15-18世紀 交換のはたらき1』山本淳一訳、みすず書房。

第一部　序論

(1) アラン・テスタール『新不平等起源論』山内昶訳、法政大学出版局。

(2) 一万年ほど前に新石器革命(農業革命)が起こり、以後急速な社会的変化が続いている。それ以前のゆっくりした人類の歩みが、急激に加速されたようにみえる。そこで、このような変化がなぜ生じたかが問われてきた。しかし、この急激な発展は、何か新たなものが加わったために生じたのではなく、それまで発展を抑制していたものが無くなったからだというべきであろう。近年の考古学では、DNA解析によって、現生人類は二〇万年ほど前にアフリカに生まれ、さらに、数百名ほどの者が約六万年前にアフリカを出て、地球上に広がったことが判明している。以来、人類は各地に四散し、ほとんど互いの交通がないままに、それぞれ独自の発展をたどった。だが、アフリカから出た時点で、人類の身体と脳はほぼできあがっていて、遺伝子的にはその後に進化はない。また、彼らは言語や文字、道具製作、火の使用と調理、衣服や装飾品を作る技能、そしておそらく造船技術といった、共通の文化資産をもっていた。ゆえに、その後に多様な発展形態をとったにもかかわらず、共通の要素が根底にある。考古学者コリン・レンフルーはいっている。むしろ最大の謎は、当初から高度な知的能力をもっていた人類が、農業革命にいたるまで、なぜこんなに時間がかかったのかにある、と（『先史時代と心の進化』小林朋則訳・溝口孝司監訳、ランダムハウス講談社）。私の考えでは、それは、現生人類が遊動民生活を維持しようとしたからである。やむなく定住化しても、遊動的段階にあった状態を、氏族社会として維持しようとした。それに比べると、農業革命は偉大な達成だとはいえない。それは、いわば折角閉じようとしていたパンドラの箱が開いた結果にすぎない。

第一部　第一章

（1）マーシャル・サーリンズ『石器時代の経済学』一一二頁。
（2）氏族社会の世帯における共同寄託が互酬と区別できないことは、ある意味で、今日の家族がその中で共同寄託をおこないながら、同時にそれを互酬ないし商品交換のように考えていることと似ている。
（3）サーリンズ『石器時代の経済学』二四〇頁。
（4）ピエール・クラストル『暴力の考古学』毬藻充訳、現代企画室。
（5）サーリンズ『石器時代の経済学』二〇三頁。
（6）テスタール『不平等の起源』山内昶訳、法政大学出版局、五四頁。
（7）定住に伴う諸困難に関しては、西田正規の考察に負う（『人類史のなかの定住革命』講談社学術文庫、二〇〇七年)。

(8) モーリス・ブロック『マルクス主義と人類学』山内昶・山内彰訳、法政大学出版局、一〇六頁。

(9) 西田正規は定住革命という概念を提唱した(前掲『人類史のなかの定住革命』)。

(10) レヴィ＝ストロース『親族の基本構造』上巻、馬渕東一・田島節夫監訳、番町書房、一五三—一五四頁。

(11) サーリンズ『石器時代の経済学』二〇五—二二一頁。

(12) ここで重要なのは、互酬原理によるかぎり、共同体はそれより上位のレベルに共同体を構成することはできるが、国家、すなわち、絶対的で中心化された権力をもちえないということである。たとえば、イロクォイ族の場合、最高機関は首長評議会であったが、マルクスはつぎのことに注目している。《決定は評議会によっておこなわれた。イロクォイ族にあっては、全員一致が評議会の決定の根本法則であった。軍事作戦は、通常は志願の原理による行動にゆだねられていた。理論上は、各部族は、それが平和条約を結んでいない他のあらゆる部族と戦争状態にあった。だれでも戦闘隊を組織し、その欲するところにむかって遠征をおこなう自由があった》(「モーガン『古代社会』摘要」『マルクス＝エンゲルス全集』補巻四、大月書店、三五三頁)。

(13) 類人猿においてインセストが回避されているということは、河合雅雄や伊谷純一郎などの京都大学の霊長類学者によって確証された。

(14) レヴィ＝ストロースは、親族構造が、世帯や氏族が「娘」を贈与することによって形成されると考えた。しかし、モーリス・ゴドリエは『贈与の謎』で、それは偏見による独断にすぎず、男子が贈与されるケースが少なくないことを指摘している。ここで大切なのは、男女の差異ではなく、「構造」としての同一性である。

(15) レヴィ＝ストロース『親族の基本構造』上巻、一五一頁。

第一部　第二章

(1) 「マルセル・モース論への序文」、モース『社会学と人類学』1、三一頁。

(2) モーリス・ゴドリエ『贈与の謎』山内昶訳、法政大学出版局、一〇五頁。

(3) モーリス・ゴドリエは、マルセル・モースがいうハウに関して、贈与において、使用権は譲られるが、所有権は譲られない、だから、贈与物のハウが元に戻りたがるということは、贈与されたものが依然として贈与者の所有物であることを意味する、といっている。いうまでもなく、この場合、所有権をもつのは共同体である。だが、共同体の所有権がハウとして物に付随するというゴドリエの理解は、モースの考えと背反するものではない。モースは初期の呪術論の時点から、「呪力」(オセアニアの原住民がマナと呼ぶ)が社会的な力であることを強調しており、また、モースに先立って、彼の叔父エミール・デュルケムが、所有権が社会的なものであること、そして、未開社会では、それは宗教的な形態をとってあらわれることを強調していたからである。たとえば、デュルケムは所有権の根底に宗教的なタブーを見出した。タブーとは、ある物を聖なるものとして、神事の領域に属するものとして斥けることである。物が神聖化されないかぎり、所有は成立しない。そして、神聖なるものは、事物そのものに宿る(デュルケム『社会学講義』宮島喬・川喜多喬訳、みすず書房、二〇〇頁)。《人間に所有権が内在していて、そこからこれが事物に下降したのではなく、所有権がほんらい宿っていたのは事物のなかであって、この事物から発して人間へとさかのぼっていく。事物は、宗教的観念の力により、それ自体で不可侵だったのであり、この不可侵性が……人間の手に移行するのは二次的なことにすぎない》(同前書、一九九頁)。したがって、所有権が人間ではなく物に宿るということは、それが「共同体所有」として始まるということと同義である。もちろん、人々がそのように考えるわけではない。人々は、物が共同体所有であることを、神が所有する、あるいは、物に精霊が宿っていると観念するのである。こうして、贈与された物に、贈与した共同体の「所有権」がハウとして付随する。贈与を受け取った共同体は、いわば精霊につきまとわれるのだ。それは人間的暴力より脅威である。贈与された側は相手を攻撃することができない。

(4) たとえば、田中二郎は、カラハリ砂漠のブッシュマンはほとんど呪術をやらないといっている。たとえば、雨乞いの呪いをするとしても、雨が降りそうな気配があるときだけである。《彼らが自然に関してもっている知識は驚くほど豊かで正確である。彼らが自然界の現象に対して用いる説明がしばしば非科学的なのはやむをえないが、多くの「未開人」に見られる呪術的な要素が彼らの世界にはきわめて少なく、その態度はきわめて合理的な考え方でつらぬかれている》(『砂漠の狩人——人類始源の姿を求めて』中公新書、一九七八年、一二七頁)。

(5) フロイトはアニミズムから宗教への発展をつぎのように説明した。《未開人における観念の万能を証明することが、自己愛の証拠であると見ることが許されるならば、人間の世界観の発展段階を個人のリビドー発達の段階と比較する試みを、あえて行なうことができよう。そうなると、時間的にも内容的にも、アニミズム的段階は自己愛に対応し、宗教的段階は、両親との結びつきをその特徴とする対象発見の段階に対応し、また科学的段階は、快感原則を棄てて現実に適応しながら外界にその対象をもとめる、あの個人の成熟状態に完全に対応するのである》（「トーテムとタブー」西田越郎訳、『フロイト著作集』3、人文書院、二二二頁）。

(6) レヴィ＝ストロース『親族の基本構造』上巻、一九二頁。

(7) マルティン・ブーバー『我と汝・対話』植田重雄訳、岩波文庫、九頁。

(8) ブーバー、同前書、一二三頁。

(9) モースは呪術と科学についてつぎのように述べている。《呪術によって蓄積されたこの観念の宝庫は、長い間、科学によって開発される資本であった。呪術は科学を育て、呪術師は科学者を供給した。原始社会においては、ひとり呪術師のみが自然を観察し、考察し、夢想する余暇をもった。彼らは職能上それを行ったのである。……文明の低い段階では、呪術師は学者であり、学者は呪術師である》（モース『社会学と人類学』1、二一二頁）。《医学、薬学、錬金術、天文学が、もっぱら技術的な発展からなるできるかぎり局限されたその核の周りをとりまく呪術の内部で発展したということは至当である。……呪術は技術に対すると同様に、科学にも結びついている。それは実践的技術であるのみならず、観念の宝庫でもある》（同前書、二一一頁）。

(10) フロイト「モーセという男と一神教」渡辺哲夫訳、『フロイト全集』第22巻、岩波書店、一六五—一六六頁。

(11) 「抑圧されたものの回帰」について、フロイトはつぎのように述べている。《特にはっきりと言っておかねばならないのは、忘却から回帰したものは、まったく独特の力でもって回帰してきた目的を果たしてしまい、比較するものなどないほど強力な影響を人間集団に及ぼし、真実に向けて抵抗し難い要求を突きつけてくるという事実であり、この力に対するならば、論理的な異議申し立てなどいつも無力だ、という事実である。まさしく、〈不合理ゆえにわれ信ず〉とならざるをえないかたちで》(フロイト、同前書、一〇七頁)。《個々人の精神分析から経験的に知られることだが、まだ話すこともほとんどできない子供の頃に受けたごく早期の印象は、意識的に想起されないままに、いつかあるときになって強迫的性格を帯びた影響力を発揮することになる。これとまったく同じことを全人類のごく早期の体験において想定してもよいだろう、とわれわれは考えている》(同前書、一六四頁)。

第二部 序論

(1) サーリンズ『石器時代の経済学』四九―五〇頁。

(2) ルイス・マンフォード『機械の神話――技術と人類の発達』樋口清訳、河出書房新社。

(3) ノマド的な人々を定住化させることが難しいことは、ロシアや中国で、強い国家権力をもってしても遊牧民を定住化させることができなかった例からもいえる。もう一つの例は、一八世紀後半のイギリスで、繊維工業の領域で機械的生産が始まったとき、職人気質の労働者はそれを嫌ったということだ。そのため、かわりに、女と子供が使われたのである。このような職人たちは、ある意味で狩猟採集民に似ている。彼らは機械的な仕事(ルーティン)を嫌う。遊動的で、転々と職場を移る。このような職人たちを機械的な労働に従事させるのは容易ではない。

そのためには、強制とともにディシプリン(教育)がいる。多くの場合、近代国家による義務教育と徴兵制がそのような役割を果たしている。

第二部　第一章

(1) Jane Jacobs, *The Economy of Cities*, Vintage Books, 1970.

(2) いわゆる四大文明のほかに、それらとまったく無関係に生じたアメリカ大陸の文明でも、最初は河口の漁業、そして、船による交易から始まっている。アンデス山脈の海岸地帯にあるワカ・プリエタ遺跡、アスペロ遺跡などは、インカ帝国にいたる文明の初期段階を示すものだ。遺跡発掘調査は、それが漁労のための定住から始まったこと、またそれとともに自然発生的に栽培が始まっていたことを示している。ここでも、原都市＝国家の形成、それらの間での交易と戦争の拡大から国家、そして帝国が形成されるにいたった過程を推定することができる。また、高地にあるメキシコのティオティワカンについても同じことがいえる。それは本来、海岸地帯からの通商ルートの要としての原都市＝国家であった。

(3) ウェーバー『都市の類型学』世良晃志郎訳、創文社。

(4) ルソー『人間不平等起原論』本田喜代治・平岡昇訳、岩波文庫、一一〇頁。

(5) ホッブズがいうコモンウェルスを成り立たせる契約は、それができたあとでの契約とは異なる。《確かに、いったんコモンウェルスが設立され、あるいは獲得されると、死や暴力への恐怖から生じた約束は、それが法律に反するものであれば、契約ではない。したがって履行の義務もない。しかしその理由は、約束が恐怖にもとづいているからではなく、約束した人間がその約束事項にかんして権利を持っていないからである》(「リヴァイアサン」第二〇章、『ホッブズ(世界の名著23)』永井道雄編、中央公論社、二一九頁)。「恐怖に強要された契約」が、通常の意味での契約に先行するのである。ホッブズはいう。《契約とはたんなることば、あるいはささやきであり、公共の剣から発する力以外に、何人をも義務づけ、抑制し、強制し、保護する力を持たない》(同前書、二〇〇頁)。

(6) ホッブズ、同前書、一六八頁。
(7) ホッブズ、同前書、一九七頁。
(8) ホッブズ、同前書、二二三頁。
(9) Christopher Gill, Norman Postlethwaite, and Richard Seaford, *Reciprocity in Ancient Greece*, Oxford University Press, USA, 1998.
(10) エンゲルス「家族、私有財産および国家の起原」『マルクス＝エンゲルス全集』第二一巻、一五二―一五三頁。
(11) ルソー『人間不平等起原論』一〇八頁。
(12) マルクス『資本論』第一巻第四篇第一二章、岩波文庫(二)、三〇六頁。
(13) 大月康弘『帝国と慈善――ビザンツ』(創文社、二〇〇五年)は、東ローマ帝国(ビザンツ)が西ヨーロッパと違って一種の福祉国家であったことを指摘している。
(14) ウェーバー『支配の社会学』Ⅱ、世良晃志郎訳、創文社、三九一―三九二頁。
(15) 農業共同体についていえば、中国にはマルクスがインドで見出したような共同体は存在しなかった。現在にいたるまで中国の社会を特徴づける宗族の存在は、原始共同体以来の血縁的共同体が連綿として残っている結果なのではない。宗族や幇《パン》は、科挙による官僚制の完成に対応して、行政単位として上から構成された村共同体とは別に、民衆側から対抗的に作り出された結社なのである。ゆえに、中国史を見るならば、永続的なアジア的共同体なるものが虚構にすぎないことは明らかである。永続的なのは、官僚制という国家機構なのである。有名なロシアの共同体(ミール)も、モンゴルの支配のあとに形成されたものである。つまり、専制国家の産物であって、その逆ではない。

(16) ウェーバー『支配の社会学』I、世良晃志郎訳、創文社、八八—八九頁。

(17) マイケル・マンは、アジア的専制国家を水力利用農業から説明するウィットフォーゲルの理論を批判している。《古代世界において、中国、エジプト、シュメールという三つの明らかに有利な条件の地域でさえ、水力利用農業と専制主義の間には何のつながりもなかったのである》(『ソーシャルパワー——社会的な〈力〉の世界歴史1』森本醇・君塚直隆訳、NTT出版、一一〇頁)。

(18) 中国で始まった科挙と文官支配は、その周辺国家(朝鮮・ベトナム)でも受け入れられた。高麗王朝は一〇世紀に科挙制度と文官支配を確立した。しかし、日本では、中国の諸制度をことごとく受け入れたにもかかわらず、官僚制度だけはまったく根づかなかった。基本的に戦士的な文化が保持されたのである。

第二部　第二章

(1) マルクス『資本論』第一巻第一篇第二章、岩波文庫(一)、一五二頁。

(2) マルクス『資本論』第三巻第五篇第三六章、岩波文庫(七)、四二六頁。
(3) マルクス『資本論』第一巻第一篇第一章、岩波文庫(一)、一三四頁。
(4) マルクス『資本論』第一巻第一篇第二章、岩波文庫(一)、一六七頁。
(5) マルクス『資本論』第一巻第一篇第一章、岩波文庫(一)、一〇七頁。
(6) マルクス『資本論』第一巻第一篇第二章、岩波文庫(一)、一五九―一六〇頁。
(7) マルクス『資本論』第一巻第一篇第一章、岩波文庫(一)、一三四頁。
(8) ポランニー『経済の文明史』玉野井芳郎・平野健一郎編訳、日本経済新聞社、六四頁。
(9) 貨幣を国家による約定として見る考えがまちがいであることは、国家によって貨幣を通用させることはできないということから見ても明瞭である。それは国家の外では通用しない。さらに、国際的に通用しない通貨なら、国内でも通用しない。たとえば、ソ連邦のように強い国家権力をもってしても、その末期には国内で通貨のルーブルが通用しなかった。逆に、タバコ(マールボロ)が通貨として機能したのである。つぎに、貨幣の「商品起源説」に対する今日の批判は、米ドルが一九七一年以降、金との兌換制を停止したのちにも、世界通貨としてありつづけているという「事実」にもとづいてなされている。しかし、国際的決済において、金が必要だという考えは現実に消えていない。確かにアメリカはドルと金の兌換制を停止したが、それはドルが世界通貨であるために金準備が不要であるということにはならない。金が兌換されて流出してしまうからこそ、兌換を停止したわけであって、もし金準備が不要なら、金の流出を阻止する必要はない。要するに、現在でも、金=世界貨幣は、暗黙裏に国際的な決済手段として存在しているということである。

(10) 以上は、山田勝芳『貨幣の中国古代史』(朝日新聞社、二〇〇〇年)にもとづく。

(11) 貨幣を商品から考察するマルクスの観点を否定して、それを相互的信用にもとづかせる見方がある。しかし、それは対外貨幣と対内貨幣を同一視するものである。たとえば、一九七〇年代から米ドルが金との兌換性なしに基軸通貨として通用しているところから、世界貨幣の根拠を、商品貨幣ではなく、国家間の相互的信用にみる見方が強まった。しかし、それは一時的な現象にすぎない。ドルが世界貨幣(基軸通貨)である時代は長くは続かない。ただし、それによって、金本位制が復活することもない。世界貨幣は、金銀だけでなく、レアメタル・石油・穀物などをふくむ〃コモディティ・バスケット〃となるだろう。それは明らかに商品貨幣である。つまり、一定の使用価値が一般的等価物となるのだ。

(12) それ自体が使用価値をもたない通貨は、世界貨幣となりえない。その例外は、モンゴル帝国が紙幣を通用させたことである。しかし、それは国家の力ではなく、広範囲に及ぶモンゴル支配者共同体の間の相互的「信用」によるのだ。それは互酬的な力である。また、それによって、モンゴル帝国は空前絶後の大帝国となりえたのである。

(13) 主人と奴隷や領主と農奴といった階級関係が交換様式Bに基づくのに対して、資本家と労働者という階級関係は交換様式Cに基づく。それらを混同してはならない。マルクス主義者の間では、資本制経済においては、人間と人間の関係が物と物との関係としてあらわれる、あるいは、階級関係がたんなる交換(契約)関係の中に隠蔽されるという議論(物象化論)がくりかえされている。しかし、産業資本主義における人間と人間の関係、あるいは階級関係は、そもそも、物と物との関係、すなわち、貨幣と商品の関係の下で組織されたものだ。したがって、交換様式に注目すべきなのである。

(14) アリストテレス「政治学」山本光雄訳、『アリストテレス全集』第一五巻、岩波書店、二五頁。

(15) アリストテレス、同前書、二六頁。

(16) マルクス『資本論』第一巻第一篇第三章、岩波文庫㈠、二三三頁。

(17) マルクス『資本論』第一巻第二篇第四章、岩波文庫㈠、二六七頁。

(18) モース『社会学と人類学』1、二九〇頁。

(19) マルクス『資本論』第三巻第五篇第二四章、鈴木鴻一郎訳、中央公論社、九九三頁。

(20) マルクス『資本論』第三巻第五篇第三六章、岩波文庫㈦、四三四頁。

(21) ポランニー『人間の経済』Ⅰ、一五三頁。

(22) マルクス『資本論』第三巻第五篇第三六章、岩波文庫㈦、四三〇頁。

(23) バビロニアの『ハムラビ法典』には、金銭貸借、債務履行、損害賠償、奴隷売買などの規定が盛り込まれている。これは当時台頭した高利貸し商人を規制するためであった。

(24) 中世ヨーロッパでは、キリスト教会は利子を禁止し、ユダヤ人に利子付きの金融を任せた。しかし、ユダヤ人も自民族の中では利子を禁じたのである。「二重道徳」、つまり、共同体の内部と外部で道徳が異なる場合、貨幣経済が一般化することはない。

(25) ヘロドトス『歴史』松平千秋訳、岩波文庫(上)、一一八頁。

（1）　この点で、ロシア革命や中国革命を、旧世界＝帝国の復権の企てとして見ることができる。ウィットフォーゲルは、ロシア革命や中国革命が、アジア的な専制国家の土壌の上に築かれたこと、それゆえに、アジア的な専制国家が再現されたという。しかし、彼が見落としている一つの点は、ロシアや中国が世界＝帝国であったという側面である。そこでは多数の共同体・国家が統合されていた。ここで、ブルジョア革命が起これば、旧来の世界＝帝国は、多数のネーション＝ステートに分解されてしまうだろう。このとき、階級を優先させるマルクス主義は、旧世界＝帝国を、ネーション＝ステートに分解することなしに近代化して復権させる、唯一のイデオロギーとして機能したのである。ロシアや中国における社会主義革命は、世界＝経済（世界資本主義）の中で、それを拒否する世界システム（非利得的な交換にもとづく経済圏）を確立させた。

（2）　中国の王朝はたえず遊牧民の侵入の下にあった。たとえば、漢王朝は武帝以前には遊牧民匈奴に蹂躙されていたし、隋・唐王朝は遊牧民鮮卑が築いた北魏を受けつぐものであった。宋の建国も遊牧民軍団に依拠し、明も王朝の軍事力として多くのモンゴル集団を取り込んでいた。つまり、中国の王朝は遊牧民自身か、ないしは遊牧民の支援によって作られたのである。しかし、中国では、王朝の正統性は民族性にではなく、それが政治的な統一によって安定・平和・繁栄をもたらすか否かによって判断される。ゆえに、たとえば、清朝は征服王朝ではあるが、政治的な統一を確保し、帝国の版図を広げたがゆえに、正統的な王朝であると見なされた。

（3）　モーガン『古代社会』岩波文庫(上)、一五一頁。

（4）　マルクスは、ギリシアが高度な文明を達成しながら、氏族社会的な諸制度をとどめていることに注目し、それをつぎのように説明した。《彼らのアッティケ定住のときからソロンの時代まで、あれほど長期にわたって古い氏族組織を維持できたのは、もっぱら諸部族(アッティケの)の不安定な状態とたえまない交戦とによるものであった。(中略)ソロンの時代には、アテナイ人はすでに文明化した民族であった。その二世紀もまえからすでにそうであった。有用な技術がいちじるしく発達し、海上通商が民族的な事業となり、農耕と手工業が進歩し、文学による詩作が始まっていた。しかし、彼らの統治諸制度は依然として未開後期型の氏族的諸制度であった》(「モーガン『古代社会』摘要」『マルクス＝エンゲルス全集』補巻四、四二八頁)。しかし、これはアテネに関して多少あてはまるとしても、イオニアに関してはあてはまらない。

(5) フェニキア文字を改良し誰でも習得できる表音文字(アルファベット)を作ったことが、ギリシアの民主主義をもたらしたという説がある。確かに、エジプトや中国では、文字を習得するのに大変な手間と能力が必要であった。しかし、表音文字があったから民主政があったというのは、原因と結果の転倒である。官僚体制があるとき、大衆を文字に近づけないほうが望ましい。たとえば、エジプトでは、大衆が使えるような文字もあったが、情報知識を独占したい官僚層は、象形文字など習得困難な数種類の文字システムをあえて維持したのである。ゆえにギリシアで表音文字が採用され発達したのは、官僚機構が未発達であったからだ。そして、それは経済を官僚による統制ではなく市場に任せたことによるのである。

(6) ハンナ・アーレント『革命について』志水速雄訳、ちくま学芸文庫、四〇頁。

(7) アテネのポリスは部族連合体としてはじまっている。それは、家族(オイキア)、その上に、ゲノス(氏族)、さらに、フラトリア(兄弟団、胞族)、フュレ(部族)という階層をなす。たとえば、アテネには四部族が存在したのである。

(8) イオニアの自然哲学は、アテネの人々と違って、技芸や手仕事を軽蔑しなかった人たちによって考えられた。それはまたヘロドトスの『歴史』についてもいえる。彼はペルシアをはじめ多種多様の周辺部族を考察したが、ギリシア中心主義的な偏見がなく、ほとんど現代の人類学者と似たような態度をとっている。また、ヒポクラテスについていえば、「どんな家を訪れる時も自由人と奴隷の相違を問わず、不正を犯すことなく、医術を行う」「医に関するか否かにかかわらず、他人の生活についての秘密を遵守する」というような、「ヒポクラテスの誓い」が今なお、医者の規範となっているほどだ。彼らの倫理性は画期的なものであった。

(9) ハナ・アーレント『全体主義の起原2　帝国主義』大島通義・大島かおり訳、みすず書房、六頁。

(10) ウェーバー『古代社会経済史――古代農業事情』上原専祿・増田四郎監修、渡辺金一ほか訳、東洋経済新報社。

(11) 西ヨーロッパで、教会が皇帝や諸侯に優越した原因の一つは、カエサルが『ガリア戦記』で指摘しているように、もともとケルト人の間で祭司階級が戦士階級に優越していたこと、そして、キリスト教側が布教においてそのことを利用したということにある。

(12) 中国で周王朝の時代に「封建制」があったといわれる。しかし、それは、王が各地に一族や功臣の有力者を封じて諸侯とし、土地と民とを支配させる制度である。つまり、戦士たちの互酬的関係ではなく、親族関係による支配体制である。その反対概念は「郡県制」であり、秦の始皇帝によって実現された。孔子が周の封建制を理想化したのは、それが「武」や法律ではなく、「礼と楽」による統治であると考えたからである。

(13) マルク・ブロック『封建社会』2、新村猛ほか訳、みすず書房、九九頁。

(14) 日本における封建制は支配階級の武士だけでなく、被支配階級の側からも見なければならない。米作にともなう共同体的所有と拘束があったものの、日本の農民は一四世紀以後、事実上土地を私有していた。たとえば、一六世紀末になされた「太閤検地」は、国家が租税(年貢)を確保するために、農民の所有地を再確認するものであった。また、一六世紀には、堺や京都のような自治都市が存在した。もちろん、これは一七世紀以後の徳川体制の中で抑圧されたが、全面的に抑圧されたのではない。以後も町人(ブルジョア)の文化的な活動は続いた。その意味で、日本の社会構成体は封建的であったが、アジア的ではなかった、というべきである。もちろん、そのことは、日本がつねにアジア的な帝国=文明の影響下にあったということと矛盾しない。たとえば、古代の律令国家の法や機構は、形骸化したにもかかわらず、公式には一度も否定されたことがなかった。そして、明治維新において、中央集権化のために活用された。それは「王政復古」という名目でなされたのである。

(15) サーミール・アミンは『ヨーロッパ中心主義』(Samir Amin, *Eurocentrism*, Monthly Review Press, 1989)において、古代ギリシアから現在にいたる一貫した西洋の歴史という見方を疑った。それは、近代ヨーロッパが中世においてアラビア文明の存在なしにありえなかったことを抑圧しているだけではない。その始原とされる古代ギリシアそのものが先進国エジプトの周縁にあった島国だったことを抑圧している。西洋思想の二大要素とされる、プラトン・アリストテレス的な「制作」的思考と、世界を創造した唯一神を信じるユダヤ教は、ともにエジプトに由来するのである。アミンの考えでは、エジプトのような帝国は、それが完成されているがゆえに硬直的で停滞的であるのに対して、その周縁にあって未完成な沿海の半島国家ギリシアではフレキシブルで自由に文化を発展させることができた。さらに、アミンは、エジプトとギリシアに似た関係を、ローマ帝国とその周縁である西ヨーロッパとの関係、さらに西ヨーロッパ大陸の帝国とその周縁の島国であるイギリスとの関係に見出し、さらに、中国と周縁の島国である日本との関係に見出している。こうした周縁にあってシステムが未完成な国家において、資本主義が発展した、とアミンはいう。それらの周縁国家、特に島国においては、自らの輪郭を維持するためにエネルギーを消費することがなく、また、外から何でも受け入れるが、プラグマティックにそれらを処理して伝統規範的な力にとらわれず創造していくことが可能になる。これは卓見である。しかし、すでに明らかなように、このような考えは、ウィットフォーゲルが「亜周辺」という概念によって示そうとしたものだ。アミンがそれを黙殺しているのはフェアではない。

第二部　第四章

（1）ウェーバー『宗教社会学』（「経済と社会」第二部第五章）、武藤一雄ほか訳、創文社、三八頁。
（2）ウェーバー、同前書、三八頁。
（3）ニーチェ『道徳の系譜』木場深定訳、岩波文庫、七九頁。
（4）《メソポタミアやアラビアでは、収穫を生み出すのは雨ではなくて、もっぱら人工の灌漑であるとされていた。メソポタミアでは、このことがもっぱら国王の絶対的支配を生むみなもととなり、同様にエジプトでは河川治水がちょうどそれにあたる。つまり国王は、略取して集めた隷属民たちを使って、運河やその沿岸の都邑を造り、これによって収益をあげたのである。西南アジアのねっからの砂漠地帯やその周辺地域では、右のような事態は、その固有の神観念を、すなわちそれ以外の地方に多く見られるような大地や人間を生み出す神ではなくて、まさにそれらを無から「創り出す」神という観念を生ぜしめる一つの源泉となる。国王の水利経済もまた、実に、荒漠たる砂のなかで収穫物を無から創出するものである》(ウェーバー『宗教社会学』七九頁)。

(5) オルトヴィン・ヘンスラー『アジール——その歴史と諸形態』舟木徹男訳、国書刊行会。

(6) ニーチェ『道徳の系譜』一〇七頁。

(7) ウェーバー『宗教社会学』三四頁。

(8) エジプトの場合、初期王朝は部族連合体(連合王権)であって、ファラオ(王)は有力首長の一人にすぎなかった。王権が強化され中央集権的国家体制が確立されるにつれて、ファラオ(王)を神の化身とみなす「神王」理念が成立した。だが、第四王朝時代、太陽神ラー信仰が興隆した。これは明らかに王権の衰退を意味している。ファラオはもはや「神王」ではなく、神の役割を演じる存在にすぎない。再び王権が強まるのは、新王国においてである。それまでナイル河の周辺に閉じられていたエジプトは、その版図をアジアに広げて「帝国」を形成した。もはや伝統的な体制や宗教ではやっていけない事態が生じた。そのとき、王イクナトンによる「アマルナ改革」、すなわち太陽神を唯一の至高神とする宗教改革がなされたのである。だが、イクナトンの在位中に、エジプトはアジアの領土を失った。彼の後継者ツタンカーメンは「アマルナ改革」のすべてを痕跡も残らないほどに否定してしまった。
(9) マルクス『資本論』第一巻第一篇第三章、岩波文庫(一)、二三〇頁。
(10) フランシス・M・コーンフォード『宗教から哲学へ』広川洋一訳、東海大学出版会。
(11) ウェーバー『宗教社会学』二五頁。
(12) ウェーバーは、ソロモン王朝のころ〝エジプト〟は専制貢納国家の典型を示すものであり、ゆえに、〝出エジプト〟は、エジプト的な専制国家に転化しつつあった状態からの脱出を象徴的に意味する、という説を紹介している（ウェーバー『古代社会経済史』一七二頁）。
(13) ブロッホ『希望の原理』第一巻、二一頁。
(14) ユダヤ教は民族の宗教であるから布教しないという通念がある。しかし、ユダヤ教は普遍宗教である。シュロモー・サンドによれば、ユダヤ人の人口がローマ帝国、アフリカ、ロシアなどで増えたのは、ユダヤ教への改宗者が増えたからである。ユダヤ人とは先ずユダヤ教徒である。サンドによれば、ユダヤ民族・人種なるものは、一九世紀後半、ヨーロッパのナショナリズムに追いつめられ、それに抵抗するかたちで生じたユダヤ・ナショナリズム（シオニズム）によって〝発明〟されたものである（『ユダヤ人の起源』高橋武智監訳、ランダムハウス講談社）。
(15) エンゲルス『ドイツ農民戦争』伊藤新一訳、国民文庫、六二頁。
(16) もう一つの例として、トルコのアレヴィ派をあげておく。これはスンニー派の中の異端であり、神秘主義的で神との合一を求めるため、仲介者である預言者・聖職者を不要とみなし、さらに、モスクを否定、禁酒や女性のベール着用などのさまざまな戒律を否定した。教徒は互酬的（共産主義的）な共同体を形成し、また、民衆的な社会運動を起こしてきた。このアレヴィ派は少数派であるにもかかわらず、影響力が大きかった。今日のトルコの政教分離は、西洋化だけでなく、アレヴィ派によるところが大きいといわれる。

(17) 老子が生きていた時期は不明である。『老子』という書物が書かれたのが孔子よりかなり後であることは確かであるが、老子が孔子より前に活動したという説も否定できない。したがって、〝老子〟とは複数の人物ないしグループを表していると考えられる。ただし、私はここでは、孔子の批判者としての老子という側面を強調している。

(18) 毛沢東が中国革命において参照したのはマルクス主義的文献よりも、明朝の始祖がそうであったような、宗教的民衆反乱の歴史だったといってよい。

第三部　序論

(1) Maurice Dobb, Paul Sweezey, Kohachiro Takahashi, et al., *The Transition from Feudalism to Capitalism*, London, NLB, 1976.（『封建制から資本主義への移行』大阪経済法科大学経済研究所訳、柘植書房）

(2) マルクス『資本論』第三巻第四篇第二〇章、岩波文庫㈥、五二九頁。

(3) マルクス『資本論』第一巻第一篇第四章、岩波文庫㈠、二五五頁。

(4) ブローデルはウォーラーステインをつぎのように批判した。そのとき、ブローデルは、流通過程を重視したマルクスを援用したのである。《わたしはイマニュエル・ウォーラーステインとはちがって、十六世紀の呪縛にはかかっていない。じっさい、彼が困惑している問題は、マルクスが提起した問題にほかならないのではあるまいか。……マルクスは、ヨーロッパ資本主義は（彼は資本主義的生産は、とさえ語った）十三世紀のイタリアで始まった、と書いたことがある（のちになって、そのことを後悔したのだが）。以上のようなわけで、わたしはそう書いたときのマルクスと同意見である》（『物質文明・経済・資本主義 15-18世紀 交換のはたらき 1』六〇―六一頁）。

（5） ブローデル、同前書、一九頁。

（6） ニーダムはつぎのようにいっている。《ギリシア人の偉大な思想体系を別にすれば、一世紀から一五世紀の間に「暗黒時代」を経験しなかった中国人は、一般にヨーロッパよりはるかに進んでおり、ルネサンス期の科学革命のときになってはじめて、ヨーロッパは急速に進歩したにすぎない。それより前の時代は、西洋は技術上の諸方法のみならず、社会の構造や変化においてさえ、中国と東アジアにおこった発明と発見に深い影響を受けたのである。ベーコン卿が指摘した三つの発明（印刷術、火薬、羅針儀）だけでなく、その他はかりしれないほどの多くのもの――機械的時計装置、鋳鉄法、あぶみや能率的な馬具、カルダン懸垂法やパスカル三角法、弧状のアーチ型橋や運河の貯水式水門、船尾指揮の舵、縦帆式航法、定量的地図法――すべてが、社会的にずっと不安定であったヨーロッパに影響を与え、ときには地を動かすほどの影響を与えたのである》（『文明の滴定――科学技術と中国の社会』橋本敬造訳、法政大学出版局）。

第三部　第一章

(1) Jean Bodin, *On Sovereignty.*(ジャン・ボダン『主権国家論』一五七六年)
(2) ホッブズ「リヴァイアサン」第一七章、一九七頁。
(3) ホッブズ「リヴァイアサン」第一九章、二一四頁。
(4) マルクス『資本論』第一巻第七篇第二四章、岩波文庫㈢、四〇四頁。
(5) ヘーゲル『法権利の哲学——あるいは自然的法権利および国家学の基本スケッチ』第三部第三章A第三〇一節、三浦和男ほか訳、未知谷。
(6) フロイト「精神分析入門 続」高橋義孝訳、『フロイト著作集』1、人文書院、三九三頁。
(7) マルクス『ルイ・ボナパルトのブリュメール一八日』村田陽一訳、国民文庫、一二二頁。
(8) マルクス、同前書、一四五頁。
(9) マルクス、同前書、一四六頁。
(10) マルクス、同前書、一五九頁。

第三部　第二章

(1) マルクス『資本論』第三巻第四篇第二〇章、岩波文庫㈥、五二九頁。
(2) マルクス『資本論』第一巻第二篇第四章、岩波文庫㈠、二八四頁。
(3) もちろん、近世のマニュファクチャーは協業と分業の発展を著しく加速した。が、古代においても、協業と分業による生産性の向上がなかったわけではない。たとえばポランニーは、古代の交易では交換比率が固定していたと述べている。しかし、それは生産物の生産に要する

（社会的）労働時間にほとんど変化がなかったということを意味するにすぎない。多くの場合、各地の生産物は自然条件によって規定されていたので、ほとんど変化はなかった。しかし、実際には、緩慢ながらも、変化はあった。交易を管理し独占する国家は、鉱山を開発し、新たな品種、武器、冶金術、その他の技術を導入したのである。つまり、生産技術の革新が、自然条件を越えて、各地の価値体系を緩慢ながらも変動させてきたのだ。近世ヨーロッパにおけるマニュファクチャーも、その延長として見るべきである。

(4) マルクス『資本論』第一巻第二篇第四章、岩波文庫(一)、二八九頁。

(5) マルクス『資本論』第一巻第七篇第二一章、岩波文庫(三)、一一二頁。

(6) 『マルクス資本論草稿集』第二巻（一八五八年一月）、資本論草稿集翻訳委員会訳、大月書店。

(7) マルクスは『資本論』の別の箇所で、封建的生産様式から資本制への移行において、「三様の移行」があるといっている。《第一には、商人が直接に産業資本家になる。商業の土台の上に起こされた諸産業のばあいがそれで、ことに、商人によって原料や労働者とともに外国から輸入される奢侈品工業、たとえば、一五世紀にイタリアでコンスタンティノープルから輸入されたそれのようなばあいである。第二には、商人が小親方を自分の仲買人(middlemen)とするか、あるいはまた直接に自己生産者から買う。商人は生産者を、名目上は独立のままにしておき、その生産様式を変化させずにおく。第三には、産業家が商人となって、直接に大規模に商業のために生産する》（『資本論』第三巻第四篇第二〇章、岩波文庫(六)、五二七頁）。第一や第二の場合、古い生産様式を保存する傾向がある、とマルクスはいう。ゆえに、大別すれば、三通りの区別は、「第一と第二」および「第三」の二通りになる。
(8) マルクス『資本論』第三巻第四篇第二〇章、岩波文庫(六)、五二五頁。
(9) *The Transition from Feudalism to Capitalism.*(『封建制から資本主義への移行』)
(10) 大塚久雄「資本主義社会の形成」『大塚久雄著作集』第五巻、岩波書店、一九六九年。
(11) マルクス『資本論』第二巻第一篇第一章、岩波文庫(四)、八三頁。
(12) 宇野弘蔵「恐慌論」『宇野弘蔵著作集』第五巻、岩波書店、一九七四年。
(13) バリバール、ウォーラーステイン『人種・国民・階級——揺らぐアイデンティティ』若森章孝ほか訳、大村書店。

第三部　第三章

(1) ルターによる聖書の翻訳は、これらを兼ね備えた代表的な事件だといっていい。ルターの宗教改革は一般に宗教の問題だと考えられているが、もっと複合的な意味をはらんでいる。ローマ教会への彼の反抗は、直接的には免罪符の否定としてあったが、それは同時に、いわば封建勢力としてのローマ教会の経済的支配への反抗にほかならなかった。その意味で、ルターの宗教改革は「帝国」の下位にある部族国家の自立をはらみ、したがって、それは帝国の法や教会法を越えた主権国家や、さらに封建的諸制度からの解放を求める農民運動をもたらしたのである。同時に、忘れてならないのは、ルターが聖書を俗語(高地ドイツ語)に訳したことが別の意義をもったということだ。すなわち、それは聖書を大衆に近づけ宗教改革を広げただけでなく、のちに標準的なドイツ語の母体となったのである。しかし、むろん、以上のような出来事は、ネーションの形成をはかってなされたわけではない。ただ、結果的に、それがネーションの基盤を作ったのである。

（2）アーネスト・ゲルナー『民族とナショナリズム』加藤節監訳、岩波書店、四七頁。

（3）ベネディクト・アンダーソン『想像の共同体』白石隆・白石さや訳、リブロポート、二五頁。

（4）たとえば、詩人シェリーは、アナーキストのゴドウィンを崇拝し、その娘メアリー（『フランケンシュタイン』の作者）と結婚していた。この伝統は一九世紀にラスキンからウィリアム・モリスにいたるまで続いている。アート&クラフト運動を組織したモリスは、イギリスで最初期のマルクス主義者の一人であったが、彼のマルクス主義は社会民主主義やレーニン主義とはまったく異なるもので、アソシエーショニズム（アナーキズム）に近いものであった。それは右のような伝統を見るとき、不思議なことではない。

（5）アダム・スミス『道徳情操論』上巻、米林富男訳、未來社、四一―四二頁。

（6）カントはいう。《ドイツ人は、他国人が『趣味の批判』と呼ぶところのものに、エステティク（Ästhetik）という語を当てている唯一の国民である。これにはすぐれた分析的哲学者バウムガルテンの裏切られた希望がもとになっている、つまり彼は、美の批判的判断を理性原理のなかに加え、美の規則を学に高めようとしたのである。しかしこういう努力は、けっきょく無益である。美の規則とか美の標徴とかいうようなものは、その主要な源泉からいうと経験的であり、従ってまた我々の趣味判断が拠りどころとせねばならぬア・プリオリな一定の法則の用をなすものでない、むしろ趣味判断のほうがかかる規則の正しさを判定する真の基準なのである。それだからエステティクという名称を、この意味に用いることをやめて、真正な学〔感性論〕をなすところの学説のためにこの名称を保留するか（そうすれば古人が認識を、『感じられたものと考えられたもの *αἰσθητὰ καὶ νοητά*』とに分けた著名な区分における用語と意味とに近づくわけである）、さもなければこの名称を、思弁的哲学と共有して、或る時は先験的な意味で、また或る時は心理学的な意味で用いるか、これら二つの用法のいずれかにきめるほうがよいと思う》（『純粋理性批判』上、篠田英雄訳、岩波文庫、八八頁）。

（7）ヘルダーはいっている。《理性が分割された、個別的に作用する力ではなく、あらゆる力の種族に固有の方向であるならば、人間は理性を、彼が人間である最初の状態においてもっていなければならない》（三七頁）、《最初の状態において理性の積極的なものが魂の中になんらないとすれば、それに続く何百万の状態において、それはいかにして現実的となるのであろうか》（三九頁）、《人間の最も感性的な状態でさえなお人間的であったのであり、そこには依然として内省意識が作用していたのであるが、ただその程度があまり目立たなかったのである》（四〇頁）（頁数はいずれも『言語起源論』木村直司訳、大修館書店）。

（8）フィヒテ「ドイツ国民に告ぐ」第一三講演、細見和之・上野成利訳、ルナンほか『国民とは何か』インスクリプト、一四九―一五〇頁。

（9）フィヒテ、同前書、九四頁。

（10）フィヒテ、同前書、九八頁。

（11）アーレント『全体主義の起原2　帝国主義』一一頁。

（12）ハンナ・アーレントはいう。《近代の歴史において征服や世界帝国建設の評判が落ちてしまったのには、それなりの理由がある。永続性のある世界帝国を設立し得るのは、国民国家のような政治形態ではなく、ローマ共和国のような本質的に法に基づいた政治形態である。なぜなら、そこには全帝国をになう政治制度を具体的に表わす万人に等しく有効な立法という権威が存在するから、それによって征服の後にはきわめて異質な民族集団も実際に統合され得るからである。国民国家はこのような統合の原理を持たない。それはそもそもの初めから同質的住民と政府に対する住民の積極的同意(ルナンの言う毎日の人民投票)とを前提としているからである。ネイションは領土、民族、国家を歴史的に共有することに基づく以上、帝国を建設することはできない。国民国家は征服を行なった場合には、異質な住民を同化して「同意」を強制するしかない。彼らを統合することはできず、また正義と法に対する自分自身の基準を彼らにあてはめることもできない。従って征服を行なえばつねに圧制に陥る危険がある》(アーレント、同前書、六頁)。

(13)　オスマン帝国は西欧諸国やロシアによる侵食に対して、たんに伝統を保持しようとしたのではない。オスマン政府は帝国を「国民国家」の形態にしようと努めた。だが、それが結局、多民族への分解をもたらしたのである。また、オスマン社会は西洋化を志向すると同時に、それに対抗する原理をイスラム教に求めた。今日支配的な「イスラム主義」はこの時期に形成されたといってよい(新井政美『オスマン帝国はなぜ崩壊したのか』青土社、二〇〇九年)。

(14)　アーレント『全体主義の起原2　帝国主義』八頁。

(15)　ベネディクト・アンダーソンは、インドネシアの国民あるいはインドネシア語そのものが、オランダによる支配およびそれに対する対抗運動の中で形成されたことを示した(『想像の共同体』)。

(16) 旧世界帝国はマルクス主義者による革命によって維持されたが、一九九〇年の時点で、中国を除いて、多数の国民国家に分解してしまった。なぜ中国はそうならなかったのか。他の世界帝国と違って、秦漢以来、中国の帝国では、王朝の正統性に関して、民族という要素は重要ではなかった。どんな民族の王朝であれ、正統性は統治によって安定・平和・福祉をもたらすか否かによって判断される。したがって、北魏、隋、唐、元、さらに清という王朝が周辺の遊牧民によって築かれたのである。たとえば、孫文は満州族を追い出し漢族による単一民族国家を設立することを唱えたが、辛亥革命(一九一一年)以後はそれを撤回した。清朝を倒して近代的な国家を創るとしても、それが多数の民族国家に分解してしまうのであれば、政権の正統性を得られないからだ。中国の共産党も、清朝が広げた版図、そして、周辺民族に対する政策を基本的に受け継ぐことによって、政権の正統性を得たのである。さらに、毛沢東による文化革命は、階級的格差を解消することで、民族的な対立を防いだ。一九八九年の時点では、文化革命はすでに否定されてはいたが、民族的な格差や対立はすくなかった。民族問題が発生したのは、鄧小平によって資本主義的開発が進められるようになって以後である。

第三部　第四章

(1) カウツキーの『キリスト教の起源』や『中世の共産主義』(邦訳はいずれも法政大学出版局)は、社会主義運動の起源をキリスト教運動に見出す仕事である。

(2) カント『道徳形而上学原論』篠田英雄訳、岩波文庫、一一六頁。「目的の国」という場合、カントは「国」をつぎのように理解している。《私は国というものを、それぞれ相異なる理性的存在者が、共通の法則によって体系的に結合された存在と解する》（同前書、一一三頁）。

（3）カント「たんなる理性の限界内の宗教」北岡武司訳、『カント全集』第一〇巻、岩波書店、二三六頁。

（4）カント『永遠平和のために』宇都宮芳明訳、岩波文庫、二六頁。

（5）プルードン「マルクスへの手紙」一八四六年五月一七日付。

（6）William Thompson, *Labour Rewarded: The Claims of Labour and Capital Conciliated*, 1827.（ウィリアム・トンプソン『労働報酬論』）

（7）『マルクス資本論草稿集』第二巻（一八五八年一月）。

（8）廣西元信『資本論の誤訳』（青友社、一九六六年、こぶし文庫、二〇〇二年）は、マルクスが、資本が協業と分業を組織することを結合（kombinieren/combine）と呼び、労働者が自発的にそうする場合、連合（assoziieren/associate）と呼んで区別していること、そして、日本でのマルクスの翻訳文献ではその区別がなく、多くの恣意的な訳語で乱雑になされていることを指摘した。

（9）マルクス『資本論』第三巻第五篇第二七章、岩波文庫㈦、一八一頁。

（10）協同組合は資本制企業との競争に勝てない。同じことが、ジョン・スチュアート・ミルが『経済学原理』（第七章）で提唱した「労働者管理型企業」についてもいえる。彼は、労働者は賃金が低くてもそのような企業で働くことを好む、ゆえに、生産も効率的となり、資本主義企業との競争に勝ち、それにとってかわるだろう、と予想した。しかし、全くそうなっていない。

(11) マルクス「国際労働者協会設立宣言」一八六四年九月、『マルクス＝エンゲルス全集』第一六巻、三頁。
(12) マルクス「フランスにおける内乱」『マルクス＝エンゲルス全集』第一七巻、三一九―三二〇頁。
(13) マルクス「ドイツ労働者党綱領評注3」(一八七五年)、「ゴータ綱領草案批判」『マルクス＝エンゲルス全集』第一九巻、二七頁。
(14) マルクス『資本論』第三巻第五篇第二七章、岩波文庫(七)、一八一頁。
(15) マルクスは「株式資本、もっとも完成された形態(共産主義に飛び移るための)」と書いている(一八五八年四月二日付、エンゲルス宛書簡。『マルクス＝エンゲルス全集』第二九巻、二四五頁)。
(16) この問題に関して、私は廣西元信『資本論の誤訳』(前掲)から多くを学んだ。しかし、私の考えでは、国家権力の掌握、つまり、法制度的改革なくして、資本制株式会社を協同組合化することはできない。もちろん、それは国有化とは無縁である。現在の法制度の下で、株式会社を協同組合化することを考えると、廣西が推奨するように、株式会社を、利潤分配型あるいは従業員持株制にしていくことしかない。しかし、これは資本主義あるいは賃労働を廃棄するものとはなりえない。これはむしろ資本の存続のためになされる。たとえば、従業員持株制は乗っ取りに備えるものであり、また、労働者の労働意欲を高めるために採用される。たとえば、ルイス・ケルソのいうＥＳＯＰ(従業員持株制度)がその一つである。
(17) マルクス「個々の問題についての暫定中央評議会代議員への指示」(一八六七年)、『マルクス＝エンゲルス全集』第一六巻、一九四頁。

(18) コンミューンから一〇年後に、マルクスはつぎのように語っている。《パリ・コミューンは例外的な条件のもとでの一都市の反乱でしかなかったことは別としても、コミューンの多数の者は決して社会主義派ではなかったし、またそうではありえませんでした。それでもかれらにいくらかでも常識があれば、全人民大衆にとって有益な妥協を、ヴェルサイユ側からかちとることもできたでしょう。それがその当時、かちとることのできた、ただひとつのことであったのです》（一八八一年二月、ドメラ・ニューウェンホイス宛書簡）。実際のところ、パリ・コンミューンはマルクスにとってこのようなものであった。

(19) マルクス、エンゲルス『ドイツ・イデオロギー』花崎皋平訳、合同新書、七一頁。

(20) エンゲルス「『資本論』英語版の序文」（一八八六年）、『資本論』第一巻、岩波文庫(一)、五一頁。

(21) マルクス「共産主義者同盟中央委員会会議議事録」（一八五〇年九月一五日）、『マルクス＝エンゲルス全集』第八巻、五八五―五八六頁。

(22) たとえば、中国における毛沢東の独裁は、ヨーロッパにおいて絶対王権が果たしたのと同じ機能を果たしたといってよい。つまり、それは、さまざまな地域や民族、身分に分かれていた人々を、臣民として同一化したのであり、それによって、結果的にネーションの主体を形成したのである。もちろん、それは毛沢東が意図したことではない。

(23) エルンスト・ブロッホ『この時代の遺産』（一九三四年）、池田浩士訳、水声社。

(24) マルクスは「ヴェ・イ・ザスーリチの手紙への回答の下書き・第一草稿」でつぎのように

書いている。《ロシアの「農耕共同体」には、その弱点となっていて、あらゆる意味で有害な、一つの性格がある。それは、その孤立であり、ある共同体の生活と他の諸共同体の生活との結びつきの欠如であり、このような局地的小宇宙性である。この局地的小宇宙性は、この型に内在する性格としていたるところに見られるものではないが、この型が見いだされるところではどこでも、もろもろの共同体の上に多かれ少なかれ中央〔集権〕的な専制政治を出現させたのである。この孤立は、もともと領土の広大な広さによってやむなくされたもののように思われるが、ロシアがモンゴル族の侵入以来こうむった政治的運命によって、大いに強められたものであることは、北部のロシア諸共和国の連合が証明している》(『マルクス＝エンゲルス全集』第一九巻、三九二頁)。

(25)「ヴェ・イ・ザスーリチへの手紙」『マルクス＝エンゲルス全集』第一九巻、二三九頁。
(26)「『共産党宣言』ロシア語第二版序文」『マルクス＝エンゲルス全集』第一九巻、二八八頁。
(27) ジョン・ロールズ『正義論』矢島鈞次監訳、紀伊國屋書店、三頁。

第四部　第一章

(1) ロバート・アルブリトン『資本主義発展の段階論』永谷清監訳、社会評論社。
(2) ウォーラーステイン『近代世界システム　一六〇〇―一七五〇』川北稔訳、名古屋大学出版会、六八頁。
(3) ウォーラーステイン、同前書、四五―四六頁。
(4) ウォーラーステイン、同前書、四六頁。

（5）ジョヴァンニ・アリギ『長い二〇世紀』土佐弘之監訳、作品社。
（6）マルクス『ルイ・ボナパルトのブリュメール一八日』一七頁。
（7）ウォーラーステイン『近代世界システム 一六〇〇―一七五〇』七三頁。
（8）アーレント『全体主義の起原2 帝国主義』二頁。
（9）アントニオ・ネグリ&マイケル・ハート『帝国』水嶋一憲ほか訳、以文社、二三三頁。
（10）ネグリ&ハート、同前書、二四六―二四七頁。
（11）エレン・M・ウッド『資本の帝国』中山元訳、紀伊國屋書店、二六頁。
（12）ルナン「国民とは何か」（前掲『国民とは何か』所収）。

第四部　第二章

（1）「プロレタリアートの正しい階級意識、とその組織形態である共産党」とルカーチは書いている（『歴史と階級意識』平井俊彦訳、未來社、三三八頁）。
（2）『マルクス資本論草稿集』第二巻（一八五八年一月）。
（3）バクーニン「国際革命結社の諸原理と組織」長縄光男訳、『バクーニン著作集』5、白水社、二一六頁。
（4）カント「世界公民的見地における一般史の構想」第七命題（一八七四年）、『啓蒙とは何か』篠田英雄訳、岩波文庫、三六頁。
（5）カント、同前書、第七命題、三七―三八頁。
（6）カント、同前書、第九命題、四五―四六頁。

(7) カント『永遠平和のために』四五頁。
(8) カント、同前書、二六頁。
(9) ヘーゲル『法権利の哲学』第三三三節。
(10) 柄谷行人「死とナショナリズム」(『定本 柄谷行人集4 ネーションと美学』岩波書店、二〇〇四年)を参照されたい。
(11) Robert Kagan, *Of Paradise and Power: America and Europe in the new world order*, Vintage Books, 2004, pp. 3, 37, 57-58, 73.(『ネオコンの論理 —— アメリカ新保守主義の世界戦略』山岡洋一訳、光文社)
(12) アントニオ・ネグリ&マイケル・ハート『マルチチュード』下、幾島幸子訳、日本放送出版協会、二〇〇五頁。
(13) ネグリ&ハート、同前書、二〇四頁。
(14) ネグリ&ハート、同前書、二一四頁。
(15) ネグリ&ハート、同前書、二三八頁。
(16) カール・シュミット『政治的なものの概念』六八—六九頁。
(17) たとえば、日本には戦後憲法で、一切の戦争を放棄する条項(第九条)がある。したがって、たんにこれを実行に移せばよいだけである。しかし、この条項は維持されてはいるが、その解釈を強大な軍や軍備をもつ現状にあわせて変えられてきた。ゆえに、これを実行に移すにはやはり「革命」が必要なのである。というより、それこそが革命である。
(18) 世界史は世界共和国によって〝終焉〟するわけではない。交換システムBやCが支配的であるような社会への逆行がありうる。だが、それでもなお、交換様式Dを目指す志向が止むことはない。

あとがき

本書は書き下ろしであるが、これまでに発表したものがベースにある。第一に、『世界共和国へ——資本＝ネーション＝国家を超えて』(岩波新書、二〇〇六年)である。これは本書の概要を書いたものだ。そのあと、「『世界共和国へ』に関するノート」(季刊誌『at』太田出版、二〇〇六—二〇〇九年)を連載で書いた。一方、『世界共和国へ』を海外版のために増補改訂する仕事もした。また、本書の諸問題に関して、英文で次のような論文を発表した。"Beyond Capital-Nation-State" (*Rethinking Marxism*, 20th Anniversary, Volume 20, Routledge, 2008), "World Intercourse: A Transcritical Reading of Kant and Freud" (UMBR(a), 2007), "Revolution and Repetition" (UMBR(a), 2008).

さらに、本書の中に含まれる諸問題について、二〇〇六年から二〇〇九年にかけて、アメリカ合衆国(マサチューセッツ大学アマースト、シカゴ大学、スタンフォード大学、ニューヨーク大学バッファロー、ロヨラ大学)、カナダ(トロント大学)、イギリス(テート・ブリテン、ミドルセックス大学)、中国(清華大学)、クロアチア、スロベニア(リュブリアナ大学)、トルコ(ビリギ大学)、メキシコ(国立自治大学)などで講演した。そこでの質疑応答や交流から、多くを学んだ。とりわけ、中国、トルコ、メキシコへの講演旅行で、現在の状況の中にまさに「世界史の構造」の一端を見るという経験を得た。本書は以上のように、公共的な場を通して練り上げられてきたのである。その過程で、私はそのつど、微細ながら重要な修正を積み重ねてきた。しかし、本書をもって、とりあえず最終的なヴァージョンとしたい。

本書に取り組みはじめてから八年間、私は内外で、多くの人々の助けを得た。先ず、上記の機会を与えて下さった方々に感謝したい。マイケル・ボーダッシュ、インドラ・リービ、柄谷凜各氏には、英語訳に関してお世話になった。また、高瀬幸途、高澤秀次、丸山哲郎、小島潔諸氏から、たえず鼓舞激励を受けた。彼らの援助がなかったら、このような仕事を続けられなかっただろう。厚く感謝する。

二〇一〇年五月　於東京

柄谷行人

岩波現代文庫版あとがき

私は交換様式から社会構成体を見るという視点を最初に『トランスクリティーク』で示したが、その後に、それを具体的に世界史において示そうとした。それが本書である。そのために、一〇年ほどの時間を要した。しかし、本書を刊行しても、この仕事は終わらなかった。交換様式という新たな観点は、自分が予期した以上に、物の見方を深く変えてしまうものであった。

まず、本書を刊行したあと、英語での出版にそなえて検討している間に、多くの欠落に気づき加筆した。特に大幅に加筆したのは、ギリシアとユダヤ教をめぐる章である。この文庫版はそれに基づくものである。なお、英語版以前に出版された韓国、中国、台湾での版も、加筆したテクストに基づいている。

その後さらに、本書では書き足りなかったところを、『哲学の起源』、『遊動論』、『帝国の構造』などで書いてきた。たぶん今後も書くだろう。併せてそれらに目を通していただくことを希望する。

二〇一四年八月六日

柄谷行人

本書は二〇一〇年六月、岩波書店より刊行された。

世界史の構造

2015 年 1 月 16 日　第 1 刷発行
2023 年 1 月 16 日　第 10 刷発行

著　者　柄谷行人《からたにこうじん》

発行者　坂本政謙

発行所　株式会社 岩波書店
〒101-8002 東京都千代田区一ツ橋 2-5-5

案内 03-5210-4000　営業部 03-5210-4111
https://www.iwanami.co.jp/

印刷・精興社　製本・中永製本

ISBN 978-4-00-600323-4　　Printed in Japan

岩波現代文庫創刊二〇年に際して

二一世紀が始まってからすでに二〇年が経とうとしています。この間のグローバル化の急激な進行は世界のあり方を大きく変えました。世界規模で経済や情報の結びつきが強まるとともに、国境を越えた人の移動は日常の光景となり、今やどこに住んでいても、私たちの暮らしは世界中の様々な出来事と無関係ではいられません。しかし、グローバル化の中で否応なくもたらされる「他者」との出会いや交流は、新たな文化や価値観だけではなく、摩擦や衝突、そしてしばしば憎悪までをも生み出しています。グローバル化にともなう副作用は、その恩恵を遥かにこえていると言わざるを得ません。

今私たちに求められているのは、国内、国外にかかわらず、異なる歴史や経験、文化を持つ「他者」と向き合い、よりよい関係を結び直してゆくための想像力、構想力ではないでしょうか。

新世紀の到来を目前にした二〇〇〇年一月に創刊された岩波現代文庫は、この二〇年を通して、哲学や歴史、経済、自然科学から、小説やエッセイ、ルポルタージュにいたるまで幅広いジャンルの書目を刊行してきました。一〇〇〇点を超える書目には、人類が直面してきた様々な課題と、試行錯誤の営みが刻まれています。読書を通した過去の「他者」との出会いから得られる知識や経験は、私たちがよりよい社会を作り上げてゆくために大きな示唆を与えてくれるはずです。

一冊の本が世界を変える大きな力を持つことを信じ、岩波現代文庫はこれからもさらなるラインナップの充実をめざしてゆきます。

（二〇二〇年一月）

岩波現代文庫[学術]

G430
被差別部落認識の歴史
―異化と同化の間―
黒川みどり

差別する側、差別を受ける側の双方は部落差別をどのように認識してきたのか――明治から現代に至る軌跡をたどった初めての通史。

G431
文化としての科学／技術
村上陽一郎

近現代に大きく変貌した科学／技術。その質的な変遷を科学史の泰斗がわかりやすく解説、望ましい科学研究や教育のあり方を提言する。

G432
方法としての史学史
―歴史論集1―
成田龍一

歴史学は「なにを」「いかに」論じてきたのか。史学史的な視点から、歴史学のアイデンティティを確認し、可能性を問い直す。現代文庫オリジナル版。〈解説〉戸邉秀明

G433
〈戦後知〉を歴史化する
―歴史論集2―
成田龍一

〈戦後知〉を体現する文学・思想の読解を通じて、歴史学を専門知の閉域から解き放つ試み。現代文庫オリジナル版。〈解説〉戸邉秀明

G434
危機の時代の歴史学のために
―歴史論集3―
成田龍一

時代の危機に立ち向かいながら、自己変革を続ける歴史学。その社会との関係を改めて問い直す「歴史批評」を集成する。〈解説〉戸邉秀明

2023.1

岩波現代文庫[学術]

G435
宗教と科学の接点
河合隼雄

「たましい」「死」「意識」など、近代科学から取り残されてきた、人間が生きていくために大切な問題を心理療法の視点から考察する。〈解説〉河合俊雄

G436
増補 軍隊と地域
―郷土部隊と民衆意識のゆくえ―
荒川章二

一八八〇年代から敗戦までの静岡を舞台に、矛盾を孕みつつ地域に根づいていった軍が、民衆生活を破壊するに至る過程を描き出す。

G437
歴史が後ずさりするとき
―熱い戦争とメディア―
ウンベルト・エーコ
リッカルド・アマデイ訳

歴史があたかも進歩をやめて後ずさりしはじめたかに見える二十一世紀初めの政治・社会の現実を鋭く批判した稀代の知識人の発言集。

G438
増補 女が学者になるとき
―インドネシア研究奮闘記―
倉沢愛子

インドネシア研究の第一人者として知られる著者の原点とも言える日々を綴った半生記。「補章　女は学者をやめられない」を収録。

G439
完本 中国再考
―領域・民族・文化―
葛兆光
辻康吾監訳
永田小絵訳

「中国」とは一体何か？　複雑な歴史がもたらした国家アイデンティティの特殊性と基本構造を考察し、現代の国際問題を考えるための視座を提供する。

岩波現代文庫［学術］

G440
私が進化生物学者になった理由
長谷川眞理子

ドリトル先生の大好きな少女がいかにして進化生物学者になったのか。通説の誤りに気づき、独自の道を切り拓いた人生の歩みを語る。巻末に参考文献一覧付き。

G441
愛について
—アイデンティティと欲望の政治学—
竹村和子

物語を攪乱し、語りえぬものに声を与える。精緻な理論でフェミニズム批評をリードしつづけた著者の代表作、待望の文庫化。〈解説〉新田啓子

G442
宝塚
—変容を続ける「日本モダニズム」—
川崎賢子

百年の歴史を誇る宝塚歌劇団。その魅力を掘り下げ、宝塚の新世紀を展望する。底本を大幅に増補・改訂した宝塚論の決定版。

G443
新版 ナショナリズムの狭間から
—「慰安婦」問題とフェミニズムの課題—
山下英愛

性差別的な社会構造における女性人権問題として、現代の性暴力被害につづく側面を持つ「慰安婦」問題理解の手がかりとなる一冊。

G444
夢・神話・物語と日本人
—エラノス会議講演録—
河合隼雄
河合俊雄訳

河合隼雄が、日本の夢・神話・物語などをもとに日本人の心性を解き明かした講演の記録。著者の代表作に結実する思想のエッセンスが凝縮した一冊。〈解説〉河合俊雄

岩波現代文庫[学術]

G445-446
ねじ曲げられた桜(上・下)
—美意識と軍国主義—
大貫恵美子

桜の意味の変遷と学徒特攻隊員の日記分析を通して、日本国家と国民の間に起きた「相互誤認」を証明する。〈解説〉佐藤卓己

G447
正義への責任
アイリス・マリオン・ヤング
岡野八代
池田直子 訳

自助努力が強要される政治の下で、人びとが正義を求めてつながり合う可能性を問う。ヌスバウムによる序文も収録。〈解説〉土屋和代

G448-449
ヨーロッパ覇権以前(上・下)
—もうひとつの世界システム—
J・L・アブー＝ルゴド
佐藤次高ほか訳

近代成立のはるか前、ユーラシア世界は既に一つのシステムをつくりあげていた。豊かな筆致で描き出されるグローバル・ヒストリー。

G450
政治思想史と理論のあいだ
—「他者」をめぐる対話—
小野紀明

政治思想史と政治的規範理論、融合し相克する二者を「他者」を軸に架橋させ、理論の全体像に迫る、政治哲学の画期的な解説書。

G451
平等と効率の福祉革命
—新しい女性の役割—
G・エスピン＝アンデルセン
大沢真理監訳

キャリアを追求する女性と、性別分業に留まる女性との間で広がる格差。福祉国家論の第一人者による、二極化の転換に向けた提言。

2023. 1

岩波現代文庫[学術]

G452
草の根のファシズム
―日本民衆の戦争体験―
吉見義明

戦争を引き起こしたファシズムは民衆が支えていた――従来の戦争観を大きく転換させた名著、待望の文庫化。〈解説〉加藤陽子

G453
日本仏教の社会倫理
―正法を生きる―
島薗進

日本仏教に本来豊かに備わっていた、サッダルマ(正法)を世に現す生き方の系譜を再発見し、新しい日本仏教史像を提示する。

G454
万民の法
ジョン・ロールズ
中山竜一訳

「公正としての正義」の構想を世界に広げ、平和と正義に満ちた国際社会はいかにして実現可能かを追究したロールズ最晩年の主著。

G455
原子・原子核・原子力
―わたしが講義で伝えたかったこと―
山本義隆

原子・原子核について基礎から学び、原子力への理解を深めるための物理入門。予備校での講演に基づきやさしく解説。

G456
ヴァイマル憲法とヒトラー
―戦後民主主義からファシズムへ―
池田浩士

史上最も「民主的」なヴァイマル憲法下で、ヒトラーが合法的に政権を獲得し得たのはなぜなのか。書き下ろしの「後章」を付す。

2023.1